第 六 卷

1921.12—1922.12

孙中山全集

中山大学历史系孙中山研究室
广东省社会科学院历史研究室 合编
中国社会科学院近代史研究所中华民国史研究室

中 华 书 局

目　　录

在桂林军政学七十六团体欢迎会的演说

（一九二一年十二月七日）

桂林军政学各界诸君：

诸君今天开这个盛会来欢迎本大总统，本大总统是很感谢的！本大总统这次督师北伐，经过桂林，借这个机会，能够和诸君会面，可算是一段大姻缘。本大总统以为诸君今天的欢迎，不可单为欢迎本大总统的个人，还希望诸君欢迎本大总统的革命主义。

就中华民国的来源说，大家都晓得中国近十多年来的大变动，是从古没有的。这个大变动是甚么呢？就是把中国有史以来的政治制度根本推翻，另外造成了一个新组织。这个新组织简单的说，便是把数千年的专制变成了共和。共和成立以来，虽然有了十年，但是还没有真正实行。这是甚么原故呢？因为共和是由革命而来的，现在全国人民大多数还不明白革命的道理是甚么东西，所以还不知道把共和怎么样去实行。至于国家，表面上虽然挂了共和招牌，但是行政上依然没有进步。试看这十年以来，全国之内，建设事业有多少呢？简直一件也没有。比如用广西一省来说，全省人民虽然知道满清已经推翻了，却又生出一个游勇出身的陆荣廷来，用一伙强盗把持政权，不但是把广西一省弄得一团糟，并且盘据广东，卖烟开赌，以至两广人民，生计日蹙，都想拦路劫抢，过眼前的日子，所以弄到两广都变成了土匪世界。现在并有许多广西人，不但不知道共和的好处，反有希望真命天子出现，或者满清复辟，把民国再变成帝国的心理。这项心理，也不但广西人是这样，就是全国大多数的普通心理,差不多都是这一样。本大总统也常常听见乡下人说:"国乱民穷,真命天子何时出现呢?"现在全国抱这种旧思想的人还是很多。如果四万万人都抱这种旧思想,那么,共和的基础怎么能够稳固呢?

诸君要晓得共和与专制有甚么分别,民国与帝国有甚么不同。我们可用现在民国和从前帝国两个名词比较来说一说。从前帝国的天下是皇帝一个人的,天下人民都是皇帝的奴隶。现在民国的天下是人民公有的天下,国家是人民公有的国家。帝国是皇帝一个人作主的,民国是人民大家作主的。诸君今天来欢迎本大总统,绝不可抱那种旧思想。本大总统受国会的付托,总揽全国政权,虽然说是全国的行政首长,实在是全国人民的公仆。本大总统这次是来做你们奴隶的,就是其余文武百官也都是你们的奴隶。从前帝国时代,四万万人都是奴隶,现在民国时代,大家都是主人翁。这就是民国和帝国不同的地方,这就是中国从古没有的大变动。普通人民还不知道这个变动,十年以来,一般旧官僚和军阀,又死死的压制他们,弄到人民至今还不能居于主人翁的地位。诸君要晓得,从前的人民,本是皇帝的奴隶,我们革命党用革命主义把专制皇帝推翻,才把人民由奴隶的地位超度到主人翁的地位。诸君现在都是居于主人翁的地位。今天来欢迎本大总统,本大总统更希望诸君来欢迎民国的主义,革命的道理。中国革命的道理,就是革命党平日主张的三民主义。革命党同志从前主张三民主义,从事革命,十多年才把满清推翻,创造民国。本大总统便是主张三民主义的发起人。诸君今天来欢迎本大总统,还要希望诸君来欢迎本大总统所主张的三民主义。三民主义能够实行,民国才可以建设得好。如果人民不了解三民主义,民国前途还是毫无希望。三民主义便是民国的精神。诸君欢迎民国的精神,那才算是真正的欢迎。

三民主义就是民族主义、民权主义、民生主义。这三个主义和美国大总统林肯所说的民有、民治、民享三层意思，完全是相通的。民有的意思，就是民族主义。我们革命党为甚么要提倡民族主义呢？因为满清专制二百多年，我们汉族受过亡国的痛苦，后来又受世界潮流的压迫，恐怕还要灭种，所以有少数人出来提倡鼓吹，要除去专制的异族。到后来全国觉悟，便把征服中国的满清根本推翻，把中国的统治权收回到汉人手里，中国领土完全为汉族所有。十年前革命的成功，就是民族主义成功。所以民族主义就是和民有的意思一样。革命成功以后，中国的土地和主权，已经由满清皇帝的手里夺回到中国人民的手里来了。但是，我们人民徒有政治上主权之名，没有政治上主权之实，还是不能治国。必须把政治上的主权，实在拿到人民手里来，才可以治国，才叫做民治。这个达到民治的道理，就叫做民权主义。至于民生主义，是由人类思想觉悟出来的。因为我们既有了土地和主权，自然要想一个完全方法来享受，才能够达到生活上圆满的幸福。怎么样享受生活上幸福的道理，便叫做民生主义。所以说，民有、民治、民享，就是本大总统生平所提倡的三民主义。

三民主义的道理，原来是一贯的。如果要考究他们发生的次序，世界各国都是先由民族主义进到民权主义，再由民权主义进到民生主义。如果要考究他们发生的原因，这三项东西，都是从不平等里头的反动生出来的。换句话说，三民主义就是平等和自由的主义。就民族的情形来说，有甚么不平等呢？简单的说，就是政治上的不平等。这一国压制那一国，这种民族压制那种民族，压制愈厉害，反动也愈厉害。用我们中国来讲，古来华夏之界极严，自古及今，都是我们汉人来治中国，只有当中遭过了两次亡国之痛：一次是受蒙古的亡国,变成元朝;一次是受满清的亡国,变成清朝。革命党把二百余年的满清专制皇帝推翻,就是提倡民族主义的效果。至于欧美各国所主张的民族主义,大概也是和我们的一样的。

民族主义,在人类思想上本来发达最早。到了后来,觉得自己民族虽然不受他种民族的压制,但是在本国之内,还要受特别阶级的压制,象皇帝和贵族,高高在上,人民处在他们压力之下,动也动不得。因为受压力的痛苦,便生出反动,便提倡民权来反对君权。所以由历史上看来,民权主义常在民族主义之后。近二百多年来,民权思想极发达,君权退步,世界上的国家,许多已经变了共和,其中没有改变共和的国家,也把君主专制改为立宪,限制君主权力的范围。所以现在全世界的国家,不是共和就是君主立宪,专制政府差不多要绝迹了。共和国家在欧美最著名的,从前有法兰西、瑞士的共和国,现在有俄罗斯、德意志和其他战后所建设的诸共和国。在美洲之北的有美利坚的共和国,美洲之南所有的国家,没有一个不是共和国。由此便可知近年来的民权主义是怎么样发达了。

由民权主义更进一步,便是民生主义。现在欧美两洲,象法国、美国,既没有皇帝的专制,人民很可以说是极平等、自由,民权可算是极发达。但是只能说到民有、民治,还说不到民享。试看他们国内的平民受资本家的压制,穷人受富人的压制,甚么煤油大王、钢铁大王、铁路大王,一人之富可以敌国,那般平民和劳动者连面包都找不到手,这是何等不平等的景象呢? 所以欧美现在便生出贫富不均的大问题来了。这项问题便是社会问题,解决这项问题的道理,就是民生主义。民生主义就是平民反对资本家,穷人反对富人的反动。欧美各国的民族和民权两个问题,可说是早已解决了,现在所受的痛苦,纯是民生问题。中国向来没有这个问题。为甚么本大总统在三十年前,研究建设新中国的道理,一定要在民族、民权两个主义之外并主张民生主义呢？因为此民生主义是建设二十世纪以后新国家的完全方法。这三种主义并行，真正共和的基础才能够稳固。本大总统这个主张，可以说是取法乎上，不是因陋就简的。因为要把中国制成一个新局面，非用新组织不可；要用新组织，非实行极完全的三民主义不成功。

欧美各国二百余年以来，只晓得解决民族、民权两件事，却忘记了最要紧的民生问题。到现在全国的权力都操在少数资本家的手里，只有少数人享幸福，大多数人还是痛苦。因为大多数人不甘受这种痛苦，所以现在才有经济革命——社会革命——的事情时常发生。我们中华民国如果把民生主义和民族主义、民权主义同时解决，用一个一劳永逸的方法，一定可以把现在的中国变成庄严灿烂的中华民国。我们如果不把这三种问题同时解决，纵使将来国富民强，不出数十年，一定要受欧美今日这样相同的痛苦。欧美人当时以为政治平等，人民自由，工业发达，便是黄金世界，甚么问题都没有了。不料到了工商业发达之后，便生出大资本家来。他们用金钱势力，操纵全国政权，遇事都是居于优胜地位，试看那一国的法律政治制度不是为资本家而设的？所以世界到了现在，经济革命的潮流便一天高过一天，这就是平民和劳动者对着富豪及资本家的反动。报纸上所载的"同盟罢工"、"破坏工厂"、"焚烧公司"种种新闻，都是穷人反对资本家的举动，弄到全国总是不安。他们所受这不安的烦恼，实在不是别的事情，纯是由于民生问题没有解决的缘故，所以才生出贫富的冲突，酿成经济革命。法国在数十年前，曾发生过一次经济革命，但是不久便失败了。俄国近来实行政治革命，同时又实行经济革命，一面把皇帝和贵族推翻，同时又把资本家推翻。现在俄国人民所受的痛苦非常的厉害，结果到底如何，今天还预料不到。本大总统观察世界的大势，默想本国的情形,以为实行民族革命、民权革命,必须兼顾民生主义,才可以免将来的经济革命,这便是防患于未然。

诸君要晓得,革命是不得已而为的事,革命是破坏的事业。好比拆房子一样,我们在相同的地方,想改造一所新房子,便不得不把旧房子拆去。想建设一个新国家,便不得不把旧国家破坏,这个破坏就叫做革命。建设国家要用三十年工夫,好象造房子要用三个月工夫一样。拆房子只须一天,造房子就要三个月。人家造成一所新房子,都很想安安乐乐住过一世,不是今天造好了,明天便把他拆掉;又不是明天再造好了,后天又把他拆掉。我们革命,也是一样的道理,不是今年革命,明年又来革命。革命要用彻底的方法,才可以永久享幸福,如果不然,破坏的事业是永无穷期的。所以要解决民族问题,同时不能不解决民权问题;要解决民权问题,同时不能不解决民生问题。这三民主义,就是救种种痛苦的药方。这三个问题,如果同时解决了,我们才可以永久享幸福。如果达到了民有、民治的目的,不管民享的问题,二三十年后必定再有一种痛苦发生,现在俄国就是我们的好榜样。我们要应该注意的,不可说我们的国情和欧美各国不同,我们如果把国家建设好了,也可以象欧美那样的国富民强。我们如果把民生问题现在能够同时来解决,就可以免将来经济革命的痛苦。如果民生问题不能同时解决,将来人民富足,纯是少数人的富,不是多数人的富。那种少数人的富是假富,多数人的富才是真富。所以,我们要国家永远富强,是有道理的。这个道理便是三民主义。

现在再把桂林的现状来说。如果要想把桂林来改良,必需的方法,象办学校、治河道、修马路、发展农工商业,种种计划是很多的,一时也说不完。假如把这各种大计划实行出来,桂林便另外变成一个新景象。桂林本来的好处说不尽,别的不讲,单就周围的风景来说,真是山清水秀,甲于天下,好的了不得。但是因为街道太窄,汽车、马车不能通行,所以还不见十分美丽。如果开了马路,和广州一样,东西南北可以四通八达,那不是更好的景象吗?假使自今年起,改良街道,便利交通,到明年之后,一定会影响到土地问题——土地问题就是经济问题中的大要素。因为马路一开,沿马路两旁的地价便涨高起来,在马路未开之先,一亩地价值一千元的,在马路已开之后,因为交通便利,两旁生意繁盛,人人都想要买那近边的地皮,建筑大洋楼来做生意,那亩地皮的价钱,一定可以涨到一万元或数万元不等。有这种地皮十亩或百亩的人,一到马路开辟之后,便立刻变成大富翁。那些有地皮的人,在没有开路之先,或者有反对拆旧房子来开新路的。但是马路一开之后,当时反对的人,便可以不动手不劳心,只靠交通便利,便把他所有的地皮高抬价格。如果穷人想用低价钱来买一块地皮做住家的房子,便很不容易买到手。象广州长堤一带的地皮,从前没有马路的时候,一亩地的价钱不过数百元或一二千元,现在因为全城马路都筑好了,地价就涨得非常昂贵,每亩有值五万元或十万元不等的。在座诸君总有到过上海的,上海马路两旁的地价,现在一亩也有值十几万元的。

以上所举的例,影响到土地问题,都是靠着马路开辟、交通便利的原故,这不过略说一个原因罢了。如果说到别的原因,象农业改良、工业发达、矿山开采、商业繁盛之后,那更生出许多极大的资本家来了。到那个时候,大资本家还能吞并小资本家,好象大鱼吃小鱼一样,弄到结果,社会上只有大资本家和劳动者两种人。换句话说,就是工商业极发达之后,只有大富人和穷人两种。到那个时候,穷人因为生活的关系,便不得不去做富人的牛马和奴隶,如果不去做他们的牛马和奴隶,便没有饭吃,便不能够生活。所以富人的势力便非常的强大,穷人的劳动便非常的痛苦,这就是富人压制穷人的暴虐情形。从前的皇帝贵族压制百姓,他们有时候还负些责任,这种大资本家压制小百姓,他们是毫不负责任的呀！我们因为看到了这种弊病,要想一个方法预防他,所以在解决政治问题的时候,同时也要解决人民生计问题。欧美从前解决的方法,还是不彻底,所以便有今天的痛苦。我们想造成一个完完全全的新世界,一定要用三民主义来做建设这个新世界的工具。大概的讲,就是要把民有、民治、民享三个主义一齐实行,人民的生计权利才有真正的自由平等,才能够免去资本家的压制,才能够享永久的幸福。民生问题不解决,社会上的贫富总是不平均。从前孟子说,"不患贫而患不均"。如果有了不均,三十年之后不革命,五十年一百年之后一定是要革命的。我们要防止永远不再革命,一定要实行三民主义,那末,才可以替子子孙孙谋永久的幸福。

本大总统这次的来意,是要把中国造成一个新世界。三民主义就是本大总统拿来造新世界的工具。诸君今天欢迎本大总统,本大总统所要求诸君的,是望诸君提起精神来,一齐同心协力建设这个新世界的新中国！

据黄昌谷编《孙中山先生演说集》(上海民智书局一九二六年出版)

任命刘震寰等职务令

(一九二一年十二月八日)

大总统令

任命刘震寰为广西陆军第一师师长;韦冠英为广西陆军步兵第一旅旅长;严兆丰为广西陆军步兵第二旅旅长。此令。

据上海《民国日报》一九二二年一月八日《大总统命令》

给外交总长的训令

（一九二一年十二月九日）

大总统训令

外交总长：

自我国拒签德约，山东问题遂成为国际悬案。我全国上下所祷祀以求者，惟有拒绝直接交涉，请求世界公判之一途。乃警电传来，徐世昌竟欲违反民意，与日本直接交涉。除布告反对外，合将原文录发，仰该总长迅将全文通电，唤起舆论之注意。切切。此令。

据上海《民国日报》一九二一年十二月二十四日《大总统命令》

在桂林对滇赣粤军的演说 *

（一九二一年十二月十日）

第一课　精神教育

今日集诸君于一堂，讲授军人精神教育，乃欲使诸君得有充分之军人精神，而共任前途非常之大业也。诸君本属军人，固曾受军人教育，亦曾受军人之精神教育。惟诸君前此所受者，不过寻常军

---

　　* 演讲日期，黄编《演说集》载为民国十一年（一九二二年）十一月。现据桂林《四民报》改定为一九二一年十二月十日。

人之教育,而非非常军人之教育也。今在诸君之目前,有非常之事业,必待非常之军人以成之,诸君欲身任非常之事业,则必受非常之教育乃可。此非常之教育为何?即军人之革命精神教育是也。此次诸君远涉桂林,渡长江而北,直捣幽燕,所为者何事?率直言之,革命而已。革命云者,扫除中国一切政治上、社会上旧染之污,而再造一庄严华丽之新民国,为民所有、为民所治、为民所享者也。此为今日顺天应人之事,志士仁人不可不勉。吾辈生在中国,丁此时艰,种族存亡,人人有责,亟应同负革命责任,以成此非常大业。惟负此责任,非有革命精神不为功。革命事业,在十年以前,虽已推倒满清,成立中华民国,然以言成功,则犹未也。武昌革命而后,所谓中华民国者,仅有其名,而无其实,一切政权,仍在腐败官僚、专横武人之手,益以兵灾、水、旱,迄无宁岁,人民痛苦,且加甚焉!此即革命未竟全功,因而难收良果也。此次革命,将以辅〔补〕足前此未完成之事业,继续为之。故本总统此行,即与诸将士同心协力,应革命时机,建革命事业,声威所至,无不争先响应,裹粮景从,洵不待两方交绥,已可决胜,此必然之势,无可怀疑者也。诸君不信,可观各国历史及现今时势,则知革命为世界潮流,亦即为顺天应人事业,其成功之左券,有可预操者。各国中如美、如法皆为革命先河,最近如俄,其劳农政府,亦由革命造成,是其例也。

　　我国革命,已及十年,虽未著成效,然风气日开,民智日进,而时下之奸雄强暴,亦必假托民意,始得生存于国中,此足见潮流之猛烈,非人力可以当之者,故此时有顺天应人之必要。则当以革命事业为己任,质言之,即能负责任与否之问题也。解决此问题,先问有无革命精神,有革命精神,成功必矣!但革命精神,何自来耶?是在精神教育。诸君之所以为军人,非为有军人资格乎?非为曾受军事教育乎?否则,执途人而目之曰:"军人! 军人!"如何其可?

今兹所述之精神教育，即欲诸君灌输此精神于脑中，须臾弗离，虽至造次颠沛之间，守而勿失，夫然后可以为军人，可以言革命，可以卜成功。反是则否。

今日之革命，与古代之革命不同。在中国古代，固已有行之者，如汤武革命，为帝王革命。今之革命，则为人民革命，此种革命，乃本总统三十年前所提倡者。此种革命主义，即三民主义：(一)民族主义，(二)民权主义，(三)民生主义。第一之主义，为种族革命，谓排除他种民族，发扬自己民族，组织一完全独立之民族国家也。第二之主义，为政治革命，谓人民直接参与政权，简言之，即如选举权、罢官权、复决权、创制权等，由人民直接行之，非代议制度下之民权也(参看本总统所著之《三民主义》及《五权宪法》)。第三之主义，为社会革命，亦即经济革命，谓社会上之财产，须平均分配，不为一般资本家所垄断也。三种主义，大要如此。若论种族革命，前此满清专制时代，四万万人民，受其压抑，莫敢谁何。苟且偷安者流，复不知民族主义，甘心俯首，乐为臣仆而不辞。自经本总统提倡革命以后，稍有知识者，虽亦知汉族不宜受治于满人，然终不免迟疑却顾，以为满人已占居优势地位，根深蒂固，论土地则有二十行省，论兵力则有海、陆各军。以身无尺土，手无寸铁之一人，纵使鼓吹革命，将操何术以胜之？是直螳臂挡车，多见其不知自量。故当时有笑余为疯汉者，谓此事绝对不可能。余则深信革命乃顺天应人之事业，其不成功者，不为也，非不能也。彼满清之于中国，以少数人之压制多数人，以野蛮人压制文明人，在理在势，均所不可，吾何慑焉？因有此决心，遂能贯彻主张，使革命思潮，渐次膨胀，终乃有武昌起义之事，民族革命，始能实现，此则由革命党人以革命精神铸成之。所惜者，推翻满清之后，革命党人以为已奏凯歌，踌躇满志，不于政治上、社会上，同时加意改良，故直至今日，建设事业尚未完成也。

今所述者，为精神教育。欲知精神教育，当先知精神为何物？欲知精神之为何，当先下定义。定义云者，就于一种事物，以简单之说明，能确知其为何事何物之谓也。比如，人在世界，究为何物？从哲学上解释，要确知人之所以为人的真义若何，始为圆满答复。若云人就是人，不得谓之定义。依余所见，古人固已有言，"人为万物之灵"。然则万物之灵，即为人之定义。至于精神定义若何？欲求精确之界限，固亦非易，然简括言之，第知凡非物质者，即为精神可矣。

精神之为何？须从哲学上研究之。旷观六合之内，一切现象，蘁然毕陈，种类至为繁夥。今先就其近者小者言之，一室之内，一案之上，茶杯也、木头也、手表也，奔赴吾之眼中者，吾皆能缕指其名，以其有质象可求也。再由一室一案推而至于桂林一省，地大物博，种类更多，或有为吾所不能知，所不能名者。再由桂林推而至于各省，或全国，或世界，则形形色色，虽集多数博物家，不能考求其万一。物类之繁，概可知已。然总括宇宙现象，要不外物质与精神二者。精神虽为物质之对，然实相辅为用。考从前科学未发达时代，往往以精神与物质为绝对分离，而不知二者本合为一。在中国学者，亦恒言有体有用。何谓体？即物质。何谓用？即精神。譬如人之一身，五官百骸皆为体，属于物质；其能言语动作者，即为用，由人之精神为之。二者相辅，不可分离，若猝然丧失精神，官骸虽具，不能言语，不能动作，用既失，而体亦即成为死物矣。由是观之，世界上仅有物质之体，而无精神之用者，必非人类，人类而失精神，则必非完全独立之人。虽现今科学进步，机器发明，或亦有制造之人，比生成之人，毫发无异者，然人之精神不能创造，终不得直谓之为人。人者有精神之用，非专恃物质之体也。我既为人，则当发扬我之精神,亦即所以发扬为人之精神,故革命在乎精神。革命精神者,革命事业之所由产出也。

　　精神与物质相辅为用既如前述,故全无物质亦不能表现精神,但专恃物质,则不可也。今人心理往往偏重物质方面,若言北伐,非曰枪枝务求一律,则曰子弹必须补充,此外种种武器,亦宜精良完备,一若不如是,则不能作战者。自余观之,武器为物质,能使用此武器者,全恃人之精神。两相比较,精神能力实居其九,物质能力仅得其一。何以知其然也?试以武昌革命为例:当日满清之武器,与革命党人之武器,以物质能力论,何啻千与一之比较。革命党人独不虑以卵敌石,乃敢毅然为之者,因其时汉口革命机关业已破露,党人名册亦被搜获,兵士之入党者,均为查悉,悉数调往四川,仅有炮兵、工兵两营留驻武汉,其中同志尚多。有熊秉坤者,新军中一排长耳,见事机已迫,正在大索党人,若我不先发制人,终必为人所制,置于死地而后生,等死耳,不如速发难。因将此意告诸同志,金以无子弹对,后由熊秉坤向其友之已退伍者,借得两盒子弹,分授同志,革命之武器所恃者,仅有此数。枪声一响,炮兵营首先响应,瑞徵〔澂〕、张彪相继逃窜,武汉遂入革命党人之手。彼满清方面军队非不多也,枪弹非不备也,当革命风声传播之时,瑞澂且商诸某国领事,谓若湖北有事,请其拨兵舰相助。布置如此周密,兵力如此雄厚,乃被革命党人以两盒子弹打破之。诸君试想,两盒子弹,至多不过五十颗,即使一一命中,杀敌不过五十人,能打破武昌乎?余以为打破武昌者,革命党人之精神为之。兵法云先声夺人,所谓先声,即精神也。准是以观,物质之力量小,精神之力量大,可于武昌一役决之。此第就本国而言,已有此先例。试再言外国。前此意大利人,有加利波利地者,为一有名之革命家,彼亦非有如何武器能力,当其渡海攻城也,以一千人与三万人敌,相持四五日,卒由他路抄袭入城。此在战略上、战术上,无论如何,均不能取胜,而事实之相悬若此,将谓以少胜众乎?直乃精神胜物质耳!又如日俄战争,俄国兵力多于日本数倍,未战之先,咸以为日本之于俄国,不啻驱羊豕以膏虎吻,必无幸也。何以战争结果,卒以俄败而日胜?此无他,俄之败,败于无精神,日之胜,胜在有精神而已。

诸君不观夫牛与童子乎?牛之力量大于童子,人皆知之,而童子能以一绳引牛,东则东,西则西,牛乃不能奋其一角一蹄,以与童子抗,且甘心俯首,惟命是听者,是则何耶?童子有精神,牛无精神,故童子之力量虽不如牛,而能以精神制驭之,此尤显而易见之例也。

依上面各例,则知此次北伐,亦唯恃有精神,即能制胜。可勿问敌人子弹多少,我之子弹多少,但问我之精神如何?若无精神,子弹虽多,适以资敌;一旦临战,委而弃之,非为敌人运输战利品乎?故两国交战,能扑灭敌国之战斗力者,即在扑灭敌人之精神,而使失其战斗能力。兵法有言:"攻心为上,攻城次之。"攻心者务先打破敌人之精神,取得城池,犹其后也。去年粤军回粤,既下惠州,桂军闻风破胆,先自逃窜,我乃兵不血刃,长歌而入广州城矣。此足见物质之不可恃。所谓"固国不以山谿之险,威天下不以兵革之利"者,其道何在?精神为之也。

诸君皆曾受军事教育者,自必富于军人之精神。惟现今之为军人,与前不同,须具有特别之精神,造成革命军人,方能出国家于危险。以现势论,瓜分中国之说,表面上似甚冷静,实则不然。其在以前,此种论调颇高,吾国人士尚抱有亡国亡种之痛,思所以挽救之。自武昌革命而后,乃渐归沉寂,以为外国不复言瓜分,中国遂亦相与忘之,此乃大误!现时之中国,前途险象,较前尤甚。南北分立之局,扰攘数年未能统一。北方内部且复各树私帜,如张作霖、曹锟、吴佩孚等,割据地盘,拥兵自卫,政治之坏,过于满清,人民转徙流离,如在水深火热之中,待援孔亟。援之之法维何? 须用革命之手段。用革命之手段,则须负革命之责任。革命之责任者,救国救民之责任也。诸君既为军人,又为革命时代之军人,倘不能负此责任,坐视国家之因内扰而召外患,驯至于国亡种灭,其咎将谁尸耶?

诸君在此听讲,有为滇军者,滇人必知滇事,且必愿闻滇事。夫与滇省接壤者,非有缅甸乎? 非有安南乎? 缅甸则征服于英国矣! 安南则并吞于法国矣! 试以安南言之,法国对于安南,专用一种愚民政策,诸君试思安南人,所读何书? 则犹是从前之八股文也。凡关于新教育之知识,毫不使之闻知,且禁绝之。前此有三十余人,自安南潜渡日本留学,事为法国政府所闻,向日本政府要求,将其悉数解回。日本碍于邦交,遂允其请,送回之后,即不知此三十余人之生命如何矣。英国对于缅甸,亦用此种政策。盖恐其知识增进,思想发达,将脱离而独立也。如缅甸、安南者,实为吾国前车之鉴。倘不及时振奋,仍复自私自利,酿成四分五裂之局,中国前途,何堪设想! 诸君再观英国所用政策,便当觉悟,彼非以西藏之兵来攻打箭炉耶? 西藏为中华民国五族之一,固明明中国人也;中国人而可以攻中国,中国人而可以为外国人效力来攻中国,此其例即如满清咸丰时代,英法联军因鸦片事件与中国构衅,英国即招中国广东潮州人为兵,号称潮勇者,使之攻大沽、攻天津、攻北京,焚圆明园。凡此诸役,皆潮勇为之。以中国人攻中国人,以中国人为外国人效力攻中国,可痛孰甚! 现时国势至此,民穷财尽,已达极点。凡为中国人,而又为此时之中国军人,倘尚不思救国救民,纵使外国不复瓜分,中国亦将束手待毙。诸君固皆曾受军事教育者,当知军人之职志,在防御外患,在保卫国家。今先问中华民国是否为完全独立之国家,不受外国之钳制?以余观之,固犹未完全成立也。国会虽选出本总统,而内乱尚未戡定,各省之在北方势力范围者,尚居多数。北方已丧失对外之资格,而正式政府又未经各国承认。当此危亡绝续之交,非先平内乱,而以革命救国不可;以革命救国,非有革命精神不可!无革命精神,则为法属之安南,终受势力屈伏;有革命精神,则为英属之爱尔伦,终得蹴起自治。此外再征印度及高丽,益知革命精神之必要。印度久受英国压迫,近亦引起反动,其革命思想,与前不同。观最近英文报所载,印度人之革命而被英国政府逮捕者,为数达六百余人,可见印度之革命精神,颇有进步,未必终为英国所屈也。高丽亦然,日本之待高丽,异常苛酷。高丽人本富有革命精神,不甘受制,处心积虑,为独立之运动者已久。日本虽防之綦严,然若高丽人始终坚持,则必有能达目的之一日也。若论中国领土,如安南、如高丽、如缅甸、如西藏、如台湾等,或为中国属国,或为中国属地。要而言之,前此皆中国领土也,今乃已入外国版图,中国对于各土地之主权,亦同时随之丧失矣。诸君经过各通商口岸地方,最目击伤心者,为外国人管理海关一事。海关乃中国政治机关,质言之,中国之金库也。金库锁钥,操诸外国人手,国安得而不危?救危之法,御外侮先自平内乱始。故在今日而言救国救民,必要革命。革命须有精神,此精神即为现在军人之精神。但所谓精神,非泛泛言之,智、仁、勇三者,即为军人精神之要素。能发扬这三种精神,始可以救民,始可以救国。以下试再分别述之。

第二课　智

军人之精神,为智、仁、勇三者。今先言智。智之云者,有聪明,有见识之谓,是即为智之定义。凡遇一事,以我之聪明,我之见识,能明白了解,即时有应付方法,而根本上又须合乎道义,非以尔诈我虞为智也。智之范围甚广,宇宙之范围,皆为智之范围,故能知过去未来者,亦谓之智。吾人之在世界,其知识要随事物之增加,而同时进步,否则渐即于老朽颓唐,灵明日锢。是以智之反面,则为蠢、为愚。

智何自生?有其来源,约言之,厥有三种:一、由于天生者,二、由于力学者,三、由于经验者。中国古时学者,亦有生而知之,学而知之,因而知之之说,与此略同。凡人之聪明,唯各因其得天之厚薄不同,稍生差别,得多者为大聪明,得少者为小聪明,其为智则一,此由于天生也。若由学问上致力,则能集合多数人之聪明,以为聪明,不特取法现代,抑且尚友古人,有时较天生之智为胜。例如甲乙二人,甲聪明而不好学,乙聪明虽不如甲,而好学过之,其结果乙之所得,必多于甲。此则由于力学也。此外亦有不由天生,不由力学,而由经验得来者。谚云:"不经一事,不长一智。"故所历之事既多,智识遂亦增长,所谓增益其所不能者,此由于经验也。要而言之,智之来源,不外此三者而已。

军人之智:

一、别是非,

二、明利害,

三、识时势,

四、知彼己。

诸君皆为军人,须知军人之智为军人精神之一种,尤须知军人之智,在乎别是非,明利害,识时势,知彼己。试再分述如下。

何言乎别是非也?凡为军人,要先知自己所处之地位,与所负之责任如何?军人者,为社会分工,有保卫国家及人民之责任也。

何谓分工？社会上之事业,非一人所能独任,如农业、如工业、如商业等,在乎吾人自审所长,各执其业,此之谓分工。试再举例以明之:若使以吾一人漂流孤岛,造饭也、打鱼也、摘果也,既无他人可以分任,非若住居城市,惟意所适,造饭则有司爨,即至打鱼、摘果,亦皆有各司其事者。故一人之世界,与有社会之世界不同,欲求一饱,须兼数役,其困难可知。又不独饮食为然,如欲避风雨,御寒暑,则须自造房屋,自为木工;非若在市镇地方,欲建高楼大厦,但解囊出资,便可集事,不须自执工人之役也。由此观之,一人之单独生活,较众人之共同生活,难易有别。倘同时漂流孤岛者,其数能及十人,则举凡做饭、打鱼、摘果、建屋诸事,不必集于一身,可以分功为之,如此则劳苦减少,而所得效果亦多。社会者,即分工之最大场所也。合农、工、商等之各种组织,而始成一大社会。故社会之事业,愈分愈多,则愈形活动。诸君之为军人,亦不过为社会分工之一而已。彼为农、为工、为商者,因各有所事,不能躬执干戈,故有待于军人之保护。而军人之生活,则皆取给于彼,衣、食、住、行四者,皆不须自为,而有人代为之。然则军人所为何事？对于社会所担任之职务何在？是在乎保护人民与保卫国家,凡军人分所应为之事,亦即在此。但如何而始能尽此卫国卫民之职务乎？其最先、最要者为别是非。是非于何别之？军人所以卫民,利于民则为是,不利于民则为非;军人所以卫国,利于国则为是,不利于国则为非。是非不明,则已无军人之精神,何能卫民？何能卫国？以余观之,现时军人,虽非无能明是非者,但亦有利令智昏之辈,往往只顾目前,以为我有枪在,对于人民何求不得。于是军人之名誉扫地,应尽之军人责任,亦全然抛弃,不能保民,反以害民。社会何贵有此军人？国家亦何赖有此军人？诸君既为军人,则当思为社会分工,为人民为国家负责。而所以能分工能负责者,即在别是非;

是非之别,即在合乎道不合乎道,惟诸君自择之。

　　何言乎明利害也? 利害之与是非,本相因而至。譬如军队所过地方真能秋毫无犯,则民必争先恐后,壶浆箪食以迎之。故利民者,民亦有利于我;其恃强骚扰,则民皆望望然去之,如避虎狼。观去年桂军与粤军开战时,往往桂军正在前方攻击,而后方人民出其不意,用种种方法破坏之,或截留械弹,或不供食品,此则因桂军平日虐待人民,故人民以此报之。可见害人者,适以自害。利害之间,在乎自审。但以利害务求其远者大者,勿贪其近者小者。何谓远者大者? 军人以卫国卫民为已责,其利亦即在此。但因吾国现时之国势,故曰利害之与是非相因而至。是则为利,利可为也;非则为害,害不可为也。明乎此,始可谓智,始可为军人,始可为革命之军人。

　　何言乎识时势也? 诸君此次远来桂林,更须渡长江而捣北京,志在统一中国,造成完全独立之新国家。试问此事,为何等事业? 为此事者,果有如何把握乎? 是在审时度势而已。古人有言:"虽有智慧,不知乘势,虽有镃基,不如待时。"则知识时势之必要,固非独军人为然,而在军人尤甚。何谓时? 即时机成熟与否之问题。成熟则可为,且为之也易。不成熟则不可为,且为之也难。例如种果,果已熟矣,摘而食之,味必甘美,反是则否。种稻亦然,未至收成之期,虽欲助长,不可得也。何谓势? 即势力之顺逆,与难易之比较是也。如同一石也,推之下山则势顺,而用力易,若欲移石于山上,则势逆,而用力难。时势之宜审度若此。此次北伐,以义师而推倒北方之军阀官僚,直如摘已熟之果,获已熟之稻,既至其时,应手而落。又如由高山推石,使之下坠,乘势利便,毫不费力也。现时北方人民,对于北方之腐败政府,厌恶已极,日望南方之援手,俾得早出陷阱之中。大军一临,势如破竹,此即若推石下山之例,顺而且易,只问推之与否,推则未有不下者。或以为北方之军队,枪械较我完备,北伐岂能必胜?而不知时势既已至此,事半功倍,取之甚易。我则得道多助,彼则众叛亲离,军队虽多,犹市人也;枪械虽足,犹外府也。故曰乘时与势,无不成功。诸君犹以为国家尚未完全造成,故军人之希望甚为微薄,且渺不可知。造成此完全之国家,即全在军人,有完全之国家,斯有远大之利益,请以英、美各国待遇军人之方法,与诸君言之。英、美之待军人,凡服兵役至一定之年限而退伍者,给以全粮,国家且为择相当之业务;所生子女,由国家给养。又有其子方服兵役,而父母无以为养者,亦由国家扶助之。其在阵战死亡者,子女扶养,须至一定之年限,即子能成立,女已出嫁之谓;父母则给养终身,妻不嫁者,亦如之。彼英、美各国优待军人如此,故军人亦争出死力以卫国家。吾国军人,则以未有完全国家,前途如何,希望如何,皆难预揣。或者今日入伍,明日解散,亦不可知。以滇军论,不特无完全国家,且远离本省,转战多年,其苦尤甚。此后欲求自己之远大利益,则当乘此革命时机,用革命手段,造出新国家,亦如英、美各国之军人,退伍则给予全粮,即父母妻子,亦皆有所资以为养,斯则为军人之利之远且大者。若不此之为,徒贪近利小利,今日抢一商店,明日掠一富家,甚至借拉夫之名,施行劫之实,所获无几,而怨谤之积,乃如邱山,此不特无利可言,且为大害。所以观去年桂军受广东人民后方之扰,卒至一败而不可收拾者,是其例也。军人者,有救国救民之责任,宜思建设新国家,以为吾终身及子孙之倚赖。且其利不独在军人,四万万人民感〔咸〕受其赐,其远大为何如耶?倘仅贪目前之近利小利,实则害也,非利也。利害不明,已不能自卫其身,又安能卫国?又安能卫民?时机未至耶?实则十年以前,已早成熟。倘武昌革命之时,乘势打破北京,摧陷而廓清之,北伐之事,不必迟至今日。此即若种果、种稻，已至成熟之期，不摘不获，终亦腐烂而已。时不可失，一误岂容再误，愿诸君勉之！

何言乎知彼己也？古人云："知己知彼，百战百胜。"彼即敌人也。现在北方军队，其内容极形复杂，约可分为三大部分：一为奉系之张作霖；二为直系之曹锟及吴佩孚；三为皖系之段派军队，如浙卢、闽李、陕陈皆是。此三派者，兵力相等，同床异梦，相争而莫敢先动，则成相持之势。独吴佩孚跳梁其间，而为奉皖所同忌。吴一穷酸秀才耳，既为旅长之后，骗取南方金钱，扩张军队，屡发通电，以赞成共和，建设民治为言，一时人士，受其欺蒙，北方伪政府，亦倚之如长城。彼固宣言不为督军者，今则已受伪命之两湖巡阅使；彼固矢口拥护民治者，此次入寇湖南，乃有决堤淹军之举。湘鄂人民，惨遭荼毒，争欲食其肉而寝其皮，其名誉已扫地矣。即彼之内部，亦颇不稳固，如某某旧部之某某等，亦倾向我军，派人前来接洽。吴佩孚自知天怒人怨，恐不能当北伐之师，近且派遣代表来粤，其用意如何，殊不可测，将来能倒戈以抗徐世昌与否，亦尚难知。以现势言，彼与张作霖，尤为势不两立，故时有后顾之忧。更握要言之，则此三派之人，固已无一愿效忠尽力于北庭者。以上所述，为彼方之情形。至若自己之情形，则如何耶？两粤固无问题，云南、贵州、四川均属一致，湘南亦准备对鄂反攻。此外，散布北方军队，其中同情于我者尚多。只须同负革命责任，发扬革命精神，以此制敌，何敌不摧？以此攻城，何城不克？此则由于南方有主义，北方无主义；南方为公，北方为私故也。以有主义与无主义战，以为公者与为私者战，胜败之数，奚待蓍龟？但观此次本大总统来桂，人民欢迎之诚意，即可窥见一斑矣！

军人之智，如前述之别是非、明利害、识时势、知彼己四者，固无疑义。但望诸君之为军人者，无论官长士兵，对于人民宜以仁义为重。须知人民与我为一体,利害与共,不过分功任事而已。

我为军人,不耕而食,不织而衣;彼乃为农、为工、为商,以供我之衣食者,即有待于我之保护。倘不能保护,而反残害之,彼若相率裹足,无复敢为农、为工、为商者,军事〔人〕之衣食将谁供乎？是其受害,仍在自己。故军人之智,须以合于道义为准。诸君既各有天生之聪明,曾受军事教育,而滇军又皆身经百战,富有军事上之经验,于智之来源,固已兼备。诚能发奋其精神而光大之,何患夫北伐,又何患夫北伐之不成功耶?

第三课　仁

仁与智不同,于何见之？所贵乎智者,在能明利害,故明哲保身,谓之智。仁则不问利害如何,有杀身以成仁,无求生以害仁。求仁得仁,斯无怨矣。仁与智之差别若此,定义即由之而生。中国古来学者,言仁者不一而足。据余所见,仁之定义,诚如唐韩愈所云"博爱之谓仁",敢云适当。博爱云者,为公爱而非私爱,即如"天下有饥者,由己饥之;天下有溺者,由己溺之"之意,与夫爱父母妻子者有别。以其所爱在大,非妇人之仁可比,故谓之博爱。能博爱,即可谓之仁。

仁之种类:

一、救世之仁,

二、救人之仁,

三、救国之仁。

仁之种类,有救世、救人、救国三者,其性质则皆为博爱。何谓救世？即宗教家之仁,如佛教、如耶稣教,皆以牺牲为主义,救济众生。当佛教初来中国时,辟佛教者颇多,而佛教教徒,乃能始终坚持，以宣传其主义，占有强大势力。耶教亦然，不独前在中国传教者，教堂被毁，教士被害，时有所闻；即在外国，新教亦迭遭反对。然其信徒则皆置而不顾，仍复毅然为之，到处宣传，不稍退缩。盖其心以为感化众人，乃其本职，因此而死，乃至光荣。此所谓舍身以救世，宗教家之仁也。何谓救人？即慈善家之仁。此乃以乐善好施为事，如寒者解衣衣之，饥者推食食之，抱定济众宗旨，无所吝惜。居于乡，而乡称仁；居于邑，而邑称仁。此谓舍财以救人，慈善家之仁也。何谓救国？即志士爱国之仁，与宗教家、慈善家同其心术，而异其目的，专为国家出死力，牺牲生命，在所不计。故爱国心重者，其国必强，反是则弱。试以日本为例，初本弱小，自战胜俄后，乃一跃而与列强并峙，其故安在？即在于日本人之爱国心。爱国心于何见之？当旅顺之役，日本欲封锁海口，阻遏俄兵出路，须炸沉多少船舰，然此为九死一生之事，故日本之司令官，不欲以命令行之，而欲征求诸将士之志愿，有敢死之士数百人即可。而其结果报名者，竟达数千，乃用拈筹之法，以定取舍。传闻当时有筹数雷同之甲乙二人，互争前往，其不得往〈者〉，竟至蹈海而死，以表决心，由是军心大为感动，日终胜俄。此所谓舍生以救国，志士之仁也。

军人之仁，果如何耶？其目的在于救国，故自有军人以来，无不曰为国尽力。但专制国之军人，与共和国之军人，又有不同。专制国家乃君主个人之私产，认定君主即为国家，故在此专制国之军人，只可谓忠于一人一姓，为君主出死力，非为人民而牺牲也。若在共和国，则国家属于全体人民，而牺牲者，即同时为国家尽力也。专制国与共和国之军人，相异之点若此。然国家之本质如何？为军人者，亦不可不知。据德国政治学者之说，彼则谓国家以三种之要素而成立：第一为领土。国无论大小，必有一定之土地为其根据，此土地，即为领土。领土云者，谓在此土地之范围，为国家之权力所能及也。第二为人民。国家者，一最大之团体也，人民即为其团体员，无人民而仅有土地，则国家亦不能构成。第三为主权。有土地矣，有人民矣，无统治之权力，仍不能成国。此统治权力，在专制国，则属于君主一人，在共和国，则属于国民全体也。

现今之中华民国，虽为共和国家，尚非完全真正之民主国。因武昌革命以后，仍为官僚政治，武人政治，一切政权，悉操其手，彼固不知共和主义为何物，国利民福为何事，救国报民为何等责任也。我南方军人，不思救国救民则已，不负此救国救民之责任则已，负此责任，则非徒托空言，须有一定之主义，始可以成仁，始可以成功。观前此革命先烈，前仆后起，视死如归，即为主义而牺牲也。主义维何？三民主义是也。三民主义，已于第一课略述，兹再分析说明如下。

三民主义中，第一为民族主义。欲言此主义，当回溯武昌革命以前，其时汉族受治于满人，土地全被占据，二百余年中，尊鞑子为皇帝。鞑子者即满洲人也，或亦称为鞑虏。初入关时，亦多有起而与抗者，卒以绌于实力，遂至失败。扬州十日之惨杀，真痛史也！自是而后，满人日施其压制手段，愚民政策，人民乃渐忘亡国之痛，甘心服从。自余提倡革命以来，人心稍稍感动，民族主义，渐次膨胀，一般志士，遇害颇多，杀一人复生十人，杀十人复生百人，由是革命思潮，震荡全国，直至武昌起义，始将满人推翻，光复汉族。然则时至今日，民族主义可以不言乎？未也。前者满人以他民族入主中国，僭称帝号，故吾人群起革命。今则满族虽去，而中华民国国家，尚不免成为半独立国，所谓五族共和者，直欺人之语！盖藏、蒙、回、满皆无自卫能力。发扬光大民族主义，而使藏、蒙、回、满，同化于我汉族，建设一最大之民族国家者，是在汉人之自决。若不及今振拔，将来恐将流为他国奴隶。而振拔之责任，尤为军人是赖。军人者，拥护国家者。故须将中华民国国家臻进于独立之地位，然后民族主义始为圆满解决。否则满族虽已排斥，代满族而起者，虎视眈眈，正复繁多，其结果将如缅甸之征服于英国，安南之吞并于法国，是则大可忧也！

吾国今日所以堕落于半独立国之地位者，追原祸首，其咎在满人。彼满人固最富于民族思想者，种种政策，无非压抑汉人〔人〕，因汉人之文明智识，皆在其上，深恐汉人果占优胜，必为其害。满人中有端方者常言："宁可送与朋友，不可给与家奴。"彼盖以朋友比外国，以家奴比汉人。故在满清时代，凡割让土地，丧失国权之事，甘心为之，绝无顾忌。直至革命以后，满清虽已推倒，而已失之国权与土地，仍操诸外国，未能收回。以言国权，如海关则归其掌握，条约则受其束缚，领事裁判则犹未撤销；以言土地，威海卫入于英，旅顺入于日，青岛入于德。德国败后，而山东问题尚复受制于日本，至今不能归还。由此现象观之，中华民国固未可谓为完全独立国家也！吾人若以救国为己任，则仍当坚持民族主义，实行收回已失之土地与国权，始能与日本、暹罗同为东亚之独立国。勿谓满清已倒，种族革命已告成功，民族主义即可束诸高阁也。

次言民权主义。前此帝制时代，以天下奉一人，皇帝之于国家，直视为自己之私产。且谓皇帝为天生者，如天子受命于天，及天睿聪明诸说，皆假此欺人，以证皇帝之至尊无上。甚或托诸神话鬼语，坚人民之信仰，中国历史上固多有之。现今民智发达，君权国已难存在，且受革命思潮之影响，大多数倾向民权政治，敢断言将来世界上无君主立足之地。其在欧洲各国中，则以英国为先觉，革命最早，造成立宪国家，一切政权在于国会，君主权力须受法律上之制限。此外如法国，亦几经革命而始成今日之民权国。欧战以后，德国、俄国乃亦一变而成为民权国。夫德国固素以德意志帝国主义自雄者，不图反对帝制之革命，一鼓成功。俄国亦号称极端专制，而政治革命与社会革命乃竟同时并举，遂有劳农政府之建设。此征诸外国民权主义之发达与倾向，已有明证。即言吾国，满清既倒而后，或尚以为帝制死灰可以复燃，故袁世凯称帝时代，上劝进之表者，颇不乏人，然前后八十日间，终归泡影。此后张勋复辟，率兵入京，乃亦不旋踵而败。足见君权之不能战胜民权，为世界潮流，为古今公例，不可强而致也。

　　君权国者，为君主独治之国家，故亦曰独头政治。民权国者，为人民共治之国家，故亦曰众民政治（但如代议制之民权国，非由人民直接参与政权者，尚不得谓纯粹之众民政治）。试以经营商业为例，有东家生意，与公司生意二种。东家生意者，由东家一人主持之，公司生意者，由股东多数人主持之。君权国即如东家生意，权在君主一人。民权国即如公司生意，权在股东多数人。今日之中华民国国家，固一民权国也，既曰民权国，则宜为四万万人民共治之国家。治之之法，即在予人民以完全之政治上权力，可分为四：一、选举权，凡为中华民国人民，皆有此选举权，亦曰被选权。由人民选出官吏，担任国家或地方之立法行政机关各事务，此官吏即为公仆。二、罢官权，人民对于官吏有选举之权，亦须有罢免之权，如公司中之董事，由股东选任，亦可由股东废除也。三、创制权，由人民以公意创制一种法律，此则异于专制时代，非天子不议礼，不制度也。四、复决权，此即废法权，法律有不便者，人民以公意废止，或修改之。以上四种为直接民权。有此直接民权，始可谓之行民治。彼北方之吴佩孚，亦尝云赞成民治矣，而近来行为，适得其反。彼固非真知民治者，不过假冒名义，以资号召，为自己保势力固地盘之兑换券耳。夫民权者，谓政治上之权力完全在民，非操诸少数武人或官僚之手。吾国久受专制余毒,武昌革命以后,由帝治而移于官治,民气仍遭抑压,现虽高揭民治标帜,而一般人民,尚不知直接民权为何物,是在吾人竭力提倡,务使民权日益发达,然后民治乃可实行也。

　　民族与民权主义,既如前述,兹再就民生主义言之。此三种主义,皆为平等、自由主义,其效力本属相通,故主义虽各分立,仍须同时提倡。民族主义者,打破种族上不平等之阶级也。如满清专政,彼为主而我为奴,以他民族压制我民族,不平孰甚?故种族革命因之而起。民权主义者,打破政治上不平等之阶级也。此为对内,而非对外,与民族主义不同之点,即在乎是。如君主政治、贵族政治,皆为独裁政治,人民无与焉。是则以一人(君主)或少数人(贵族)压制多数人,故常因反动之发生,遂成政治革命。若夫民生主义,则为打破社会上不平等之阶级也。此阶级为贫富阶级,如大富豪、大资本家,在社会上垄断权利,一般人民日受其束缚驰骤,陷于痛苦。故常有富者田连阡陌,而贫者地无立锥之叹,社会革命,势不能免。以中国论,现时虽尚无大资本家专制之弊,然将来实业发达,则亦必有社会革命问题发生。或谓中国既无资本家,何必提倡民生主义,岂非无病呻吟欤?不知其于中国民族主义,与民权主义,皆因治病而求艾;民生主义,则为思患而预防。及今不图,后将为患。故卫生之与疗病,自亦不同,一则防之于未然,一则治之于已发也。中国今日虽无大资本家,然其见端固已有之。试以上海、广州二处为例,上海之黄浦滩,前是〔时〕一亩之地,不过价银二十两,现时地价则不知涨高几倍。广州之长堤,当未辟马路以前,每一亩地仅值五六百元,今则有一亩而索价三四万元者矣。将来此种土地,尽入资本家之手,一般贫民之痛苦,即因之以生。盖资本家必先以贱价收置贫民之土地,迨全行收置之后,复以高价租赁于一般贫民,贫民无如何也。衣食亦然,若俱为资本家所垄断,生活与工价不能相应,遂致富者愈富,贫者愈贫,如美国工人工钱虽多,而生活仍难维持,已陷于此种之困境,即其明证。再举一例,以桂林论,固素称山水甲天下者,然非独千岩竞秀,徒为美观而已,实则桂林之大富源,即藏于此。试观桂林周围之石山,即洋灰之好原料也,将来实业发达,将此石头造成洋灰,即所谓士敏土。洋灰之销路甚多,用途甚广,开发此石山之资本家,其所得利益,将不可以数量计,犹如美国之煤油大王亦可称为石头大王矣。由是观之,中国实业发达以后,资本家之以资本能力压制人民,固必然之势,若不预防,则必踏英、美之覆辙也。欧洲当二百年前,为种族革命时期,近一百年以来,为政治革命时期,现今则为社会革命时期。此三者,一线相承,故须同时唱导三民主义。但观英、美今日之社会问题,便当自觉,因彼于政治革命成功后,不复计及社会革命,故有此弊。若俄国现时之新政府,则有鉴于此,乃以政治革命与社会革命同时并举。所谓劳农政府者,直乃农工兵政府,即以为农、为工、为兵者组织而成之政府也。彼之新政府,不独推翻君主专制,且实行打破资本家专制,是即所谓社会革命,亦即所谓民生问题。各国深恐此主义传播其国内,人民受此影响,势将起而效尤,故互相联合,以与俄国战。迄今四年,仍不能战胜俄国,此则俄国之以主义胜也。

中国今日民穷财尽,所患在贫。而各国之所患,则在不均。以余观之,贫富问题,即分配不均问题。欲谋救贫之法,同时须先将不均问题,详加研究,故民生主义,必不容缓,否则三十年后,产出多数资本家,其害殊非浅鲜!第就吾国现势而论,此民生主义为预防政策,但须研究对于将来之资本家加以如何之限制,而不必遽学各国将资本家悉数扫除。因吾国现时尚鲜大富豪,将来纵或有之,果使先事预防其弊,亦不如欧美之甚。预防之法维何? 依余所见,不外土地问题与资本问题。对于土地,宜先平均地权,此与中国古时之井田同其意,而异其法。法之大要有二,一为照价纳税,一为照价收买。照价纳税者,即为值百抽一法。例如每亩值二十元,纳税二毫,累进以至于每亩值二十万元者,纳税二千元。如是则地税之输纳,胥得其平矣。但照价纳税,必先自规定地价始。英国尝有估价局之设,且尚虑估计不平,人民有不服者,许其伸诉,因复有控诉衙门。然此法势不能行于中国,恐徒滋扰。不如由人人自行估价呈报,即照其呈报之价抽税,较为简便可行。所虑者,即为希图少纳地税,抑价蒙报之一点。实则可勿虑也。苟同时规定照价收买之法,即可免此弊,例如有地一亩,价值千元,年应纳税十元;若彼以图减税额之故,只报每亩值百元,而每年税额仅纳一元已足,是诚于彼有利,然一经照价收买,则原报价值百元者,国家得以百元收买之,其受损不益甚乎? 如是则地主以豫防他日之收买故,必不敢抑价蒙报,此土地问题之解决方法也。至若解决资本问题,必先振兴实业。中国现正患贫,岂有资力兴办? 余则主张借外债,以从事生利事业,不可以供消耗之用,如北庭剜肉医疮之所为。宜以之开辟市场、工厂及一切矿山、铁路,定为国有。中华民国国家者为四万万人民共有之国家,此种事业既为国家所有,即为四万万人民所共有,不至操纵于少数资本家之手,始可谓之国利民福也。

　　以上三种主义,为军人之精神所由表现,亦即为军人之仁所由表现。军人者,以救国救民为目的,有救国救民之责任。国与民弱且贫矣,不思有以救之,不可也;救之而不得其道,仍不可也。道何在? 即实行三民主义,以成救国救民之仁而已。

第四课　勇

　　军人之精神,为智、仁、勇三者。既有智与仁矣,无勇以济之,仍未完备。兹述军人之勇,须先知勇之定义如何。古来之言勇者,不一其说。一往无前,谓之勇;临事不避,谓之勇。余以为最流通之用语"不怕"二字,实即勇之定义,最简括而最确切者。孔子有言"勇者不惧"。可见不惧即为勇之特征。孟施舍古之勇士,其言曰:"舍岂能为必胜哉? 能无惧而已矣。"由是以观,不怕即勇之定义,决无可疑。但军人之勇,须为有主义、有目的、有知识之勇始可。否则逞一时之意气,勇于私斗,而怯于公战,误用其勇,害乃滋甚。今再就勇之种类,分别言之。

　　勇之种类不一,有发狂之勇,所谓"一朝之忿,亡其身,以及其亲"者是也。有血气之勇,所谓"思以一毫挫于人,若挞之于市朝"者是也。有无知之勇,所谓"奋螳臂以挡车轮"者是也。凡此数者,皆为小勇,而非大勇。而军人之勇,是在夫成仁取义,为世界上之大勇。古人有言:"遇小敌怯,遇大敌勇。"即恐轻用其勇,误用大勇,徒成为游勇之勇。彼桂军多系游勇出身,此次粤军援桂,桂军一遇粤军,辄即溃败,其故何耶? 则以无主义、无目的、无知识故,虽有小勇,于事奚济? 诸君试观沈鸿英军队,在桂军中颇以善战名,自去年自广东败窜回桂,复由桂败窜而走湖南,转入江西,残部仅二三千人,所过地方,如入无人之境,似具其勇气者。然终系强盗性质,不得为真正军人之勇。以赣军与沈军比,赣军固真正军人也,乃沈军先至江西,而赣军尚在桂林,江西宜为赣军范围,竟被沈军侵入,此时为赣军者,正当发愤为雄,实行回赣,以雪此耻。且赣军回赣,与滇军回滇,情形不同,因赣省尚属北方地盘,滇省已为西南团体,故滇军不必回滇,赣军必要回赣。明乎此,则为有主义、有目的、有知识之大勇,所以异乎游勇之勇,而为真正军人之勇也。

军人之勇:

一、长技能,

二、明生死。

军人之勇,第一必要者为技能。诸君皆曾受军事教育,于现今各国之新战术、新武器,自必耳熟能详,无庸赘述。但武器与战术,固有关系者。以中国论,昔用弓箭,而今用枪炮,武器不同,战术亦随之而异。自海禁既开之后,与英战、与法战、与日战、与联军战,未有不败者,非无枪炮,不谙战术故也。苟谙战术,则昔日安南中之黑旗,法国患之;南非洲杜国之农民,英国患之。彼之所用战术,皆为游勇战术,最能制胜。余亦主张此战术颇适用于中国,若与北方交战,尤为相宜。约言之,有五种技能,为游勇战术中最可采取者:一曰命中,二曰隐伏,三曰耐劳,四曰走路,五曰吃粗。以下试再分别述之。

何谓能命中?军队之有无战斗力,以能杀敌与否为断,故命中为第一要件。但以命中论,即外国军队亦未必擅长。此次欧战发生,每一日中所用子弹,实不知几万万也。其在激烈战斗时,每日所用,有至十数万万者。然以其效力计之,则非万弹以上,不能中一人也。因彼之战术,乃以子弹遮拦敌人,使不得前进,故多在二千密达以外用之。若在八千密达以外,至几万密达时,则须用重炮,亦如用步枪然,多在以弹遮拦敌人之前进。此外空中以飞机战,水底以潜艇战,类皆愈出愈奇。尚有露天地洞,与闭天地洞,为炮弹所不能及者。两方兵士相遇,则以徒手搏击,甚有开战时,阒若无人,不知其战斗地点在于何处者。推其所耗子弹极多,以吨数计,总在几千几百吨以上(每一吨合中国十六担八)。此种战术,中国决不能学,因彼之制造子弹有加无已,且发弹系以机器,不费人力。现有最新式机关枪,一分钟可发一千五百颗子弹者,以一百颗为一盒,计算每一分钟可发十五盒。彼固不求一一命中,务在多发子弹,堵截敌人而已。若游勇战术则与之相反,彼视子弹如生命,非必中者不轻施放,而有五十颗子弹,便已十分满足。以现在军队论,每一兵士,至少有二百颗以上子弹,何以一言北伐,犹以为少?岂命中之技,尚不及游勇耶?诸君须知子弹之接济与补充,有在后方者,有在前方者,游勇之重视子弹,因其子弹只有此数,非遇敌人,则无补充之机会,故不在后方接济,而在取诸前方。此不独游勇为然,即如粤军自援闽以至回粤,其子弹皆取自敌人为多,而不专恃后方接济,其明征也。若在无枪炮,而用弓箭之时代,射箭比放枪更难。而古时有百步穿杨者,即在于能命中。否则临阵之际,最多随带三四十枝箭矢,若无命中能力,即不审无的而发矢,只须数分钟间,矢尽而已亦就擒,又焉能战?枪炮亦然,不能命中,则子弹之消耗多,而杀敌之效力微。前者北京天坛之战,段祺瑞军队耗去三百万子弹,而张勋之兵死伤合计不过一百七十余人,此则由于不能命中之故。由是观之,子弹之有效,在能命中,若不能命中者,子弹虽多,皆为赘物。近时兵士,往往轻于放枪,不问命中与否,放枪时,其有高抬两手,或紧闭眼睛者,此何异于无的而发矢!须知子弹至为宝贵,中国既无若干大兵工厂,不宜学欧洲战术,以子弹为遮障,宜学游勇战术,视子弹如生命。但平时须练习射击,务求命中,不使虚发。此为军人之勇,有恃无恐之第一要件也。

何谓能隐伏?即避弹方法。但此种避弹,非如义和团之用符咒,乃系利用地形,为人身之屏蔽。余在安南时,常以此询诸一般游勇,彼云:“人立地上,靶子颇大,敌人一望即知,故须藉地形以为埋伏之所,或藏在石头后,仅露其首,以使靶子缩小,敌人无标的可寻，我尚可从容窥探其举动，即在子弹如雨之际，尤宜深自闭藏，勿庸惊审，因此时前后左右必无敌人踪迹也。"游勇之所述者如此，彼盖得诸经验，而与操典中所谓利用地形或地物者，却相暗合（地形属于天然的，如石头是；地物属于人工的，如一切建筑物是），故隐伏亦为技能之一。

何谓能耐劳？此与隐伏相关联者。我亦尝闻诸游勇，彼谓：隐伏秘诀只是"不动"二字，至少须能耐十二小时之劳，直至夜深始可潜行。因子弹之速力，异常快捷，人虽有追风之绝足，必不能过于子弹。走避易为所中，不如耐心隐伏，较为安全也。此尚有实例可征，前此黄克强在钦廉起事时，有一次仅剩四人逃在山上，敌人之围攻者，约六百人，然彼实不知仅有四人也，来攻时，皆用三十人为前锋。而此四人者，如何抵御？据其事后所述，敌人未来时，则隐伏不动，俟彼来袭近，在五十步左右，始行开枪。每开一排，必死二三人，连开三四排，敌人之死者十余人，卒以脱险。此一役也，即全在有命中、隐伏与耐劳之技能，否则以四人敌六百人，宁有幸耶？

何谓能走路？现时中国尚未有完全铁道，行军之际，专恃走路。练习之法，只须日行二十里，十日以后，每日递加五里，如此则不觉劳顿，而脚力自健。彼游勇战术，亦即以善走称。尚有实例可征，北军一到南方，每以山岭崎岖为苦，南军则如履平地，快捷异常，是为我之所长，敌之所短。故曰走路一端，亦为技能之必要，不可不注意也。

何谓能吃粗？游勇所恃之粮食，即此炒米一种，每人携带十斤，可支六七日，不至苦饥。遇有作战时，且无须费做饭时间。此亦为游勇之特长，胜于正式军队者。去年湖南援鄂之役，其始占据地方不少，卒因后路补充缺乏，乃至于败。粮食亦为补充之一，倘能如游勇之吃粗，则于行军极为简便，既免飞刍挽粟之苦，而给养亦不患烦难也。

军人之勇，于技能以外，更有明生死之必要，不明生死，则不能发扬勇气。所谓勇，即"不怕"二字。然暴虎冯河，人之所能独至于死，则未有不怕者，以欲生恶死，人之常情也。研究此问题，为哲学上问题，人生不过百年，百年而后，尚能生存否耶？无论如何，莫不有一死，死既终不可避，则当乘此时机，建设革命事业。若仅贪图俄顷之富贵，苟且偷活，于世何裨？故死有重于泰山，有轻于鸿毛者，死得其所则重，不得其所则轻。吾人生今日之世界，为革命世界，可谓生得其时，予我以建功立名之良好机会。夫汤武革命，孔子且艳称之，彼不过帝王革命，英雄革命。而我则为人民革命，平民革命，乃前不及见、后不再来之神圣事业。先我而生者，既不及见，后我而生者，亦必深自恨晚，且不知若何羡慕。故今日之我，其生也，为革命而生我；其死也，为革命而死我，死得其所，未有善于此时者！诸君试观黄花岗烈士，从容就义，杀身以成其仁，当日虽为革命而牺牲，至今浩气常存，极历史上之光荣，名且不朽，然犹曰为革命失败而死也。若此次革命乃必成之功业，又何惮而不为，又何死之可怕？今日集此一堂者，大半皆在二十岁以上，至多更有八十年之寿命，终不免一死，死于牖下，与死于疆场，孰为荣誉？是在明生死之辨！如孟子所谓"所欲有〈甚〉于生者，舍生而取义也"。故为革命而死者，为成仁，为取义，非若庸庸碌碌之辈，终日醉生梦死，无所表见，又非若匹夫、匹妇之为谅，自经于沟渎，而莫知之也。诸君既为军人，不宜畏死，畏死则勿为军人。须知军人之为国家效死，死重于泰山。我死则国生，我生则国死，生死之间，在乎自择！明生死，则能鼓其勇气，以从事于革命事业，为革命军人，革命成功，可立而待，将来之幸福，且无穷极。以吾人数十年必死之生命，立国家亿万年不死之根基，其价值之重可知。诸君幸共勉之！

第五课　决心

（一）成功。

（二）成仁。

军人生在今日，有改造国家之责任。改造国家者，质言之，即造成新世界，于破坏之后，加以建设之谓。负此责任，全在吾人之决心。决心于何见之？在夫精神。精神者，革命成功之证券及担保也。军人精神，前已言之。第一之要素为智，能别是非，明利害，识时务，知彼己，然后左右逢源，无不如志。第二之要素为仁，而所以行仁之方法，则在实行三民主义。此三民主义，亦即与美国总统林肯所言民有、民治、民享之说相通。第三之要素为勇，军人须具有技能，始足应敌，而又须明于生死之辨，乃不至临事依违，有所顾忌。此三者，为军人精神之要素，欲使之发扬光大，非有决心，不能实现。但所谓决心者，须多数人决心，合群力群策而为之，非少数人所能集事。诸君要知此次出发桂林，尚须奋勇前进。虽曰桂林山水甲天下，非以此为安居乐业之地，将欲改造新世界，以求一劳永逸始可。因此所生之结果有二：一曰成功，二曰成仁。所谓成功成仁者，乃惊天动地之革命事业。吾人何为而革命？务在造成安乐之新世界，期其成功。不成功，毋宁死，死即成仁之谓，古之志士有求之而不可得者。此次诸君随本总统出发，从事革命事业，非成功，即成仁，二者而已。成功则造出庄严华丽之国家，共享幸福。不成功，则同拚一死，以殉吾党之光辉主义，亦不失为杀身成仁之志士。虽然均一死也，有泰山、鸿毛之别。若因革命而死，因改造新世界而死，则为死重于泰山，其价值乃无量之价值，其光荣乃无上之光荣，惟诸君图之！吾人生在恶浊世界中，欲打破此旧世界，铲除一切烦恼,以求新世界之出现,则必有高尚思想,与强毅能力以为之先。在吾国数千年前,孔子有言曰:"大道之行也,天下为公。"如此,则人人不独亲其亲,人人不独子其子,是为大同世界。大同世界即所谓"天下为公",要使老者有所养,壮者有所营,幼者有所教。孔子之理想世界,真能实现,然后不见可欲,则民不争,甲兵亦可以不用矣。今日惟俄国新创设之政府,颇与此相似,凡有老者、幼者、废疾者,皆由政府给养,故谓之劳农政府。其主义在打破贵族及资本家之专制,因而俄国革命党乃被各国合攻。然迄今数年,仍不能胜,此即因俄国新政府具有决心,始能贯彻其主义。否则为俄国之敌者,王党势力极强大,哥萨克兵力亦不薄弱,此外尚有欧美诸国恐其新主义传播,将不利已,因之群起与抗。有此种种阻力,俄国若稍有顾忌,则必不能成功,其卒能成功者,决心而已。

吾人若欲建设新世界,则亦必思如何始能建设,非可托诸空谈也。今日之世界,乃自私自利之恶浊世界。在此世界中之人类,既无保障,又无希望,且陷于极端痛苦,于是有生厌世思想者。若论军人地位,吾国常有"好男不当兵,好铁不打钉"之俗谚,意若其人必为身无职业,以当兵为生活之末路者,此虽由中国轻视军人之故,亦以实际上无何等希望,故有此语。以余观之,不特军人为然,即一般社会前途亦复非常惨淡,在诸君之为军人者,无论为官为兵,虽有薪水火食,仅足自活,而父母妻子,尚不能无所资以为扶养。故在此旧世界,实无一人能脱烦恼者。

今日国人多羡慕侨商矣,诸君必以为彼有多金,宜可高枕无忧,而抑知不然。华侨之初往外洋也,实乃被卖为奴,广东语谓之"猪仔"。从前有古巴招工,南洋招工,在澳门等处以此买卖为业者,谓之猪仔馆。其被卖出洋之辈,率皆中国人之穷无聊赖者,始肯出此。诸君但观其今日之富,而不知其当日之苦。且总计一年中出洋者不下数十万人，其能致富回国者，为数复极寥寥。余因此忆及余友尝为余言，彼前在南洋时，一日与外国人同行路，经华侨开设之矿场及树胶园，彼外国人者，指以告余友曰："此皆尔中国人之鸿图，而收吸吾欧人领土精华之成绩也。"余友无以应之。适复前行过一大坟场，余友乃以问外国人："此累累者何耶？"外国人曰："坟场耳。"余友曰："尔谓中国人出洋致富，尔尚未知中国人之因出洋而死于是间如此冢中之髑髅者，不知凡几也！"由是以观，南洋华侨之状况，大略如此。尚有美洲华侨，其生计虽较南洋华侨稍胜，然一生幸福，亦复有限。大率美洲华侨，二十五岁出洋，为人佣工，在外十年，稍有余资，至三十五岁时，回国娶妻，娶妻之后，不及半载，余资已馨矣，又须出洋十年。直至四十五岁回国，稍得余资，乃建家宅，宅成而金又尽，仍不克宁居。迨第三次出洋以后，始能得资，以略置田亩，然至此已五十五岁矣。远适异国，昔人所悲，彼美洲华侨者，三十年中，家居之日，不及两载，亦未见其能安乐矣。

余于此，尚有实例为诸君言之。诸君今日未有一千万财产，必以为果有一千万者，其愉快何若！以余所眼见之例证，则适相反。余前此由香港赴南洋时，同舟者有一华侨富翁，家产约二千万，余与彼同在一等客舱，常相晤谈，彼乃日日诉苦，似欲余为之分忧者。余始甚诧异。迨舟行日久，颇厌恶之，因自往大舱中，视彼出洋之工人（即被卖出洋之猪仔）。私自忖度，彼工人之愁苦，定较富翁为甚，而抑知不然。工人杂坐一团，其状至乐，有闲谈者，有唱歌者。此时余又大诧，何以富翁之多财而忧，尚不若工人之能乐其乐也？迨折回自己舱位时，所谓富翁者，诉苦仍复如前。余因告以适往大舱，彼出洋之工人，却甚欢乐，而子已积产二千万，以重有忧者，抑何不近人情之甚耶？富翁聆余言，蹶然而起曰："我在三十年前，亦工人也，亦如彼出洋之工人，固至乐也。今虽有二千万财产，不惟不乐,且忧甚。诚思儿女成行,娶者、嫁者皆仰给于我。我子复多不肖,长者耗我数百万,次者所耗亦百余万。此后子复生孙,孙复生子,仅恃此二千万财产,何以维持？又安得而不忧耶？"准是以观,财产虽多,仍不免于愁苦。诸君试于一身之外,计及妻儿,则亦不能不作此感想也。尚有一例:香港、澳门从前恒有积产之家,恐其子孙浪费,而以家产托之善堂管理,将其入息半数,捐入善堂,留其半以遗子孙,以为如此,可以长久可存。不知此法初尚可行,今则善堂中人,亦多半假慈善名目,骗取金钱,故广东善堂,人有目之为善棍者。依以上二例,可见在现今世界,不论有无财产,几无一人不在痛苦之中,非独军人为然。即以军人论,能如李纯、王占元者,有几人乎？以彼之刻剥人民,积产至数千万,亦云位尊金多矣,乃一则不得其死,一则不安于位,下此者更无论。盖在现世界之社会,生活必无良果,须决心改造新世界,始有安乐可言也。安乐之新世界,果如何改造耶？此时中国人皆自以为民穷财尽,其患在贫,而外国人乃垂涎中国之富源,且欲瓜分之,则中国之不贫可知。以桂林言,所有石山皆可制成洋灰,即所谓士敏土,将来科学进步,机器发明,名为石山,实乃黄金,只此一端,已足致富。此外广西之矿产甚多,各省亦皆如是,外国人常有欲开采者。中国产煤,为各国冠,倘完全开发,可供全世界数千年之用。不过中国不自开发,货弃于地,犹如珍宝藏在铁柜,若无钥匙,终亦死藏而已。广东俗语有所谓"失匙夹万"者(夹万就铁柜之类),中国之贫,正坐此病。倘能用其聪明智识,从事开发,则吾人自身之幸福,与子孙之幸福,实无涯涘。改造安乐之新世界,即在乎此。

　　新世界国家,与以前国家不同,通常国家仅能保民,而不能教民、养民。真能教民、养民者,莫如三代。其时井田、学校皆有定制,教养之责在于国家。后世则不然,所谓国家,无论政治若何修明，如汉之文、景，唐之贞观，能保民斯为善矣。今日所抱改造新世界之希望，则非徒保民而已，举凡教民养民，亦当引为国家之责任。试观俄国新政府，彼之革命发生，尚在我后，其成绩较我为优。因其目的不在谋一人生活与一家生活，而在谋公众生活。如牛乳等精良食品，先给幼者，老病者次之，军人又次之，再后始及于普通人。又如贫民之无力入学者，国家须设法扶助，使得入学。此即所谓人人不独亲其亲，人人不独子其子，以教以养，责在国家。大同世界，所以异于小康者，俄国新政府之计划，庶几近之。由俄国而反观吾国，其情况之比较如何耶？俄国之革命，为打破政治之不平等，同时打破资产之不平等。而吾国今日则尚无大资本家产出，只须用预防政策，较俄国更易为力。彼俄国之新政府，名为劳农政府，实即农工兵政府。其军人皆有主义、有目的，故能与农工联合而改造新国家。吾国今日之军人，倘亦具有主义及目的，决心改造新中国，其效果必在俄国上。何以知其然也？俄国在寒带，而中国在温带；俄国有资本家，而中国无资本家，无论天然的方面，而人为的方面，均较俄国为胜。将来倘能成立新国家，另有新组织，则必不似旧世界之痛苦。预料此次革命成功后，将我祖宗数千年遗留之宝藏，次第开发，所有人民之衣、食、住、行四大需要，国家皆有一定之经营，为公众谋幸福。至于此时，幼者有所教，壮者有所用，老者有所养，孔子之理想的大同世界，真能实现，造成庄严华丽之新中华民国，且将驾欧美而上之。诸君思此无量幸福，视彼南洋之富翁何若？视彼李纯、王占元又何若耶？而所以博此幸福者，则全在此次之革命，与此次之革命军人。此次革命为顺天应人之事业，必能成功，前已言之。设若不成功，则如何耶？古有人云："济则国家之灵，不济则以死继之。"死者，即成仁是也。成仁而死，极有伟大之价值，纵使前仆后继，牺牲多数人之生命，而能博得真正共和，即亦无所吝惜。是在立定决心,从事革命,成功而后,匪独公众之福,抑亦私人之利。试举一例:舟在大洋,触石将沉,乘舟者若不协力救助,独自点检行李,试问舟果沉,行李尚能独存乎?吾人对于国家,亦即如是,坐视其亡,将无立身之地。救亡之责,端赖军人。今者,诸君将由桂林出发,其所取之途径,即不外成功与成仁二者。一言以蔽之曰决心而已。决心则能发扬军人之精神,造成光辉之革命,中华民国国家实利赖之。诸君勉乎哉!

据黄昌谷编《孙中山先生演说集》

复马君武电

(一九二一年十二月十日)

　　南宁马省长鉴:迭据永古中三属联合会、永福县议〔参〕参〔议〕会、桂林南乡六塘团绅秦永奚等,全县四延难民代表王云楷等先后上书陈苦匪、苦兵、苦官各情形,览之殊堪悯念。查桂人憔悴于盗阀之下,十年来痛苦已深,故各军扶义而西,民之望之谓可以出水火而登衽席。军兴之际,戎马仓皇,关于地方之治安,吏治之整顿,或有未能兼顾之处。今已荡平群盗,亟当尽力于抚绥,则土匪应如何肃清,兵士应如何约束,各县知事应如何刷新一切,此皆当务之急。仰即切实办理,务令间阎获享安宁之福,民治得有发展之机,是所至望。孙文。蒸。(印)

据《大本营公报》第一号

任命蒋作宾等职务令

（一九二一年十二月十日）

陆海军大元帅令

　　任命蒋作宾、吕超、石青阳、孔庚、陈白、王乃昌为大本营参议。此令。

中华民国十年十二月十日

据《大本营公报》第一号

任命赵德恒职务令

（一九二一年十二月十日）

陆海军大元帅令

　　任命赵德恒为大本营谘议。此令。

中华民国十年十二月十日

据《大本营公报》第一号

致彭泽文函

（一九二一年十二月十二日）

泽文同志兄台鉴：

　　文奔走国事，迄数十年，困心衡虑，冀除暴乱，奠我邦家。今西南再造，响应自治之声弥漫宇内。吾辈当如何自勉，以求偿厥素愿，慰我国民。

顾自治非可托诸空言,必挟实力以坚其后盾。今前敌杀贼,义不反顾,虽断胫裂身,犹冒锋突进。文每轸念其劳,彼则曰男儿爱国当如是也。我父老兄弟姊妹之寄居海外者,其志斯言。文终日焦劳,冀我海外同志念前敌之艰苦、祖国之阽危,勃然有作,踊跃输将。兹中央筹饷会由发起人等公举干事十人,主持会务,广设劝捐员,一面于国内分别募捐,一面函托海外同志担任募捐之事,内外合力,共襄进行。

夫国家兴亡,匹夫有责。今四百兆同胞以重任付托于我同志,则共同尽力以解其倒悬,致民国于福利者,即我同志之责也。我同志其力图之。临颖神驰,努力自爱。

孙文(印)

据中国革命博物馆藏原件

公布林修梅鲁子材国葬令

(一九二一年十二月十二日)

大总统令

故代理总统府参军长、总统府参议、陆军中将林修梅,于六年护法之役,首建义旗,有功民国,经咨由国会非常会议议决,准予依照国葬法,举行国葬典礼。兹公布之。此令。

又令

准国会非常会议咨,故滇军旅长鲁子材,为国殉难,经会议议决,准予依照国葬法举行国葬典礼。兹公布之。此令。

据上海《民国日报》一九二一年十二月十二日《大总统令》

公布军事会议条例令

（一九二一年十二月十二日）

大总统令

　　兹制定军事会议条例公布之。

军事会议条例

　　一　军事会议直隶于大总统（大元帅）。

　　二　军事会议由下列各员组织之：

　　　　（一）陆军总、次长；

　　　　（二）海军总、次长；

　　　　（三）参谋总、次长；

　　　　（四）参军长；

　　　　（五）各省总司令及不设总司令省份之省长。

　　三　军事会议平时召集于政府所在地，军事时期召集于大本营所在地。

　　四　各省总司令或省长得派确有军事学识之曾任高级军官者一人为代表，出席军事会议。

　　五　军事会议主席由出席会员推举之。

　　六　本会议有议决下列各项之职责：

　　　　（一）关于建设国军及国防事项；

　　　　（二）关于作战事项；

　　　　（三）关于解决军政事项；

（四）关于军事统一及各省联防事项；

（五）关于政府交议事项；

（六）关于本会议各员提议事项。

七　本会议议决之事项，呈由总统核准发交各该管部及各省总司令、省长执行之。

八　本会议设记录、文件、会计、庶务事〔各〕官，由陆海参三部职员选派充任之。

九　本条例有必要时，得修正之。

十　本条例自公布日施行。

据上海《民国日报》一九二一年十二月十二日《大总统命令》

复顾品珍电

（一九二一年十二月十三日）

贵阳卢总司令转云南顾总司令鉴：巧两电均悉。执事辞卸兼职，专理军政，躬率劲旅，驰赴北方，俾地方举分治之实，疆场收合作之功，体国公忠，洵属超越流辈，毋任欣佩。所委各司令，皆一时干城之选，底定中原，胥于此举是赖。划定区域，分防专责，尤为战略上要着，当就各省坏〔壤〕地及交通上之便利，妥为区划，再行分达。孙文。元。

据《大本营公报》第一号

任命王乃昌职务令

（一九二一年十二月十四日）

陆海军大元帅令

派王乃昌为大本营桂林安抚处督办。此令。

中华民国十年十二月十四日

任命焦易堂职务令

（一九二一年十二月十四日）

陆海军大元帅令

任命焦易堂为大本营参议。此令。

中华民国十年十二月十四日

给王乃昌的训令

（一九二一年十二月十四日）

令大本营桂林安抚处督办王乃昌：

为训令事：查援桂奏功，盗阀逃遁，所有逆部散兵，现多流为盗匪，若不从速设法安辑，势必日见滋蔓，为害闾阎。本大总统此次督师出征，暂驻桂林，迭据人民控诉散兵滋扰情形，殊深轸念。兹派该参议为大本营桂林安抚处督办，着即切实调查，妥为安抚，务期化莠为良，早消隐患，勿任怙恶以苦吾民。除另行颁发关防外，合行令仰即遵照办理，仍将遵办情形随时呈报。切切。此令。

中华民国十年十二月十四日

宣布徐世昌卖国奸谋令

（一九二一年十二月十五日）

　　山东问题，徐世昌久欲与日本直接交涉，只因国民监视綦严，不敢肆行己意。今竟借华盛顿会议，派遣代表赴美，以英、美两国代表劝告为词，悍然与日本直接交涉而无所忌惮。似此甘心卖国，挟外力以压国民，实属罪不容诛！本大总统以救国讨贼为己任，除对外竭力主张无条件收回山东一切权利、废除二十一条款外，特宣布徐世昌及其党羽卖国奸谋。凡我国民，其共起诛之，毋后！

民国十年十二月十五日

据上海《民国日报》一九二一年十二月二十三日《大总统命令》

准将李亚伙等减刑令

（一九二一年十二月十六日）

大总统命令

　　迭据大理院长兼管司法行政事务徐谦呈据广东高等检察厅检察长呈缴核拟减刑人犯一览表，请鉴核施行等情。本大总统依照约法第四十条，准予李亚伙减处三等有期徒刑三年零八个月，刘聋万减处四等有期徒刑二年零六个月，锺阮减处四等有期徒刑二年零三个月，梁世芳减处四等有期徒刑一年零十一个月并科罚金二百元，陈尾庆减处四等有期徒刑一年零十一个月并科罚金二百元，关锡辅减处四等有期徒刑一年零六个月，司徒永春减处四等有期徒刑一年，邱莺氏减处五等有期徒刑六个月，张保减处五等有期徒刑六个月,刘癫仔减处五等有期徒刑四个月,梁李氏减处五等有期徒刑四个月,谭炳减处五等有期徒刑四个月,谭余氏减处五等有期徒刑四个月,张兆义减处五等有期徒刑三个月零二十天,吴乾哲减处五等有期徒刑三个月,陈世德减处五等有期徒刑三个月,邹陈氏减处五等有期徒刑三个月,邹温氏减处五等有期徒刑三个月,符国光减处五等有期徒刑二个月零八日,王廷庚减处五等有期徒刑二个月,林狱奇减处五等有期徒刑一个月零十五日,王事祥减处五等有期徒刑一个月零八日,冯嘉宾减处五等有期徒刑一个月,梁开凤减处五等有期徒刑一个月,吴田玖减处五等有期徒刑一个月,王毓堂减处五等有期徒刑一个月,王亚九减处五等有期徒刑一个月,吴德孚减处拘役二十五日,冯锦庆减处拘役二十日。此令。

据上海《民国日报》一九二一年十二月三十一日《大总统命令》

委派陈策职务令

（一九二一年十二月十六日）

陆海军大元帅令

　　派陈策为抚河船务管理局局长。此令。

中华民国十年十二月十六日

据《大本营公报》第一号

任命蔡大愚职务令

（一九二一年十二月十九日）

陆海军大元帅令

　　任命蔡大愚为大本营谘议。此令。

中华民国十年十二月十九日

据《大本营公报》第一号

任命吴忠信职务令
（一九二一年十二月二十三日）

陆海军大元帅令

　　任命粤军第七独立旅旅长吴忠信兼任大本营宪兵司令。此令。

中华民国十年十二月二十三日

据《大本营公报》第一号

委派林云陔职务令
（一九二一年十二月二十六日）

陆海军大元帅令

　　兹派大本营金库长林云陔兼任桂林广西银行总理，龙鹤龄、谢尹为桂林广西银行协理。此令。

中华民国十年十二月二十六日

据《大本营公报》第一号

给林义顺等授勋令
（一九二一年十二月二十七日）

大总统令

　　林义顺给予一等嘉禾章；廖〔廖〕正兴给予二等嘉禾章；林文庆

给予三等嘉禾章；蓝伟烈给予四等嘉禾章；郭巨川准给予五等嘉禾章；郭绍智准给予六等嘉禾章；陈敬堂、刘坤意、杨世典、吴扬芳、刘敬亭、刘正典、叶玉桑，均准给予七等嘉禾章；刘碧波、余来吉、蔡日昇、林贵洲、王少兰、杨添发，均准给予八等嘉禾章。此令。

据上海《民国日报》一九二二年一月四日《大总统命令》

命彻查滋事扰民军队令

（一九二一年十二月二十九日）

令参谋总长李烈钧：

　　迭据钟山县议事会议长董镇白等、桂灵阳义龙五属联合会、兴全灌三属联合会、全县阆县代表唐鉴等、全县五帮代表唐春林等、全县公民唐锦兰等、灌阳县公民王元懋等、灵川县公民秦觐周等、永福县灾民秦守经等、桂林县公民黎谦、桂林北中南三区客商彭福林等、恭城县阆县代表李暄培等、恭城县难民黄洪兴等，先后呈诉知事之贪酷、兵士之骚扰、土匪之劫掠各情形，本大总统怒然如伤，不忍卒阅。查广西各县地方疾苦，以匪祸为最巨，而肃清土匪，责在军队。今劫案迭出，军队将何以自解？知事搜括财贿，诈取刑求，罪不可逭；间有出身军人，以军队为护符，作奸犯法，与兵士恃其武力蹂躏间阎者，其事尤堪痛恨。夫政府此次北伐，盖不得已而用兵，期能本革命之精神，救吾民于水深火热之中，故师行所至，首在保民，务宜耕市不惊，秋毫无犯，然后天下晓然于政府伐罪吊民之意，而与我同仇。倘使人民因军队所经，重罹痛苦，直以暴易暴而已，甚非本大总统民权、民生之本旨也。兹将各县人民请愿书另抄一份发交该总长查阅，凡有罪关于控案者，即应查明各该县所驻扎之军队系属何军，由该总长令饬各该军长官，会同大本营桂林安抚处督办王乃昌,按照所控事实,分别澈究惩办。至全县人民迭控锺冠华等一案,及其抄呈谕帖收条等件,如果属实,宜依法拘案严办,以平冤愤而警贪横。仰将各案办理情形详细呈复。除令大本营桂林安抚处督办王乃昌外,合亟令行该总长遵照办理。切切。此令。

中华民国十年十二月二十九日

据《大本营公报》第一号

《黄花岗烈士事略》序

（一九二一年十二月）

满清末造,革命党人历艰难险巇,以坚毅不挠之精神,与民贼相搏,踬踣者屡,死事之惨,以辛亥三月二十九日围攻两广督署之役为最,吾党菁华,付之一炬,其损失可谓大矣。然是役也,碧血横飞,浩气四塞,草木为之含悲,风云因而变色,全国久蛰之人心,乃大兴奋,怨愤所积,如怒涛排壑,不可遏抑,不半载而武昌之大革命以成,则斯役之价值,直可惊天地、泣鬼神,与武昌革命之役并寿。

顾自民国肇造,变乱纷乘,黄花岗上一坏〔抔〕土,犹湮没于荒烟蔓草间,延至七年,始有墓碣之建修,十年始有事略之编纂;而七十二烈士者,又或有纪载而语焉不详,或仅存姓名而无事迹,甚者且姓名不可考,如史载田横事,虽以史迁之善传游侠,亦不能为五百人立传,滋可痛已!

邹君海滨以所辑《黄花岗烈士事略》丐序于予。时予方以讨贼督师桂林,环顾国内,贼氛方炽,杌陧之象,视清季有加;而予三十年前所主唱之三民主义、五权宪法为诸先烈所不惜牺牲生命以争者,其不获实行也如故,则予此行所负之责任,尤倍重于三十年前。倘国人皆以诸先烈之牺牲精神为国奋斗,助予完成此重大之责任,实现吾人理想之真正中华民国,则此一部开国血史,可传世而不朽;否则不能继述先烈遗志且光大之,而徒感慨于其遗事,斯诚后死者之羞也。

余为斯序,既痛逝者,并以为国人之读兹编者劝。

中华民国十年十二月　日　孙文

据胡编《总理全集》第一集

益智书报社八周年纪念贺电
(一九二一年十二月)

宣传主义,启牖文明。孙文。

据《国父全集》第三册(转录"会书"之九"文电")

吉礁坡中国阅书报社十周年纪念贺电
(一九二一年十二月)

振三民之木铎,导五权之先河。孙文。

据《国父全集》第三册(转录"会书"之九"文电")

美利滨分部党所落成并开恳亲大会训词*
(一九二一年十二月)

天下兴亡,匹夫有责。文以一介平民,当满清末造,起而革命,

---

*　美利滨即今澳大利亚墨尔本。此训词有两件,胡编《总理全集》均定为一九二一年十二月,而《国父全集》(台北版)分别标为一九二一年十二月和一九二二年一月一日。今据《国父全集》所收本篇采用日期。

虽备历诸艰,然革命卒底于成。厥故何也? 良以二十世纪之潮流,民治主义之潮流也。潮流弥漫于全国,吾人起而顺应时势,以推翻彼专制魔王、人民公敌,自易如反掌。譬诸水到渠成,瓜熟蒂落,事有必至,理有固然;非文有特殊异能,乃由人心趋向之所致,亦即主义最后之获胜也。

我海外同志,昔与文艰苦相共,或输财以充军实,或奋袂而杀国贼,其对革命之奋斗,历十余年如一日。故革命史上,无不有"华侨"二字,以长留于国人之脑海。今值文率师北巡,谋所以竟革命全功之时,适全澳及南太平洋群岛中国国民党有开恳亲大会之举,将以联党员之情谊,策革命之进行,于焉本互助之精神,下讨贼之决心,胥于此举是赖。文虽军书旁午,一日万几,闻讯之余,辄为之肃然起敬,欣然以喜。何敬乎尔? 敬其对革命事业始终如一也。何喜乎尔? 喜其不惟对革命事业能始终如一,尤能协同动作以收群策群力之效也。

诸同志勉旃! 作革命事业必须彻底,如半途而中止,必养痈而贻患。故法兰西之革命也,曾经数次;美利坚之独立也,血战八年。以吾国袁世凯虽死,而现今之小袁世凯尚无数。若不亟谋根本的解决,则共和国脉必致中斩,民治主义无由实现,故不避险阻艰难,非俟澄清中原,我革命党人决无图卸仔肩之时,文本斯志,愿诸同志亦同斯志也。尤有进者,共和国家,主权在民,而现今之潮流,又在于人民自决自动〔助〕。故担当天下之大事,非异人任;吾党同志,人人皆有革命救国之责任。旷观各国革命史,无不具此深切著明之印象。诸同志留居异邦,睠怀祖国,感外潮之激荡,谅咸知非革命不足以救危亡,即应人人皆抱匹夫有责之义。将何以起而实行革命、起而赞助革命,固与文同一责任,文所期望于诸同志者,亦至厚也。以诸同志平日爱国之热烈,再接再厉,百折不回,葆其固有之精神,再发扬而光大之,将来革命史中,诸同志之荣誉,尤必有大过于今日者,盖可断言。

恳亲会开会在即,特征训词于文,因本所见以质诸同志,虽海天万里,而精神遥相贯注,即不啻聚首一堂。愿诸同志前途努力!革命之责任,固与文暨海内诸同志共负之耳。

中国国民党总理　　　孙　文

据《中央党务月刊》第七期《美利滨分部党所落成并开恳亲大会总理训词》

附:同题异文

(一九二二年一月一日)

维中华民国十一年正月一日,中国国民党澳洲美利滨分部党所落成,并开恳亲大会,驰书请以一言为训。文曰:

溯自革命成功,吾党应时势之要求,为远大之组织,将谓与中华民国永葆无疆之福已。顾国基初建,付托非人,袁逆叛国,帝制自为,以其所以祸国者祸吾党,于是阴谋百出,贼吾元良,坏我丕基,利诱我弱者,威迫我健儿,于是有癸丑之役。文惩前之失,改造斯党,海内之士,颇引为难。然海外同志,努力坚持,未闻有因失败而自馁者。讨袁之役,美洲一隅,集款多至百万,其他各埠,莫不踊跃输将,争先恐后;忠义之侪,徒手奋呼,愿以身殉,奔集革命军旗下,转战齐鲁闽粤间,以血肉之躯与逆奴相搏,前仆后继,不可毕举。内地之士,闻之奋起,其鼓舞群伦,有如是者。澳洲僻处海陬,国人侨是邦者,为数亚于南洋群岛,然勤朴习劳苦,爱国爱党,出乎至诚。美利滨分部成立后,同志益自策励,协力前进,建兹宏宇,蔚然大观;诸同志任事之忠且勇,矢志之远且大,方兴正未艾也。兹者大盗窃国,毁法灭纪,举国鼎沸,莫可终日。吾海外同志回顾宗邦,蹙额疾首,其奚能已！文兴师护法,再造政府,辱承国会推戴,职居元首,当本吾党为国牺牲之志,殛彼大憝,戡乱图治,使艰难缔造之民国由文而手创,由文而中兴。嗟我同志,责任在躬,曷能旁贷？维钦维敬,毋怠毋荒,念之哉,慎厥后,于是保之,以永终誉。

孙　文

据《中央党务月刊》第七期《美利滨分部党所落成并开恳亲大会训词》

任命陈白职务令
（一九二二年一月二日）

陆海军大元帅令

任命陈白①为国立中华国民银行监督。此令。

中华民国十一年一月二日

据《大本营公报》第一号《大元帅令》

在桂林广东同乡会欢迎会的演说*
（一九二二年一月四日）

今日同乡诸君在此开欢迎会,恰值新年一月四日。但我国内有两种新年,再过二十几日又有一阴历新年。我国甚崇尚阴历新年,对于阳历新年反淡然漠视焉。须知阴历新年与阳历新年有分别,其分别安在？即新旧之分别也。

民国十一年来,人民尚崇尚旧新年、不注重新新年者,是尚未

① 陈白:即陈少白。

* 孙中山于一九二一年十二月四日抵广西桂林,设立北伐大本营后,即开始准备北伐,此演讲中讲的实行三民主义,改造新国家是他一系列准备的一个重要内容。

能脱离旧观念,未能脱离旧思想者也。国家进化由野蛮而进于文明。人类亦然,由无知识而进于有知识,脱离旧观念,发生新观念,脱离旧思想,发生新思想。诸君今日当打破旧观念、旧思想,发生新观念、新思想。新新年为民国的新[新]年,为共和国家的新年;旧新年为君主时代的新年,为专制国家的新年。专制与共和大有不同,有如为商焉。为商者,有东家生意,自己生意。民国如公司,国民如股东,官吏如公司之办事者,故总统、官吏皆国民之公仆也。国民如股东享有权利的,非若专制国家奉一人为君主,人民为奴隶,而毫无权利所享也。国民对于新新年不甚注重,对于旧新年反注重之,是有权利而不知享,是尚未知自身已成主人翁者。

国人因缺乏新思想,放弃权利,国中政权遂为一般强盗官僚乘时而操纵之。民国十年来所以如此大乱,其原因亦即在是。国中既大乱,人人感受痛苦,遂生一种思旧之心,以为满清时代尚优于民国时代也。此种反感有一故事可为比例。在昔美国因释放黑奴而成南北战争,战争结果,黑奴得释放。但黑奴虽被释放,因无独立生活,一旦失其依附,反觉异常困苦,尚不若为奴时代之安乐也。故林肯在当时反为人反对,今日黑种人方知林肯为圣人。所以大凡新旧交替,必有一种变更。如发财,人所愿也;添丁,人亦所愿也,添丁虽为人所愿,须知生产时必经痛苦危险。从此可知,人欲享安乐,必须由困苦艰难而来。且民国成立之时,北方官僚亦赞成共和,如袁世凯者即首先赞成共和之人也。谁知彼等之赞成纯系假意,阳奉阴违,以致酝酿国中之大乱。

吾人今日当铲锄此假意赞成共和者,实行真共和,必造成如法如美之共和国家。然美国在前数十年前,土地荒芜,极力改良,开矿山,兴工艺,遂成今日之富强。桂林地方物产丰富,山水幽秀,所谓"桂林山水甲天下"者也。今即以山石而论,山石可以为塞门德土,真可谓随地皆宝。假使工艺发达,交通便利,其利岂可胜言?至于四川云贵之煤油〔炭〕,产额亦丰,北方各省所产尤夥,外人咸称我国为煤田,如能尽行开采,其利又岂可胜计?我国因工艺不发达,商业不振兴,所用货物多仰给外国,是以每年出口之货多生货,进口之货多熟货,以致利权外溢。

法、美共和国皆旧式的,今日惟俄国为新式的。吾人今日当造成一最新式的共和国。新式者何?即化国为家是也。人人当去其自私自利之心,同心协力,共同缔造。国家者载民之舟也,舟行大海中,猝遇风涛,当同心互助,以谋共济。故吾人今日由旧国家变为新国家,当铲锄旧思想,达〔发〕发〔达〕新思想。新思想者何?即公共心。

吾人今日欲改造新国家,当实行三民主义。何谓三民主义?即民族、民权、民生之主义是也。民族主义即世界人类各族平等,一种族绝不能为他种族所压制。如满汉〔洲〕入主中夏,垂二百六十余年,我汉族趋〔起〕而推翻之,是即民族革命主义也。民权主义,即人人平等,同为一族,绝不能以少数人压制多数人。人人有天赋之人权,不能以君主而奴隶臣民也。民生主义,即贫富均等,不能以富等〔者〕压制贫者是也。但民生主义在前数十年,已有人行之者。其人为何?即洪秀全是。洪秀全建设太平兵〔天〕国,所行制度,当时所谓工人为国家管理,货物为国家所有,即完全经济革命主义,亦即俄国之今日均产主义。

今日同乡诸君开会欢迎本大总统,本大总统深望诸君不仅为欢迎本大总统一人,〈且〉欢迎本大总统之主义,是则本大总统之厚望也。

据上海《民国日报》一九二二年二月二十三日

《总统新年在桂之演说》

批张兆基函[*]

（一九二二年一月四日）

代答：请他通信彼方，联络一致，以待时机。

西北事，当汇为一部，以便查考。

据罗家伦主编《国父年谱》（增订本，台北中国国民党党
史史料编纂委员会一九六九年十一月版）下册（转录
史委会藏《张兆基报告及先生批牍原件》）

任命梁长海伍于簪职务令

（一九二二年一月七日）

陆海军大元帅令

　　任命梁长海为国立中华国民银行行长，伍于簪为副行长。
此令。

中华民国十一年一月七日

据《大本营公报》第一号《大元帅令》

准任黄隆生职务令

（一九二二年一月七日）

陆海军大元帅令

---

　　[*]　张兆基原函报告其旧属管区部队改编为陕北新编步兵团，地区大展，请示可否
与之联络。

省〔国〕立中华国民银行行长梁长海呈请任命黄隆生为统计科主任。应照准。此令。

中华民国十一年一月七日

据《大本营公报》第一号《大元帅令》

任命顾品珍金汉鼎职务令
（一九二二年一月八日）

陆海军大元帅令

特任顾品珍为云南讨贼军总司令，金汉鼎着代理滇军总司令。此令。

中华民国十一年一月八日

据《大本营公报》第一号《大元帅令》

宣布徐世昌梁士诒罪状通告
（一九二二年一月九日）

民国肇造，于今十一年矣。祸乱相寻，民无宁息，推原祸始，实由帝制与复辟之余孽，未能根本芟夷。谁生厉阶，至今为梗？此本大总统所日夜引为深忧而亦国人亟当警觉者也。

徐世昌以洪宪之枢臣，复辟之领袖，居心煽乱，曲尽其能。卒至群督叛〈法〉称兵，奸宄乘机复辟，武夫构怨，天下骚然。乃复窃据北庭，僭称总统，数年之间，靡恶不作。其卖国殃民之罪，迭经本大总统明令宣布；中外舆论，亦起攻之。假使徐世昌稍具天良，必能外恤国交，内惭民意，幡然悔悟，束身归罪，使国事易底于敉平。不图包藏祸心，变本加厉，近更伪令梁士诒为伪国务总理，同时有伪代表在华盛顿与日本代表秘密商妥山东事件,急谋向日本借款之事。

查梁士诒本帝制罪魁之一,民国八年,曾经明令通缉;去年谋扰乱西南,又经本大总统令行通缉各在案。似此国法不容之人,徐世昌竟敢于全国鼎沸之时,公然使柄伪政而无所忌惮,复不恤牺牲山东问题,为借款之交换品。

大盗窃国,群凶弹冠。徐世昌及其党羽,倾覆民国之阴谋,暴露已无余蕴。凡我中华民国之民,必能视听不淆,明辨黑白。即北庭文武官吏,亦不乏爱国忧时之士,见微知著之人。其速奋兴,共锄国贼;有依违观望之心,必贻谋国不忠之悔。本大总统受国民付托之重,念共和缔造之艰,戡乱建设,不敢告劳,愿与天下共诛危害民国者,特举徐世昌及其党羽之罪状,宣布中外,咸使闻知。

据上海《民国日报》一九二二年一月十一日《本社专电》

命财政部按月清付经费令

(一九二二年一月十日)

大总统令

　　财政部按月清付经费。

十日

据上海《民国日报》一九二二年一月十一日《本社专电》

陈请任命但焘等职务令

(一九二二年一月十日)

军政府令

内政部长孙文陈请任命但焘、赵士北为内政部司长,曹笃为内政部秘书,胡毅为土地局局长,邓泽如为矿务局局长,邓荫南为农务局局长,吴涤宣为商务局局长。应照准。此令。

中华民国军政府(印)

中华民国十一年一月十日

据《军政府公报》一九二二年一月十二日光字第十号

任命邓毅夫职务令

(一九二二年一月十一日)

陆海军大元帅令

任命邓毅夫为大本营谘议。此令。

中华民国十一年一月十一日

据《大本营公报》第一号《大元帅令》

任命赵士觐职务令

(一九二二年一月十一日)

陆海军大元帅令

任命赵士觐为大本营军粮局局长。此令。

中华民国十一年一月十一日

据《大本营公报》第一号《大元帅令》

致顾品珍等电

（一九二二年一月十三日）

万急。云南顾总司令、北伐先遣军范司令[①]，第一路杨司令[②]、第二路蒋司令[③]、第三路杨司令[④]鉴：前接顾总司令艳电称各路动员已准备完竣，准下月初旬次第开拔等语，极用欣慰！现在时机迫促，滇省道途修阻，希即赶紧拔队前进为盼。孙文。元。

据《大本营公报》第一号

命桂林县赶筑马路令

（一九二二年一月十三日）

大总统令

桂林县赶筑由桂林至全州马路。

据上海《民国日报》一九二二年一月十四日《本社专电》

任命金汉鼎职务令

（一九二二年一月十五日）

大总统令

---

① 范司令：即范石生。
② 杨司令：即杨希闵。
③ 蒋司令：即蒋光亮。
④ 杨司令：即杨蓁。

特任金汉鼎代理云南总司令,兼管全省军务。此令。

据上海《民国日报》一九二二年一月二十二日

《大总统命令》

公布大本营条例令

（一九二二年一月十六日）

大元帅令

　　兹制定大本营条例公布之。此令。

中华民国十一年一月十六日

大本营条例

　　第一条　陆海军大元帅于战时执行最高统帅事务,设置大本营。

　　第二条　陆军总长、海军总长、参谋总长、大本营文官长,承大元帅之命,综理所主管各事宜。

　　第三条　大本营置左列各机关,其编制别定之：

　　　　幕僚处；

　　　　兵站处；

　　　　军事委员会；

　　　　军务处；

　　　　军法处；

　　　　参军处；

　　　　政务处；

　　　　建设处；

度支处；

宣传处。

第四条　幕僚处参赞作战军令事宜。

第五条　兵站处专任作战军后方勤务事宜。

第六条　军事委员会赞襄联合作战，并任大本营与各省各军之联结。

第七条　军务处掌管战地军备之补充，及关于战地之军衡各事宜。

第八条　军法处审理并监督关于军法一切事宜。

第九条　参军处掌管大本营之内务及警卫，并战地慰劳、战况督察事宜。

第十条　政务处掌管战地外交、民政诸事宜。

第十一条　建设处规划军事范围外各种新事业之建设。

第十二条　度支处掌管大本营金钱出纳、预算、决算及筹备军费事宜。

第十三条　宣传处秉承大元帅意旨，宣传三民主义及建国方略于军队、人民。

第十四条　各机关之服务规程别定之。

第十五条　本条例由公布日施行。

大本营系统表

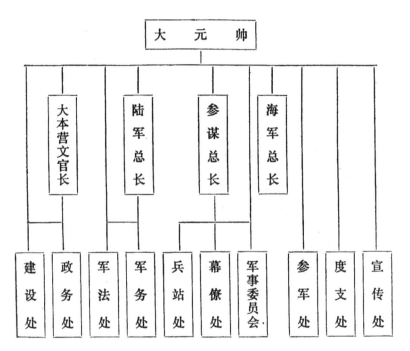

据上海《民国日报》一九二二年二月一日《大本营条例》、《大元帅公布大本营条例》

任命刘祖武职务令

（一九二二年一月十六日）

大总统令

特任刘祖武代理云南省长。此令。

据上海《民国日报》一九二二年二月一日《大总统令》

免江映枢杨德源职务令

（一九二二年一月十六日）

大总统令

　　总统府参军江映枢、杨德源，着即免职。此令。

据上海《民国日报》一九二二年二月一日《大总统命令》

命追赠赵士槐中将令

（一九二二年一月十六日）

大总统令

　　赵士槐追赠陆军中将。此令。

据上海《民国日报》一九二二年二月一日《大总统命令》

准将黄尽等减刑令

（一九二二年一月十六日）

　　大理院长兼司法事务徐谦呈称犯人黄尽、梁文灿处刑过重，请分别宣告减刑等语。本大总统依约法第四十条准予黄尽减处三等有期徒刑三年，梁文灿减处四等有期徒刑一年。此令。

一月十六日

据《羊城报》一九二二年一月十七日

准任吕国治职务令

（一九二二年一月十七日）

大总统令

　　总统府参军长徐绍桢呈请任命吕国治为副官。应照准。
此令。

据上海《民国日报》一九二二年二月一日《大总统命令》

复阮伦同志函

（一九二二年一月十八日）

阮伦各位同志鉴：

　　民十年十一月卅日函悉。油业一事，最好采用机器借款一法，
为国有之业，则所获利益，公之四万万人之国家，为大众所共享，不
为一人一家之私利，如此则可推行全国，为一独揽之事业也。

　　请公等与资本家商酌，其所出之机器及各种费用，作为政府之
借款。此事业之开办及管理，皆由此资本家派人主持其事，至本利
还足之日为止。中间所赚纯利，亦可以若干分归于资本家为酬劳
之费。如资本家合意为我国兴创一实业，则请公等与资本家回华，
面订一切详细合同可也。

　　另有一英文信，可交资本家同阅。此复，并候

大安不一

　　　　　　　　　　　　　　　孙文　十一年一月十八日

据《国父全集》第三册（转录史委会藏原件影印）

命谷正伦部改编令

（一九二二年一月十九日）

陆海军大元帅令

　　援桂联军第四路司令谷正伦所部，着改编为中央直辖黔军。此令。

中华民国十一年一月十九日

据《大本营公报》第一号《大元帅令》

任命谷正伦等职务令

（一九二二年一月十九日）

陆海军大元帅令

　　任命谷正伦为中央直辖黔军总司令，彭汉章为中央直辖黔军第一独立旅旅长，王天培为中央直辖黔军第二混成旅旅长。此令。

中华民国十一年一月十九日

据《大本营公报》第一号《大元帅令》

在桂林学界欢迎会的演说 *

（一九二二年一月二十二日）

学界诸君：

---

　　* 此次演讲，黄昌谷编《孙中山先生演说集》与台北版《国父全集》均标为一九二一年十二月九日；惟一九二二年二月六日上海《民国日报》发表此演说词时所指时间不同。据该报称："一月二十二日，孙大总统在学界的欢迎会，发表了一篇长演说，学生到的在一千人以上。"对此次演说加以介绍。《民国日报》发表时间早于黄编《演说集》出版时间（一九二六年），而且作此次演说消息报导者，又系演说词之记录者本人，故今采用《民国日报》报导时所指时间。

今天蒙诸君在此开这个盛大会〔的〕欢迎会,本大总统是很感谢的,是很欢喜的。本大总统藉此能够与桂林学界诸君谈话,是个很难得的机会,故把平日对于学求的意见贡献到诸君。

诸君是学界中人,要知道人类为甚么原故要求学〈呢〉?求学的意思便是求知识。因为世界上有很多的事情、很多的道理,都是我们不知道的。又因为世界的文明,要有知识才有进步;有了知识,那个进步才得快。我们人类是求文明进步的,所以人类便要求知识。

诸君都知道,世界上文明的发达,是在近来二百多年,最快的是近来五六十年。以后人类知识越发多,文明的进步便越发快。中国两千多年以前,都有很好的文化,从前文化的进步是很快的。近二千多年以来,没有甚么文化,现在的文化不如唐虞,不如秦汉,近人的知识,不如古人的知识。所以中[中]国人崇拜古人的心思,比那一国人都要利害些。

为甚么近来二千多年没有进步呢?推究这个原因,详细的说,可分作两项:

一是政治关系。从前政府做事,是很宽大的,譬如“公天下”的时候,尧把天下让到舜,舜把天下让到禹;政府把天下的政权都可以让到别人,其余对于人民的事情,该是何等宽宏大量。就是“家天下”的时候,汤武革命,“顺乎天应乎人”,“吊民伐罪”,也都是求人民的幸福。所以人民便有自由去发展思想,便有思想去求文化的进步。到了后来,政府一天专制一天,不是焚书坑儒,便是文字狱,想种种办法去束缚人民的思想,人民那里能够自由去求文化的进步呢?

二是古今人求进步的方法不同。二三千年以前,求进步的方法专靠实行。古人知道宇宙以内的事情应该去做,便实行去做;所谓见义勇为，到了成功，复再去做，所以更进步。譬如后稷知道人民饥饿，非有适用的农业方法产生五谷不可，便亲自去教民稼穑。禹见到人民受洪水的痛苦，非有相当的水利方法泄去低地之水不可，便亲自去疏通九河。其余若燧人氏发明火，试问他不去钻木，怎么能取出火来呢？神农发明医药，试问他不去尝百草，怎么能知道药的性质呢？到了后来，不是好读书不求甚解，便是述而不作，坐而论道，把古人言行的文字，死读死记，另外来解释一次，或把古人的解释，再来解释一次。你一解释过去，我一解释过来，好象炒陈饭一样，怎么能够有进步呢？

　　照这两个理由看来，古人进步最大的理由是在能实行。能实行便能知，到了能知，便能进步。从前中国人因为能实行，所以进化的文学、哲理、道德等，不但是现在中国人不知道，就是外国人也有不知道的。当东西大交通之初，外国人看不起中国人，以为中国人是与非洲、南洋等处的土人一样的，没有一点儿文化，但是现在都渐渐明白了，有很多佩服中国的，也有要学中国的，并且知道中国的文化有许多地方现在外国还有不如的。外国的文化，是自罗马发源的，后来罗马被欧洲野蛮人征服了，因之他们以后的文化便有退步。到了元朝，有一个外国人，叫做马哥波罗来做中国底官；后来把中国的文化著了一本书，告诉他们外国人，说中国的文化好的了不得。别底不讲，单就烧火而论，中国人烧火不用柴，不用油，只用一种黑石头。外国人便不相信，便很以为奇怪。那种黑石头就是煤，在近来外国工业极发达底国家，是最少不得底东西。他们当元朝底时候，说到中国人烧黑石头，便很以为奇怪。可见那个时候以前，他们还不知道煤。我们元朝底时候，便早烧了煤，可见中国底工业，那个时候便已不坏。从前中国人到外国留过学，回到国内，说外国人可在数百里或数千里以外通消息，中国人也不相信，也很以为奇怪。这种通消〈息〉底东西,就是电报、电话。现在中国无论那一个大城市都已有了。照这样说来,有时候中国不信外国,外国不信中国,因为各有各的文明。

诸君听到这地,知道中国现在底文明,一不如外国,二不如古人。中国古时底文明进步很快。外国近来底文明进步很快。那种进步为甚么能快?这就是我们学者应该要留心的。从前中国人说"士为四民之首",学者底力量在社会上很大。详细说,学者是先觉先知,一举一动能够转移社会上风气底。社会对于学者也是很尊敬的,如果学者有了主张,社会上都是要服从。所以学者对于社会、对于国家,负担有一种责任。现在学者底责任是在要中国进步。(鼓掌)

欧美底文明,不过是二百多年底事,最好底文明,尤在近来几十年。再把〔拿〕日本来说,五十年以前,他们底文明是很黑暗的,近来四五十年便进步得很快。又拿暹罗来说,近二十年来文明的进步,也是中国不及的。中国的文明,古时进步很快。欧美的文明,近来进步很快。日本和暹罗的文明,也是近来进步很快。推求这个进步很快的原因都是一样的,都是因为有正当的学术,有正当的思想。中国近两千多年文明不进步的原因,便是在学术的思想不正当。不正当的地方,简单的说,便是大家以为行是很难的,知是很易的。这种思想便误了中国,便误了学者。

就中国近来的情形说,一般学者在家读书的时候,十年窗下,辛辛苦苦,便觉得艰难的了不得。到了有点成功,出而应世,去实行的时候,遇到社会上的人,都说"知是容易的,行是艰难的"。这两句话,真是误了学者不浅!何以误了学者不浅呢?因为求学的时候,十年窗下,费尽脑力,耗尽心血,所求的学问是很不容易成功的。若是有一点儿成功,出去实行,便有人说:"哼!你求学的时候难,实行的时候更难呢!"大家听到这句话便吓怕了,便不敢去行。不去行,便无法可以证明所求的学问是对与不对;不去行,于是所求的学问没有用处。到了以为学问没有用处,试问那一个还再情愿去求学呢?就中国从前的情形说,周朝以前的进步是很快的,到了周朝之后,文化便很老大,由于老大的结果,便生出怕事的心理。怕事是好是不好的呢?从好的一方面讲,是老成持重;〈从〉不好的一方面讲,是志行薄弱。总而言之,人到了怕事,便遇事畏难,不去做艰难的事,只找容易的事去做;好像倒一盆水到地下,总是向没有抵抗力的低下部分去流,是一样的道理。人到了畏难,就不敢轻于尝试,试问文化上怎么能够有进步呢?推究这个原因,根本上的错处,便是在"知之非艰,行之维艰"。以难的为不难,以不难的为难,这个便是大错。我们要除去这个大错,归到正面,便应该说"知是难的,行是不难的"。我们中国人的心理,偏偏反其道而行之,以为行是难的,知是不难的。把极容易做的事,视为畏途,不去实行,求一点实际的结果,把极难知的事,看到太容易,不去探求。所以二千多年来,对于一切人情物理,都不能登峰造极。至于科学知识极普遍的欧美人,便没有这个心理。譬如本大总统从前和朋友正在研究"知难行易"的时候,有一个美国工学博士进到房内,他说他在美国学校的时候,一天有一个美国先生告诉他,说知是很难的,行是不难的。这位工学博士是中国人,早有中国学说之"知易行难"的老成见在心,便很带怀疑,和美国先生辩论起来。那位美国先生说:"你不要和我争,我告诉你一段故事自然可以明白。我从前知道有一个人家的自来水管坏了,那个人家的主人,请一个工人去修理,那工人稍为动一动手,就修好了。主人便问工人:'你要多少钱呢?'工人说;'五十元另〔零〕几毫。'主人说:'你稍为动一动手,固〔便〕修好了,像这样容易的工,何以要许多钱呢?且你不要五十元或者五十一元,何以单要五十元另〔零〕几毫呢？这个工价数目,真是奇怪的很!'工人对主人说:'你看到我修好了之后,这个工作是很容易的。但是从前何以不自己去修理呢？你从前自己不去修理,要请我来修理,自然是由于你不晓得怎样修理的原故。我晓得怎么样修理,所以一动手便修好了。这那晓得怎么样修理的知识是很难的,所以我多要一点价值,那五十元便是知识的价值;至于动手去实行修理是很容易的,所以我少要一点工钱,那几毫便是我动手的工钱。'主人听了这番话之后,便一面点头,一面对工人说:'你所讲的话很有道理呀! 我给你五十元零几毫罢。'"照这件故事看来,就可证明知是很难的,行是容易的。中国人的思想就错在这里,所以中国的文化,几千年都不进步。这里不进步的错处,可以说是南辕北辙,所以中国人的错,便是走错了路。

诸君今天欢迎本大总统,要欢迎本大总统的性质。(鼓掌)本大总统的性质,生平是爱革命。(鼓掌)诸君要欢迎本大总统革命的性质。(鼓掌)本大总统想要中国进步,不但是对于政治主张费〔要〕革命,就是对于学问也主张要革命;(鼓掌)要把全中国人几千年走错了的路,都来改正,所以主张学问和思想都要经过一番革命。(鼓掌)就中国革命的历史说,汤武是主张〈革命〉最早的,人人都说是"顺乎天应乎人"。本大总统从前主张革命的时候,人人都说是"造反"。说到学问思想上,要去推翻他,就是要把思想反过来。(鼓掌)所以古人说:"知之非艰,行之维艰。"本大总统便要说:"行之非艰,知之维艰。"(鼓掌)诸君如果赞成本大总统学理上的革命,都应该说"知之维艰,行之非艰"。(鼓掌)

就知和行的难易之先后说,凡百事情,知了之后才去行,是很容易的。如果不知也要去行,当中必走许多"之"字路,经过很多的错误,是很艰难的。为甚么不避去那种错误的艰难? 因为知是很难的。如果要等到知了才行，那么行的时候，便非在几百年、几千年之后不可，恐怕没有定期了。所以我们人类，有时侯不知也要去行。譬如点灯的电，传电报的电，说电话的电，我的〔们〕中国人现在有几个能知道它是甚么东西呢？但是我们中国的大城市，现在没有那一家不用它的。这个用它便是行，可见行是容易的。又如中国的指南针也有电的道理，用过了的时代和数目，不知有多少了。这个东西，有的说是黄帝发明的，有的说是周公发明的。无论是那一个发明的，都是在外国人发明电之先，外国人向来没有的，中国便早早的行了。试问中国人究竟知不知道电呢？学者为四民导师，中国的社会是很崇拜的，人有不知道的事情，要告诉他门〔们〕去行才好。

诸君现在都知道"知难行易"的学说了，这个学说究竟是怎么应用呢？主席刚才说，桂林学界现在遇有困难，不能开学。我们对于这个困难，应该怎么去解决呢？我们要解决这个问题，第一层要知道这个困难的原因；第二层要知道开学的重要和方法。如果把这两层道理都知得很清楚，这个问题便容易解决了。

本大总统这次经过桂林的目的是在北伐，扫除政治上的障碍，统一中国。因为这个原因，所以带了许多的军队在此地，把你们的学校占住了许多。就第一层道理说，你们不能开学的最大困难，或者是这个原因。诸君要晓得中国的现状是四分五裂，乱的了不得。一般腐败官僚武人，搜括钱财，占据学校，不能开学的事实，不是你们桂林一处。譬如北京自大学以下，所有的学校，今年一整年之中，都没有开过一次的好学。武昌的高等师范也是不能开学，安徽的学校，不但是不开，并且打死学生。本大总统看他们北方学界，都是在这样苦海之中，所以想要去超度他们。这个扫除政治上的障碍，超度北方学界的痛苦，便可谓之拨乱反治。诸君要知道拨乱反治,是很大的责任,是要大家担负的。(鼓掌)诸君要除去因为军队不能开学的困难,便要大家担负责任,人民与军队一体,同心协力,让军队赶快出发。(鼓掌)

讲到第二层道理,开学的重要和方法,浅近一点说,便是要教育少年。那班少年受了教育,十多年之后,便成有用的人才,可以继续你们前辈去办事。如果他们失了教育,你们以后的人才,便新旧不相接,以后的事业便没有人办。加深一点说,便是建设广西最要紧的一件事。因为民国的人民,人人都是主人翁,人人都要替国家做事的,所以建设一个新地方,首在办教育。要办普及的教育,令普通人民都可以得到教育,然后人人〈才〉知道替国家去做事。就桂林的现状说,恐怕没有〈受〉教育的人很多,而民国的教育又要普及,所以本大总统希望诸君令桂林周围的人民,无论贫富,凡在十岁以下底儿童,都要给教育到底。(鼓掌)至于详细底办法,你们现在求学的人,都要改变从前底旧行为;无论是先生或学生,各尽各底能力,担负责任来,同心协力去调查四乡底户口,多办义务学校,让一般没有钱底人都可以去读书。(鼓掌)首先从桂林起,再推到各县各乡。先办幼稚园,次办小学,再办中学,然后才可以办大学。本大总统这次到桂林之后,有许多同志都说桂林现在应该办一个大学,这是很不容易做到的。因为此地现在没有很多的好先生,就令有了好先生,试问到那里去找那些合格的学生呢? 现在中国是民国,是要人人都有教育的。要人人都有教育,你们广西有几百万人,不是数人能够教得成的,也不是空口说空话可以算得事的。必要人人各尽各的力量,有一分能力去做一分事情,大家都去实行。(鼓掌)如果照这样做去,让人人都能读书,才可说是普及教育制度;若是不然,便是贵族制度,便是资本制度。

诸君既是知道了教育的重要和办法,那末,现在的学校虽然被军队占住了,不能开学,不能在学校内教书、读书,便容易另外想简单的方去〔法〕教书、读书。譬如从前北京大学,政府不给钱,到他们开学,他们的先生和学生在学校外,或者是办义务学校,或者是办露天学校,当街演讲,是不是在学校内教书、读书呢? 再就广西现在不开学的原因讲,在桂林城内的人说,是在没有学校;在各县各乡的人说,学校是有的,是在没有钱。从前本大总统说中国的旧学问思想,要请诸君打破,这个没有钱的观念,也要请诸君打破。譬如我们最初革命的时候,那里有钱呢? 我们奔走二三十年,设尽种种方法,努力奋斗,终之把百〔有〕钱的满清政府还是推翻。可见有方法,能奋斗,甚么事都可以。(鼓掌)

就钱的外觊〔观〕说,现在广西人所甩的,完全是商务印书馆印的纸,不是钱。本大总统这次到广西来,带了许多银,自梧州到桂林,沿途用的时候,乡下人都不要。究竟那种钱有没有力呢? 你们广西银行发行的纸,用〔听〕说陆荣廷尚有八百万存在上海商务印书馆,预备运到广西来用。如果你们还要用他的纸,岂不是还要供奉陆荣廷? 广东人要用银,所以银行发行纸,必要有基本金,预备人民随时可以对〔兑〕换现银。外国人要用金,如英国用金矿〔镑〕,美国〈用〉金元。你们广西人现在爱用纸,是已经打破了金银的观念,如果再进一步,打破纸的观念,岂不是脱离人类普通金钱的束缚么? 换一句话说,现在广西人已经出了金钱的苦海,为甚么不再超度一步,〈连〉纸的苦海也脱离去呢?

就钱的本质说,学问家都说是货物,用来通有无的。可见货高过钱;如果有钱没有货物,钱还是没有〈用〉的。譬如这次欧战,各国每日〈用〉的战费,都是几千万,像英国每日是八千多万。如果各国都要用金钱,试问邦〔那〕里得到那些金属呢? 所以不能不用纸。但是用的数目,越出越多,纸的价值便越减越少。好比德国的马克,从前中国半元可值一马克,现在一元可值七八十马克。照这样说来,钱〔纸〕便不值钱。广西银行的纸,从前每元值银一元,现在只值五毫。这个〔种〕纸是陆荣廷所发行、用来吸收你们现金的。原来的增数是二千万,后来奸商又假造了二千万,前后共四千万。这四千万中,有一半是假的,人民不能分别,政府不能不收用,所以把原来的价值,更减低了一半。现在陆荣廷还有八百万,存在上海商务〈印〉书馆,将来运到广西来,你们纸的价值更要减低。诸君要防备这种危险,应该赶快打电〈报〉到上海商务印书馆去反对!(鼓掌)如果不然,陆荣廷在上海,便源源不绝把那种纸运到广西来用,他便是永远做你们的督军。

就钱的外观情形和他的本质道理合起来说,钱可以说是一种筹码,用来记货物价值之数的。譬如赌钱人,不必用钱去赌,用瓜子作筹码,可以代表钱;用火柴作筹码,也可以代表钱。简单的说,钱不过是货物的代表,所以钱不是万能的。货物的能力是更大的,如果货物不能流通,钱的价值便要低。好比德国当欧战的时候,被各国封锁了,他便国内的货〈物〉减少,所以马克便不值钱。钱既是代表货物的,究竟货物〈是〉甚么呢?是人工做出来的。譬如这个讲台上的纸花是人工做的,这个讲台也是人工做的。〈纸〉花是一种货物,讲台也是一种货物。照这样讲,可以说是人工生货物,货物生金钱;好比父生子,子生孙的道理是一样的。我们推求孙的来脉,便应该有父子二代的关系;推求钱的来源,也应该有人工与货物两步的关系。我们现在只说钱,便是忘记了钱是代表货物的,货物是代表人工的两步关系。因为这个原故,一般普通人便不知道钱的道理,便为钱所束缚。要打破他的束缚,便要多有货物;要多有货物,就在要我们多做工。(鼓掌)

再就货物说,古人没有发明钱的时候,彼此来通货物的有无,都是"日中为市，交易而退，各得其所"。这种交易的情形，好像你们广西现在的大城小圩，每月中三、六、九或二、五、八的"圩日"一样。因为货物是由人工做成的，货物有大小、长短、轻重的不同，所费的人工便有多少的不同，要恰恰报酬那种人工的多少，因之货物的价值，便应该有多少的分别。当那个时候，各人"以其所有，易其所无"。而货物的价值，有多有少，不能彼此恰恰相等，彼此来交易，必然生出许多争论，许多麻烦。譬如木匠去卖桌子和椅子，他的桌子每张是值二元，椅子每把是值五毫；裁缝去卖衣裳，每件不是值八毫的，便是值一元七毫的。裁缝不能不要桌子和椅子用，木匠不能不要衣裳穿；所以木匠和裁缝，彼此便不能不交易。但是他们的货物之价值，都不是恰恰相等，而彼此又一定要去交易，必然有一个人，不能恰恰满足他的货物之价值。所以那个木匠和裁缝，彼此说价交换货物的时候，该是怎么困难呢？后来有个聪明人，发明钱的这个东西出来。就学术上的文话说，作百货的"中准"；就浅近的俗话说，作交易的"媒介"。于是万难俱善，所有从前因为货物做成的时候，所费人工的多少不同，生出来的价值高低的分别，彼此交易不能恰恰报酬、满足各人的欲望，有无谓的纷争计算，种种困难都可一扫而除之。照这样看来，钱不过是用作交易货物的媒介，货又是人工的结果，货物价值的高低，又是报酬人工之多少的。所以把〈钱〉、货物、人工三项东西的能力比较起来，实在可说，货物的能力大过钱，人工的能力大过货物。

我们要革命的原故，因为是知道了种族的束缚、政权的束缚、经济的束缚，种种不好的道理，所以要僻〔拼〕死命去打破他们。诸君既是知道了钱的道理，请赞成本大总统革命的意思，把钱的束缚也来打破他。如果能够打破钱的束缚，便可尽义务不要钱。若是不能打破，便要钱，便不能不多发纸币。现在广西的纸币，已经是多的了不得，如果还要再发，你们将来怎么负担得起？诸君是学者，为广西四民转〔之〕首，应该想一个极好的法则，赶快去补救。（鼓掌）若是能打破钱的束缚，不要钱去办学。从前北京没有钱办学，各校学生到各处露天演讲，便是一个极好的榜样。诸君拿出义务心来担负责任，到各城各圩去讲演，把兴利除害的事对一般平民说，也是一桩大好处〔事〕。

凡百事业不能做的原故，都是由于不知。如果知了，是很容易行的。譬如你们广西人叫苦连天，说没有钱，不知道钱是货物来的。广西省〈有〉没有货物呢？就本大总统这次出巡，从前到南宁，现在到桂林，沿途考察而得的，地面下的金属矿和煤矿，到处皆有；地面上的土壤，肥沃的了不得，无论其么植物都可以生长的。别的不说，单就你们桂林讲，周围的石山该有多少？成这种石山的石头该有多少？这种石头，可以做士敏土的，如果做成了士敏土，每桶可值大洋五六元。换一句话说，就是每担可值大洋一元多。你们桂林的石头，该有多少万万担，就是你们桂林的钱，该有多少万万元。又如现在的农业出品，像甘蔗糖、花生、马蹄、生果、五谷等等，每年该有多少？如果有好道路的交通，运到广东去卖，都是很值钱的。但是现在没有便利交通，不能运出去卖，只能在本地卖，所以虽然有货，还是不值钱。你们有这样多的石头、五金、煤等货物，不能换钱的原因，都是由于你们不知道他的用处和开采力。所以你的〔们〕有几百万的人工，都不能制造货物，都没有用处。你们这样多的农产货物，不能多换钱的原因，都是由于没有好的交通，所以你的〔们〕已经做了的工，换少了钱。要你们的人工，都有用处，都能够制造矿产的货物，必要有知识，要有知识，就要有教育。要你的〔们〕用人工制造的矿产货物和天然生成的农产货物，都能够运出去卖，换很多的钱，必要有便利的交通；要有便利的交通，就在要有好道路。所以诸君今天欢迎本大总统,本大总统来贡献到诸君的,第一要普及教育,(鼓掌)第二要修筑道路。(鼓掌)这两件事,就是本大总统要求你们去做的。(鼓掌)如果诸君做到了这两件事,就是功德无量。(鼓掌)本大总统的贡献,就是以功德无量的事来要求诸君。(鼓掌)诸君把功德无量的事要实行出来,那才不负今天这个盛大的欢迎会。(鼓掌)

据上海《民国日报》一九二二年二月六、七日《孙总统对桂林学界之演说》

公布大本营供给局条例

(一九二二年一月二十三日)

第一条　供给局主沿兵站线,采办军民需要物品,运到前方,以备军民购买;同时采办沿途重要物产,运回后方营卖。

第二条　供给局组织如左:

局长一人,文牍一人(一等局员),会计员二人(二等局员),庶务员一人(三等局员),营业员二人(三等局员),录事若干人,司事若干人。

第三条　局长由大元帅简任,局员由局长委任。

第四条　局长指挥局员办理局务。

第五条　文牍员专司掌管印信,收发公文,撰拟文搞〔稿〕,保管档案诸事务。

第六条　会计员专司收入、支出、预算、决算诸事务。

第七条　庶务员专司水陆运输、进出仓库诸事务。

第八条　营业员专司采买、发卖诸事务。

第九条　录事承局长、局员之命,司理缮写表册。

第十条　司事承局长、局员之命,司理各庶务。

第十一条　于军源地或沿途认为必要时,得设供给分局,其条例另定之。

第十二条　供给局或供给分局应办之事及营业之盈亏,随时呈报度支处。

第十三条　供给局或供给分局每日应造具报告报销册、买入册卖出册,存货册,呈报度支处稽核存案。

第十四条　本条例自公布日施行。

据上海《民国日报》一九二二年一月二十三日《大本营供给局条例公布》

给邢森洲委任状

（一九二二年一月二十三日）

委任状:委任邢森洲为庇能中国国民党支部正部长。此状。

中国国民党总理　　孙　文

总　务　部　部　长　　居　正

党　务　部　部　长　　谢　持

财　政　部　部　长　　杨庶堪

宣　传　部　部　长　　张　继

据《国父全集》第四册(转录史委会藏原件影印)

准任罗任等职务令[*]

（一九二二年一月二十三日）

大总统令

———

* 据上海《民国日报》一九二二年二月十日消息,此项任命发布日期为一月二十三日。

大理院长兼管司法行政事务徐谦呈请任命罗任、石铭勋、余毅、黎思赞、锺馥、张通焕、黄昌群为湖南高等审判厅推事。应照准。此令。

据上海《民国日报》一九二二年二月二十四日《大总统命令》

准任罗兆奎唐冠亚职务令[*]
（一九二二年一月二十三日）

大总统令

大理院长兼管司法行政事务徐谦呈请任命罗兆奎为湖南高等检察厅检察官，唐冠亚署湖南高等检察厅检察官。应照准。此令。

据上海《民国日报》一九二二年二月二十四日《大总统命令》

任命陈德春职务令
（一九二二年二月四日）

大总统令

任命陈德春为中央直辖第四军军长兼粤东八属各军总司令。此令。

据《国父全集》第四册（转录史委会藏原件）

---

[*]　据上海《民国日报》一九二二年二月十日消息，此项任命发布日期为一月二十三日。

准吕国治辞职令

（一九二二年二月六日）

大总统令

　　总统府参军长徐绍桢呈称副官吕国治呈请辞职。应照准。此令。

据上海《民国日报》一九二二年二月十五日《大总统命令》

准任朱廷燎职务令

（一九二二年二月六日）

大总统令

　　总统府参军长徐绍桢呈请任命朱廷燎为副官。应照准。此令。

据上海《民国日报》一九二二年二月十五日《大总统命令》

复全国各界联合会电[*]

（一九二二年二月七日）

　　上海全国各界联合会鉴：侵日代电诵悉。贵会痛心国难，慷慨建言，以秣马厉兵、肃清中原而相属望，何敢不竭忠殚虑，厉我戎

---

　　* 全国各界联合会及外交大会等各团体，于一月二十六日致电孙中山，否认北京政府，请速北伐，为此孙中山予以答复。

行，顺宇内之推心，拨乱世而反之正也。文自广州出发以赴戎机，至于桂林，搜讨军实，今已部署粗定，将届师期矣。然陈师鞠旅，人民所望诸政府者甚深；而勠力同心，政府所求诸人民者尤切，亟盼全国各界爱国之士一致进行，各尽所能，赞助政府。若谓因循自误，苟且偏安，人非至愚，安能忍而与之终古？文忠于主义三十余年，本革命之精神，断战胜乎一切。此次督师北伐，亦即吾人根本改造之道耳。况今日之中国，诚如来电所谓事急时迫者，则为国讨贼，迟迟其行可乎？敢布腹心，即希公鉴。孙文。阳。（印）

据上海《民国日报》一九二二年二月二十三日《大总统督师北伐复电》

复全国国民外交大会电

（一九二二年二月七日）

上海全国国民外交大会鉴：来件收悉。贵会特伸大义，否认北庭，并经发布宣言，拥护正式政府，甚感甚感！徐世昌以满清余孽，洪宪遗臣，为复辟之罪魁，实叛国之首祸；而乃与其私党运用阴谋，盘踞北京，僭窃伪号，民国而有历事五朝之冯道俨然称尊，此中华人民皆当引为深耻者也。贵会今日之组织，实痛心疾首于外交之失败。夫卖国之举，无一非徐世昌之所为，承诺二十一条，当时为袁政府之国务卿者徐世昌也。高徐、顺济之路权，以其借款而充伪总统选举之运动费者，亦徐世昌也。昔国人误于因循，徐世昌乃乘间而售其术，迨凡尔赛会议、华盛顿会议，均由徐世昌而失败。国人始悔噬脐之莫及，觉补牢之太迟，奔走牺牲，欲以民气为外交之后盾。顾徐世昌不知悔过，反使军警施其暴力，压抑人民。盖亡国之大夫，不可与图存；又况石敬瑭、张邦昌之居心，吴三桂、李完用之行事，尤足惧耶。最近之鲁案直接交涉，及九千万盐余借款，在徐世昌亦不过视为故常而已。若夫梁士诒者,帝制犯也,可以同恶相济,则以之为伪阁总理,盖又徐世昌与共和宣战也。他若蹂躏教育,摧残实业,且任其野蛮之军队,纵火而劫宣武,决堤而溺嘉蒲,率兽食人,又其余事。故欲列其罪状,罄竹难书。总而言之,有徐世昌必不容有民国,有民国绝不可有徐世昌,此理易明。贵会亦见及于此,足征国人之觉悟。吾国存亡之机,我军胜负之数,胥系于此一念间矣。文三十年来,本革命之精神,为救国之事业,忠于主义,始终不渝,去年受国民付托之重,责以戡乱图治,扫除凶逆,改造社会,不敢不勉。特为四万万人讨卖国之贼,故不得已而用兵。其愿贵会弘此远谟,发为谠论,使天下咸喻政府伐罪吊民之意,得竟吾人拨乱反正之功,则贵会所造于民国者甚大。孙文。阳。(印)

据上海《民国日报》一九二二年二月二十二日《大总统督师北伐复电》

对奉直两系派代表至粤的宣言 *

(一九二二年二月十一日)

以国家为重者为国友,争私人权利者为国仇。从前交换勾结之习,皆认国家在后,私人在前,长此相沿,何以对国家人民,亦不必多此用兵一举,故西南决不苟且结合,致蹈从前覆辙。

据上海《民国日报》一九二二年三月十四日《孙总统最近宣言》

---

* 　此宣言全文未见,本件系上海《民国日报》报导时所引之内容节要。此件所采日期据报导时间酌定。

致咸马里夫人函

（一九二二年二月十一日）

亲爱的里夫人：

正当很久未得到你的消息之际，接读你去年十一月十七日来函，实甚高兴。你的信差不多用了三个月的时间才寄到我这里，得到外部世界消息所需的时间真是太长了。缺乏通讯的手段和旅行的工具，对于进步确实是一个很大的障碍。

我在去年十月十五日离开广州前来这里。从广州到桂林，虽然旅程只有五百英里，但我却整整乘了二十二天的游艇。幸运的是沿途景色宜人，才较多地补偿了这次旅行的冗长乏味。你是知道的，桂林从前是一座王城①，最后一个汉人的统治者②曾在这里住过，因此它富有历史的和传奇的意义。同时它又具有令人惊奇的自然景色，人们形容说"桂林山水甲天下"，的确很对。这里大多数的山都是由石灰石构成的，奇异石柱式的山峦重叠蜿蜒，如稍加想象，人们仿佛见到了人和动物的各种形象。

圣诞节刚过，我就得到了康德黎夫人去世的噩耗，感到十分悲痛。我想你此刻也已得到这不幸的消息了。康德黎夫人性格倔强，各方面都令人喜爱。我再也得不到康德黎夫人的宽慰和鼓舞的来信了。康德黎博士真不幸！我真不知道现在他没有了夫人，

---

① 桂林王城：桂林原是明朝靖江王朱守谦的王城，清初为定南王孔有德的府第，后改为专供乡试的贡院。

② "最后一个汉人的统治者"：指南明永历帝桂王朱由榔。

怎能生活下去？而且他们的孩子又都分散在世界各地。

我在这里不会停留很久，并盼望能尽早开始讨伐北洋军阀。但是，如果你的信寄来广州，也一定会有人将信转交给我。我希望不久，客观条件将会使你有可能并值得前来中国，帮助我国和她的人民。

祝贵体康健，精神愉快，并致以最亲切的问候和最良好的祝愿！

您最诚挚的孙逸仙

一九二二年二月十一日　广西桂林

据《研究中山先生的史料与史学》中吕芳上《荷马李档案简述》英文附件（转录台北图书馆藏原函影印件）译出（林家有译，马宁校）

委派徐谦等职务令

（一九二二年二月十四日）

大总统令

派徐谦兼文官高等惩戒委员会委员长，刘咏阄、冯自由、蔡庚、冯寅秀、刘通、翁捷三、余尧、杨光湛、朱念祖、邓台荫为文官高等惩戒委员会委员。

据上海《民国日报》一九二二年二月十四日《大总统命令》

命废除暂行刑律补充条例令

（一九二二年二月十七日）

大总统命令

暂行刑律补充条例应即废除。此令。

据上海《民国日报》一九二二年二月二十六日《公布废除刑律补充条例》

申讨徐世昌与日本协约的布告

（一九二二年二月二十日）

华盛顿会议，徐世昌所派伪代表与日本协定条件，丧失权利，甘为国民公敌。特将徐世昌罪恶再行揭布，若再姑息，势必益恣诡谋，偕亡无日，讨贼救国，愿与国民益起图之。

据上海《民国日报》一九二二年二月二十一日《本社专电》

致马君武等电

（一九二二年二月二十三日）

万急。南宁马省长、都安刘师长，云南省议会、顾总司令、金代省长①，贵州省议会、卢总司令兼代省长鉴：迭据云南省议会、三迤总会、教育会、总商会、农会，贵州省议会电请制止唐继尧回滇；顷又据滇、黔军将领朱培德、谷正伦等吁请下令讨伐唐继尧各等情。本大总统初以唐继尧数载以来，颇知大义；乙卯、丁巳两役，不无劳勋。当此大军北伐之时，西南皆一致讨贼，唐继尧身虽在野，自当以其力所及者为国驰驱。自希图回滇之事发生，本大总统犹电令来桂，盖深惜其为奸人所惑，思有以启其悔祸之机。故于滇、黔议会及各公团先后电呈，均置未答。本大总统之优容如此者，无非为国家惜有功也。旋闻唐继尧行抵柳州，擅设总司令部，私自委任各

---

① 上海《民国日报》一九二二年三月十四日刊载《孙总统制止唐继尧回滇》，作"金代总司令"，并于此下增加"刘省长"三字。

军长；近更调遣军队，自由行动，假名筹备北伐，实翼〔冀〕反戈回滇。兹得确讯，唐继尧已率队取道河池，向东兰、凤山一带前进，显系违抗命令，不顾大局。若不迅予制止，势将妨碍北伐进行，而扰乱地方，为害何极。特再通令，着各该省长、总司令等，迅即严行制止唐继尧前进，毋任其以一己权利之私，为西南大局之梗。切切。此令。大总统。梗。（印）

据《广东群报》一九二二年二月二十五日《大总统再电制止唐继尧》

致朱和中函

（一九二二年二月二十四日）

子英兄鉴：

今日已接到一月一日函。现在大军已开始由桂出发，会师武汉。此信到时，想战事已开，如武汉可得手，则立开办①。

兄十一月〔十〕五日密函所陈之十二项事业，万一武汉不能得手，亦急欲就西南已有之六省地盘而开办其一部分。广东、四川固有已成之工厂，而云、贵则煤铁遍地，若能先成一炼钢厂，以为制造事业之基本，其他则易举矣。若必待统一之后，则恐旷日持久，非计之得也，未知前途肯即从事经如〔营〕否？如其有意，请兄偕彼速来。

又，除此十二项事业之外，更有一印刷事业，为吾人所急需者也。现在中国金融多属之。事物皆〈以〉不必假手于人、求材于外为原则，望兄就此原则，与彼方资本家磋商，为吾人先设一印刷所，不独印刷纸票，其余他种之印刷事业，如地图、书画，皆包括在内。

---

① 指拟与德国合作在武汉创办炼钢厂及印刷事业一事。

印刷物为当今文明之利器,与兵工利器实为并驾齐驱,幸为物识其最上乘而速带之归国,以从事于建设事业可也。

兄之此行,于所陈之十二项事业及印刷机关,如能办妥,则目的可谓完满达到。目的一达之时,则盼兄速归勿延为幸。此致,即候

旅安

孙文　十一年二月二十四日

据《湖北日报》一九八一年八月二十八日载亲笔原函影印件(亲笔原函藏于湖北恩施县博物馆)

咨复国会文
(一九二二年二月二十五日)

为咨复事:准贵会议咨开,据本会议员彭邦栋为湖南总司令赵恒惕宣布省宪,违背约法,将以何术维持补救等由,提出质问书一件,连署者在二十人以上,核与议院法第四十条之规定相符,相应抄录原书,备文咨请贵政府查照、依据答复等由。准此,附质问书一件,当将质问书抄发内务部咨行湖南省长查复,一俟呈报到日,再行答复,相应咨请贵会议查照。此咨

国会非常会议

孙　文

伍廷芳代行

中华民国十一年二月二十五日

据上海《民国日报》一九二二年三月七日《总统咨复质问湘宪案》

北伐誓师词[*]

（一九二二年二月二十七日）

民国存亡,同胞祸福,革命成败,自身忧乐,在此一举。救国救民,为公为私,惟有奋斗,万众一心,有进无退。

据上海《民国日报》一九二二年三月二日《本社专电》

申斥刘其贤等电[**]

（一九二二年三月七日）

用人行政,政府自有权衡。中央直辖黔军于受令北伐之时,该军参谋长刘其贤等,竟于歌日联合通电,干预政治,自作主张,殊属不合。即着传谕申斥,以肃军纪。

据上海《民国日报》一九二二年三月二十五日《大元帅申斥军人干政》

---

[*]　此系孙中山在桂林南教场粤军北伐誓师典礼上颁布的誓词。据五月十日《广东群报》报导,孙中山在五月六日抵韶关后亦集合当地驻军,用同一誓词,在北伐誓师仪式上宣读。

[**]　一九二二年三月七日,孙中山致电广州军政府参谋部总长李烈钧与总统府文官长胡汉民,以中央直辖黔军刘其贤等联合通电,干预政治,指示予以申斥。李、胡乃于当日致电贵州总司令卢焘及中央直辖黔军总司令谷正伦等,转达孙中山电令。

致廖仲恺曹亚伯函[＊]

（一九二二年三月八日）

仲恺、亚伯兄同鉴：

　　兹得朱和中来函，所图各事，已有头绪。

　　其有需两兄协办者，特将所关之函付来共阅，（此函阅后付丙。）便知应付矣。一要仲恺兄照所请，发给四千两百元，分寄北京、柏林；寄柏林者，要买美金或英镑，不可买马克，因恐马克有跌无起，美金、英镑则有起无跌故也。并付来支条一纸，交由会计司出账可也。二要亚伯兄在广州等候，辛慈^①到港，则亲往接，直带他来大本营。此事要十分秘密，故接此信之后，则要着电报处留心欧洲或欧亚沿途各埠所来电报，如有 H 字样来者，即如期往港俟船便妥矣。

　　朱和中处，于未接他此信以前，已有信着他回国，然无论如何，此三千元当寄。汇款时可加一函，转属他回国之期，由他自定，如尚有重要事件须办者，当可稍留；如无要事，当以早回为佳；最好能与辛慈齐来，则诸事更为融洽也。

　　又，亚伯兄在广州等候时，由会计司每月支公费叁百元；到大本营时，则由大本营支，广州可以停止，并付支令一纸。

―――――――――

　　＊　此系孙中山致廖仲恺、曹亚伯关于联合德国的函件。一九二二年六月陈炯明叛变，廖仲恺所用公文包被窃，致使此一函件及与此有关朱和中致孙中山电函二件，落入陈炯明手中。陈在香港《电信报》公布上述函件，并将此作为孙中山崇信"过激主义"的佐证，加以攻击。

　　①　辛慈：德国前驻华公使。

辛慈之事愈密愈佳,如非万不得已,则政府中人,亦不可使之知也。此致,并候

大安

此信看完付丙。

孙文　三月八日

据广东省档案馆藏原函影印件

给高敦焯委任状

（一九二二年三月九日）

委任状:委任高敦焯为檀香山中国国民党分部评议部评议员。此状。

中国国民党总理　　　孙　文
总务部部长　　　居　正

中华民国十一年三月九日

据《国父全集》第四册（转录史委会藏原件影印）

出师北伐紧急通告

（一九二二年三月十一日）

照得民国肇造,十有一年,内治不修,外患日亟,政变纷乘,民生凋敝。徐逆窃权僭号,国人尤所痛心;近且引用帝孽,互相狼狈,卖国鬻路,甘丧主权,驱人民于水深火热之中,置国家于累卵覆巢之地。全国志士,引为深忧。

本大元帅上体国势,下察舆情,非扫除元凶,不足于清障碍,非发扬民治,不足于应潮流。是以数月于兹,筹定方略,搜讨军实;本

百折不回之志,作一劳永逸之图,业经成立大本营分处办事,各专责成。其兵站一部,及所管征发夫役输送事项,尤赖地方官绅互相为理。动员在即,筹备宜先,行将自桂出发,取道长岳,会师武汉,直抵幽燕。凡所经县境地方官厅,对于兵站所需夫役、品物等项,务宜联合绅耆,协同妥办,毋得稍存诿卸,致碍进行。各该部队,则向兵站处核实领给,照章支配,勿许再向民间搜求,致兹纷扰。

本大元帅负国民付托之重,尽拨乱反正之责,誓达统一之目的,期奠国基于巩固。期尔百官人民,共体此意,勠力同心,其在事出力有劳足录者,得予从优叙奖;其临事规避或竟抗违者,查明分别惩罚。除将夫役征发令另案公布外,尔地方官人民等,各宜激发热诚,分担义务。本大元帅有厚望焉。

十一日

据上海《民国日报》一九二二年三月二十日《大总统出师北伐通告》

任命金汉鼎职务令[*]

(一九二二年三月十四日)

大总统令

　　特任云南代理总司令金汉鼎代〈理〉云南省长。

据上海《民国日报》一九二二年三月二十四日
《十六日国务会议纪事》

---

　　* 上海《民国日报》一九二二年三月十七日《本社专电》载,此命令日期为"寒日",即三月十四日。

命追赠邓铿为陆军上将并从优议恤令 [*]

（一九二二年三月二十四日）

大总统令

　　据广东总司令呈称陆军中将、粤军第一师师长兼广东总司令部参谋长邓铿,本月二十一日夜被刺,医治罔效,业于二十三日晨五时因伤殒命等语。该中将邓铿奔走革命以来,出死入生,患难与共。自辛亥光复以至兴师讨袁,运筹决战,靡役不与。近年援闽、援粤、援桂诸役,翊赞广东总司令陈炯明,决疑定计,战功尤伟。更复治兵严明,地方利赖。方冀为国宣劳,长资依畀,讵被奸人狙击,因伤殒命,缅怀将帅,痛惜殊深。邓铿应追赠陆军上将,派总统府参军长徐绍桢前往致奠,由财政部拨给治丧费五千元,着陆军部会同广东总司令部派员经理丧务;应得恤典,并着陆军部从优拟议呈候核夺,用示本大总统笃念勋荩之至意。此令。

据上海《民国日报》一九二二年三月二十八日《大总统悼恤邓师长》

给苏法聿委任状

（一九二二年三月二十八日）

　　委任状:委任苏法聿为巴生港口中国国民党分部正部长。此状。

---

　　*　邓铿遇刺逝世后,陆军部总长、广东总司令陈炯明将此事电呈孙中山,孙乃于三月二十四日下令追赠邓为陆军上将,并着财政部、陆军部等从优议恤。同日,陈炯明致电各报馆公布此令。

中国国民党总理　　孙　文
总 务 部 部 长　　居　正
党 务 部 部 长　　谢　持
财 政 部 部 长　　杨庶堪
宣 传 部 部 长　　张　继

中华民国十一年三月二十八日

据《国父全集》第四册（转录史委会藏原件影印）

给陈德熹委任状
（一九二二年三月二十八日）

委任状：委任陈德熹为巴生港口中国国民党分部评议部正议长。此状。

中国国民党总理　　孙　文
总 务 部 部 长　　居　正
党 务 部 部 长　　谢　持
财 政 部 部 长　　杨庶堪
宣 传 部 部 长　　张　继

中华民国十一年三月二十八日

据《国父全集》第四册（转录史委会藏原件影印）

给王宗沂委任状
（一九二二年三月二十八日）

委任状：〈委任〉王宗沂为巴生港口中国国民党分部干事。此状。

中国国民党总理　　孙　文

总 务 部 部 长　　居　正

中华民国十一年三月二十八日

据《国父全集》第四册(转录史委会藏抄件)

给陈再喜委任状

（一九二二年三月二十八日）

委任状：委任陈再喜为巴生港口中国国民党分部干事。此状。

中国国民党总理　　孙　文

总 务 部 部 长　　居　正

中华民国十一年三月二十八日

据《国父全集》第四册(转录史委会藏原件影印)

给骆连焕委任状

（一九二二年三月二十八日）

委任状：委任骆连焕为河内中国国民党支部会计科副主任。此状。

中国国民党总理　　孙　文

总 务 部 部 长　　居　正

财 政 部 部 长　　杨庶堪

中华民国十一年三月二十八日

据《国父全集》第四册(转录史委会藏原件影印)

致陈炯明电

（一九二二年三月下旬）

仲元遽以创死，伤哉！平日忠于国事，勇于奋斗，前途之望，正复无量。壮年遽殒，不止粤中惜此人材也！

据罗家伦主编《国父年谱》（增订本）下册

致古巴同志恳亲会电

（一九二二年三月）

历尽艰虞，此志不懈，诚谊相孚，无分内外。

孙文敬祝

据《中央党务月刊》第七期

给郑受炳委任状

（一九二二年四月四日）

委任状：委任郑受炳为巴生中国国民党支部正部长。此状。

中国国民党总理　　　孙　文

总 务 部 部 长　　　居　正

党 务 部 部 长　　　谢　持

财 政 部 部 长　　　杨庶堪

宣 传 部 部 长　　　张　继

中华民国十一年四月四日

据《国父全集》第四册（转录史委会藏原件影印）

给朱普元委任状

（一九二二年四月四日）

　　委任状:委任朱普元为巴生中国国民党支部会计科主任。此状。

中国国民党总理　　　孙　文

总 务 部 部 长　　　居　正

财 政 部 部 长　　　杨庶堪

中华民国十一年四月四日

据《国父全集》第四册(转录史委会藏抄件)

给何石安委任状

（一九二二年四月四日）

　　委任状:委任何石安为巴生中国国民党支部会计科副主任。此状。

中国国民党总理　　　孙　文

总 务 部 部 长　　　居　正

财 政 部 部 长　　　杨庶堪

中华民国十一年四月四日

据《国父全集》第四册(转录史委会藏抄件)

给陈景星委任状

（一九二二年四月四日）

委任状：委任陈景星为巴生中国国民党支部干事。此状。

中国国民党总理　　　孙　文

总 务 部 部 长　　　居　正

中华民国十一年四月四日

据《国父全集》第四册（转录史委会藏抄件）

给黄方白委任状

（一九二二年四月四日）

委任状：委任黄方白为巴生中国国民党支部干事。此状。

中国国民党总理　　　孙　文

总 务 部 部 长　　　居　正

中华民国十一年四月四日

据《国父全集》第四册（转录史委会藏抄件）

给谭进委任状

（一九二二年四月四日）

委任状：委任谭进为巴生中国国民党支部评议部评议员。此状。

中国国民党总理　　　孙　文

总　务　部　部　长　　　居　正

中华民国十一年四月四日

据《国父全集》第四册(转录史委会藏原件影印)

准建联军忠烈祠令

(一九二二年四月十四日)

大元帅指令

呈悉。援桂之役,滇、黔、赣援桂联军阵亡诸将士,授命疆场,至堪矜念,建祠崇报,自可准行。惟所拟就秦步衢私宅略事修葺改造一节,应径由该总长咨行广西省长商办可也。此令。

据上海《民国日报》一九二二年四月二十一日《李部长请建联军忠烈词》

在梧州军事会议的演说 *

(一九二二年四月十六日)

我们已经没有后方了。在桂林时,没有后方;现在到梧州来,也还是没有后方。我们只有以广州做后方,从韶关出兵。

他总不能教我不革命。

据罗家伦主编《国父年谱》(增订本)下册

(转录胡汉民《六月十六之回顾》)

---

* 　一九二二年四月十六日,孙中山从桂林抵达梧州,即召集军事会议,电召陈炯明与会,陈拒不出席。此系孙中山在该会议上讲话之部分内容。

给吴醒汉委任状

（一九二二年四月十六日）

委任状：委任吴醒汉为本部军事委员。此状。

中国国民党总理　　孙　　文

中华民国十一年四月十六日

据《国父全集》第四册（转录史委会藏原件影印）

与美国《华盛顿邮报》记者的谈话 *

（一九二二年四月中旬）

广东合法政府北伐之目的，不在中国北方人民，而在日本及为日本外府之北庭。溯辛亥革命之役，吾人调和心理，失于过急，在当时以为可免战争流血，而结果则并革命所成就者尽失之。袁世凯当国，中国入帝制派之手，迄今战祸频仍，牺牲性命，不可胜计，咸系少数军人政客，为个人私利而动兵戎。卖国之徒遂将矿产、森林、渔盐种种利权，售于日本，故急起直追，推翻北庭以撤销日本之外府，刻不容缓。盖中国若不推翻日本在中国之势力范围，日本必利赖中国之天产及人民，以遂其穷兵黩武之帝国主义。能维持太平洋和平之国家，非英国，实中国也。吾人今日自救，即可以使全世界免除日本武力之危害。北方同胞亦逐渐醒悟，将与吾人同心

---

　*　此次谈话在梧州进行，具体日期不明。据孙中山于四月十六日由桂林抵梧州，二十日赴肇庆，故酌定为四月中旬。

协力,推翻日本之外府。

推原北庭之所以能存在者,良由列强各国之承认,倘各国否认之,中国即能统一于民意合法政府之下,然后解散无用之军队,整理财政,禁止贿赂,则国库充裕,外债即可清偿,故列强多承认北庭一日,即多重苦中国人民一日,亦即中国真正民治之政府,不能早实现一日。美国自来对于中国毫无攫取土地之野心,亦未利用中国衰弱以营私利,故今日否认北庭,当然事也。

据《民信日刊》一九二二年五月七日《孙总统与美京邮报访员之谈话》

准陈炯明辞职令

（一九二二年四月二十一日）

内务总长兼陆军总长陈炯明呈请辞去本兼各职。陈炯明应准免去内务总长职,专任陆军总长。此令。

广东省长兼广东总司令管理全省军务陈炯明辞去本兼各职。陈炯明应准免去本兼各职。此令。

民国十一年四月二十一日

据《广东群报》一九二二年四月二十四日《本社专电》

命裁撤广东总司令职务令

（一九二二年四月二十一日）

大总统命令

广东总司令一职,应即裁撤,所属陆、海各军直辖于大元帅。此令。

民国十一年四月二十一日

据《广东群报》一九二二年四月二十四日《本社专电》

给陈炯明林永谟的训令

（一九二二年四月二十一日）

广东总司令一职业经裁撤，所有广东总司令所属陆、海各军直辖于大元帅。除明令公布并分令海军、陆军部分仰即转饬各该军一体遵照。此令。

中华民国十一年四月二十一日

据上海《民国日报》一九二二年四月二十八日《大总统二十三日抵广州》

任命伍廷芳职务令

（一九二二年四月二十一日）

大总统之命令

特任外交总长兼署财政总长伍廷芳兼署广东省长。此令。

民国十一年四月二十一日

据《广东群报》一九二二年四月二十四日

任命魏邦平兼职令

（一九二二年四月二十一日）

大总统之命令

特任第三师师长魏邦平兼署卫戍总司令。此令。

民国十一年四月二十一日

据《广东群报》一九二二年四月二十四日

命广三路调车至河口装运各军令

（一九二二年四月二十一日）

大总统令

　　广三路将各机头及车尽调至河口，以便装运各军。

据上海《民国日报》一九二二年四月二十八日《大总统二十三日抵广州》

给梁鸿楷的训令 *

（一九二二年四月二十二日）

大总统训令

　　代理第一师师长梁鸿楷，兼广州卫戍司令魏邦平未返省以前，所有治安着该师长竭力维持，毋负重托。切切。此令。

据上海《民国日报》一九二二年四月二十八日《大总统二十三日抵广州》

任命梁鸿楷等职务令

（一九二二年四月二十三日）

大总统令

　　任命梁鸿楷第一师师长兼卫戍副司令，罗翼群宪兵司令，朱卓文兵工厂总办，周子禄军械局局长。

据上海《民国日报》一九二二年四月二十五日《本社专电》

---

　　* 此令时间不明。据上海《民国日报》报导，酌定为四月二十二日。

任命程天斗林直勉职务令

（一九二二年四月二十三日）

大总统令

　　任程天斗财政厅长，仍兼省银行行长；林直勉电政监督。（念三日）

据上海《民国日报》一九二二年四月二十五日《本社专电》

祭黄花岗七十二烈士文

（一九二二年四月二十五日）

　　维中华民国十一年四月二十五日，当旧历壬戌三月二十九日，为黄花岗七十二烈士殉国纪念之期。本大总统谨具清酌庶馐，特派参军长徐绍桢致祭于七十二烈士之灵曰：

　　呜呼！臧洪遘难，轰传烈士之名；孔融捐躯，景仰男儿之节。白刃可蹈，青史难忘。苟大节之不渝，虽俎醢其奚恤？然未有丰碑屹屹，苌弘之碧血千年，青冢累累，田横之佳儿五百，如我黄花岗七十二烈士者，猗欤壮哉，不亦烈乎！共和肇兴，祸乱未已，民无宁岁，国谁与立？诸将士喋血殉身，艰难缔造之民国，至今犹在危疑震撼之中。本大总统抚今追思，良用慨然，恨未能掬泪与诸烈士一通謦欬也。惟是国家兴亡，吾党之责，背民之贼，誓不两立。本大总统率师致讨，未敢苟安。以诸烈士之英灵，至今凛凛，犹有生气，秉此以战，幸而得克，则悲愤忧伤者有限，而精元会合，天人相庆者无穷矣。呜呼！素车白马，见天上之灵旗；丹荔黄蕉，荐南中之佳果。生为人杰,死作鬼雄,惟诸烈士,其昭鉴之。尚飨。

据《广东群报》一九二二年四月二十七日

给符养华委任状

（一九二二年四月二十五日）

委任状:委任符养华为星洲琼侨中国国民党分部正部长。此状。

中国国民党总理　　　孙　文

总　务　部　长　　　居　正

党　务　部　长　　　谢　持

财　政　部　长　　　杨庶堪

宣　传　部　长　　　张　继

中华民国十一年四月二十五日

据云愉民著《新加坡琼侨概况》（海南书局
一九三一年六月出版）原状影印件

任命吕志伊职务令

（一九二二年四月二十六日）

大总统令

　　任命吕志伊署内政总长。

据上海《民国日报》一九二二年四月二十八日
《本社专电》

任命郭泰祺职务令

（一九二二年四月二十六日）

大总统令

　　任命郭泰祺为广东政务厅长。

据上海《民国日报》一九二二年五月八日

《大总统命令》

任命陈策职务令

（一九二二年四月二十九日）

大总统令

　　任陈策〈为〉海军陆战队司令。

据上海《民国日报》一九二二年四月三十日

《本社专电》

任命冯伟等职务令

（一九二二年四月三十日）

大总统令

　　任命冯伟为大本营无线电报局局长。此令。

　　任刘纪信、□福同、程庆全为大本营无线电报技士。此令。

据上海《民国日报》一九二二年五月八日

《大总统命令》

任命温树德等职务令

（一九二二年四月三十日）

大总统令

　　任命温树德为海军舰队司令。此令。

　　任命孙祥夫为海军陆战队司令。此令。

　　任命马伯麟为广东长洲要塞司令。此令。

据上海《民国日报》一九二二年五月八日《大总统命令》

任命陈可钰李章达职务令

（一九二二年四月三十日）

　　任命陈可钰、李章达为大本营参军。此令。

据上海《民国日报》一九二二年五月八日《大总统命令》

任命温树德等职务令

（一九二二年四月三十日）

大总统令

　　任命温树德为海圻舰长，吴志馨为海琛舰长，田士捷为肇和舰长，欧阳格为飞鹰舰长，冯肇宪为永丰舰长，丁培龙为永翔舰长，招桂章为楚豫舰长，田炳章为同安舰长，何瀚澜为豫章舰长，林若时为福安舰长，袁良骅为舞凤舰长。此令。

据上海《民国日报》一九二二年五月八日《大总统命令》

致饶潜川函*

（一九二二年五月一日）

潜川同志兄台鉴：

文奔走国事，迄数十年，困心衡虑，冀除暴乱，奠我邦家。今西南再造，响应自治之声，弥漫宇内，吾辈当如何自勉，以求偿厥素愿，慰我国民？

顾自治非可托诸空言，必挟实力以坚其后盾。今前敌杀贼，义不反顾，虽断脰裂身，犹冒锋突进；文每轸念其劳，彼则曰男儿爱国，当如是也。我父老兄弟姊妹之寄居海外者，其志斯言！文终日焦劳，冀我海外同志，念前敌之艰苦，祖国之阽危，勃然有作，踊跃输将。兹中央筹饷会由发起人等，公举干事十人，主持会务，广设劝捐员，一面于国内分别募捐，一面函托海外同志，担任募捐之事，内外合力，共襄进行。

夫国家兴亡，匹夫有责。今四百兆同胞以重任付托于我同志，则共同尽力，以解其倒悬，致民国于福利者，即我同志之责也。我同志其力图之！临颖神驰，努力自爱！

孙　文

据《国父全集》第三册（转录史委会藏原件）

---

* 此函与一九二一年十二月十二日致彭泽文函属同文函件，因发函时间不同，现姑录存。

任命叶秉衡等职务令

（一九二二年五月一日）

大总统令

　　任命叶秉衡为大本营技士。此令。

　　任命太永宽为陆军第二师参谋长。此令。

　　任命朱卓文兼航空局长，张惠长为副局长。此令。

据上海《民国日报》一九二二年五月八日《大总统命令》

任命冯自由职务令

（一九二二年五月一日）

　　派冯自由兼文官高等惩戒委员会委员。此令。

据《民信日刊》一九二二年五月一日

任命陈策等职务令

（一九二二年五月二日）

大总统令

　　任命陈策为大本营第四路游击司令。此令。

　　任命何振为虎门要塞司令。此令。

　　任命谢心准为军用电话处处长。此令。

据上海《民国日报》一九二二年五月八日《大总统命令》

准吴礼和辞职令

（一九二二年五月二日）

虎门要塞司令吴礼和电请辞职。吴礼和着免去本职。此令。

据上海《民国日报》一九二二年五月八日《大总统命令》

特赦陈炳生令

（一九二二年五月二日）

大总统令

特赦陈炳生。

据上海《民国日报》一九二二年五月四日《本社专电》

任命蔡庚职务令

（一九二二年五月二日）

派蔡庚兼文官高等惩戒委员会委员。此令。

据《民信日刊》一九二二年五月二日

任命冯演秀职务令

（一九二二年五月三日）

派冯演秀兼文官高等惩戒委员会委员。此令。

据《民信日刊》一九二二年五月三日

复唐继尧电

（一九二二年五月四日）

滇允北伐，久要不忘，文决日内赴韶关督师，望相助。四日。

据上海《民国日报》一九二二年五月五日《本社专电》

声讨徐世昌令

（一九二二年五月四日）

祸国元凶徐世昌，窃位以来，怙恶日甚，内政之危害国本，外交之违反民意，其罪犹已为天下所共见恶，复躬为鬼蜮于内，而嗾其鹰犬纵横于外，遂致残民以逞之事，层见叠出。去岁弄兵湘鄂，无辜之民，不死于战，即死于水，疮痍未复，呼吁彻天。近且野心不戢，构成大战，使河北州郡，悉罹锋镝；充患得患失之所至，不惜以国家为孤注，以生民为牺牲，倒行逆施，至此而极。

本大元帅受国民付托之重，深念连年国难未定，人民痛苦益深益烈，爰命诸将，分道出师，亲履行间，以除民贼。出师宗旨，在树立真正之共和，扫除积年政治上之黑暗与罪恶，俾国家统一，民治发达。所认为民贼者，惟徐世昌及共恶诸人。师行所过，如有去逆效顺者，必视同一体，其毋〔毋〕自贰。我国民当知，国事如此，非以彻底之主张，为根本之解决，罔克有济，同心勠力，以成大功，有厚望焉。此令。

据上海《民国日报》一九二二年五月六日《本社专电》

任命胡毅等职务令

（一九二二年五月四日）

大总统令

　　任命胡毅为大本营管理处处长,姚观顺为大本营参军,吴适为大本营第十一路游击司令。此令。

据上海《民国日报》一九二二年五月十二日《大总统命令》

任命刘通职务令

（一九二二年五月四日）

　　派刘通兼文官高等惩戒委员会委员。此令。

据《民信日刊》一九二二年五月四日

命欧阳格何瀚澜对调职务令

（一九二二年五月五日）

大总统令

　　飞鹰舰长欧阳格,着与豫章舰长何瀚澜对调。此令。

据上海《民国日报》一九二二年五月十二日《大总统命令》

准陈策辞职令

（一九二二年五月五日）

大总统令

　　大本营第四路游击司令陈策呈请辞职。陈策应免去本职。此令。

据上海《民国日报》一九二二年五月十二日《大总统命令》

任命于右任等职务令

（一九二二年五月五日）

大总统令

　　特任于右任为讨贼军西北第一路总司令。此令。

　　特任陈树藩为讨贼军西北第二路总司令。此令。

　　任命叶举为粤桂边防督办。此令。

　　任命陈策为广东海防司令。此令。

据上海《民国日报》一九二二年五月十二日《大总统命令》

任命居正职务令

（一九二二年五月六日）

大总统令

　　特任居正为内务部总长。此令。

据上海《民国日报》一九二二年五月十二日《大总统命令》

命维持粤省银行纸币令 *

（一九二二年五月七日）

大总统令

　　兹当北伐进行军事期内，金融最为紧要。省立广东银行纸币，市面久已通用。访闻近有奸商从中操纵，故意低折，应严行取缔查究。

据上海《民国日报》一九二二年五月八日《程天斗维持粤纸币》

任命欧阳琳等职务令

（一九二二年五月七日）

大总统令

　　任命欧阳琳为大本营幕僚处高级参谋。此令。

　　任命刘崛、萧辉锦为大本营谘议。此令。

　　任命郭昌明为大本营参议。此令。

据上海《民国日报》一九二二年五月十五日《大总统命令》

准任郑衡之等职务令

（一九二二年五月七日）

大总统令

---

　　*　此命令系由广东财政厅长程天斗所颁维持粤纸币布告中引出。所标日期据上海《民国日报》的报导，酌定为五月七日。

遵办大本营宣传事宜田桐呈请任命郑衡之为大本营宣传处编著课主任,陈去病为宣传处演讲课主任,方觉慧为宣传处新闻课主任,刘云眼为宣传处训练所所长。均照准。此令。

据上海《民国日报》一九二二年五月十五日《大总统命令》

准任胡人杰职务令
（一九二二年五月七日）

大总统令

　　兼代军法处长蒋作宾呈请任命胡人杰为大本营军法处少校副官。应照准。此令。

据上海《民国日报》一九二二年五月十六日《大总统命令》

准任洪兆康等职务令
（一九二二年五月七日）

大总统令

　　陆军第二师〈师〉长洪兆麟呈请任命洪兆康为副官长,黄维藩为中校参谋,谢沄为少校参谋,方户任为少校副官,伍树柟为军械处处长,黄宗宪为军法处处长。均照准。此令。

大总统令

　　陆军第二师师长洪兆麟呈请任命姜俊鹏为补充营营长。应照准。此令。

据上海《民国日报》一九二二年五月十六日《大总统命令》

任命翁捷三职务令

（一九二二年五月七日）

派翁捷三兼文官高等惩戒委员会委员。此令。

据《民信日刊》一九二二年五月七日

任命余垚职务令

（一九二二年五月八日）

派余垚兼文官高等惩戒委员会委员。此令。

据《民信日刊》一九二二年五月八日

给李烈钧及各军长官的训令

（一九二二年五月九日）

为训令事：本大元帅督师北伐，原为不得已而用兵，故亲履行间，为民除贼。诸将士宜行本大元帅民权、民生之主义，勿以救民者至反致扰民。凡大军所过之区，必期耕市不惊，秋毫无犯，能慰来苏之望，斯为仁者之师。其所用军需，如一切物品之类，务名〔须〕各自行筹备者，不宜骚扰闾阎。市场交易之时，在人民固应出之以公平，在军队不得施其强暴。至若需用夫役，应遵本年二月十八日所公布之夫役征发令办理，由地方官督率地方团体负责催募，绝不可任军队执路人而胁迫之，故〔致〕人人视康庄为畏途。

以上数端，皆所以恤人民之艰难，树军队之模范，用特严申诰诚,即本〈大〉元帅前日演讲军人精神教育之用心,仰各军长官宜严饬所队一体凛遵。如有违犯,当以军法从事;并于沿途所经过之地方录令布告,俾我国人咸喻本大元帅伐罪吊民之至意。切切。此令。

据上海《民国日报》一九二二年五月十八日《大元帅诰诫各军长官》

命国民党广东支部速组运输队令[*]
（一九二二年五月九日）

大元帅令中国国民党广东支部速行召集同志,组织运输队俾得随同大军出发,以赴戎机。

据上海《民国日报》一九二二年五月十六日《北伐之面面观》

任命杨光湛职务令
（一九二二年五月九日）

派杨光湛兼文官高等惩戒委员会委员。此令。

据《民信日刊》一九二二年五月九日

任命朱念祖职务令
（一九二二年五月十日）

派朱念祖兼文官高等惩戒委员会委员。此令。

据《民信日刊》一九二二年五月十日

---

　　* 此令系由广州茶居工会征发夫役通告中录出。上海《民国日报》一九二二年五月九日"本社专电"中,有"大总统因韶关夫役缺乏,急电国民党,令募夫役五千人赴韶"的报导,据此酌定此令发布时间为五月九日。

任命许崇智等职务令

（一九二二年五月十一日）

陆海军大元帅令

　　特任许崇智为粤军第二军军长，任命吕超为大本营参军长，任命张岂庸为大本营第十四路游击司令，〈任命〉梁钟汉为大本营谘议。此令。

据上海《民国日报》一九二二年五月二十二日《陆海军大元帅令》

任命邓召荫职务令

（一九二二年五月十一日）

　　派邓召荫兼文官高等惩戒委员会委员。此令。

据《民信日刊》一九二二年五月十一日

给伍廷芳的训令 *

（一九二二年五月十二日）

　　为令遵事：照得广东省立银行自发行纸币以来，信用昭著，经该省长官令饬各属全省通行，十足使用在案。近闻各属征收机关，竟有不肖员司从中舞弊，或拒不收纳，或任意低折，殊属不法已极。为此令仰该省长即便遵照重申前令，凡各属征收员司，不得舞弊，

＊　此件所标时间系《民国日报》刊载日期。

致干重究,并着令饬广东全省商会联合会迅速分函各属商会,准其就近查察各机关有无上项情弊。如果阳奉阴违,应即据实具报该会联合会转呈省长,从严惩办,以维币政。仍将办理情形,随时具报。切切。此令。

据上海《民国日报》一九二二年五月十二日《粤省币之维持令》

任命何梓林等职务令

（一九二二年五月十二日）

陆海军大元帅令

　　任命何梓林代理粤军第二军步兵第七旅旅长,金华林为大本营幕僚处高级参谋,派程天斗为中央银行筹备委员。此令。

据上海《民国日报》一九二二年五月二十二日《陆海军大元帅令》

任命何蔚职务令

（一九二二年五月十二日）

　　任何蔚署大理院庭长。此令。

据《民信日刊》一九二二年五月十二日

任命关国雄等职务令

（一九二二年五月十四日）

陆海军大元帅令

　　任命关国雄为粤军第二军第四师师长,蒋中正为粤军第二军参谋长,许济为粤军第二军第八旅旅长,黄国华为粤军第二军第九旅旅长,孙本戎为粤军第二军卫队正司令。此令。

据上海《民国日报》一九二二年五月二十二日《陆海军大元帅令》

任命朱之洪职务令

（一九二二年五月十四日）

任命朱之洪为总统府谘议。此令。

据《民信日刊》一九二二年五月十四日

任命姜汉翘等职务令

（一九二二年五月十五日）

陆海军大元帅令

　　任命姜汉翘为陆军第二师第四旅旅长,王期昌为陆军第二师第四旅第八团团长。此令。

据上海《民国日报》一九二二年五月二十二日《陆海军大元帅令》

准任刘署成等职务令

（一九二二年五月十五日）

陆海军大元帅令

　　陆军第二师师长洪兆麟呈请任命刘署成为陆军第二师第四旅第七团第一营营长,李钧为陆军第二师工程营营长,廖仲东为副官。均照准。此令。

据上海《民国日报》一九二二年五月二十二日《陆海军大元帅令》

任命陈嘉佑职务令

（一九二二年五月十五日）

陆海军大元帅令

　　任命陈嘉佑为讨贼军湘军第一路司令。此令。

据上海《民国日报》一九二二年五月二十二日《陆海军大元帅令》

任命王湘职务令

（一九二二年五月十五日）

陆海军大元帅令

　　任命王湘为大本营参议。此令。

据上海《民国日报》一九二二年五月二十二日《陆海军大元帅令》

任命冯轶裴职务令

（一九二二年五月十五日）

陆海军大元帅令

　　任命冯轶裴为粤军第二军第四师参谋长。此令。

据上海《民国日报》一九二二年五月二十二日《陆海军大元帅令》

严禁私自招兵的训令

（一九二二年五月十六日）

　　为训令事：照得大军北伐，军事方殷，凡正式募兵补充军队者，皆经本大元帅令准，同时令知广东省长饬该募兵区域地方长官知照，方得从事招募。若未奉命令，私自招募，则违犯军纪，不容宽贷。

查各县近有擅设司令径以募集绿林者，使地方官真伪莫分，人民更演成恐慌之象。若不严行禁止，将何以一军制而安民生？着各军长官及各县县长，嗣后如有未奉本大元帅明令而私自招兵者，准由各所在地驻军长官及各县县长立予拿获，解至大本营军法处依法严惩。

本大元帅悯民疾苦，对于此种不法之事，决不姑宽。并着各军及各县县长录令布告。为此令仰该总长、总司令、军长、师长、司令、县长，即便遵照办理。切切。此令。

据上海《民国日报》一九二二年五月三十一日《大元帅严禁私自招兵》

给李炳荣的训令 *

（一九二二年五月十七日）

为训令事：照得此次改道出师，各军已陆续出发，凡属留守部队，应负后方治安职责。除广州治安责成魏邦平、粤桂边防责成叶举办理外，关于惠潮方面对赣边防事宜，应由该处长协同高州善后处长钟景棠、第二师旅长尹骥等，共负责任，妥为办理。仰即遵照毋违。切切。此令。

据《羊城报》一九二二年五年二十四日

* 李炳荣系惠州善后处长。孙中山同时训令钟景棠、尹骥，协同办理对赣边防事宜，文字相类，未录。

任命柏文蔚职务令

（一九二二年五月十七日）

大总统令

　　任柏文蔚为长江上游招讨使。

据上海《民国日报》一九二二年五月二十日《本社专电》

严禁军队拉夫令 *

（一九二二年五月十七日）

大元帅令

　　大军进发，首在保护商场，维持秩序。各军需用夫役，业已通饬各县雇募，随时解送分拨听遣。嗣后无论何项军队，不准纷向商店、居民任意拉夫，免致惊动商场，有妨贸易。

据上海《民国日报》一九二二年五月二十八日《大本营严禁军队拉夫》

任命卢善矩等职务令

（一九二二年五月十八日）

　　任命卢善矩为宝璧舰舰长，陈启耀为广东舰舰长，陈锡乾为广金舰舰长。此令。

据《羊城报》一九二二年五月二十四日

---

　　* 此训令系由大本营参军处所颁《严禁军队拉夫》布告中录出。据上海《民国日报》所刊大本营参军处所颁该布告日期，为一九二二年五月十七日。

任命张孝准等职务令

（一九二二年五月十八日）

陆海军大元帅令

　　任命张孝准为大本营军务处处长。此令。

　　任命章裕昆为赣西讨贼军别动队司令。此令。

据《羊城报》一九二二年五月二十二日

准任吴斌等职务令

（一九二二年五月十八日）

陆海军大元帅令

　　大本营参军长吕超呈请任命吴斌为大本营警卫第二团中校团附兼第一营营长，孙绳为大本营警卫第二团少校团附，蒋光鼐为大本营警卫第二团第二营营长，韦就为大本营警卫第二团第三营营长。均照准。此令。

据《羊城报》一九二二年五月二十二日

任命丁培龙等职务令

（一九二二年五月十九日）

陆海军大元帅令

　　任命丁培龙为大本营第四路游击司令。此令。

　　任命列堀为浔郁镇抚使。此令。

任命苏无涯为平梧镇抚使。此令。

据《羊城报》一九二二年五月二十二日

给陈家鼐委任状

（一九二二年五月十九日）

任命状：任命陈家鼐为大本营劳工宣传委员。此状。

孙　　文

中华民国十一年五月十九日

据《国父全集》第四册（转录史委会藏原件影印）

颁授李源水奖凭

（一九二二年五月二十日）

大元帅为发给奖凭事：自逆贼叛国，挞伐用张，师行裹粮，需财孔亟，常赖海外侨胞，踊跃输将，藉济财政之困，促成革命之功。凡兹义举，奖典应颁。兹据中央筹饷会汇报，查有李源水捐助军饷，合于奖章条例第八条规定，呈请给予三等银质奖章一枚。除准予发给三等银质奖章用示奖励外，合填给奖凭以资证明。

右给李源水。

中华民国十一年五月二十日

据《国父全集》第四册（转录史委会藏原件影印）

给刘濂委任状

（一九二二年五月二十日）

任命状：任命刘濂为大本营谘议。此状。

孙　文

中华民国十一年五月二十日

据《国父全集》第四册（转录史委会藏原件影印）

给徐天琛委任状

（一九二二年五月二十一日）

任命状：任命徐天琛为大本营谘议。此状。

孙　文

中华民国十一年五月二十一日

据《国父全集》第四册（转录史委会藏原件影印）

与梁鸿楷等的谈话[*]

（一九二二年五月二十二日）

本大总统此次回粤，系从军事上便利计，改道北伐。各军将领皆为热心爱国之人。现奉直已发生战事，本总统日内即率大本营

---

[*]　一九二二年五月二十二日，孙中山由胡汉民、许崇智等陪同，从石围塘回到广州交涉署。驻穗粤军第一师师长梁鸿楷率所部军官晋谒。此为孙中山对梁鸿楷等谈话要点。

兵士出发,会师武汉,直捣幽燕,务竟护法之初衷,毋负国民之属望,故驻粤之日无多。深望各军谨守秩序,保护治安,使我民安居乐业,为本大总统之所厚望。

据重庆《国民公报》一九二二年五月二十二日《抵省时之热闹》

任命孔庚职务令

(一九二二年五月二十二日)

陆海军大元帅令

　　任命孔庚为讨贼军中央直辖鄂军军长。此令。

据上海《民国日报》一九二二年六月一日《陆海军大元帅令》

任命伍毓瑞职务令 *

(一九二二年五月二十二日)

　　委伍毓瑞为大本营第五路司令。

据上海《民国日报》一九二二年五月二十二日《伍毓瑞司令呈报就职》

准吴介璋辞职并裁撤兵站处令

(一九二二年五月二十二日)

陆海军大元帅令

　　大本营兵站处处长吴介璋呈请辞职。吴介璋准免本职。大本营兵站处着即裁撤。此令。

据上海《民国日报》一九二二年六月一日《陆海军大元帅令》

---

*　　此令从伍毓瑞呈报就职文告中录出,所标时间据《民国日报》刊载日期酌定。

任命陈宗舜等职务令

（一九二二年五月二十二日）

陆海军大元帅令

　　任命陈宗舜、梁英、徐天琛为大本营谘议。

据上海《民国日报》一九二二年六月一日《陆海军大元帅令》

准任谭长年等职务令

（一九二二年五月二十二日）

陆海军大元帅令

　　兼大本营粮食管理处处长胡毅呈请任命谭长年为秘书，陈同赞为总务科主任，梁海秋为盐务科主任，李卓峰为米粮科主任，司徒荣为运输科主任。均照准。此令。

据上海《民国日报》一九二二年六月一日《陆海军大元帅令》

命犒赏凯旋将士令

（一九二二年五月二十二日）

大总统训令参军长徐绍桢

　　援桂凯旋诸将士，劳苦功多，其到省者，兵士赐酒肉，官长赐宴。着参军长代表主席。其留肇庆者，派员一起犒劳。当大军讨贼之际，凡我将士，务当继续宣力，以竟前功，是所厚望。此令。

据《羊城报》一九二二年五月二十二日

复叶举等电[*]

（一九二二年五月二十五日）

　　广州叶督办，魏卫戍总司令，熊、翁、何、钟、陈、邱、陈、杨、罗、李、姜、太、贺、余、袁、纪、王、陈各旅长、司令鉴：新克密。得电，惠词恳切。国家多事，非贤者高蹈之时；况竞存遄征，实关大局安危。故自上月漾日以来，每吁欲挽之复出，电报秘叠，信使不绝于道。顾竞存虽允继任陆军，犹未取决退志。最近桂寇披猖，粤防告警。竞存切念时艰，亦再借箸为筹，或当幡然而退〔返〕^①，不卸仔肩。巧日已托精卫商以〈中路〉^②联军总司令之重任。此皆入春以来，与竞存之预约，可使内外兼维。同日文更有电往商。盖文于竞存，始终动以至诚，而不肯稍参客气。以竞存生平大义，炳著中外。君子爱人以德，若操之过蹙，不任有回旋余地，殊非待士之道。烈山寻介，重〔薰〕穴求王，长此相迫，文所不忍，亦君等所当知者。知君等袍泽谊深，爱乡爱国，故言之切切。专此布复。孙文。

据李睡仙等编《陈炯明叛国史》（《新福建报》
经理部一九二二年十一月出版）

---

　　* 上海《民国日报》一九二二年五月二十六日《本社专电》刊载此电，标明此电发于二十五日。

　　① 返，据上海《民国日报》一九二二年五月二十六日《本社专电》改。

　　② 中路，据上海《民国日报》一九二二年五月二十六日《本社专电》补。

慰劳前敌将士电

（一九二二年五月二十六日）

连日攻克要隘名城，所向皆捷，仰传语慰劳。

据上海《民国日报》一九二二年五月三十日《本社专电》

任命华振中职务令

（一九二二年五月二十七日）

陆海军大元帅令

大本营警卫团团长陈可钰呈请任命华振中为中校团附。应照准。此令。

据上海《民国日报》一九二二年六月七日《陆海军大元帅令》

命陈炯明办理两广军务令

（一九二二年五月二十七日）

陆海军大元帅令

着陆军总长陈炯明办理两广军务，肃清匪患。所有两广地方，均听节制调遣。此令。

据上海《民国日报》一九二二年六月三日《陆海军大元帅令》

颁布大本营管理战地地方民政条例令

（一九二二年五月二十七日）

陆海军大元帅令

　　兹制定大本营管理战地地方民政条例公布之。此令。

中华民国十一年五月二十七日

大本营管理战地地方民政条例

　　第一条　大本营为谋战地行政之统一及人民之安全起见，关于该地方之一切事宜悉依本条例管理之。

　　第二条　本条例所称战地，包括讨贼军驻屯地、作战地及新克复地而言。

　　第三条　战地地方行政由大本营政务处管理，政务处长有任免及监督该地方行政官吏之权。

　　第四条　战地地方财政由大本营度支处管理。度支处长有任免及监督该地方行〔财〕政官吏之权。

　　第五条　战地地方行政、财政相关连者，由政务处长、度支处长会同管理，其所属官吏之任免及监督亦然。

　　第六条　无论何项军队不得有在战地任免各项官吏及向征收机关提取或借用款项、或其他迹近干涉地方事务之行为。

　　第七条　本条例施行后，如遇战地有前条情事时，政务处长、度支处长得以职权请其纠正或撤销之。

　　第八条　各军克复各地时，由大本营政务处、度支处依第三、第

四、第五三条任委各项官吏;但未经委任以前,各军得将各机关印信、卷宗及现存款项由各军司令保管。俟大本营任委人员到后移交。

第九条　各征收机关租税在军事时期,应随收随解,由度支处长擘据批回。其未经缴解者,由度支处长委员催提之。

第十条　各项税率均照各征收机关现行章则办理。

第十一条　政务处长、度支处长处理各事务。得应战地之情况,酌量委托该地方公正绅商助理或采其意见。

第十二条　大本营未移动到该新克复地之前,得由大本营战地民政管理局处理以上各事项,其组织及办事细则另定之。

第十三条　大本营移到新克复地之时,即将大本营战地民政管理局应将其所办各事务,应即分别移交各该主管机关。

第十四条　大总统任命省长及其他行政机关完全成立时,政务处长,度支处长应于半个月内将管理事项分别移交省长及各主管机关接收。

第十五条　本条例如有未尽事宜,或滞碍难行之处,得随时修改。

第十六条　本条例自公布日施行。

据上海《民国日报》一九二二年六月六日
《陆海军大元帅令》

颁布大本营战地民政管理局组织条例令
（一九二二年五月二十七日）

陆海军大元帅令

兹制定大本营战地民政管理局组织条例公布之。此令。

中华民国十一年五月二十七日

大本营战地民政管理局条例

第一条　依大本营战地地方管理条例第十二条所定设立大本营民政管理局,管理新克区民政一切事宜。

第二条　本局分下列各课:

一、政务课

二、财政课

三、总务课

第三条　本局设局长一人、副局长一人。每课设课长一人,课员若干人。

第四条　局长副局长由政务处长度支处长会同呈请大元帅任命之。

第五条　课长由局长副局长呈请政务处长度支处长委任之。

第六条　课员由局长副局长委任之。

第七条　局长副局长依照大本营管理战地民政条例综理战地民政一切事务。

第八条　局长副局长综理战地民政事务应随时报告或请示政务处长度支处长。

第九条　政务课长承局长副局长命处理行政事务。

第十条　财务课长承局长副局长命处理财政事务。

第十一条　总务课长承局长副局长命处理不属政务、财政两课之事务。

第十二条　课员承局长副局长及各该课长之命佐理该课事务。

第十三条　本条例有未尽事宜,得由局长副局长随时呈请政务处长度支处长会同修改之。

第十四条　本条例自公布之日施行。

据上海《民国日报》一九二二年六月六、七日

《陆海军大元帅令》

颁布大本营游击队别动队组织条例令
（一九二二年五月二十七日）

陆海军大元帅令

兹制定大本营游击队别动队组织条例公布之。此令。

中华民国十一年五月二十七日

据上海《民国日报》一九二二年六月六日

任命吕维新等职务令
（一九二二年五月二十八日）

大总统令

任吕维新〈为〉虔南县知事，锺汉〈为〉龙南县知事。

据上海《民国日报》一九二二年五月三十日《本社专电》

与西报记者的谈话[*]
（一九二二年五月二十九日）

孙：余前在桂林，冀会见吴佩孚于衡山，而与之解决一切；讵彼

---

　　*　孙中山与西报记者谈话时，尚有一美国军官在座。《谈话》刊载系报导体裁，今整理成问答式，并删去原报道中与谈话无关的文字。此件所标时间系重庆《国民公报》刊载日期。

不能来,吾人乃不得不略将计划变更。

记者:会吴佩孚乎?

孙:然。特相见以兵耳!吾人未得大炮及在平原与彼相会之设备,故希望吾人到桂林,彼当到衡山,吾人乃围彼于山中而结果之。吾人以为,彼闻余将至,当率四五万人来会,吾人乃可本其一批〔之〕大炮及其他供给品,岂知彼竟不来。吾人遂不得不改变方针以赴韶关。君当知从韶关出发进行,可以甚迅。吾人以为由桂林从水道东下,不数日全军可到,〔可〕以迅雷不及掩耳之手段袭取江西。

吾初未知此间有任何反对,直至〔桐〕梧州始知。乃只得先到此间解决此事。陈炯明原已应允,一许〔切〕服从吾之命令。彼或有反对吾之意,亦本〔未〕可知,但反对大半系出于彼之部下。彼辈自谓为广州之伟大武人,目空一切,欲与余战。以为第一、第二两师乃愿与余战者,不知此等军队,并无〔非〕私产,乃国家所有;两师士兵并非彼等之人,故不愿反对余。此辈武人初告士兵谓须拒滇黔军之苙止,既而谓须抵拒许崇智回,不提及吾名。余抵梧州后得知一切。余本欲直赴韵〔韶〕阆〔关〕,遂舍军队而自回广州。彼等闻余至,皆逃,相语曰:来者乃孙中山也。无一人愿与吾战者。

记者:陈炯明已赴惠州,即因不赞成北伐,不愿加入之故?

孙:此余之所以免其职也。余不知彼今尚愿来余处否;但余以为彼当愿来。因彼无他事可为,彼之部下不颇〔愿〕反抗余。君试观,余并未带兵到此,此间实际上并无兵,果使彼部下而能反抗余者,当于此间为之。

记者:倘陈将军与其部下不加入者,君亦将进行北伐耶?

孙:然。吾人现已在进行中,军队正从韶关陆续出动也。

记者:出发之军为何项军队? 由何路进行? 预期将遭〔遭〕何反抗?

孙：黄大伟率领前锋军队。中路许崇智统率，李福林属之。李烈钧统右翼。左翼本拟以陈炯明为司令。现在出兵计划须稍为变更，将全军分向赣湘两省出发。在湘省方面，预期毫无反抗，与在广东行军相同；江西方面，则其始在赣州附近当有若干阻力。

吾人军队不多，军器、训练均不甚良，形式亦不及北兵之美观，但此等事在中国并无多大意味。吾人之兵为主义而战，彼等之兵则为金钱而战，故数目一层无足重轻。吾敢言，吾兵一人至少可当被〔彼〕等之兵十人。不但此也，彼等之兵亦不乐与我战。吴佩孚所有愿为彼拚命之兵不过数百人，彼前与湖北人及川人战时已自知之。若与吾战，则更为难，因吾人皆同隶于一会，北兵属于此会者在半数以上，彼等并不反对吾也。

记者：所谓之会，系属何会？

孙：此非国民党，亦非同盟会，乃一种新组织，系秘密团体，有秘密符号，略与他国之共济会同。君曾闻三点会、白莲教及哥老会乎？此会大略相似。若吾人举出秘密符号时，对方之兵即将不战而与吾人携手。

记者：该会何名？

孙：各地名称不同。

记者：北方军人皆属此会乎？奉天兵亦多有属之者乎？

孙：奉兵属斯会者或不多，其他兵士则甚多。

记者：吾人于君之北方同盟极为注意。

孙：并未有同盟之事。

记者：然则君曾与张作霖及老段等成立一种妥协乎？

孙：然。乃一种妥协。惟此妥协之可能，乃以服从为基础，彼等必须服从命令。

记者:北方有一邱〔印〕象,以为君与张作霖约定,粤省先北伐以牵制吴佩孚之兵力。

孙:是(点头)。张预备与吴战,因求同志援助。吾人互派代表交换意见,彼知吾人集中桂林之计划。当唐继尧未回滇之前,桂林为滇黔军集合之良好中心。张作霖彼时允许为吾后援。吾人现又得滇军若干,有与唐继尧不洽之数〔派〕旅团,已于今日抵此点验矣。

记者:惜君桂林迁延多时,北方业已开战,恐君到长江,北战已了。苟张作霖而获胜者,君意彼将不反对君之渡江乎?

孙:〈渡〉长江未必反对,渡黄河则恐反对,但此可无虑。吾人即并与彼等作战亦不畏。吾人军队素受山战及夜战之训练,此为两种长处。但此次北方战事,非一时可了,如直皖之战然。吾人或有〔于〕其终了之前达到北方,亦未可知耳。

记者:外人闻君与工界运动有关系,深为注意。

(座中一美国军官称:劳工组织如取激进主义,颇为危险。)

孙:中国不然,中国人从不为极端举动。

美军官:但吾闻此间有雇主改用新式机器,拟少用工人,而为工人团体所反对,至有豢养数百不作事之工人者,此于改良工业殊有碍,将何以解决之乎?

孙:此易易耳。只须多购机器,即可多用工人,但余信此等大工业应归国有。如美国洛克菲勒、多卡纳奇等之事业,应皆归国家管理。中国今尚无此种大企业,将来如有之,吾愿其立于国有铁路之同一地位也。

(孙否认彼拟任工党领袖谢英伯为广东省长,并谓省长一席将由伍老博士永任。今因外交总长一职无人继任,否则伍博士当已卸外长而专任省长;至兼职之繁剧,将派干员助其处理。)

送别记者时，孙称：吾望不久在北京见君，吾意当在秋间也。

据重庆《国民公报》一九二二年五月二十九日
《孙中山与西报记者的谈话》

准任缪培南职务令
（一九二二年五月二十九日）

陆海军大元帅令

　　大本营警卫团团长陈可钰呈请任命缪培南为少校团附。应照准。此令。

据上海《民国日报》一九二二年六月七日《陆海军大元帅令》

任命许崇灝职务令
（一九二二年五月二十九日）

任命许崇灝为粤汉铁路警备司令兼管运输事宜。此令。

据上海《民国日报》一九二二年六月七日《陆海军大元帅令》

准蒋光鼐章裕昆辞职令
（一九二二年五月二十九日）

陆海军大元帅令

　　大本营参军长吕超呈请参军处副官蒋光鼐、章裕昆另有差委，拟请开去本缺。应照准。此令。

据上海《民国日报》一九二二年六月七日《陆海军大元帅令》

准任邹竞赵启骤职务令

（一九二二年五月二十九日）

陆海军大元帅令

　　大本营参军长吕超呈请任命邹竞，赵启骤为参军处副官。应照准。此令。

据上海《民国日报》一九二二年六月七日《陆海军大元帅令》

致许崇智等电

（一九二二年五月三十一日）

　　南雄许军长、朱总司令、彭总司令、梁师长、李司令，并转各旅、团、营长：我军既定南安、新圩，遂克信丰、崇义，足征帅将指挥若定，士卒有勇知方。捷报传来，良用嘉慰。敌本乌合，慑于义师声威，一再弃险溃退，全赣肃清，在指顾间。希即乘胜直追，早奏肤功。诸将士沐雨栉风，为国劳苦，至深廑念，并望传谕慰劳。大元帅。世。（印）

据上海《民国日报》一九二二年六月十二日《大元帅犒奖前敌将士》

致张作霖函*

（一九二二年五月）

雨亭先生惠鉴：

---

　　*　原件无日期，据其内容及奉军开始入关日期（一九二二年四月十日），发函当在五月。

前以我军后方问题须先解决，故于上月改道出师，还定粤局，促成北征。乃值贵军已入关，不能同时相应，抱歉之至。事势所拘，当承谅察。

吴虏用诈，遂稍侥幸，然计其能力，决不敢越雷池一步。此间准备完好，文于六日亲至韶关誓师讨贼，督饬各军急速进行，不变初志，以践前约。贵军精锐，未失所望，乘时反攻，使其首尾不能兼顾。彼虏既疲于奔命，则最后胜利，仍在吾人也。

兹特派吴旅长忠信为军事全权代表，晋谒左右，敬祈赐教，并颂
荩安

孙　文

据《国父全集》第三册（转录史委会藏原件影印）

致李烈钧等电

（一九二二年六月一日）

急。始兴李总长，南雄许军长、朱总司令、彭总司令、梁师长、李司令，仁化黄司令，并转各旅、团、营长均鉴：我军出发之初，即已伸讨贼之义于天下，故攻赣数日，迭克名城，盖仁者之师，所向无敌。然实由诸将士忠于主义，勇于牺牲，而亦由于各军长官本革命之精神，有以成其运用之妙。夫改造国家之责任，惟文与诸君能负荷之，亦惟文与诸君为能相与有成。愿我师徒交相勤勉。兹派大本营参军黄实、副官宾镇远前来犒劳，定于明日启程，用嘉转战之功，以示廑念之意。孙文。东。（印）

据上海《民国日报》一九二二年六月十二日
《大元帅犒奖前敌将士》

致蒋中正电

（一九二二年六月二日）

立转介石兄：粤局危急，军事无人负责，无论如何，请兄即来助我。千钧一发，有船即来。至盼。文。冬。

据毛思诚编《民国十五年以前之蒋介石先生》第六编

给黄实宾镇远的训令

（一九二二年六月二日）

为令遵事：我军此次攻赣，不旬日而占领名城要隘多处，各军将士备极劳苦，立功甚多。本大元帅深用嘉念。兹派该参军、副官遄往前方犒劳，使诸将士咸喻本大元帅之意。除电令各军长官知照外，合行令仰该参军、副官遵照。切切。此令。

据上海《民国日报》一九二二年六月十二日
《大元帅犒奖前敌将士》

任命谢远涵徐元浩职务令

（一九二二年六月五日）

特任谢远涵〈为〉江西省长，徐元浩〈为〉政务厅长。

据上海《民国日报》一九二二年六月六日《本社专电》

任命萧炳章江维华职务令

（一九二二年六月五日）

大总统令

任命萧炳章为江西省财政厅厅长，江维华为江西全省警务处处长兼省会警察厅厅长。

据上海《民国日报》一九二二年六月十三日《大总统令》

就徐世昌退职对外宣言[*]

（一九二二年六月六日）

自徐世昌退职，统一全国机关之国会，其恢复之前途，业除去最初之障碍。溯自黎元洪于一千九百十七年非法解散国会，全国政治即呈分裂之象。迨徐世昌于一千九百十八年非法就任总统，分离乃益以加甚。更因徐继续在位之结果，政府遂尔解体，国家之威信因亦堕落至往日未有之程度。夫政象至于如是，缔约各邦亦不能全辞其咎。政府对于各邦，曾屡次提出警告及抗议，请各邦勿承认徐为中国之总统，而各邦不顾。在此种情形下之承认，直无异于干涉中国内政。如徐因此乃得提支在外人管理下而非由外国承认不得支取之国税余额，更取得向外国订借外债之地位。苟无此等税收及外债，徐之总统或仅可任四星期，何至竟至四年

***

[*]　一九二二年六月二日，徐世昌在直系军阀曹锟、吴佩孚等的胁迫下，辞去大总统职务，退往天津，孙中山就此向全国发表宣言。

之久！

　　予今以中国事实上、法律上唯一政府行政首领之资格,谨宣言于条约国:请于现在中国内争之时,重申不干涉中国内政之宣言,并请对于此语之精神及字面同一尊重。要知现在中国之内争为全国改造之一事实,吾人今日正从事于改造中国旧生活之事业,而使之适合于政治及经济的环境。欲此种改造须成为真正之改造,则惟有任中国人民自己求之,列强固不可加以干涉。假使列强现承认北京之伪新总统,则其行动仍为干涉中国内政,其结果将更劣于承认徐世昌也。

大总统(印)

外交总长伍廷芳副署

据上海《民国日报》一九二二年六月十三日《总统对外宣言与谈话》

工兵计划宣言

(一九二二年六月六日)

　　溯自民国六年,武人称兵,国会被非法解散,构成大乱。本大总统受国民付托之重,统帅陆海军将士以护法戡乱,致力所在,务扫除不法之武力,俾国会得以自由行使职权。本斯主旨,遂有七、八年正式国会及宪法会议之集会,十年正式政府之成立。乃跋扈之武人,怙恶不悛,纠众顽抗,以致干戈相寻,生民涂炭。而倒行逆施者,遂至盗窃名器,不恤卖国以求一逞。坐是分崩离析,以迄于今。国力之凋残,民生之颓敝,岌然不可终日。言念及此,可为疾首。

　　比年以来,北方握兵秉政之人,有痛悟国难、赞同护法戡乱之主张者,本大总统无不乐与开诚相见,以图共济。惟徐世昌及其党羽则弄兵如故，残民有加。本大总统之毅然兴师讨贼，以期贯彻护法戡乱之职志。顷闻徐世昌业已潜逃，直军诸将亦有表示服从国会之事，此诚所谓无悖于护法戡乱之主张，可为嘉慰者也。

六年以来，战事延长，是非莫定，直至今日，法之不可毁，始大白于天下。用兵数载，得此效果，国内问题，似可平和解决。惟现在北方拥有重兵而能操纵北京政权者，厥为直军。若直军诚意护法，则从此兵不血刃，而国是可定。否则，徐世昌虽已潜逃，而直军犹无悔祸诚意，则祸变之来，不知伊于胡底！惩前毖后，洵不可忽，用布悃愊，以告国人。

夫欲约法之效力不坠，在使国会得自由行使其职权，在扫除一切不法之武力。否则，国会之行使职权，不但徒托空言，抑且供人利用，苟求已乱，适以长乱。故欲使今日以后，国会有自由行使其职权，不再受非法之蹂躏，第一当惩办祸国罪魁，第二当保障国会安全，盖数年以来，丁壮涂肝脑，老弱死沟壑，均以辈所构成；此而不惩，则人何惮而不为恶？此首当伸儆于国人者也。祸首既惩，则乱法之武力，无自发生，故军队之安置，宜为要图。军兴以来，兵额较前增至倍蓰，此等兵士来自民间，为不法武力所驱使，非其本意，一旦裁汰，使之骤失所业，亦所未安。宜以次悉改为工兵，统率编制，一切如旧，收其武器，与以工具，每日作工约六小时至八小时，先修治道路，次及其他工事。工兵月饷，较现时倍加，将弁月饷百元以上者加五，其百元以下者加倍。此外则其工作所生产之纯利，以一半归于国家，以一半归于工兵，论人数均分，无自差等。如此则一转移间，易战事为工事，兵不失业，无铤而走险之虑，工事日繁，有生产发达之象。然后善用外资，投之实业，以起积年之疲弊，谋社会之繁荣。转危为安，悉系于此。现有兵数，既以次悉改为工兵，征集爱国之士，编制国军，定为义务，两年一易，其兵额以二十万人至三十万人为止。此法既行,即有不逞之徒,亦无武力以为□□〈之萌〉①,毁法之祸,可不再作。国家机关,依照法令行使职权,无能妨阻之者,然后政治乃可入新轨道,而国家乃有长治久安之望也。

今者直军诸将既能知毁法之为非而忏悔之,犹当知护法之为是而服从之。数年以来,国内战争,乃护法与毁法战争,绝非南北战争。苟北方武人赞同护法,即此共同携手,以济时艰。故直军诸将为表示诚意,服从护法起见,应首先将所部半数,由政府改为工兵,留待停战条件。其余半数,留待与全国军队同时以次改编。直军诸将如能履行此项条件,本大总统当立饬全国罢兵,恢复和平,共谋建设。若进退失据,惟知假借名义以涂饰耳目,则岂惟无悔祸之诚,且益长诪张为幻之习。本大总统深念民国以前〔来〕②祸乱之由,在于姑息养奸,决为国民一扫凶残,务使护法戡乱之主张,完全贯彻,责任始尽。惟我公忠体国之人民,深喻斯旨。为此布告,咸使闻之。

据上海《民国日报》一九二二年六月十一日《大总统虞日宣言》。
参校北京《益世报》一九二二年六月十四日《孙中山对直宣言之原文》

任命夏重民职务令

（一九二二年六月七日）

任夏重民为广三铁路警队司令。

据上海《民国日报》一九二二年六月九日《本社专电》

---

① 原文为"□□",今据"胡本"增"之萌"二字。
② 诸本作"民国以前",应是"民国以来",今改。

与日本《朝日新闻》社记者的谈话[*]

（一九二二年六月上旬）

关于日美英法四国间有援助吴佩孚之议，在援清朝、援袁世凯、援段祺瑞之各国，其有此事，盖当然而不足怪。惟余则不问各国之如何援助吴佩孚，惟有断乎遂行其初志而已。旧国会恢复，当然与吾人之主张合〔一〕致；问题惟在吴氏主张之动机如何。彼果诚心诚意恢复旧国会，置国家统一之根本于此，则自无反对之理由。以余所见，吴特不过穷余〔途〕之一策，借此美名而已。盖吴佩孚于袁世凯时代，攻四川而未入宜昌以西，段祺瑞时代，攻湖南而不敢入岳州以南，此实由恐惧西南实力之故。故今日破张作霖而更向西南，乃彼所以为困难者。彼于是一面以恢复旧国会为题目，求各团体之谅解；一面由代表及某某外国人向余求妥协。惟彼之真意，既未之明，自不能应之。本来武力统一为不可能，如各国对于中国守严正之中立，则一年之内，必由妥协而统一中国，非不可能也。

据上海《民国日报》一九二二年六月十三日《总统对外宣言与谈话》

---

　　* 原文系据国闻通讯社转译日本大阪《朝日新闻》广东特讯。谈话日期不明。据谈话称吴佩孚"今日破张作霖而更向西南"等语，应是直奉战争中奉张失败、徐世昌辞职、孙中山六月六日《对外宣言》发表之后，今酌定为六月上旬。

与广州报界公会及各通讯社记者的谈话

（一九二二年六月十二日）

报界诸君：

　　我因北伐赴桂，八阅月犹不能出中原一步。此八月内之广东事故，诸君深知之，即请诸君为我言之。至今日以后之事，我欲为诸君言之。

　　八月之事为何事？系出发桂林北伐。何以要北伐？系为打破武人专制，拥护宪法。彼武人专制，其痛苦不能尽言，如报界记者，亦曾受桂逆枪毙，而广东人亦有枪毙记者，此非武人专制欲防民之口乎？故打破武人专制，为北伐之要旨。然北伐自桂林出发，师抵全州，阅八月犹未出中原半步，其故何耶？盖此中系有阻力，系武人反对北伐，武人拥护武人。然湖南表面系与我相好，须军至岳州，始有敌人，其间陆行月余不遇一敌，倒给敌有一日之准备，我们是很吃亏的。而环顾各境，最近而与我为敌者，则为江西，所以不能改道江西。江西的改道命令，我经先已通告陈总长，他得收和没有得收，我可以不管，但我的手续算已完了。改道之前没有陈总长的答复，遂电全州军队反师。讵第二军旅长谢文炳误用聪明，于永州致电陈炯明（因全州为我军范围不能发电），谓北伐军反攻广州。在陈氏为自卫计，即电广西军队阻止我军西下，是则无怪其然。

　　及我军抵濛江，则为该军所阻，几致冲突。其后我明白解释，始能消祸。我再个人至肇庆电催陈来当面解释，免生误会，而陈不特不来，且请辞去本兼各职。我以彼为不可留，亦遂准之。及我返省，而陈已去。北伐军未留省城一日，可知其志之在于杀敌。其败也,我固不能留恋于广州;其胜也,我已向长江进发,更何所取于广州? 时陈已明白,狐疑尽释。然彼所辖之军队,特于广西歃血盟誓,相率回粤,置广西于不顾。这是陈总长手令要他归来集中的。比抵省城,我军已进江西,占崇安等处,确非据广州之心可大白。

讵彼四十余营之军队,不特不谅我,且欲截吾军之后,进驻北江一带,以防我变。这些陈家军有四十多营,耀武扬威,想再演武人的专制,其在省者每日要到财政厅闹饷,得了饷时,更尽行兑换银毫,所以弄得市面纸币,由九成而八成,而七成,而六成,或者低至两三成不定,通通是他们胡闹之过,似非达兵变之目的不止。我想他们这样胡闹,不过他们以为我革去他的总司令不服。但我是堂堂的元首,当然有任免文武官吏的权。我想把这理由说他听,再思请他,他又不来。我想去见他,他的军营警备森严,我又不能去。这四十余营的军队,天天这样闹饷,银纸日日低下,军队不难哗变,舍〔故〕省城现无时无刻不在危险之中。所以很多人劝我叫陈总长回来维持。我早经电布衷曲,后来亦经多次去电,及派人邀请回来,各界也行劝留,于情于理,已达极点。前礼拜他好似有回来的表示,但近两三日,陈总长来电,表示决不回来。我问他何以不回,他说须军队先悉数离去省城,但他军队不听他回防的命令,硬要驻在省城。可知四十余营军队,陈总长已没有统驭的能力了。这样横蛮的军队,违背上官命令的军队,反对政府的军队,贻害地方的军队,无时无刻不可以作乱。以大总统去一职官,本属常事,其部曲反因是而要挟,岂得谓合?

本大总统系受国会委托之重,行使总统职权,素富贵,行夫富贵,素贫贱,行夫贫贱,素革命,行夫革命。此次自詔个人返省,与陈家将当面解释一切。而彼不与我会面,只终日索饷,欲陷省城于危险,吾岂无法治之? 不过恐地方之糜烂,有所不忍。自今观之,时时可以内乱,刻刻可以开战。而陈氏今且不能返省,因系失驾驭之力耳。

我现时决定处置的方法,下命令要他全数退出省城三十里之外,他若不服命令,我不难以武力压服。但扫除四十余营的军人,且惊动全城的居民,不免过于暴烈。但我不如此做去,他们终不罢休。我只望报界诸君主持正义,十日之内,做足功夫,对于陈家军加以纠正。陈家军若改变态度,即不啻如天之福,万一无效,就不能不执行我海陆军大元帅的职权制裁他们了。

我现欲对于诸君讨论者有二事:(一)我去年自主张北伐,离去省城八月之久,人民对于北伐,究竟有什么批评,究竟感着什么痛苦?又省城有什么变故?很希望记者诸君详细说给我听。(二)报告今后我对于广州之行动。

据李睡仙等编《陈炯明叛国史》(一九二二年十一月出版)第五章

任命韩恢职务令
(一九二二年六月十四日)

任韩恢为江苏招讨使。

据上海《民国日报》一九二二年六月十五日《本社专电》

命关国雄军开往前线令
(一九二二年六月十五日)

令关国雄军开往赣州,加入前线,以厚兵力。

据上海《民国日报》一九二二年六月十七日《本社专电》

任命谭延闿职务令
（一九二二年六月十五日）

特任谭延闿为全湘讨贼军总司令。

据上海《民国日报》一九二二年六月十七日《本社专电》

与伍廷芳的谈话[*]
（一九二二年六月十七日）

今日我必率舰队，击破逆军，戡平叛乱而后已。否则，中外人士，必以为我已无惩乱之能力，且不知我之所在。如畏慑暴力，潜伏黄埔，不尽职守，徒为个人避难偷生之计，其将何以昭示中外乎？

据蒋中正《孙大总统广州蒙难记》（上海民智书局
一九二六年四月五版）

致蒋纬国电[**]
（一九二二年六月十八日）

宁波江北岸引仙桥十号蒋纬国先生：事紧急，盼速来。
孙文。巧。

据毛思诚编《民国十五年以前之蒋介石先生》第六编

---

[*] 一九二二年六月十六日，陈炯明叛变。十七日，孙中山在黄埔"永丰舰"上接见外交总长伍廷芳，此系接见时的谈话。

[**] 此件系促蒋中正速赴粤的电报。

致杨庶堪函[*]

（一九二二年六月二十日）

沧白兄鉴：

　　粤都之变，想已闻悉。幸天相民国，我犹不死，遂有十七日炮轰之举，以表护法政府尚未全坠。今设行营于黄埔，专待北伐大军之回戈，则乱贼实不足平也。前以姑息养奸，今则彼罪通天，惟有诛戮而已。望各省同志切勿失望。

孙文　六月二十日

据上海《民国日报》一九二二年七月一日《孙总统之手书》

与海军将士的谈话^{**}

（一九二二年六月二十三日）

　　今日伍总长之殁，无异代我先死，亦即代诸君而死。为伍总长个人计，诚死得其所。惟元老凋谢，自后共谋国事，同德一心，恐无伍总长其人矣！吾军惟有奋勇杀贼，继成〔承〕其志，使其瞑目于九泉之下，以尽后死者之责而已。

据蒋中正《孙大总统广州蒙难记》

---

　　* 此函最早刊于一九二二年六月二十五日上海《申报》，原题为《孙中山致某君函》。《申报》所刊既无收信人姓名，文字亦间有讹舛，今据上海《民国日报》所刊收录。

　　** 六月二十三日，中华民国广州政府外交总长兼广东省长伍廷芳病逝，此系孙中山就伍廷芳之死与海军将士的谈话。

给赵汉一任命状

（一九二二年六月二十三日）

任命状：任命赵汉一为讨贼军别动队司令。此状。

中华民国陆海军大元帅孙文

据《国父全集》第四册（转录史委会藏原件影印）

与香港《士蔑西报》记者的谈话

（一九二二年六月二十四日）

我为国会议员所选举之总统，故对国会议员，负有非常重大之责任。现时我在军中，所以照常行使我之职权也。如我放弃职权，则对国会为违法，对国家即为叛国。即使我欲辞职，亦当向选举我为总统之议会正式辞职也。

广州自陈炯明主使其部下叛变以来，至今已将旬日。吾与叛军始终奋斗，坚持不怠者，亦惟守法尽职，对我国会与国家负有完全责任而已。如我轻弃职守，偷生苟安，是自背初衷，从此"上无道揆，下无法守"，其将何以立国？吾又何必创造民国，枉费此三十年来惨淡经营之精神乎？吾誓必戡乱，以谢国人。违法之举，非吾孙某所为也。

据蒋中正《孙大总统广州蒙难记》

与香港《电闻报》记者的谈话[*]

（一九二二年六月二十五日）

余为部下及朋友所绐，堕入陷阱。余信上星期五晨之轰击，乃出于陈炯明命令。余断不料旧友变为仇敌。余拟与敌为抗。若辈既出余就开始劫掠。轰击广州，乃表余反对前一夜之事变，并表余之拥保正谊。伍廷芳博士即因变起肘腋，忧愤成疾，遂致逝世。余并未引退，不欲屈服于武力。余仅能向选余为大总统之国会辞职，不能向余部下辞职也。

据上海《民国日报》一九二二年六月二十五日
《总统在永丰舰之谈话》

给蒋尊簋招待费的手令

（一九二二年六月二十五日）

着发给蒋次长招待费伍千元。此令。

孙　文

据《孙大总统广州蒙难十一周年纪念专刊》

致刘成禺函

（一九二二年六月二十六日）

禺生兄鉴：

---

[*]　谈话日期不明，今据发表日期。

和赣之事，专托兄全权办理，务期竭其所能，以达目的为要。

　　　　　孙文　中华民国十一年六月二十六日

　　　　　　　据《国父全集》第三册（转录史委会藏原件影印）

与陈炯明调和代表的谈话[*]

（一九二二年六月二十六日）

　　事已至此，实无调和余地。我为广东人，无论如何，总不能无故糜烂桑梓。但须切实告各界转告广东人民，如欲广州市区不发生战事，请你们不要欢迎陈炯明进省。否则，陈炯明进省之日，即为我开炮之时。请你们自己去斟酌。

　　　　　据上海《民国日报》一九二二年七月四日《孙大总统坚持讨逆》

批发给韩恢公费呈[**]

（一九二二年六月二十八日）

　　□[①]多能发贰角票五万元。

　　　　　　　　　　　　六月二十八日

　　　　　　　　据《孙大总统广州蒙难十一周年纪念专刊》

---

　　*　一九二二年六月二十六日，广州各界代表应陈炯明部属之请，赴"永丰舰"见孙中山，恳求调和，此为该代表与孙中山的讲话。

　　**　林直勉请即核示发给韩恢公费若干。

　　①　原文字迹不清，似系"最"字。

批永翔舰总带水李燕仪请发医药费呈[*]

（一九二二年六月二十八日）

给恤费贰百元。

文　五月二十八日^①

据《孙大总统广州蒙难十一周年纪念专刊》

致汤廷光函^{**}

（一九二二年六月下旬）

本总统设行营于长洲，本欲暂避敌锋，以候国民之公断。乃对家迫人太甚，几致我于无地可容。夫当专制时代，君主尚有死社稷，共和时代，总统死国家，分所应尔。乃总长忽有趋进和平之说，如有于义不悖，无不乐从。兹托此事于总长，请与湘臣、燮丞、公续、丽堂四君妥筹办法，以达真正和平，大局幸甚！

据《国父全集》第三册（转录史委会藏《海外同志非常

通讯处》第二通信原件，民国十一年七月十一日）

＊　一九二二年六月二十二日下午，"永翔舰"总带水李燕仪被弹击中头部，因此，请求给医药费，俾得治疗。

①　应是六月二十八日。

＊＊　原件无日期，发函时间应在七月九日长洲炮台失守前，今酌定于六月下旬。

建国方略[*]

（一九一七至一九一九年）

建国方略之一

孙文学说——行易知难（心理建设）

自　序

　　文奔走国事三十余年，毕生学力尽萃于斯，精诚无间，百折不回，满清之威力所不能屈，穷途之困苦所不能挠。吾志所向，一往无前，愈挫愈奋，再接再励，用能鼓动风潮，造成时势。卒赖全国人心之倾向，仁人志士之赞襄，乃得推覆专制，创建共和。本可从此继进，实行革命党所抱持之三民主义、五权宪法，与夫《革命方

---

　　[*]　该著作由《民权初步》、《实业计划》和《孙文学说》三篇汇集而成。《民权初步》原名《会议通则》，出版于一九一七年，后编为《建国方略之三：社会建设》；《实业计划》用英文写成，原名"The International Development of China"，最先发表于一九一九年《远东时报》六月号，一九二一年由上海民智书局出版全书英文本，十月出版中文本，后编为《建国方略之二：物质建设》；《孙文学说（卷一行易知难）》出版于一九一九年春夏间（原拟包括卷二《三民主义》、卷三《五权宪法》，后未续出），后编为《建国方略之一：心理建设》。《建国方略》原计划写第四部分：《国家建设》，包括《民族主义》、《民权主义》、《民生主义》、《五权宪法》、《地方政府》、《中央政府》、《外交政策》、《国防计划》八册，后只完成部分计划，但并不包括在《建国方略》之内。

　　《建国方略》最初版本迄未见到，今据一九二二年上海民智书局再版的时间编次。此次所收以上海孙中山故居藏改正本《建国方略》为底本，《民权初步（社会建设）》曾与首都图书馆藏一九二四年十二月民智书局第四版校订。

略》①所规定之种种建设宏模,则必能乘时一跃而登中国于富强之域,跻斯民于安乐之天也。不图革命初成,党人即起异议,谓予所主张者理想太高,不适中国之用;众口铄金,一时风靡,同志之士亦悉惑焉。是以予为民国总统时之主张,反不若为革命领袖时之有效而见之施行矣。此革命之建设所以无成,而破坏之后国事更因之以日非也。夫去一满洲之专制,转生出无数强盗之专制,其为毒之烈较前尤甚。于是而民愈不聊生矣! 溯夫吾党革命之初心,本以救国救种为志,欲出斯民于水火之中,而登之衽席之上也。今乃反令之陷水益深,蹈火益热,与革命初衷大相违背者,此固予之德薄无以化格同侪,予之能鲜不足驾驭群众,有以致之也。然而吾党之士,于革命宗旨、革命方略亦难免有信仰不笃、奉行不力之咎也。而其所以然者,非尽关乎功成利达而移心,实多以思想错误而懈志也。

　　此思想之错误为何? 即"知之非艰,行之惟艰"之说也。此说始于傅说对武丁之言,由是数千年来深中于中国之人心,已成牢不可破矣。故予之建设计划,一一皆为此说所打消也。呜呼! 此说者予生平之最大敌也,其威力当万倍于满清。夫满清之威力,不过只能杀吾人之身耳,而不能夺吾人之志也。乃此敌之威力则不惟能夺吾人之志,且足以迷亿兆人之心也。是故当满清之世,予之主张革命也,犹能日起有功,进行不已;惟自民国成立之日,则予之主张建设,反致半筹莫展,一败涂地矣。吾三十年来精诚无间之心,几为之冰消瓦解,百折不回之志,几为之槁木死灰者,此也。可畏哉此敌! 可恨哉此敌! 兵法有云:"攻心为上。"是吾党之建国计划,即受此心中之打击者也。

━━━━━━━━━━

　　①　一九○六年秋孙中山在日本东京主持制订的中国同盟会《革命方略》。

　　夫国者人之积也，人者心之器也，而国事者一人群心理之现象也。是故政治之隆污，系乎人心之振靡。吾心信其可行，则移山填海之难，终有成功之日；吾心信其不可行，则反掌折枝之易，亦无收效之期也。心之为用大矣哉！夫心也者，万事之本源也。满清之颠覆者，此心成之也；民国之建设者，此心败之也。夫革命党之心理，于成功之始则被"知之非艰，行之惟艰"之说所奴，而视吾策为空言，遂放弃建设之责任。如是则以后之建设责任，非革命党所得而专也。迨夫民国成立之后，则建设之责任当为国民所共负矣。然七年以来，犹未睹建设事业之进行，而国事则日形纠纷，人民则日增痛苦。午夜思维，不胜痛心疾首！夫民国之建设事业，实不容一刻视为缓图者也。

　　国民！国民！究成何心？不能乎？不行乎？不知乎？吾知其非不能也，不行也；亦非不行也，不知也。倘能知之，则建设事业亦不过如反掌折枝耳。回顾当年，予所耳提面命而传授于革命党员，而被河汉①为理想空言者，至今观之，适为世界潮流之需要，而亦当为民国建设之资材也。乃拟笔之于书，名曰《建国方略》，以为国民所取法焉。然尚有躇踌审顾者，则恐今日国人社会心理，犹是七年前之党人社会心理也，依然有此"知之非艰，行之惟艰"之大敌横梗于其中，则其以吾之计划为理想空言而见拒也，亦若是而已矣。故先作学说，以破此心理之大敌，而出国人之思想于迷津，庶几吾之建国方略或不致再被国人视为理想空谈也。夫如是，乃能万众一心，急起直追，以我五千年文明优秀之民族，应世界之潮流，而建设一政治最修明、人民最安乐之国家，为民所有、为民所治、为民所享者也。则其成功，必较革命之破坏事业为尤速尤

---

　　① 河汉：即天河，亦称银河。河汉比喻大而无当的空话。

易也。

时民国七年十二月三十日

孙文自序于上海

第一章　以饮食为证

当革命破坏告成之际,建设发端之始,予乃不禁兴高采烈,欲以予生平之抱负与积年研究之所得,定为建国计划,举而行之,以冀一跃而登中国于富强隆盛之地焉。乃有难予者曰:"先生之志高矣远矣,先生之策闳矣深矣,其奈'知之非艰,行之惟艰'何?"予初闻是言也,为之惶然若失。盖"行之惟艰"一说,吾心亦信而无疑,以为古人不我欺也。继思有以打破此难关,以达吾建设之目的,于是以阳明"知行合一"之说,以励同人。惟久而久之,终觉奋勉之气不胜畏难之心,举国趋势皆如是也。予乃废然而返,专从事于"知易行难"一问题,以研求其究竟。几费年月,始恍然悟于古人之所传、今人之所信者,实似是而非也。乃为之豁然有得,欣然而喜,知中国事向来之不振者,非坐于不能行也,实坐于不能知也;及其既知之而又不行者,则误于以知为易、以行为难也。倘能证明知非易而行非难也,使中国人无所畏而乐于行,则中国之事大有可为矣。于是以予构思所得之十事,以证明行之非艰而知之惟艰,以供学者之研究,而破世人之迷惑焉。

夫"知之非艰,行之惟艰"一语,传之数千年,习之遍全国,四万万人心理中,久已认为天经地义而不可移易者矣。今一旦对之曰"此为似是而非之说,实与真理相背驰",则人必难遽信。无已,请以一至寻常、至易行之事以证明之。

夫饮食者,至寻常、至易行之事也,亦人生至重要之事而不可一日或缺者也。凡一切人类、物类皆能行之，婴孩一出母胎则能之，雏鸡一脱蛋壳则能之，无待于教者也。然吾人试以饮食一事反躬自问，究能知其底蕴者乎？不独普通一般人不能知之，即近代之科学已大有发明，而专门之生理学家、医药学家、卫生学家、物理家、化学家，有专心致志以研究于饮食一道者，至今已数百年来，亦尚未能穷其究竟者也。

我中国近代文明进化，事事皆落人之后，惟饮食一道之进步至今尚为文明各国所不及。中国所发明之食物，固大盛于欧美；而中国烹调法之精良，又非欧美所可并驾。至于中国人饮食之习尚，则比之今日欧美最高明之医学卫生家所发明最新之学理，亦不过如是而已。何以言之？夫中国食品之发明，如古所称之"八珍"①，非日用寻常所需，固无论矣。即如日用寻常之品，如金针、木耳、豆腐、豆芽等品，实素食之良者，而欧美各国并不知其为食品者也。至于肉食，六畜之脏腑，中国人以为美味，而英美人往时不之食也，而近年亦以美味视之矣。吾往在粤垣，曾见有西人鄙中国人食猪血，以为粗恶野蛮者。而今经医学卫生家所研究而得者，则猪血涵铁质独多，为补身之无上品。凡病后、产后及一切血薄症之人，往时多以化炼之铁剂治之者，今皆用猪血以治之矣。盖猪血所涵之铁，为有机体之铁，较之无机体之炼化铁剂，尤为适宜于人之身体。故猪血之为食品，有病之人食之固可以补身，而无病之人食之亦可以益体。而中国人食之，不特不为粗恶野蛮，且极合于科学卫生也。此不过食品之一耳，其余种种食物，中国自古有之，而西人所未知者不可胜数也。如鱼翅、燕窝，中国人以为上品，而西人见华人食之，则以为奇怪之事也。

---

① 　八珍：古籍记载不同，通常是指龙肝、凤髓、豹胎、鲤尾、鸮炙、猩唇、熊掌、酥酪蝉。

　　夫悦目之画,悦耳之音,皆为美术;而悦口之味,何独不然? 是烹调者,亦美术之一道也。西国烹调之术莫善于法国,而西国文明亦莫高于法国。是烹调之术本于文明而生,非深孕乎文明之种族,则辨味不精;辨味不精,则烹调之术不妙。中国烹调之妙,亦足表文明进化之深也。昔者中西未通市以前,西人只知烹调一道,法国为世界之冠;及一尝中国之味,莫不以中国为冠矣。近代西人之游中国内地者以赫氏以〔为〕最先,当清季道光年间,彼曾潜行各省而达西藏,彼所著之游记,称道中国之文明者不一端,而尤以中国调味为世界之冠。近年华侨所到之地,则中国饮食之风盛传。在美国纽约一城,中国菜馆多至数百家。凡美国城市,几无一无中国菜馆者。美人之嗜中国味者,举国若狂。遂至令土人之操同业者大生妒忌,于是造出谣言,谓中国人所用之酱油涵有毒质,伤害卫生,致的他唻①市政厅有议禁止华人用酱油之事。后经医学卫生家严为考验,所得结果,即酱油不独不涵毒物,且多涵肉精,其质与牛肉汁无异,不独无碍乎卫生,且大有益于身体,于是禁令乃止。中国烹调之术不独遍传于美洲,而欧洲各国之大都会亦渐有中国菜馆矣。日本自维新以后,习尚多采西风,而独于烹调一道犹嗜中国之味,故东京中国菜馆亦林立焉。是知口之于味,人所同也。

　　中国不独食品发明之多,烹调方法之美,为各国所不及;而中国人之饮食习尚暗合于科学卫生,尤为各国一般人所望尘不及也。中国常人所饮者为清茶,所食者为淡饭,而加以菜蔬豆腐。此等之食料,为今日卫生家所考得为最有益于养生者也。故中国穷乡僻壤之人,饮食不及酒肉者,常多上寿。又中国人口之繁昌,与乎中国人拒疾疫之力常大者,亦未尝非饮食之暗合卫生有以致之也。

――――――――――

　　①　的他唻(Detroit):今译底特律,属美国密歇根(密执安)州。

倘能再从科学卫生上再做工夫，以求其知而改良进步，则中国人种之强必更驾乎今日也。西人之倡素食者，本于科学卫生之知识，以求延年益寿之功夫。然其素食之品无中国之美备，其调味之方无中国之精巧，故其热心素食家多有太过于菜蔬之食，而致滋养料之不足，反致伤生者。如此，则素食之风断难普遍全国也。中国素食者必食豆腐。夫豆腐者，实植物中之肉料也，此物有肉料之功，而无肉料之毒。故中国全国皆素食，已习惯为常，而不待学者之提倡矣。欧美之人所饮者浊酒，所食者腥膻，亦相习成风。故虽在前有科学之提倡，在后有重法之厉禁，如近时俄、美等国之厉行酒禁，而一时亦不能转移之也。单就饮食一道论之，中国之习尚当超乎各国之上。此人生最重之事，而中国人已无待于利诱势迫，而能习之成自然，实为一大幸事。吾人当保守之而勿失，以为世界人类之师导也可。

古人有言，"人为一小天地"，良有以也。然而以之为一小天地，无宁谓之为一小国家也。盖体内各脏腑分司全体之功用，无异于国家各职司分理全国之政事。惟人身之各机关，其组织之完备，运用之灵巧，迥非今世国家之组织所能及。而人身之奥妙，尚非人类今日知识所能穷也。据最近科学家所考得者，则造成人类及动植物者，乃生物之元子为之也。生物之元子，学者多译之为"细胞"，而作者今特创名之曰"生元"，盖取生物元始之意也。生元者何物也？曰：其为物也，精矣、微矣、神矣、妙矣，不可思议者矣！按今日科学所能窥者，则生元之为物也，乃有知觉灵明者也，乃有动作思为者也，乃有主意计划者也。人身结构之精妙神奇者，生元为之也；人性之聪明知觉者，生元发之也；动植物状态之奇奇怪怪不可思议者，生元之构造物也。生元之构造人类及万物也，亦犹乎人类之构造屋宇、舟车、城市、桥梁等物也；空中之飞鸟，即生元所造之飞行机也；水中之鳞介，即生元所造之潜航艇也。孟子所谓"良知良能"者非他，即生元之知、生元之能而已。自圭哇里氏①发明"生元有知"之理而后，则前时之哲学家所不能明者，科学家所不能解者，进化论所不能通者，心理学所不能道者，今皆可由此而豁然贯通，另辟一新天地为学问之试验场矣。人身既为生元所构造之国家，则身内之饮食机关，直为生元之粮食制造厂耳；人所饮食之物品，即生元之供养料及需用料也。生元之依人身为生活，犹人类之依地球为生活；生元之结聚于人身各部，犹人之居住于各城市也。

　　人之生活以温饱为先，而生元亦然。故其需要以燃料为最急，而材料次之。吾人所食之物，八九成为用之于燃料，一二成乃用之于材料。燃料之用有二：其一为煖体，是犹人之升火以御寒；二为工作，是犹工厂之烧煤以发力也。是以作工之人，需燃料多而食量大；不作工之人，需燃料少，食量亦少。倘食物足以供身内之燃料而有余，而其所余者乃化成脂肪而蓄之体内，以备不时之需。倘不足以供身内之燃料，则生元必取身内所蓄之脂肪以供燃料；脂肪既尽，则取及肌肉。故饮食不充之人，立形消瘦者此也。材料乃生元之供养料及身体之建筑料，材料若有多余，则悉化为燃料，而不蓄留于体内。此犹之城市之内，建筑之材木过多，反成无用，而以之代薪也。故材料不可过多，过多则费体内机关之力以化之为燃料。而其质若不适为燃料，则燃后所遗渣滓于体中，又须费肾脏多少工夫，将渣滓清除，则司其事之脏腑有过劳之患，而损害随之，非所宜也。食物之用，分为两种：一为燃料，素食为多；一为材料，肉食为多。材料过多，可变为燃料之用，而燃料过多，材料欠缺，则燃料不

_____

① 圭哇里（Nels Quevli）：今译奎弗利，美国人。

能变为材料之用。是故材料不能欠缺，倘有欠缺，必立损元气；材料又不可过多，倘过多则有伤脏腑。世之人倘能知此理，则养生益寿之道，思过半矣。

近年生理学家之言食物分量者，不言其物质之多少，而言其所生热力之多少以为准。其法用器测量，以物质燃化后，能令一格廉①（中国二分六厘）水热至百度表一度为一热率，故称"食物有多少热率"，或谓"人当食多少热率"等语。此已成为生理学之一通用术语矣，以后当用此以言食量也。食物之重要种类有三，即淡气类②、炭轻类③、脂肪类；此外更有水、盐、铁、燐、铗、锰各质并生机质（此质化学家尚未考确为何元素），皆为人生所不可少也。淡气类一格廉有四零一热率，炭轻类一格廉有四零一热率，脂肪类一格廉有九零三热率。淡气质以蛋白为最纯，而各种畜肉及鱼类皆涵大部分淡气，植物中亦涵有淡气质，而以黄豆、青豆为最多。每人每日养身材料之多少，生理学家之主张各有不同，有以需蛋白质一百格廉为度者，有主张五十格廉便足者。至于所用热率多少，奥国那典氏所考得凡人身之重，每一基罗④（中国二十四两）轻工作时当需三十四至四十热率，重工作时当需四十至六十热率。如是其人为七十基罗重者，于轻工作时当需食料二千八百热率，于重工作时当需食料三千五百至四千热率。但佛列查氏〔有奥国学者佛列查氏〕曾亲自试验，彼身重八十六基罗，而每日所食蛋白质四十五格廉（中国一两一钱七分）、燃料一千六百热率，其后体质虽减少十三基罗有奇，然其康健较前尤胜；后再减少食料至三十八格廉蛋

---

① 格廉（gram）：今译克，下同。
② 淡气（nitrogen）：今译氮气。
③ 炭轻（carbohydrate）：今译碳水化合物。
④ 基罗（kilogram）：即千克。

白、一千五百八十热率,而其身体健康继续如常。各生理学家为饮食度量之试验者多矣,而其为身体材料所需之淡气质,总不外由五十格廉至一百格廉,即中国衡一两三钱至二两六钱之蛋白质也。其为身体之燃料所需者,不外三四千热率之间耳。其间有极重之工作,有需热率至五六千者,此则不常见也。

人间之疾病,多半从饮食不节而来。所有动物皆顺其自然之性,即纯听生元之节制,故于饮食之量一足其度,则断不多食。而上古之人与今之野蛮人种,文化未开,天性未漓,饮食亦多顺其自然,故少受饮食过量之病。今日进化之人,文明程度愈高,则去自然亦愈远,而自作之孽亦多。如酒也、烟也、鸦片也、鹄肩也,种种戕生之物,日出日繁,而人之嗜好邪僻亦以文明进化而加增,则近代文明人类受饮食之患者,实不可胜量也。

作者曾得饮食之病,即胃不消化之症。原起甚微,尝以事忙忽略,渐成重症,于是自行医治稍愈,仍复从事奔走而忽略之。如是者数次。其后则药石无灵,只得慎讲卫生,凡坚硬难化之物皆不入口,所食不出牛奶、粥糜、肉汁等物。初颇觉效,继而食之至半年以后,则此等食物亦归无效,而病则日甚,胃痛频来,几无法可治。乃变方法施以外治,用按摩手术以助胃之消化。此法初施,亦生奇效,而数月后旧病仍发,每发一次,比前更重。于是更觅按摩手术而兼明医学者,乃得东京高野太吉先生。先生之手术固超越寻常,而又著有《抵抗养生论》一书,其饮食之法与寻常迥异。寻常西医饮食之方,皆令病者食易消化之物,而戒坚硬之质。而高野先生之方,则令病者戒除一切肉类及溶化流动之物,如粥糜、牛奶、鸡蛋、肉汁等,而食坚硬之蔬菜、鲜果,务取筋多难化者,以抵抗肠胃,使自发力,以复其自然之本能。吾初不之信,乃继思吾之服粥糜、牛奶等物已一连半年,而病终不愈,乃有一试其法之意。又见高野先生之手术已能愈我顽病,意更决焉。而先生则曰:"手术者乃一时之治法,若欲病根断绝,长享康健,非遵我抵抗养生之法不可。"遂从之而行,果得奇效。惟愈我〔后〕数月,偶一食肉或牛奶、鸡蛋、汤水、茶、酒等物,病又复发。始以为或有他因,不独关于所食也。其后三四次皆如此,于是不得不如高野先生之法,戒除一切肉类、牛奶、鸡蛋、汤水、茶、酒,与夫一切辛辣之品;而每日所食,则硬饭与蔬菜及少许鱼类,而以鲜果代茶水。从此旧病若失,至今两年,食量有加,身体康健胜常,食后不觉积滞,而觉畅快。此则十年以来所未有,而近两年始复见之者。余曩时曾肄业医科,于生理卫生之学自谓颇有心得,乃反于一己之饮食养生,则忽于微渐,遂生胃病,几于不治。幸得高野先生之抵抗养生术,而积年旧症一旦消除,是实医道中之一大革命也。于此可见饮食一事之难知有如此。且人之禀赋各有不同,故饮食之物宜于此者不尽宜于彼,治饮食之病亦各异其术,不能一概论也。

惟通常饮食养生之大要,则不外乎有节而已,不为过量之食即为养生第一要诀也。又肉食本为构成身体之材料及补充身体之材料,元气所赖以存,为物至要,而不可稍为亏缺者也,然其所需之量,与身体之大小有一定之比例。如上所述者,所食不可过多,多则损多益少。故食肉过量而伤生者,独多于他病也。夫肉食之度,老少当有不同,青年待长之人肉食可以稍多,壮年生长已定之人肉食宜减,老年之人则更宜大减。夫素食为延年益寿之妙术,已为今日科学家、卫生家、生理学家、医学家所共认矣。而中国人之素食,尤为适宜。惟豆腐一物,当与肉食同视,不宜过于身体所需材料之量,则于卫生之道其庶几矣。

虽然,饮食之物审择精矣,而其分量亦适合乎身体之需要矣,而于饮食之奥义,犹未能谓为知也。饮食入口之后,作如何变化?

及既消化之,而由肠胃收吸入血之后,又如何变化? 其奥妙,比之未入口之物品更为难知也。食物入口之后,首经舌官试验之,若其不适于胃肠之物,即立吐而出之;若其适合于胃肠之消化也,舌官则滋其味而欢纳之。由是牙齿咀嚼之,口津调和溶化之,粉质之物则化之为糖,其他之物则牙齿磨碎之,舌尖卷而送之以入食管,食管申舒而送之下胃脏。食物入胃之后,则胃之下口立即紧闭,而收蓄食物于胃中,至足度之时,则胃之生元报告于脑,而脑则发令止食,而吾人觉之,名之曰饱。此胃脏作用之一,所以定全体每度所应需物料之多寡也。食饱之后,当立停止,如再多食则伤生矣。食物蓄满于胃之后,胃津则和化肉质,如口津之化粉质焉。而胃肌则伸缩摇磨,将食物化为细糜,始开下口而送之入于小肠。到小肠上部时,则细糜与甜肉汁和合,凡口津、胃津所不能化之物,而甜肉汁可以补而化之,令之悉成为糜浆。而经过二十余尺之小肠,辗转回旋,而为小肠之机关收吸之,由回管而入于肝。其适于养生之料,则由肝管而导入心脏,由心脏鼓之而出脉管,以分配于百体,为生元之养料及燃料也。其不适于身体之物,则由肝脏淘汰之,不使入血,而导之入胆囊,再由胆管导之出小肠,而为利大便之津液。其小肠所吸余之物,则为渣滓而入于大肠,在大肠时,仍有收吸机关补吸小肠所遗余之养料,遂由大肠而推入直肠,则纯为渣滓不适于身体之用矣。直肠积满渣滓之后,则送之出肛门,而为大便。此饮食之终始也。

惟食物既入血之后,尚多种种之变化,此非专从事于生理学者则不能知之;而虽从事于生理学者亦不能尽知之也。此饮食之事之关于体内之组织者,为天然之性,吾人本属难知;则就饮食之未入人身之前之各种问题,如粮食之生产、粮食之运输、粮食之分配及饥馑之防备等问题纯属人为者,亦正不易知之也。

近代国家之行民生政策者，以德国之组织为最进步。而此次欧战①一开，则德国海面被英封禁，粮食时虞竭乏，社会忽起恐慌，人民备受种种之痛苦。至两年以后，乃始任巴特基氏为全国粮食总监。巴氏乃用科学之法以经理粮食，而竭乏之事始得无虞，恐慌之事渐息，而人民之痛苦亦渐减。由是德国乃能再支持二年之久，否则，早已绝粮而降服矣。按巴氏未经理粮食之前，民间之买食物者常千百候于店门之外，须费多少警察之约束，始能维持秩序。店伙按序分配，先到者先得，及至卖尽，则后至者常至空手而回矣。故欲得食物者，多有通宵不睡，先一夕而至，候于粮食店之门外，以待黎明买物者。当时德国有医学博士讽之云："使买油之妇在家多睡六小时，则身体中所涵蓄之油，较之彼从油店所买得者多矣。"此可想见其当时困苦情形也。而巴氏之法，亦不外乎平均、节用而已。考德国未战以前，其自产之粮食可足全国八成以上之用，其输入之粮食不过二成左右耳。然而民家厨中及饭店厨中，每日所虚耗者已不止二成；而个人所食不需要于养生之品及过食需要之品，亦不止二成。故巴氏于厨中则止绝虚耗，于个人则限口给粮，而每人以若干热率为准。如是一出入之间，粮不加多，而食则绰有余矣。其后更从事于推广生产，凡园庭、花圃、游场与及一切余地荒土，悉垦为农田，并多制各种之化学田料，从此粮食无竭矣。前此两年之久，人民备受多少之痛苦，视为无可挽救者，而巴氏之法一行，则能使家给人足，贫而能均，各取所需，无人向隅者，非行之艰，实知之艰也。

括而言之，食物入口之后，其消化工夫、收吸工夫、淘汰工夫、建筑工夫、燃烧工夫，种种作为，谁实为之？譬有人见原料之入工

---

① 此处所叙及之欧战，是指一九一四年至一九一八年之第一次世界大战。

厂,经机器之动作,而变成精美之货物以供世用者,谓为机器为之,可乎?不可也。盖必有人工以司理机器,而精美之货物乃可成也。身内饮食机关有如此之妙用者,亦非机关自为之也,乃身内之生元为之司理者也。由此观之,身内饮食之事,人人行之,而终身不知其道者,既如此;而身外食货问题,人人习之,而全国不明其理者,又如彼。此足以证明行之非艰,知之实惟艰也。

或曰:"饮食之事,乃天性使然,故有终身行之而不知其道者。至于其他人为之事,则非可与此同日而语也。"今作者更请以人为之事于下章证之。

第二章　以用钱为证

今再以用钱一事,为"行易知难"之证。

夫人生用钱一事,非先天之良能,乃后天之习尚,凡文明之人自少行之以至终身,而无日或间者也。饮食也,非用钱不可;衣服也,非用钱不可;居家也,非用钱不可;行路也,非用钱不可。吾人日日行之,视为自然,惟知有钱用则事事如意,左右逢源,无钱用则万般棘手,进退维谷,故莫不孜孜然惟钱是求,惟钱是赖矣。社会愈文明,工商愈发达,则用钱之事愈多,用钱之途愈广,人之生死、祸福、悲喜、忧乐,几悉为钱所裁制,于是"金钱万能"之观念,深中乎人心矣。人之于钱也,既如此其切要,人之用钱也,又如此其惯熟。然则钱究为何物?究属何用?世能知之者,有几人乎?吾今欲与读者先从金钱之为物而研究之。

古人有言:"钱币者,所以易货物、通有无者也。"泰西①之经济

---

① 泰西:犹言极西,常用以指西方国家。

学家亦曰："钱币者,亦货物之属,而具有二种重要功用:一能为百货交易之中介,二能为百货价格之标准者也。"作者统此两用,而名之曰"中准",故为一简明之定义曰:"钱币者,百货之中准也。"中国上古之钱币,初以龟贝、布帛、珠玉为之,继以金、银、铜、锡为之。今日文化未开之种族,其钱币多有与我上古初期相同者。而游牧之国,有以牛、羊为钱币者;渔猎之乡,有以皮、贝为钱币者;耕种之民,有以果、粟为钱币者;今之蒙古、西藏,亦尚有以盐、茶为钱币者。要之能为钱币者,固不止一物,而各种族则就其利便之物,而采之为钱币而已。专门之钱币学者论之曰:"凡物能为百货之'中准'者,尤贵有七种重要之性质,方适为钱币之上选:其一适用而值价者,其二便于携带者,其三不能毁灭者,其四体质纯净者,其五价值有定者,其六容易分开者,其七容易识别者。凡物具此七种之性质者,乃为优良之钱币也。"周制以黄金为上币,白金为中币,赤金为下币。秦并天下,统一币制,以金镒铜钱为币,而废珠玉、龟贝、布帛、银锡之属,不以为币。周秦而后,虽屡有变更,然总不外乎金、银、铜三种之物以为币。而今文明各国,亦采用此三金为钱币:有以黄金为正币,而银、铜为辅币者;有以银为正币,而铜为辅币者。古今中外,皆采用金银铜为钱币者,以其物适于为百货之"中准"也。

然则凡物适合于为百货"中准"者,皆可为钱币,而金钱亦不过货物中之一耳,何以今日独具此万能之作用也?曰:金钱本无能力,金钱之能力乃由货物之买卖而生也。倘无货物,则金钱等于泥沙矣;倘有货物,而无买卖之事,则金钱亦无力量矣。今举两事以明之。数十年前,山、陕两省大饥,人相食,死者千余万。夫此两省,古称"沃野千里,天府之国"也,物产丰富,金钱至多。各省为钱业票号者,皆山、陕人也,无不获厚利,年年运各省之金钱归家而藏之者,不可胜数也。乃连年大旱,五谷不登,物产日竭,百货耗尽,惟其金钱仍无减也。而饥死者之中,家资千百万者比比皆是,乃以万金易斗粟而不可得,卒至同归于尽也。盖无货物,则金钱之能力全失矣。又读者有曾读《罗滨逊克鲁梳漂流记》[①]者乎?试拟设身其地,而携有多金,漂流至无人之岛。挟金登陆,寻见岛中风光明媚,花鸟可人,林中果实,石上清泉,皆可餐可掬。此时岛中之百物惟彼所有,岛中之货财惟彼所需,可以取之无禁,用之不竭矣。然而其饥也,必须自行摘果以充饥,其渴也,必须自行汲泉以止渴,事事无不自食其力,乃能生活。在此孤岛,货物繁殖矣,而无买卖之事,则金钱亦等于无用耳。而其人之依以生活者,非彼金钱也,乃一己之劳力耳。此时此境,金钱万能乎?劳力万能乎?然则金钱在文明社会中,能生如此万能之效力者,其源委可得而穷求矣。

吾今欲与读者再从金钱之为用而研究之。夫金钱之力,虽赖买卖而宏,而买卖之事,原由金钱而起,故金钱未出之前,则世固无买卖之事也。然当此之时,何物为金钱之先河,何事为买卖之导线,不可不详求确凿,方能得金钱为用之奥蕴也。欲知金钱之先河、买卖之导线者,必当从人文进化之起源着眼观察,乃有所得也。按今日未开化之种族,大都各成小部落,居于深山穷谷之中,自耕而食,自织而衣,鸡犬相闻,老死不相往来,其风气与吾古籍所记载世质民淳者相若。其稍开化者,则居于河流原野之间,土地肥沃,物产丰富,交通利便,于是部落与部落始有交易之事矣。由今以证古,可知古代未开化之时,其人无不各成部落,自耕而食,自织而衣,足以自给,无待外求者也。及其稍开化也,则无不从事于交易,

---

① 《罗滨逊克鲁梳漂流记》(*Robinson Crusoe*):今译《鲁滨逊飘流记》。作者笛福(Daniel Defoe),英国人。

虽守古如许行①者，亦不能不以粟易冠，以粟易器矣。是交易者，实为买卖之导线也。或曰："交易与买卖有何分别？"曰：交易者，以货易货也；买卖者，以钱易货也。钱币未发生以前，世间只有交易之事耳。盖自耕而食，自织而衣，以一人或一部落而兼数业者，其必有害于耕，有害于织，断不若通工分劳之为利大也。即耕者专耕，而织者专织，既无费时失事之虞，又有事半功倍之效，由是则生产增加，而各以有余而交易也。此交易之所以较自耕自织为进化也。

　　惟自交易既兴之后，人渐可免为兼工，而仍不免于兼商也。何以言之？即耕者有余粟，不得不携其粟出而求交易也；织者有余布，亦不得不携其布出而求交易也。由此类推，则为渔、为猎、为牧、为樵、为工、为冶者，皆不得不各自携其有余，出而求交易也。否则，其有余者必有货弃于地之虞，而不足者必无由取得也。以一人而兼农、工两业，其妨碍固大，然而农、工仍各不免于兼商，其缺憾亦非少也。且交易之事，困难殊多，近年倭理思氏之《南洋游记》有云：彼到未开化之乡，常有终日不得一食者。盖土番既无买卖，不识用钱，而彼所备之交易品，间有不适其地之需者，则不能易食物矣。古人与野番所受之困难，常有如下所述之事者：即耕者有余粟，而欲得布，携之以就有余布者以求交易，无如有余布者，不欲得粟而欲得羊，则有余粟者困矣。有余布者携其布以向牧者易羊，而有余羊者，不欲得布而欲得器，则有余布者又困矣。有余羊者牵其羊以向工者求易器，而工者不欲得羊而欲得粟，则有余羊者又困矣。有余器者携其器以向耕者求易粟，乃耕者不欲得器而欲得布，

---

　　① 许行，战国楚人，生活简朴，主张君民同耕，务农者当以粟易帽、食器、农具等物，交换时价码划一。

则有余器者亦困矣。此四人者,各有所余,皆为其余三人中一人所需者,而以所需所有不相当,则四者皆受其困矣。此皆由古人、野番无交易之机关,所以劳多而获少,而文化不能进步者也。

神农氏有见于此,所以有教民"日中为市",致天下之民,聚天下之货,交易而退,各得其所也。有此日中为市之制,则交易之困难可以悉免矣。如上所述之四人者,可以同时赴市,集合一地,各出所余,以求所需,彼此转接,错综交易,而各得其所矣。此利用时间空间为交易之机关者也。自有日中为市为交易之机关,于是易货物,通有无,乃能畅行无阻矣。其为物虽异乎钱币,而功效则同也。故作者于此创言曰:"日中为市之制者,实今日金钱之先河也。"乃世之经济学家,多以为金钱之先天〔河〕即交易也,不知交易时代之有中介机关,亦犹乎买卖时代之有中介机关也。买卖时代以金钱为百货之中介,而交易时代则以日中为市,为百货之中介也。人类用之者,则能受交易而退、各得其所之利;不用之者,则必受种种之困难也。未有金钱之前,则其便利于人类之交易者,无过于日中为市矣。故曰:日中为市者,金钱之先河也。

自日中为市之制兴,则交易通而百货出,人类之劳力渐省,故其欲望亦渐开。于是前之只交易需要之物者,今渐进而交易非需要之文饰玩好等物矣。渐而好之者愈多,成为普通之风尚,则凡有货物以交易者,必先易之,而后以之易他货物。如是则此等文饰玩好之物,如龟贝、珠玉者,转成为百货之"中准"矣。此钱币之起源也。是故钱币者,初本不急之物也,惟渐变交易而为买卖之后,则钱币之为用大矣。自有钱币以易货物、通有无,则凡以有余而求不足者,只就专业之商贾以买卖而已,不必人人为商矣。是钱币之出世,更减少人之劳力,而增益人之生产,较之日中为市之利更大百十倍矣。人类自得钱币之利用,则进步加速,文明发达,物质繁昌,骎骎乎有一日千里之势矣。

考中国钱币之兴,当在神农日中为市之后,而至于成周①,则文物之盛已称大备矣。前后不过二千年耳,而文化不特超越前古,且为我国后代所不及,此实为钱币发生后之一大进步也。由此观之,钱币者,文明之一重要利器也。世界人类自有钱币之后,乃能由野蛮一跃而进文明也。

钱币发生数千年而后,乃始有近代机器之发明。自机器发明后,人文之进步更高更速,而物质之发达更超越于前矣。盖机器者,羁勒天地自然之力以代人工,前时人力所不能为之事,机器皆能优为之。任重也,一指可当万人之负;致远也,一日可达数千里之程。以之耕,则一人可获数百人之食;以之织,则一人可成千人之衣。经此一进步也,工业为之革命,天地为之更新,而金钱之力至此已失其效矣。何以言之? 夫机器未出以前,世界之生产全赖人工为之,则买卖之量,亦无出乎金钱范围以外者。今日世界之生产,则合人工与自然力为之,其出量加至万千倍,而买卖之量亦加至万千倍,则今日之商业,已出乎金钱范围之外矣。所以大宗买卖多不用金钱,而用契券矣。譬如有川商运货百万元至沪,分十起而售之,每起获其十一之利,而得十一万元,皆收现钱。以银元计之,每起已四千九百五十斤,一一收之藏之,而后往市以求他货而买之,又分十起而买入,则运货往来之外,又须运钱往来。若一人分十起售其货,又当分十起而收其钱,继又买入他货十宗,又分十起以付钱,其费时费力,已不胜其烦矣。倘同时所到之商不止一路,则合数十百人而各有货百数十万以买卖,每人皆需数日之时间以

---

① 成周:为东周之别称。成周原为古地名,在今河南省洛阳市和偃师县之间。周平王东迁都城于王城为东周之始,至周敬王迁都成周。东周之世,史称春秋战国时期。

执行其事,则每人所过手之金钱,一人百数十万元,十人千数百万元,百人万数千万元,则一市中之金钱断无此数,故大宗买卖早非金钱之力所能为矣。金钱之力有所穷,则不期然而然渐流入于用契券以代金钱,而人类且不之觉也。

契券之用为何?此非商贾中人,自不能一闻则了解也。如上述之川客,贩货百万元至沪,分十起售之,获其十一之利,每起所收十一万元,惟此十一万元非四千九百五十斤之银元,乃一张之字纸,列有此数目耳。此等字纸,或为银行之支票,或为钱庄之庄票,或为货客本店之期单,或为约束之欠据者是也。售十起之货,则彼此授受十张之字纸而已,交收货物之外,再不用交收银元矣。川客在沪所采买之货,亦以此等字纸兑换之。如是一买一卖,其百余万元之货物,已省却主客彼此交收四万九千五百斤银元四次运送之劳矣,且免却运送时之种种盗窃、遗失、意外等危险矣。其节时省事,并得安全无虞,为利之大,以一人计已如此矣,若以社会而言,则其为利实有不可思议者矣。

是以在今日之文明社会中,实非用契券为买卖不可矣,"金钱万能"云乎哉?而世人犹迷信之者,是无异周末之时,犹有许行之徒守自耕而食、自织而衣之旧习者也。不知自日中为市之制兴,则自耕而食、自织而衣之兼业可以废;至金钱出,则日中为市之制可以废;至契券出,而金钱之用亦可以废矣。乃民国元年时,作者曾提议废金银,行钞券,以纾国困而振工商,而闻者哗然,以为必不可能之事。乃今次大战,世界各国多废金钱而行纸币,悉如作者七年前所主张之法。盖行之得其法,则纸币与金钱等耳。

或曰:"元、明两朝皆发行钞票,乃渐致民穷国困,而卒至于亡者,美国南北战争之时亦发行纸币,而亦受纸币之害者,何也?"曰:以其发之无度,遂至钱〔纸〕币多而货物少故也。又曰:"北京去年发不兑现之令,岂非废金钱行纸票乎?何以不见其效,而反生出市面恐慌、人民困苦也?"曰:北京政府之效人驊而发不兑现之令也,只学人一半而违其半。夫人之不兑现,同时亦不收现也,而北京政府之不兑现,同时又收现,此非废金钱而行纸币,乃直以空头票而骗金钱耳。此北京政府之所以失败也。英国之不兑现也,同时亦不收现,凡政府之赋税、借债种种收入,皆非纸币不收。是以其战费之支出,每日六七千万元,皆给发纸票,而市面流通无滞,人人乐为之用者,何也?以政府每数月必发行一次公债,每次所募之额在数十万万元者,亦皆悉收纸币,不收现金。有现金之人,或买货、或纳税者,必须将其金钱向银行换成纸票乃能通用,否则其金钱等于废物耳。此英国不兑现之法也。而北京政府①则自发之纸票亦不收,是何异自行宣告其破产乎?天下岂有不自信用之券,而能令他人信用之者乎?奸商市侩尚且不为此,而堂堂政府为之,其愚孰甚!此皆不知钱之为用之过也。

　　世之能用钱而不知钱之为用者,古今中外,比比皆是。昔汉兴,承秦之敝,丈夫从军旅,老弱转粮饷,作业剧而财匮。初以为钱少而困也,乃令民铸钱。后钱多而又困也,乃禁民铸钱。皆不得其当也。夫国之贫富不在钱之多少,而在货之多少,并货之流通耳。汉初则以货少而困,其后则以货不能流通而又困。于是桑弘羊起而行均输、平准之法,尽笼天下之货,卖贵买贱,以均民用而利国家,卒收国饶民足之效。若弘羊者,可谓知〈金〉钱之为用者也。惜弘羊而后,其法不行,遂至中国今日受金钱之困较昔尤甚也。方当欧战大作,举国从军,生产停滞,金钱低落,而交战各国之政府乃悉收全国工商事业而经营之,以益军资而均民用。德、奥行之于先,

---

①　原作"则政府",今改"政府则"。

各国效之于后。此亦弘羊之遗意也。

欧美学者有言："人类之生活程度分为三级:其一曰需要程度,在此级所用之货物若有欠缺,则不能生活也。其二曰安适程度,在此级所用之货物若有欠缺,则不得安适也。其三曰繁华程度,在此级所用之货物乃可有可无者,有之则加其快乐,无之亦不碍于安适也。"然以同时之人类而论,则此等程度实属极无界限者也。有此一人以为需要者,彼一人或以为安适,而他一人或以为快乐者也。惟以时代论之,则其界限颇属分明矣。作者故曰:钱币未发生之前可称为需要时代,盖当时之人,最大之欲望无过饱暖而已,此外无所求,亦不能求也。钱币既发生之后,可称为安适时代,盖此时人类之欲望始生,亦此时而人类始得有致安适之具也。自机器发明之后,可称为繁华时代,盖此时始有生产过盛〔剩〕,不患贫而患不均者,工业发达之国有汲汲推广市场输货于外之政策,而文明社会亦有以奢侈为利世之谬见矣。由此三时期之进化,可以知货物"中准"之变迁也。故曰:需要时代,以日中为市为金钱也;安适时代,以金钱为金钱也;繁华时代,以契券为金钱也。此三时代之交易"中准",各于其时皆能为人类造最大之幸福,非用之不可也。然同时又非绝不可用其他之制度也。如日中为市既行之后,自耕而食,自织而衣,亦有行之者。而金钱出世之后,日中为市,亦有相并而行者,我国城厢之外,今之三日一趁墟者是也。且未至繁华之时代,世界人类已有先之而用契券者矣,如唐之飞券、钞引,宋之交子、会子是也。但在今日,则非用契券,工商事业必不能活动也;而同时兼用金钱亦无不可也,不过不如用契券之便而利大耳。此又用钱者所当知也。

我中国今日之生活程度尚在第二级,盖我农工事业,犹赖人力以生产,而尚未普用机器以羁勒自然力,如蒸气、电气、煤气、水力等以助人工也。故开港通商之后,我商业即〔则〕立见失败者,非洋商之金钱胜于我也,实外洋入口之货物,多于我出口者每年在二万万元以上也。即中国金钱出口,亦当在二万万以上。一年二万万,十年则二十万万矣。若长此终古,则虽有铜山金穴,亦难抵此漏卮,而必有民穷财尽之日也。必也我亦用机器以生产,方能有济也。按工业发达之国,其年中出息,以全国人口通计,每年每人可得七八百元。而吾国纯用人工以生产,按全国人口男女老少通计,每年每人出息当不过七八元耳。倘我国能知用机器以助生产,当亦能收同等之效,则今日每人出息七八元者,可加至七八百元,即富力加于今日百倍矣。如是则我亦可立进于繁华之程度矣。

近世欧美各国之工业革命,物质发达突如其来,生活程度遂忽由安适地位而骤进至繁华地位。社会之受其影响者,诚有如佐治亨利氏之《进步与贫乏》①一书所云:"现代之文明进步,仿如以一尖锥从社会上下阶级之间,突然插进。其在尖锥之上者,即资本家极少数人,则由尖锥推之上升。其在尖锥之下者,即劳动者大多数人,则由尖锥推之下降。此所以有富者愈富,贫者愈贫也。"是工业革命之结果,其施福惠于人群者为极少之数,而加痛苦于人群者为极大多数也。所以一经工业革命之后,则社会革命之风潮因之大作矣。盖不平则鸣,大多数人不能长为极少数人之牺牲者,公理之自然也。人群所以受此极大之痛苦者,即不知变计以应时势之故也。因在人工生产之时代,所以制豪强之垄断者,莫善于放任商人,使之自由竞争,而人民因以受其利也。此事已行之于世数千年矣。乃自斯密亚当始发明其理,遂从而鼓吹之。当十八世纪之季,

---

① 佐治亨利(Henry George):后亦译作亨利佐治,今译亨利·乔治,美国人。其著作《进步与贫乏》(*Progress and Poverty*),今译《进步与贫困》。

其《富国》①一书出世,举世惊倒,奉之为圣经明训。盖其事既为世
所通行,又为人所习而不察者,乃忽由斯密氏所道破,是直言人之
所欲言,而言人之所不能言者,宜其为世所欢迎,至今犹有奉为神
圣者也。不料斯密氏之书出世不满百年,而工业革命作矣。经此
革命之后,世界已用机器以生产,而有机器者,其财力足以鞭笞天
下,宰制四海矣。是时而犹守自由竞争之训者,是无异以跛足而与
自动车竞走也,容有幸乎? 此丕士麦克②之所以行国家社会主义
于德意志,而各国先后效法者也。如丕士麦克者,可谓知金钱之为
用矣,其殆近代之桑弘羊乎?

　　由此观之,非综览人文之进化,详考财货之源流,不能知金钱
之为用也。又非研究经济之学,详考工商历史、银行制度、币制沿
革,不能知金钱之现状也。要之,今日欧美普通之人,其所知于金
钱者,亦不过如中国人士只识金钱万能而已,他无所知也。其经济
学者仅知金钱本于货物,而社会主义家(作者名之曰民生学者)乃
始知金钱实本于人工也(此统指劳心劳力者言也)。是以万能者人
工也,非金钱也。故曰:世人只能用钱,而不能知钱者也。此足为
"行之非艰,知之惟艰"之一证也。

第三章　以作文为证

　　今更以中国人之作文为"行易知难"之证。

　　中国数千年来,以文为尚,上自帝王,下逮黎庶,乃至山贼海

---

　　①　《富国》(*An Inquiry into the Nature and Causes of the Wealth of Nations*):严
复中译本名为《原富》,今译《国富论》或《国民财富的性质和原因的研究》。

　　②　丕士麦克:今译俾斯麦,普鲁士王国、德意志帝国宰相。下同。

盗,无不羡仰文艺。其弊也,乃至以能文为万能,多数才俊之士废弃百艺,惟文是务,此国势所以弱,而民事所以不进也。然以其文论,终不能不谓为富丽殊绝。夫自庖羲画卦,以迄于今,文字递进,逾五千年。今日中国人口四万万众,其间虽不尽能读能书,而率受中国文字直接间接之陶冶。外至日本、高丽、安南、交趾之族,亦皆号曰"同文"。以文字实用久远言,则远胜于巴比伦、埃及、希腊、罗马之死语。以文字传布流用言,则虽以今日之英语号称流布最广,而用之者不过二万万人,曾未及用中国文字者之半也。盖一民族之进化,至能有文字,良非易事;而其文字之势力能旁及邻圉,吸收而同化之。所以五千年前,不过黄河流域之小区,今乃进展成兹世界无两之巨国。虽以积弱屡遭异族吞灭,而侵入之族不特不能同化中华民族,反为中国所同化,则文字之功为伟矣。虽今日新学之士,间有倡废中国文字之议,而以作者观之,则中国文字决不当废也。

夫前章所述机器与钱币之用,在物质文明方面,所以使人类安适繁华,而文字之用,则以助人类心性文明之发达。实际则物质文明与心性文明相待,而后能进步。中国近代物质文明不进步,因之心性文明之进步亦为之稽迟。顾古来之研究,非可埋没。持中国近代之文明以比欧美,在物质方面不逮固甚远,其在心性方面虽不如彼者亦多,而能与彼颉颃者正不少,即胜彼者亦间有之。彼于中国文明一概抹杀者,殆未之思耳。且中国人之心性理想无非古人所模铸,欲图进步改良,亦须从远祖之心性理想,究其源流,考其利病,始知补偏救弊之方。夫文字为思想传授之中介,与钱币为货物交换之中介,其用正相类。必废去中国文字,又何由得古代思想而研究之?抑自人类有史以来,能纪四五千年之事翔实无间断者,亦惟中国文字所独有;则在学者正当宝贵此资料,思所以利用之。如能用古人而不为古人所惑,能役古人而不为古人所奴,则载籍皆似为我调查,而使古人为我书记,多多益善矣。彼欧美学者于埃及、巴比伦之文字,国亡种灭,久不适于用者,犹不惮搜求破碎,复其旧观,亦以古人之思想足资今人学问故耳,而我中国文字,讵反可废去乎?

　　但中国文、言殊非一致。文字之源本出于言语,而言语每随时代以变迁。至于为文,虽体制亦有古今之殊,要不能随言语而俱化。故在三代①以前,文字初成,文化限于黄河流域一区,其时言语与文字当然一致,可无疑也。至于周代,文化四播,则黄河流域以外之民,巴、庸、荆、楚、吴、越、江、淮之族,受中国之文字所感化,而各习之以方言,于是言、文始分。及乎周衰,戎狄四侵,外来言语羼入中原;降及五胡,乃至五代、辽、夏、金、元,各以其力蚕食中国,其言语亦不无遗留于朔北②,而文字语言益以殊矣。汉后文字踵事增华,而言语则各随所便,于是始所歧者其仅,而分道各驰,久且相距愈远。顾言语有变迁而无进化,而文字则虽仍古昔,其使用之技术实日见精研。所以中国言语为世界中之粗劣者,往往文字可达之意,言语不得而传。是则中国人非不善为文,而拙于用语者也。亦惟文字可传久远,故古人所作,模仿匪难。至于言语,非无杰出之士妙于修辞,而流风余韵无所寄托,随时代而俱湮,故学者无所继承。然则文字有进化,而言语转见退步者,非无故矣。抑欧洲文字基于音韵,音韵即表言语,言语有变,文字即可随之。中华制字以象形、会意为主,所以言语虽殊,而文字不能与之俱变。要之,此不过为言语之不进步,而中国人民非有所阙于文字。历代能

① 三代:即夏、商、周。
② 朔北:即北方。

文之士,其所创作突过外人,则公论所归也。盖中国文字成为一种美术,能文者直美术专门名家,既有天才,复以其终身之精力赴之,其造诣自不易及。惟举全国人士而范以一种美术,变本加厉,废绝他途,如上所述,斯其弊为世诟病耳。

　　然虽以中国文字势力之大,与历代能文之士之多,试一问此超越欧美之中国文学家中,果有能心知作文之法则而后含毫命简者乎?则将应之曰:否。中国自古以来,无文法、文理之学。为文者穷年揣摩,久而忽通,暗合于文法则有之;能自解析文章,穷其字句之所当然,与用此字句之所以然者,未之见也。至其穷无所遁,乃以"神而明之,存乎其人"自解,谓非无学而何?夫学者贵知其当然与所以然,若但〔偶〕能然,不得谓为学也。欲知文章之所当然,则必自文法之学始;欲知其所以然,则必自文理之学始。文法之学为何?即西人之"葛郎玛"①也,教人分字类词,联词造句,以成言文而达意志者也。泰西各国皆有文法之学,各以本国言语文字而成书,为初学必由之径。故西国学童至十岁左右者,多已通晓文法,而能运用其所识之字以为浅显之文矣。故学童之造就无论深浅,而执笔为文,则深者能深,浅者能浅,无不达意,鲜有不通之弊也。中国向无文法之学,故学作文者非多用功于呻唔咕哔,熟读前人之文章,而尽得其格调,不能下笔为文也。故通者则全通,而不通者虽十年窗下,仍有不能联词造句以成文,殆无造就深浅之别也。若只教学童日识十字,而悉解其训诂,年识三千余字,而欲其能运用之,而作成浅显之文章者,盖无有也。以无文法之学,故不能率由捷径以达速成,此犹渡水之无津梁舟楫,必当绕百十倍之道路也。中国之文人亦良苦矣!

---

　　①　"葛郎玛":即英文 grammar 译音。

　　自《马氏文通》出后,中国学者乃始知有是学。马氏^①自称积十余年勤求探讨之功,而后成此书。然审其为用,不过证明中国古人之文章无不暗合于文法,而文法之学为中国学者求速成、图进步不可少者而已;虽足为通文者之参考印证,而不能为初学者之津梁也。继马氏之后所出之文法书,虽为初学而作,惜作者于此多犹未窥三昧,讹误不免,且全引古人文章为证,而不及今时通用语言,仍非通晓作文者不能领略也。然既通晓作文,又何所用乎文法? 是犹已绕道而渡水矣,更何事乎津梁? 所贵乎津梁者,亦〔在〕未渡之前也。故所需乎文法者,多在十龄以下之幼童及不能执笔为文之人耳。所望吾国好学深思之士,广搜各国最近文法之书,择取精义,为一中国文法,以演明今日通用之言语,而改良之也。夫有文法以规正言语,使全国习为普通知识,则由言语以知文法,由文法而进窥古人之文章,则升堂入室,有如反掌,而言、文一致,亦可由此而恢复也。

　　文理为何? 即西人之逻辑也。作者于此姑偶用“文理”二字以翻逻辑者,非以此为适当也,乃以逻辑之施用于文章者,即为文理而已。近人有以此学用于推论特多,故有翻为“论理学”者,有翻为“辨学”者,有翻为“名学”者,皆未得其至当也。夫推论者乃逻辑之一部,而辨者又不过推论之一端,而其范围尤小,更不足以括逻辑矣。至于严又陵^②氏所翻之《名学》,则更为辽东白豕也。夫名学者,乃“那曼尼利森”^③也,而非“逻辑”^④也。此学为欧洲中世纪时

---

　　①　马氏:即马建忠。

　　②　严又陵:即严复。

　　③　“那曼尼利森”。即英文 nominalism 译音,今译唯名论。下面提到的“实学”,今译唯实论。

　　④　“逻辑”:英文 logic 译音。

理学二大思潮之一,其他之一名曰"实学"。此两大思潮,当十一世纪时大起争论,至十二世纪之中叶乃止,从此名学之传习亦因之而息。近代间有复倡斯学者,穆勒①氏即其健将也。然穆勒氏亦不过以名理而演逻辑耳,而未尝名其书为"名学"也。其书之原名为《逻辑之统系》②。严又陵氏翻之为《名学》者,无乃以穆氏之书言名理之事独多,遂以名学而统逻辑乎?夫名学者,亦为逻辑之一端耳。凡以"论理学"、"辨学"、"名学"而译逻辑者,皆如华侨之称西斑雅③为吕宋也。夫吕宋者,南洋群岛之一也,与中国最接近,千数百年以来,中国航海之客常有至其地者,故华人习知其名。而近代吕宋为西斑雅所占领,其后华侨至其地者,则称西斑雅人为吕宋人。后至墨西哥、比鲁④、芝利⑤等国,所见多西斑雅人为政,亦呼之为吕宋人。寻而知所谓吕宋者,尚有其所来之祖国,于是呼西斑雅为大吕宋,而南洋群岛之本吕宋为小吕宋,至今因之。夫以学者之眼光观之,则言西斑雅以括吕宋可也,而言吕宋以括西斑雅不可也。乃华侨初不知有西斑雅,而只知有吕宋,故以称之。今之译逻辑以一偏之名者,无乃类是乎?

然则逻辑究为何物?当译以何名而后妥?作者于此,盖欲有所商榷也。凡稍涉猎乎逻辑者,莫不知此为诸学诸事之规则,为思想云〔行〕为之门径也。人类由之而不知其道者众矣,而中国则至今尚未有其名。吾以为当译之为"理则"者也。夫斯学至今尚未大为发明,故专治此学者,所持之说亦莫衷一是。而此外学者之对于

---

① 穆勒(John Stuart Mill):亦译弥勒,今译密尔,英国人。
② 《逻辑之统系》:即英文"*System of Logics*"。
③ 西斑雅:今译西班牙,下同。
④ 比鲁:今译秘鲁,下同。
⑤ 芝利:今译智利。

理则之学,则大都如陶渊明之读书,不求甚解而已。惟人类之禀赋,其方寸自具有理则之感觉,故能文之士,研精构思,而作成不朽之文章,则无不暗合于理则者;而叩其造诣之道,则彼亦不自知其何由也。

是故不知文法之学者,不能知文章之所当然也。如曾国藩者,晚清之宿学文豪也,彼之与人论文,有"春风风人,夏雨雨人,解衣衣我,推食食我","入其门而无人门焉者,入其闺而无人闺焉者"。其于风风、雨雨、衣衣、食食、门门、闺闺等叠用之字,而解之以上一字为实字实用,下一字为实字虚用,则以为发前人所未发,而探得千古文章之秘奥矣。然以文法解之,则上一字为名词,下一字为动词也,此文义当然之事,而宿学文豪有所不知,故强而解之为实字虚用也。又不知理则之学者,不能知文章之所以然也。如近人所著《文法要略》①,其第三章第二节曰:

　　本名字者,人物独有之名称,而非其他所公有。如侯方域《王猛论》曰:"亮始终心乎汉者也,猛始终心乎晋者也。"孔稚圭《北山移文》曰:"蕙帐空兮夜鹄怨,山人去兮晓猨惊。"亮与猛虽同为人类,鹄虽同为鸟类,猨虽同为兽类,曰亮、曰猛、曰鹄、曰猨,即为本名,不能人人皆谓之亮、猛,亦不能见鸟即谓之鹄,见兽即谓之猨也,故曰本名字。

此以亮、猛、鹄、猨视同一律,不待曾涉猎理则学之书者,一见而知其谬。即稍留意于理则之感觉者,亦能知其不当也。世界古今人类,只有一亮一猛其人者耳,而世界古今之鸟兽,岂独一鹄一猨耶?此不待辨而明也。然著书者何以有此大错?则以中国向来未有理则学之书,而人未惯用其理则之感觉故也。

---

　　①　此书为庄庆祥编著,上海商务印书馆一九一五年出版。

　　夫中国之文章富矣丽矣，中国之文人多矣能矣，其所为文，诚有如扬雄所云"深者入黄泉，高者出苍天，大者含元气，细者入无间"者矣。然而数千年以来，中国文人只能作文章，而不能知文章，所以无人发明文法之学与理则之学，必待外人输来，而乃始知吾文学向来之缺憾。此足证明行之非艰，而知之惟艰也。

第四章　以七事为证

　　前三章所引以为"知难行易"之证者，其一为饮食，则人类全部行之者；其二为用钱，则人类之文明部分行之者；其三为作文，则文明部分中之士人行之者。此三事也，人类之行之不为不久矣，不为不习矣，然考其实，则只能行之，而不能知之。而间有好学深思之士，专从事于研求其理者，每毕生穷年累月，亦有所不能知。是则行之非艰，而知之实艰，以此三事证之，已成为铁案不移矣。

　　或曰："此三事则然矣，而其他之事未必皆然也。"今更举建屋、造船、筑城、开河、电学、化学、进化等事为证，以观其然否。

　　夫人类能造屋宇以安居，不知几何年代，而后始有建筑之学。中国则至今犹未有其学。故中国之屋宇多不本于建筑学以造成，是行而不知者也。而外国今日之屋宇，则无不本于建筑学，先绘图设计，而后从事于建筑，是知而后行者也。上海租界之洋房，其绘图设计者为外国之工师，而结垣架栋者为中国之苦力。是知之者为外国工师，而行之者为中国苦力，此知行分任而造成一屋者也。至表面观之，设计者指摇笔画，而施工者胼手胝足，似乎工师易而苦力难矣，然而细考其详，则大有天壤之别。设有人欲以万金而建一家宅，以其所好及其所需种种内容，就工师以请设计。而工师从而进行，则必先以万金为范围，算其能购置何种与若干之材料，此实践之经济学所必需知也。次则计其面积之广狭,立体之高低,地基之压力如何,梁架之支持几重,务要求得精确,此实验之物理学所必需知也。再而家宅之形式如何结构,使之勾心斗角,以适观瞻,此应用之美术学所必需知也。又再而宅内之光线如何引接,空气如何流通,寒暑如何防御,秽浊如何去除,此居住之卫生学所必需知也。终而客厅如何陈设,饭堂如何布置,书房如何间格,寝室如何安排,方适时流之好尚,此社会心理学所必需知也。工师者,必根据于以上各科学而设计,方得称为建筑学之名家也。今上海新建之崇楼高阁与及洋房家宅,其设计多出于有此种知识之工师也,而实行建筑者皆华工也。由此观之,知之易乎?行之易乎?此建筑事业可为"知难行易"之铁证者四也。

民国七年十月,上海有华厂造成一艘三千吨大之汽船下水,西报大为之称扬,谓从来华人所造之船,其大以此为首屈一指。然华厂之造此船也,乃效法泰西,借近代科学知识,用外国机器而成之也。按近日在上海、香港及南洋各地之外人船厂,其工匠几尽数华人,只一二工师及督理为西人耳。所造之船,其大至万数千吨者,不可胜数也。要之,在东方西人各船厂所造之船,皆谓之华人所造者,亦无不可,盖其施工建造悉属华人也。作者往尝游观数厂,每向华匠叩以造船之道,皆答以施工建造,并不为难,所难者绘图设计耳,倘计划既定,按图施工,则成效可指日而待矣。

去年美国与德宣战,其第一之需要者为船只之补充,于是不得不为破天荒之计划以扩张造船厂,期一年造成四百万吨之船。此说一出,举世为之惊倒。若在平时有为此说者,莫不目之为狂妄。乃自计划既定之后,则美厂有数十日而造成一艘一万吨以上之船者。全国船厂百数十,其大者同时落造数十船,小者同时落造十余船。如是各厂一致施工,万弩齐发,及时所成,则结果已过于期望之上。近日日本川崎船厂，竟有以二十三日造成一艘九千吨之船者，其迅速为世界第一也。此皆为科学大明之后，本所知以定进行，其成效既如此矣。

今就科学未发达以前，举一同等之事业与之比较，一观知行之难易也。当明初之世，成祖以搜索建文[①]，命太监郑和七下西洋。其第一次自永乐三年六月始受命巡洋，至永乐五年九月而返中国。此二十八个月之间，已航巡南洋各地，至三佛齐而止。计其往返水程以及沿途留驻之时日，当非十余个月不办；今姑为之折半，则郑和自奉命以至启程之日，不过十四个月耳。在此十四个月中，为彼筹备二万八千余人之粮食、武器及各种需要，而又同时造成六十四艘之大海舶。据《明史》所载，其长四十四丈，宽十八丈，吃水深浅未明，然以意推之，当在一丈以上，如是则其积量总在四五千吨，其长度则等于今日外国头等之邮船矣。当时无科学知识以助计划也，无外国机器以代人工也，而郑和又非专门之造船学家也，当时世界亦无如此巨大之海舶也。乃郑和竟能于十四个月之中，而造成六十四艘之大舶，载运二万八千人巡游南洋，示威海外，为中国超前轶后之奇举；至今南洋土人犹有怀想当年三保之雄风遗烈者，可谓壮矣。然今之中国人借科学之知识、外国之机器，而造成一艘三千吨之船，则以为难能，其视郑和之成绩为何如？此"行之非艰，知之惟艰"，造船事业可为铁证者五也。

中国最有名之陆地工程者，万里长城也。秦始皇令蒙恬北筑长城，以御匈奴。东起辽沈，西迄临洮[②]，陵山越谷五千余里，工程

---

① 明惠帝朱允炆，年号建文。明初皇室纷争，朱棣继帝位，惠帝出逃不知去向，故有命郑和下西洋寻找惠帝之说。

② 辽沈：疑为"辽东"之误；临洮：今甘肃岷县。

之大,古无其匹,为世界独一之奇观。当秦之时代,科学未发明也,机器未创造也,人工无今日之多也,物力无今日之宏也,工程之学不及今日之深造也,然竟能成此伟大之建筑者,其道安在? 曰:为需要所迫不得不行而已。西谚有云:"需要者,创造之母也。"秦始皇虽以一世之雄,并吞六国,统一中原;然彼自度扫大漠而灭匈奴,有所未能也,而设边戍以防飘忽无定之游骑,又有不胜其烦也,为一劳永逸之计,莫善于设长城以御之。始皇虽无道,而长城之有功于后世,实与大禹之治水等。由今观之,倘无长城之捍卫,则中国之亡于北狄,不待宋明而在楚汉之时代矣。如是则中国民族必无汉唐之发展昌大而同化南方之种族也。及我民族同化力强固之后,虽一亡于蒙古,而蒙古为我所同化;再亡于满洲,而满洲亦为我所同化。其初能保存孳大此同化之力,不为北狄之侵凌夭折者,长城之功为不少也。而当时之筑长城者,只为保其一姓之私、子孙帝皇万世之业耳,而未尝知其收效之广且远也。彼迫于需要,只有毅然力行以成之耳,初固不计其工程之大、费力之多也,殆亦行之而不知其道也。而今日科学虽明,机器虽备,人工物力亦超越往昔,工程之学皆远驾当时矣,然试就一积学经验之工师,叩以万里长城之计划:材料几何? 人工几何? 所需经费若干? 时间若干可以造成? 吾思彼之所答,必曰:"此非易知之事也。"即使有不惮烦之工师费数年之力,为一详细测量而定有精确计划,而呈之今之人,今之人必曰:"知之非艰,行之惟艰。"今欲效秦始皇而再筑一万里长城,为必不可能之事也。

吾今欲请学者一观近日欧洲之战场。当德军第一次攻巴黎之失败也,立即反攻为守,为需要所迫,数月之间筑就长濠[①],由北海

---

① "濠"为"壕"通假字,长濠与长壕、战濠与战壕同义。以往孙中山集版本有赘勘者。

之滨至于瑞士山麓，长一千五百余里。有第一、第二、第三线各重之防御，每重之工程，有阴沟，有地窖，有甬道，有栈房。工程之巩固繁复，每线每里比较，当过于万里长城之工程也。三线合计，长约不下五千余里。而英法联军方面所筑长濠亦如之。二者合计，长约万余里。比之中国之长城，其长倍之。此万余里之工程，其初并未预定计划，皆要临时随地施工，而其工程之大，成立之速，真所谓鬼斧神工、不可思议者也。而欧洲东方之战线，由波罗的海横亘欧洲大陆而至于黑海，长约三倍于西方战场，彼此各筑长濠以抵御亦若西方，其工程时间皆相等。此等浩大迅速之工程，倘无事实当前，则言之殊难见信。然欧洲东西两战场合计约有四万里之战濠，今已成为历史之陈迹矣。而专门之工程家，恐亦尚难测其涯略也。由此观之，"行之非艰，知之惟艰"，始皇之长城、欧洲之战壕可为铁证者六也。

中国更有一浩大工程，可与长城相伯仲者，运河是也。运河南起杭州，贯江苏、山东、直隶三省，经长江、大河、白河而至通州，长三千余里，为世界第一长之运河，成南北交通之要道，其利于国计民生，有不可胜量也。自中西通市之后，汽船出现，海运大通，则漕河日就淤塞，渐成水患。近有议修浚江淮一节以兴水利者，聘请洋匠测量计划，已觉工程之大，为我财力所不能办，而必谋借洋债方敢从事。夫修浚必较创凿为易也，一节必较全河为易也，而今人于筹谋设计之始，已觉不胜其难，多有闻而生畏，乃古人则竟有举三千里之长河疏凿而贯通之，若行所无事者，何也？曰：其难不在进行之后，而在筹划之初也。古人无今人之学问知识，凡兴大工，举大事，多不事筹划，只图进行。为需要所迫，莫之为而为，莫之致而致，其成功多出于不觉。是中国运河开凿之初，原无预定之计划也。

　　近代世界新成之运河,不一而足,其最著而为吾国人耳熟能详者,为苏伊士与巴拿马是也。苏伊士地颈处于红海、地中海之间,隔绝东西洋海道之交通,自古以来,已尝有人议开运河于此矣。当一千七百九十八年,拿破伦占领埃及,已立意开苏伊士运河,命工师实行测量其地,而结果之报告,为地中海与红海高低之差约二十九英尺,因而停止。至五十余年再有法人从事测量,知前所谓高低差异为不确,其后地拉涉①氏乃提倡创立公司以开之。当时世人多以为难,而英人则举国非之,以为万不可能之事。而地拉涉氏苦心孤诣,费多年之唇舌,乃得法国资本家及埃及总督之赞助,遂于一千八百五十八年成立公司,翌年开凿,至一千八百六十九年告厥成功。英人乃大为震惊。于是英相地士刺厘②用千方百计,而收买埃及总督之股票归于英政府,后且将埃及并为英国领土,盖所以保运河以握东西洋之咽喉,而连络印度之交通也。地拉涉开凿苏伊士既告成功之后,声名大著,为世所重,乃更进而提倡开凿巴拿马运河,以联络大西洋与太平洋之交通,而招股集资,咄嗟立办。遂于一千八百八十二年动工,至八十九年则一败涂地,而地拉涉氏竟至破产被刑,末路穷途,情殊可悯。其所以致此之原因,半由预算过差,半由疾疫流行,死亡过众,难以施工。夫预算过差尚可挽也,疾疫流行不可救也。盖当时科学无今日之进步,多以为地气恶厉,非人事所能为力,而不留意卫生。乃近年科学进步,始知一切疾疫皆由微生物所致,而巴拿马之黄热疫则由蚊子所传染。其后美国政府决议继续开凿巴拿马运河也,由千九百零四年起,先从事于除灭蚊子,改良卫生。此事既竣,由千九百零七年起始行施工,

---

　　① 地拉涉(Ferdinand Lesseps):今译莱塞普,或雷塞布。
　　② 地士刺厘(Benjamin Disraeli):今译迪斯累里,或迪斯雷利。

至千九百十五年则完全告成,而大西洋、太平洋之联络通矣。由此观之,地拉涉氏失败之大原因者,在不知蚊子之为害而忽略之也;美国政府之成功者,在知蚊子之为害而先除灭之也。此"行之非艰,知之惟艰",中外运河之工程可为铁证者七也。

自古制器尚象,开物成务,中国实在各国之先。而创作之物,大有助于世界文明之进步者,不一而足。如印版也,火药也,瓷器也,丝茶也,皆为人类所需要者也。更有一物,实开今日世界交通之盛运,成今日环球一家之局者,厥为罗经。古籍所载指南车,有谓创于黄帝者,有谓创于周公者,莫衷一是。然中国发明磁石性质而制为指南针,由来甚古,可无疑义。后西人仿而用之,航海事业于以发达。倘无罗经以定方向,则汪洋巨浸,水天一色,四顾无涯,谁敢冒险远离海岸,深蹈迷途,而赴不可知之地哉?若无罗经为航海之指导,则航业无由发达,而世界文明必不能臻于今日之地位。罗经之为用,诚大矣哉!然则罗经者,何物也?曰:是一简单之电机也。人类之用电气者,以指南针为始也。

自指南针用后,人类乃从而注意于研究磁针之指南、磁石之引铁,经千百年之时间,竭无穷之心思学力,而后发明电气之理。乃知电者,无质之物也,其性与光热通,可互相变易者也。其为物弥漫六合①,无所不入,无所不包;而其运行于地面也,有一定之方向,自南而北,磁铁受电之感,遂成为南北向之性。如定风针之为风所感,而从风向之所之者,同一理也。往昔电学不明之时,人类视雷电为神明而敬拜之者,今则视之若牛马而役使之矣。今日人类之文明已进于电气时代矣,从此人之于电,将有不可须臾离者矣。观于通都大邑之地,其用电之事以日加增,点灯也用电,行路

① 六合在此指天地及东西南北四方,亦泛指宇宙或世界。

也用电,讲话也用电,传信也用电,作工也用电,治病也用电,炊爨也用电,御寒也用电。以后电学更明,则用电之事更多矣。

以今日而论,世界用电之人已不为少,然能知电者有几人乎?每遇新创制一电机,则举世从而用之,如最近之大发明为无线电报,不数年则已风行全世。然当研究之时代,费百十年之工夫,竭无数学者之才智,各贡一知,而后得成全此无线电之知识。及其知识真确,学理充满,而乃本之以制器,则无所难矣。器成而以之施用,则更无难矣。是今日用无线电以通信者,人人能之也。而司无线电之机生,以应人之通信者,亦不费苦学而能也。至于制无线电机之工匠,亦不过按图配置,无所难也。其最难能可贵者,则为研求无线电知识之人。学识之难关一过,则其他之进行有如反掌矣。以用电一事观之,人类毫无电学知识之时,已能用磁针而制罗经,为航海指南之用;而及其电学知识一发达,则本此知识而制出奇奇怪怪层出不穷之电机,以为世界百业之用。此"行之非艰,知之惟艰",电学可为铁证者八也。

近世科学之发达,非一学之造诣,必同时众学皆有进步,互相资助,彼此乃得以发明。与电学最有密切之关系者为化学,倘化学不进步,则电学必难以发达;亦惟有电学之发明,而化学乃能进步也。然为化学之元祖者,即道家之烧炼术也。古人欲得不死之药,于是方士创烧炼之术以求之。虽不死之药不能骤得,而种种之化学工业则由之以兴,如制造朱砂、火药、瓷器、豆腐等事业其最著者。其他之工业,与化学有关系,由烧炼之术而致者,不可胜数也。中国之有化学制造事业已数千年于兹,然行之而不知其道,并不知其名,比比皆是也。

吾国学者今多震惊于泰西之科学矣。而科学之最神奇奥妙者,莫化学若;而化学之最难研究者,又莫有机体之物质若;有机体之物质之最重要者,莫粮食若。近日泰西生理学家,考出六畜之肉中涵有伤生之物甚多,故食肉之人多有因之而伤生促寿者。然人身所需之滋养料以肉食为最多,若舍肉食而他求滋养之料,则苦无其道。此食料之卫生问题,为泰西学士所欲解决者非一日矣。近年生物科学进步甚速,法国化学家多伟大之发明,如裴在辂①氏创有机化学,以化合之法制有机之质,且有以化学制养料之理想;巴斯德氏发明微生物学,以成生物化学;高第业②氏以生物化学研究食品,明肉食之毒质,定素食之优长。吾友李石曾留学法国,并游于巴氏、高氏之门,以研究农学而注意大豆,以与开"万国乳会"而主张豆乳,由豆乳代牛乳之推广而主张以豆食代肉食,远引化学诸家之理,近应素食卫生之需,此巴黎豆腐公司之所由起也。夫中国人之食豆腐尚矣,中国人之造豆腐多矣,其至穷乡僻壤三家村中亦必有一豆腐店,吾人无不以末技微业视之,岂知此即为最奇妙之有机体化学制造耶?岂知此即为最合卫生、最适经济之食料耶?又岂知此等末技微业,即为泰西今日最著名科学家之所苦心孤诣研求而不可得者耶?又夫陶器之制造,由来甚古。巴比伦、埃及则有以瓦为书,以瓦为郭;而墨西哥、比鲁等地,于西人未发明〔现〕美洲以前,亦已有陶器。而近代文明之国,其先祖皆各能自造陶器。是知烧土成器,凡人类文明一进至火食时代则能为之。惟瓷器一物,则独为中国之创制,而至今亦犹以中国为最精。当一千五百四十年之时,有法人白里思③者,见法贵族中有中国瓷器,视为异宝,而决志仿制之,务使民间家家皆能享此异宝。于是苦心孤诣,从事于

---

　① 裴在辂(Marcellin Berthelot):今译贝特洛。

　② 高第业(Armand Coutier):今译库捷。

　③ 白里思(Bernard Palissy):今译帕利西。

研究，费十六年之心思，始制出一种似瓷之陶器。此为欧洲仿制中国瓷器之始。至近代泰西化学大明，各种工业从而发达，而其制瓷事业亦本化学之知识而施工，始能与中国之瓷质相伯仲。惟如明朝之景泰、永乐，清朝之康熙、乾隆等时代所制之各种美术瓷器，其彩色质地，则至今仍不能仿效也。夫近时化学之进步，可谓登峰造极矣，其神妙固非吾古代烧炼之术可比，则二十年前之化学家亦梦想所不到也。前者之化学，有有机体与无机体之分，今则已无界限之可别，因化学之技术已能使无机体变为有机体矣。又前之所谓元素、所谓元子者，今亦推翻矣。因至镭质发明之后，则知前之所谓元素者，更有元素以成之；元子者，更有元子以成之。从此化学界当另辟一新天地也。西人之仿造中国瓷器，专赖化学以分析，而瓷之体质、瓷之色料一以化学验之，无微不释。然其烧炼之技术，则属夫人工与物理之关系，此等技术今已失传，遂成为绝艺，故仿效无由。此欧美各国所以贵中国明清两代之瓷，有出数十万金而求一器者。今藏于法、英、美等国之博物院中者，则直视为希世之异宝也。然当时吾国工匠之制是物者，并不知物理、化学为何物者也。此"行之非艰，知之惟艰"，化学可为铁证者九也。

　　进化论乃十九世纪后半期，达文①氏之《物种来由》②出现而后始大发明者也，由是乃知世界万物皆由进化而成。然而古今来聪明睿知之士，欲穷天地万物何由而成者众矣，而卒莫能知其道也。二千年前，希腊之哲奄比多加利氏及地摩忌里特氏③，已有见及天

① 达文(Charles Robert Darwin)：今译达尔文，英国人，下同。
② 《物种来由》：今译《物种起源》。
③ 奄比多加利氏(Empedocles)及地摩忌里特氏(Democritus)：今译恩培多克勒、德谟克利特。

地万物当由进化而成者。无如继述无人，至梳格底、巴列多①二氏之学兴后，则进化之说反因之而晦。至欧洲维新以后，思想渐复自由，而德之哲学家史宾那沙氏及礼尼诗氏②二人，穷理格物，再开进化论之阶梯；达文之祖则宗述礼尼诗者也。嗣后科学日昌，学者多有发明，其最著者，于天文学则有拉巴剌氏，于地质学则有利里氏，于动物学则有拉麦氏，此皆各从其学而推得进化之理者，洵可称为进化论之先河也。至达文氏则从事于动物之实察，费二十年勤求探讨之功，而始成其《物种来由》一书，以发明物竞天择之理。自达文之书出后，则进化之学，一旦豁然开朗，大放光明，而世界思想为之一变，从此各种学术皆依归于进化矣。

夫进化者，自然之道也。而物竞天择，适者生存，不适者淘汰，此物种进化之原则也。此种原则，人类自石器时代以来，已能用之以改良物种，如化野草为五谷，化野兽为家畜，以利用厚生者是也。然用之万千年，而莫由知其道，必待至科学昌明之世，达文氏二十年苦心孤诣之功而始知之。其难也如此。夫进化者，时间之作用也，故自达文氏发明物种进化之理，而学者多称之为时间之大发明，与奈端③氏之摄力为空间之大发明相比〔媲〕美。

而作者则以为进化之时期有三：其一为物质进化之时期，其二为物种进化之时期，其三则为人类进化之时期。元始之时，太极（此用以译西名"伊太"④也）动而生电子，电子凝而成元素，元素合而成物质，物质聚而成地球，此世界进化之第一时期也。今太空诸

---

① 梳格底（Socrates）、巴列多（Plato）：今译苏格拉底、柏拉图。

② 史宾那沙氏（Benedict de Spinoza）（应为荷兰人）及礼尼诗氏（Gottfried Wilhelm von Leibnitz）：今译斯宾诺莎、莱布尼茨，下同。

③ 奈端（Lsaac Newton）：今译牛顿。

④ "伊太"（ether）：今译"以太"。

天体多尚在此期进化之中。而物质之进化，以成地球为目的。吾人之地球，其进化几何年代而始成，不可得而知也。地球成后以至于今，按科学家据地层之变动而推算，已有二千万年矣。由生元之始生而至于成人，则为第二期之进化。物种由微而显，由简而繁，本物竞天择之原则，经几许优胜劣败，生存淘汰，新陈代谢，千百万年而人类乃成。人类初出之时亦与禽兽无异；再经几许万年之进化，而始长成人性。而人类之进化于是乎起源。此期之进化原则，则与物种之进化原则不同：物种以竞争为原则，人类则以互助为原则。社会国家者，互助之体也；道德仁义者，互助之用也。人类顺此原则则昌，不顺此原则则亡。此原则行之于人类当已数十万年矣。然而人类今日犹未能尽守此原则者，则以人类本从物种而来，其入于第三期之进化为时尚浅，而一切物种遗传之性尚未能悉行化除也。然而人类自入文明之后，则天性所趋，已莫之为而为，莫之致而致，尚〔向〕于互助之原则，以求达人类进化之目的矣。人类进化之目的为何？即孔子所谓"大道之行也，天下为公"，耶稣所谓"尔旨得成，在地若天"，此人类所希望，化现在之痛苦世界而为极乐之天堂者是也。近代文明进步以日加速，最后之百年已胜于以前之千年，而最后之十年又胜已往之百年，如此递推，太平之世当在不远。乃至达文氏发明物种进化之物竞天择原则后，而学者多以为仁义道德皆属虚无，而争竞生存乃为实际，几欲以物种之原则而施之于人类之进化，而不知此为人类已过之阶级，而人类今日之进化已超出物种原则之上矣。此"行之非艰，而知之惟艰"，进化论可为铁证者十也。

　　倘仍有不信吾"行易知难"之说者，请细味孔子"民可使由之，不可使知之"，此"可"字当作"能"解。可知古之圣人亦尝见及，惜其语焉不详，故后人忽之，遂致渐入迷途，一往不返，深信"知之非艰，行之惟艰"之说,其流毒之烈有致亡国灭种者,可不惧哉! 中国、印度、安南、高丽等国之人,即信此说最笃者也。日本人亦信之,惟尚未深,故犹能维新改制而致富强也。欧美之人,则吾向未闻有信此说者。当此书第一版付梓之夕,适杜威博士至沪,予特以此质证之。博士曰:"吾欧美之人,只知'知之为难'耳,未闻'行之为难'也。"又有某工学博士为予言曰,彼初进工学校,有教师引一事实以教"知难行易",谓有某家水管偶生窒碍,家主即雇工匠为之修理。工匠一至,不过举手之劳,而水管即复回原状。而家主叩以工值几何,工匠曰:"五十元零四角。"家主曰:"此举手之劳,我亦能为之,何索值之奢而零星也? 何以不五十元,不五十一元,而独五十元零四角,何为者?"工匠曰:"五十元者,我知识之值也;四角者,我劳力之值也。如君今欲自为之,我可取消我劳力之值,而只索知识之值耳。"家主哑然失笑,而照索给之。此足见"行易知难",欧美已成为常识矣。

第五章　知行总论

总而论之,有此十证以为"行易知难"之铁案,则"知之非艰,行之惟艰"之古说与阳明"知行合一"之格言,皆可从根本上而推翻之矣。

或曰:"行易知难之十证,于事功上诚无间言,而于心性上之知行,恐非尽然也。"吾于此请以孟子之说证之。《孟子》"尽心"章曰:"行之而不著焉,习矣而不察焉,终身由之而不知其道者,众也。"此正指心性而言也。由是而知"行易知难"实为宇宙间之真理,施之于事功,施之于心性,莫不皆然也。若夫阳明"知行合一"之说,即所以勉人为善者也。推其意,彼亦以为"知之非艰"而"行之惟艰"也;惟以人之上进,必当努力实行,虽难有所不畏,既知之则当行之,故勉人以为其难。遂倡为"知行合一"之说曰:"即知即行,知而不行,是为不知。"其勉人为善之心,诚为良苦。无如其说与真理背驰,以难为易,以易为难;勉人以难,实与人性相反。是前之能"行之而不著焉,习矣而不察焉,终身由之而不知其道者",今反为此说所误,而顿生畏难之心,而不敢行矣。此阳明之说虽为学者传诵一时,而究无补于世道人心也。

或曰:"日本维新之业,全得阳明学说之功,而东邦①人士咸信为然,故推尊阳明极为隆重。"不知日本维新之前犹是封建时代,其俗去古未远,朝气尚存;忽遇外患凭凌,幕府无措,有志之士激于义愤,于是倡尊王攘夷之说以鼓动国人。是犹义和团之倡扶清灭洋,同一步调也。所异者,则时势有幸有不幸耳。及其攘夷不就,则转而师夷,而维新之业乃全得师夷之功。是日本之维新,皆成于行之而不知其道者,与阳明"知行合一"之说实风马牛之不相及也。倘"知行合一"之说果有功于日本之维新,则亦必能救中国之积弱,何以中国学者同是尊重阳明,而效果异趣也。此由于中国习俗去古已远,暮气太深,顾虑之念,畏难之心,较新进文明之人为尤甚。故日本之维新,不求知而便行。中国之变法,则非先知而不肯行,及其既知也,而犹畏难而不敢行,盖误于以行之较知之为尤难故也。夫维新变法,国之大事也,多有不能前知者,必待行之成之而后乃能知之也。是故日本之维新多赖冒险精神,不先求知而行之,及其成功也,乃名之曰维新而已。中国之变法,必先求知而后行,而知永不能得,则行永无其期也。由是观之,阳明"知行合一"之说,不过不能阻朝气方新之日本耳,未尝有以助之也;而施之暮气既深之中国,则适足以害之矣。夫"知行合一"之说,若于科学既发明之世,指一时代一事业而言,则甚为适当;然阳明乃合知行于一人之

---

① 东邦:指日本。后文又多以"东"为日本简称。

身,则殊不通于今日矣。以科学愈明,则一人之知行相去愈远,不独知者不必自行,行者不必自知,即同为一知一行,而以经济学分工专职之理施之,亦有分知分行者也。然则阳明"知行合一"之说,不合于实践之科学也。

予之所以不惮其烦,连篇累牍以求发明"行易知难"之理者,盖以此为救中国必由之道也。夫中国近代之积弱不振、奄奄待毙者,实为"知之非艰,行之惟艰"一说误之也。此说深中于学者之心理,由学者而传于群众,则以难为易,以易为难,遂使暮气畏难之中国,畏其所不当畏,而不畏其所当畏。由是易者则避之远之,而难者又趋而近之。始则欲求知而后行,及其知之不可得也,则惟有望洋兴叹,而放去一切而已。间有不屈不挠之士,费尽生平之力以求得一知者,而又以行之尤为难,则虽知之而仍不敢行之。如是不知固不欲行,而知之又不敢行,则天下事无可为者矣。此中国积弱衰败之原因也。夫畏难本无害也,正以有畏难之心,乃适足导人于节劳省事,以取效呈功。此为经济之原理,亦人生之利便也。惟有难易倒置,使欲趋避者无所适从,斯为害矣。

旷观中国有史以来,文明发达之迹,其事昭然若揭也。唐虞三代,甫由草昧而入文明,乃至成周,则文物已臻盛轨,其时之政治制度、道德文章、学术工艺几与近代之欧美并驾齐驱,其进步之速大非秦汉以后所能望尘追迹也。中国由草昧初开之世以至于今,可分为两时期:周以前为一进步时期,周以后为一退步时期。夫人类之进化,当然踵事增华,变本加厉,而后来居上也。乃中国之历史,适与此例相反者,其故何也?此实"知之非艰,行之惟艰"一说有以致之也。三代以前,人类混混噩噩,不识不知,行之而不知其道,是以日起有功,而卒底于成周之治化,此所谓"不知而行"之时期也。由周而后,人类之觉悟渐生,知识日长,于是渐进而入于"欲知而后行”之时期矣。适于此时也，“知之非艰，行之惟艰”之说渐中于人心，而中国人几尽忘其远祖所得之知识皆从冒险猛进而来，其始则不知而行之，其继则行之而后知之，其终则因已知而更进于行。古人之得其知也，初或费千百年之时间以行之，而后乃能知之；或费千万人之苦心孤诣，经历试验而后知之。而后人之受之前人也，似于无意中得之。故有以知为易，而以行为难，此直不思而已矣。当此“欲知而后行”之时代，适中于“知易行难”之说，遂不复以行而求知，因知以进行。此三代而后，中国文化之所以有退无进也。

夫以今人之眼光，以考世界人类之进化，当分为三时期：第一由草昧进文明，为“不知而行”之时期；第二由文明再进文明，为“行而后知”之时期；第三自科学发明而后，为“知而后行”之时期。欧美幸而无“知易行难”之说为其文明之障碍，故能由草昧而进文明，由文明而进于科学。其近代之进化也，不知固行之，而知之更乐行之，此其进行不息，所以得有今日突飞之进步也。当元代时有意大利人马可波罗者，曾游仕中国，致仕后回国著书，述中国当时社会之文明，工商之发达，艺术之进步，欧人见之尚惊为奇绝，以为世界未必有如此文明进化之国也。是犹中国人士于三十年前见张德彝之《四述奇》①一书，所志欧洲文明景象，而以为荒唐无稽者同一例也。是知欧洲六百年前之文物，尚不及中国当时远甚。而彼近一二百年来之进步，其突飞速率，有非我梦想所能及也。日本自维新以后五十年来，其社会之文明，学术之发达，工商之进步，不独超过于彼数千年前之进化，且较之欧洲为尤速，此皆科学为之也。自科学发明之后，人类乃始能有具以求其知，故始能进于知而后行之第

————————

① 《四述奇》，为清末外交官张德彝所著，一八八三年由北京高师同文馆出版，今人重印时改书名为《随使英俄记》。

三时期之进化也。

　　夫科学者,统系之学也,条理之学也。凡真知特识,必从科学而来也。舍科学而外之所谓知识者,多非真知识也。如中国之习闻,有谓天圆而地方、天动而地静者,此数千年来之思想见识,习为自然,无复有知其非者,然若以科学按之以考其实,则有大谬不然者矣。又吾俗呼养子为螟蛉,盖有取于蜾蠃变螟蛉之义。古籍所传,螟蛉桑虫也,蜾蠃蜂虫也,蜂虫无子,取桑虫蔽而殪之、幽而养之,祝曰"类我,类我",久则化而成蜂虫云。吾人以肉眼骤察之,亦必得同等之判决也。惟以科学之统系考之,物类之变化未有若是其突然者也。若加以理则之视察,将蜾蠃之取螟蛉蔽而殪之、幽而养之之事,集其数起,别其日数,而同时考验之。又以其一起分日考验之,以观其变态。则知蜾蠃之取螟蛉、蔽而殪之是也,幽而养之非也。蔽而殪之之后,蜾蠃则生卵于螟蛉之体中,及蜾蠃之子长,则以螟蛉之体为粮。所谓幽而养之者,即幽螟蛉以养蜾蠃之子也。是蜾蠃并未变螟蛉为己子也,不过以螟蛉之肉为己子之粮耳。由此事之发明,令吾人证明一医学之妙术,为蜾蠃行之在人类之先,即用蒙药是也。夫蜾蠃之蔽螟蛉于泥窝之中,即用其蜂螫以灌其毒于螟蛉之脑髓而蒙之,使之醉而不死,活而不动。若螟蛉立死,则其体即成腐败,不适于为粮矣。若尚生而能动,则必破泥窝而出,而蜾蠃之卵亦必因而破坏,难以保存以待长矣。是故为蜾蠃者,为需要所迫,而创蒙药之术以施之于螟蛉。夫蒙药之术,西医用之以治病者尚不满百年,而不期蜾蠃之用之,已不知几何年代矣。由此观之,凡为需要所迫,不独人类能应运而出,创造发明,即物类亦有此良能也。是行之易,知之难,人类有之,物类亦然。惟人类则终有觉悟之希望,而物类则永无能知之期也。吾国人所谓"知之非艰",其所知者大都类于天圆地方、天动地静、螟蛉为子之事耳。

夫人群之进化,以时考之,则分为三时期,如上所述,曰"不知而行"之时期,曰"行而后知"之时期,曰"知而后行"之时期。而以人言之,则有三系焉:其一先知先觉者,为创造发明;其二后知后觉者,为仿效推行;其三不知不觉者,为竭力乐成。有此三系人相需为用,则大禹之九河可疏,秦皇之长城能筑也。乃后世之人,误于"知之非艰"之说,虽有先知先觉者之发明,而后知后觉者每以为知之易而忽略之,不独不为之仿效推行,且目之为理想难行,于是不知不觉者则无由为之竭力乐成矣。所以秦汉以后之事功,无一能比于大禹之九河与始皇之长城者,此也。岂不可慨哉!

方今革命造端之始,开吾国数千年来未有之局,又适为科学昌明之时,知之则必能行之,知之则更易行之。以我四万万优秀文明之民族,据有四百二十七万方咪之土地(较之日本前有土地不过十四万余方咪,今有土地亦不过二十六万方咪耳),为世界独一广大之富源,正所谓以有为之人,据有为之地,而遇有为之时者也。倘使我国之后知后觉者,能毅然打破"知之非艰,行之惟艰"之迷信,而奋起以仿效,推行革命之三民主义、五权宪法,而建设一世界最文明进步之中华民国,诚有如反掌之易也。如有河汉予言者,即请以美国之革命与日本之维新以证之。

夫美国之革命,以三百万人据大西洋沿岸十三州之地,与英国苦战八年,乃得脱英之羁厄而独立。其地为蛮荒大陆,内有红番①之抵拒,外有强敌之侵凌,荜路蓝缕,开始经营,其时科学尚未大明。其地位,其时机,则万不如我今日之优美也。其建国之资,可为之具,又万不如我今日之丰富也。其人数,则不及我今日百分之

---

① 红番:英文作 Red Indian,即美洲印第安人。

一也。然其三百万之众,皆具冒险之精神,远大之壮志,奋发有为,积极猛进。故自一千七百七十六年七月四日宣布独立,至今民国八年,为时不过一百四十三年耳,而美国已成为世界第一富强之国矣。日本维新之初,人口不及我十分之一,其土地则不及我四川一省之大,其当时之知识学问尚远不如我之今日也。然能翻然觉悟,知锁国之非计,立变攘夷为师夷,聘用各国人才,采取欧美良法,力图改革。美国需百余年而达于强盛之地位者,日本不过五十年,直三分之一时间耳。准此以推,中国欲达于富强之地位,不过十年已足矣。

或犹不信者,请观于暹罗之维新。暹罗①向本中国藩属之一,土地约等于四川一省,人口不过八百万,其中为华侨子孙者约二三百万,余皆半开化之蛮族耳。论其人民之知识,则万不及中国,其全国之工商事业悉操于华侨之手。论其国势,则界于英法两强领土之间,疆土日削,二十年前几岌岌可危,朝不保夕。其王室亲近,乃骤然发奋为雄,仿日本之维新,聘用外才,采行西法,至今不过十余年,则全国景象为之一新,文化蒸蒸日上。今则居然亚东一完全独立国,而国际之地位竟驾乎中国之上矣。今日亚东之独立国只有日本与暹罗耳,中国尚未得称为完全之独立国也,只得谓之为半独立国而已。盖吾国之境内尚有他国之租界,有他国之治权,吾之海关犹握于外人之手,日本、暹罗则完全脱离此羁厄也。是知暹罗之维新,比之日本更速;暹罗能之,则中国更无不能矣。道在行之而已。

学者至此,想当了然于行之易而知之难矣。故天下事惟患于不能知耳,倘能由科学之理则以求得其真知,则行之决无所难,此

---

① 暹罗(Siam):亦作暹逻,一九三九年改名泰国(Thailand)。

已十数回翻覆证明，无可疑义矣。然则行之之道为何？即全在后知后觉者之不自惑以惑人而已。上所谓文明之进化，成于三系之人：其一、先知先觉者即发明家也，其二、后知后觉者即鼓吹家也，其三、不知不觉者即实行家也。由此观之，中国不患无实行家，盖林林总总者皆是也。乃吾党之士有言曰某也理想家也，某也实行家也。其以二三人可为改革国事之实行家，真谬误之甚也。不观今之外人在上海所建设之宏大工厂、繁盛市街、崇伟楼阁，其实行家皆中国之工人也，而外人不过为理想、计划家而已，并未有躬亲实行其建设之事也。故为一国之经营建设所难得者，非实行家也，乃理想家、计划家也。而中国之后知后觉者，皆重实行而轻理想矣。是犹治化学，而崇拜三家村之豆腐公，而忽于裴在铬、巴斯德等宿学也。是犹治医学，而崇拜蜂虫之蜾蠃，而忽于发明蒙药之名医也。盖豆腐公为生物化学之实行家，蜾蠃为蒙药之实行家也，有是理乎？乃今之后知后觉者，悉中此病，所以不能鼓吹舆论、倡导文明，而反足混乱是非、阻碍进化也。是故革命以来而建设事业不能进行者，此也。予于是乎不得不彻底详辟，欲使后知后觉者了然于向来之迷误，而翻然改图，不再为似是而非之说以惑世，而阻挠吾林林总总之实行家，则建设前途大有希望矣。

第六章　能知必能行

当今科学昌明之世，凡造作事物者，必先求知而后乃敢从事于行。所以然者，盖欲免错误而防费时失事，以冀收事半功倍之效也。是故凡能从知识而构成意像，从意像而生出条理，本条理而筹备计划，按计划而用工夫，则无论其事物如何精妙、工程如何浩大，无不指日可以乐成者也。近日之无线电、飞行机，事物之至精妙者也,美国之一百二十余万里铁路(当一千九百十六年十二月三十一日美国收其全国铁路归政府管理时,其路线共长三十九万七千零十四英里,成本一百九十六万万余元美金,合中国洋银三百九十二万万元)与夫苏伊士、巴拿马两运河,工程之至浩大者也,然于科学之原理既知,四周之情势皆悉,由工师筹定计划,则按计划而实行之,已为无难之事矣。此事实俱在,彰彰可考,吾国人当可一按而知也。

予之于革命建设也,本世界进化之潮流,循各国已行之先例,鉴其利弊得失,思之稔熟,筹之有素,而后订为《革命方略》[①],规定革命进行之时期为三:第一军政时期,第二训政时期,第三宪政时期。第一为破坏时期,拟在此时期内施行军法,以革命军担任打破满清之专制、扫除官僚之腐败、改革风俗之恶习、解脱奴婢之不平、洗净鸦片之流毒、破灭风水之迷信、废去厘卡之阻碍等事。第二为过渡时期,拟在此时期内施行约法(非现行者),建设地方自治,促进民权发达。以一县为自治单位,县之下再分为乡村区域,而统于县。每县于敌兵驱除、战事停止之日,立颁布约法,以之规定人民之权利义务与革命政府之统治权。以三年为限,三年期满,则由人民选举其县官。或于三年之内,该县自治局已能将其县之积弊扫除如上所述者,及能得过半数人民能了解三民主义而归顺民国者,能将人口清查、户籍厘定、警察、卫生、教育、道路各事照约法所定之低限程度而充分办就者,亦可立行自选其县官,而成完全之自治团体。革命政府之对于此自治团体,只能照约法所规定而行其训政之权。俟全国平定之后六年,各县之已达完全自治者,皆得选举

① 此指一九〇六年秋冬间,革命党人在日本所制订,一九〇八年河口起义后孙中山与胡汉民、汪精卫在新加坡增订的《中国同盟会革命方略》。

代表一人,组织国民大会,以制定五权宪法。以五院制为中央政府:一曰行政院,二曰立法院,三曰司法院,四曰考试院,五曰监察院。宪行制定之后,由各县人民投票选举总统以组织行政院,选举代议士以组织立法院,其余三院之院长由总统得立法院之同意而委任之,但不对总统、〈立〉法院负责,而五院皆对于国民大会负责。各院人员失职,由监察院向国民大会弹劾之;而监察院人员失职,则国民大会自行弹劾而罢黜之。国民大会职权,专司宪法之修改,及制裁公仆之失职。国民大会及五院职员,与夫全国大小官吏,其资格皆由考试院定之。此五权宪法也。宪法制定,总统、议员举出后,革命政府当归政于民选之总统,而训政时期于以告终。第三为建设完成时期,拟在此时期始施行宪政,此时一县之自治团体,当实行直接民权。人民对于本县之政治,当有普通选举之权、创制之权、复决之权、罢官之权,而对于一国政治除选举权之外,其余之同等权则付托于国民大会之代表以行之。此宪政时期,即建设告竣之时,而革命收功之日。此革命方略之大要也。

　　乃于民国建元之初,予则极力主张施行《革命方略》,以达革命建设之目的,实行三民主义,而吾党之士多期期以为不可。经予晓喻再三,辩论再四,卒无成效,莫不以为予之理想太高,"知之非艰,行之惟艰"也。呜呼!是岂予之理想太高哉?毋乃当时党人之知识太低耶?予于是乎不禁为之心灰意冷矣!夫革命之有破坏,与革命之有建设,固相因而至、相辅而行者也。今于革命破坏之后,而不开革命建设之始,是无革命之建设矣;既无革命之建设,又安用革命之总统为?此予之所以萌退志,而于南京政府成立之后,仍继续停战、重开和议也。至今事过情迁,则多有怪予于民国建元之后,不当再允和议、甘让总统者。然假使予仍为总统,而党员于破坏成功之后,已多不守革命之信誓,不从领袖之主张,纵能以革命党而统一中国,亦不能行革命之建设,其效果不过以新官僚而代旧官僚而已。其于国家治化之源,生民根本之计,毫无所补,是亦以暴易暴而已。夫如是,则予无为总统之必要也。

　　或者不察,有以为予当是〔时〕之势力不及袁世凯,故不得不与之议和,苟且了事者;甚有诬为受袁世凯百万之贿,遂以总统让之者。事至今日,已可不待辩而明矣。苟予果贪也,则必不以百万而去办〔总〕统之位矣。不观今日一督军一年之聚敛几何,一师长一年之侵吞几何,诬者果视予贪而且愚一至此耶! 至谓于民国建元之后,予之势力不及袁世凯,则更拟于不伦也。夫当时民国已有十五省,而山东、河南民党亦蜂起,直隶则军队且内应,稍迟数月,当可全国一律光复,断无疑义也。且舍当时情势不计,而以前后之事较之,当明予非畏袁世凯之势力而议和者。夫革命成功以前,予曾经十次之失败,而奋斗之气犹不少衰。民国二年,袁世凯已统一全国,而予已不问政治而从事实业矣,乃以暗杀宋教仁故,予时虽手无寸兵,而犹不畏之,而倡议讨袁。惜南方同志持重,不敢先发制人,致遭失败。讨袁军败后,同人皆颓丧不振,无敢主张再行革命者,予知袁氏必将帝制自为,乃组织中华革命党以为之备,散布党员于各省,提倡反对帝制。是故袁氏之帝制未成,而反对之人心已备,帝制一发,全国即起而扑灭之也。由此观之,则予非由畏势力而去总统,乃以不能行革命之建设而去总统,当可以了然于国人之心目中矣。夫如是,然后能明予之志,而领会于予革命建设之微意也。

　　何谓革命之建设? 革命之建设者,非常之建设也,亦速成之建设也。夫建设固有寻常者,即随社会趋势之自然,因势利导而为之,此异乎革命之建设者也。革命有非常之破坏,如帝统为之斩绝,专制为之推翻;有此非常之破坏,则不可无非常之建设。是革命之破坏与革命之建设必相辅而行,犹人之两足、鸟之双翼也。惟民国开创以来,既经非常之破坏,而无非常之建设以继之。此所以祸乱相寻,江流日下,武人专横,政客捣乱,而无法收拾也。盖际此非常之时,必须非常之建设,乃足以使人民之耳目一新,与国更始也。此革命方略之所以为必要也。

试观民国以前之大革命,其最轰轰烈烈者为美与法。美国一经革命而后,所定之国体,至今百余年而不变。其国除黑奴问题生出国内南北战争一次而外,余无大变乱,诚可谓一经革命而后,其国体则一成不变,长治久安,文明进步,经济发达,为世界之冠。而法国一经革命之后,则大乱相寻,国体五更,两帝制而三共和;至八十年后,穷兵黩武之帝为外敌所败,身为降虏,而共和之局乃定。较之美国,其治乱得失,差若天壤者,其故何也?说者多称华盛顿有仁让之风,所以开国之初,有黄袍之拒;而拿破伦野心勃勃,有鲸吞天下之志,所以起共和而终帝制。而不知一国之趋势,为万众之心理所造成,若其势已成,则断非一二因利乘便之人之智力所可转移也。夫华、拿二人之于美、法之革命,皆非原动者。美之十三州既发难抗英而后,乃延华盛顿出为之指挥,法则革命起后,乃拔拿破伦于偏裨之间,苟使二人易地而处,想亦皆然。是故华、拿之异趣,不关乎个人之贤否,而在其全国之习尚也。

美国土地向为蛮荒大陆,英人移居于其地者,不过二百余年。英人素富于冒险精神、自治能力,至美而后即建设自治团体,随成为十三州。虽归英王统治之下,然鞭长莫及,无异海外扶余,英国对之不过羁縻而已。及一旦征税稍苛,十三州则联合以抵抗。此革命之所由起也。血战八年而得独立,遂策〔创〕立亚美利加之联邦为共和国。其未独立以前,十三州已各自为政,而地方自治已极发达;故其立国之后,政治蒸蒸日上,以其政治之基础全恃地方自治之发达也。其余中美、南美之各拉丁人种之殖民地,百十年来亦先后仿美国,而脱离其母国以改建共和。然其政治进步之不如美国而变乱常见者,则全系乎其地方自治之基础不巩固也。然其一脱母国统治而建共和之后,大小十九国,除墨西哥为外兵侵入、强改帝制外,无一推翻共和者。此皆得立国于新天地之赐,故能洗除旧染之污,而永远脱离君政之治也。法国则不然。法虽为欧洲先进文化之邦,人民聪明奋厉,且于革命之前曾受百十年哲理民权之鼓吹,又模范美国之先例,犹不能由革命一跃而几于共和宪政之治者,其故何也? 以彼之国体向为君主专制,而其政治向为中央集权,无新天地为之地盘,无自治为之基础也。

我中国缺憾之点悉与法同,而吾人民之知识、政治之能力更远不如法国,而予犹欲由革命一跃而几于共和宪政之治者,其道何由? 此予所以创一过渡时期为之补救也。在此时期,行约法之治以训导人民,实行地方自治。惜当时同志不明其故,不行予所主张,而只采予约法之名以定临时宪法[①],以为共和之治可不由其道而一跃可几。当时众人之所期者实为妄想,顾反以予之方略计划为难行,抑何不思之甚也!

当予鼓吹革命之时,拟创建共和于中国,欧美学者亦多以为不可,彼等盖有鉴于百年来之历史,而重乎其言之也。民国建元前一年,予过伦敦。有英国名士加尔根[②]者,曾遍游中土,深悉吾国风土人情,著书言中国事甚多,其《中国变化》一书尤为中肯。彼闻予提倡改中国为共和,怀疑满腹,以为万不可能之事,特来旅馆与予

---

① 此指一九一二年《中华民国临时约法》。

② 加尔根(Archibald Ross Colquhoun),曾用汉名柯乐洪、葛洪、高奋云。其著作《中国变化》(*China in Transformation*),一八九八年在伦敦和纽约出版,今译《转变中的中国》。

辩论者,数日不能释焉。迨予示以《革命方略》之三时期,彼乃涣然冰释,欣然折服,喟然而叹曰:"有如此计划,当然可免武人专制、政客捣乱于民权青黄不接之际也。而今而后,吾当助予鼓吹。"故于武昌起义之后,东方之各西文报,皆盛传吾于民国建设之计划,满盘筹备,成竹在胸,不日当可见之施行,凡同情于中国之良友当拭目以观其成也云云。此皆加尔根氏在伦敦各报为吾游扬之言论也。惜予就总统职后,此种计划为同志所格而不行,遂致欧美同情之士亦大失所望。而此后欧美学界之知吾计划者,亦不敢再为游扬吾说;而不知者,则多以中国人民知识程度不足,断不能行共和之治矣。此所以美国著名之宪法学者古德诺氏,有劝袁世凯帝制之举也。

　　中国人对于古德诺氏[①]劝袁帝制一事,颇为诧异,以为彼乃共和国之一学者,何以不右共和而扬帝制? 多有不明其故者。予廉得其情,惟彼为共和国人,斯有共和国之经验,而美国人尤饱尝知识程度不足之人民之害也。美国之外来人民一入美境数年,即享民权;美国之黑奴,一释放后立享民权。而美国政客利用此两种人之民权而捣出滔天之乱,为正人佳士所恼煞者。不知若干年,始定有不识字之人不得享国民权利之禁例,以防止此等捣乱。是以彼中学者,一闻知识程度不足之人民欲建设共和,则几有痛心疾首,期期以为不可者,此亦古德诺氏之心理也。

　　夫中国人民知识程度之不足,固无可隐讳者也。且加以数千年专制之毒,深中乎人心,诚有比于美国之黑奴及外来人民知识尤

<hr />

　　① 古德诺(Frank Johnson Goodnow),原是哥伦比亚大学教授,被袁世凯聘为总统府顾问。一九一五年八月三日,他在《亚细亚日报》发表《共和与君主论》一文,鼓吹在中国复辟帝制。

为低下也。然则何为而可？袁世凯之流必以为中国人民知识程度如此，必不能共和。曲学之士亦曰，非专制不可也。呜呼！牛也尚能教之耕，马也尚能教之乘，而况于人乎？今使有见幼童将欲入塾读书者，而语其父兄曰："此童子不识字，不可使之入塾读书也。"于理通乎？惟其不识字，故须急于读书也。况今世界人类已达于进化童年之运，所以自由平等之思想日渐发达，所谓世界潮流不可复压者也。故中国今日之当共和，犹幼童之当入塾读书也。然入塾必要有良师益友以教之，而中国人民今日初进共和之治，亦当有先知先觉之革命政府以教之。此训政之时期，所以为专制入共和之过渡所必要也，非此则必流于乱也。

然当同盟会成立之初，则有会员疑《革命方略》之难行者，谓"清朝伪立宪许人民以预备九年，今吾党之方略定以军政三年、训政六年，岂不与清朝九年相等耶？吾等望治甚急，故投身革命，若于革命成功之后，犹须九年始得宪政之治，未免太久也"云云。予答以"非此则无望造成完全之民国"。今民国改元已八年于兹矣，不独宪政之治不能期，而欲求如清朝苟且偷生犹不可得，尚何望九年之有完全民国出现耶？或又疑训政六年，得毋同于曲学者所倡之开明专制耶？曰：开明专制者，即以专制为目的；而训政者，乃以共和为目的；此所以有天壤之别也。譬如今次之世界大战争，凡参加此战争之国，无论共和、君主，皆一律停止宪政，行军政；向来人民之行动自由、言论自由、集会自由皆削夺之，其且饮食营业皆归政府支配，而举国无有异议，且献其身命为国家作牺牲，以其目的在战胜而图存也。人之已行宪政犹且停之，况我宪政尚未发生，方欲由革命之战争以求之，岂可于开战之初即施行宪政耶？此诚幼稚无伦之思想也。今民国成立已八年矣，吾党之士，于此八年间应得无量之经验、多少之知识，若能回忆予十数年前之训诲主张，当能恍然大悟，而不再河汉予言，以为理想难行矣。

　　夫以中国数千年专制、退化而被征服亡国之民族，一旦革命光复，而欲成立一共和宪治之国家，舍训政一道，断无由速达也。美国之欲扶助菲岛①人民以独立也，乃先从训政着手，以造就其地方自治为基础。至今不过二十年，而已丕变一半开化之蛮种，以成为文明进化之民族。今菲岛之地方自治已极发达，全岛官吏，除总督尚为美人，余多为土人所充任，不日必能完全独立。将来其政治之进步，民智之发达，当不亚于世界文明之国。此即训政之效果也。美国对于菲岛何以不即许其独立，而必经一度训政之时期？此殆有鉴于当年黑奴释放后之纷扰，故行此策也。我中国人民久处于专制之下，奴性已深，牢不可破，不有一度之训政时期以洗除其旧染之污，奚能享民国主人之权利？此袁氏帝制之时而劝进者之所以多也。夫中华民国者，人民之国也。君政时代则大权独揽于一人，今则主权属于国民之全体，是四万万人民即今之皇帝也。国中之百官，上而总统，下而巡差，皆人民之公仆也。而中国四万万之人民，由远祖初生以来，素为专制君主之奴隶，向来多有不识为主人、不敢为主人、不能为主人者，而今皆当为主人矣。其忽而跻于此地位者，谁为为之？孰令致之？是革命成功而破坏专制之结果也。此为我国有史以来所未有之变局，吾民破天荒之创举也。是故民国之主人者，实等于初生之婴儿耳，革命党者即产此婴儿之母也。既产之矣，则当保养之，教育之，方尽革命之责也。此《革命方略》之所以有训政时期者，为保养、教育此主人成年而后还之政也。在昔专制之世，犹有伊尹、周公者，于其国主太甲、成王不能为政之时，已有训政之事。专制时代之臣仆尚且如此，况为开中国未有之

―――――――――

　　① 菲岛为菲律宾群岛简称。

基之革命党,不尤当负伊尹、周公之责,使民国之主人长成,国基巩固耶?惜乎当时之革命党,多不知此为必要之事,遂放弃责任,失却天职,致使革命事业只能收破坏之功,而不能成建设之业,故其结果不过仅得一"中华民国"之名也。悲乎!

夫破坏之革命成功,而建设之革命失败,其故何也?是知与不知之故也。予之于破坏革命也,曾十起而十败者,以当时大多数之中国人,犹不知彼为满洲之所征服,故醉生梦死,而视革命为大逆不道。其后革命风潮渐盛,人多觉悟,知满清之当革,汉族之当复,遂能一举而覆满清,易如反掌。惟对于建设之革命,一般人民固未知之,而革命党亦莫名其妙也。夫革命事业,莫难于破坏,而莫易于建设,今难者既成功,而易者反失败,其故又何也?惟其容易也,故人多不知其必要而忽略之,此其所以败也。何以谓之容易?因破坏已成,而阻力悉灭,阻力一灭,则吾人无所不可,来往自由,较之谋破坏时,稍一不慎则不测随之之际,何啻天渊。然吾人知革命排满为救国之必要,则犯难冒险而为之,及夫破坏既成,则以容易安全之建设,可以多途出之,而不必由革命之手续矣,此建设事业之所以坠也。

今以一浅显易行之事证之。吾人之立同盟会以担任革命也,先从事于鼓吹,而后集其有志于天下国家之任者,共立信誓,以实行三民主义为精神,以创立中华民国为目的。其不信仰此信条当众正式宣誓者,吾不承认其为革命党也。其初,一般之志士莫不视吾党宣誓仪文为形式上之事,以为无补于进行。乃数年之间,革命党之势力膨胀,团体固结,卒能推倒满清者,则全赖有此宣誓之仪文,以成一党心理之结合也。一党尚如此,其况一国乎!

常人有言,中国四万万人实等于一片散沙,今欲聚此四万万散沙,而成为一机体结合之法治国家,其道为何?则必从宣誓以发其正心诚意之端,而后修、齐、治、平之望可几也。今世文明法治之国,莫不以宣誓为法治之根本手续也。故其对于入籍归化之民,则必要其宣誓表示诚心,尊崇其国体,恪守其宪章,竭力于义务,而后乃得认为国民;否则终身居其国,仍以外人相视,而不得同享国民之权利也。其对于本国之官吏、议员,亦必先行宣誓,乃得受职。若遇有国体之改革,则新国家之政府,必要全国之人民——宣誓,以表赞同,否则且以敌人相待,而立逐出境也。此近世文明法治之通例也。请观今回战后,欧洲之新成国家、革命国家,其有能早行其国民之宣誓者,则其国必治;如有不能行此、不知行此者,则其国必大乱不止也。中国之有今日者,此也。

夫吾人之组织革命党也,乃以之为先天之国家者也,后果由革命党而造成民国。当建元之始,予首为宣誓而就总统之职,乃令从此凡文武官吏、军士、人民,当一律宣誓,表示归顺民国,而尽其忠勤。而吾党同志悉以此为不急之务,期期不可,极端反对,予亦莫可如何,姑作罢论。后袁世凯继予总统任,予于此点特为注重,而同人则多漠视。予以有我之先例在,决不能稍事迁就,而袁氏亦以此为不关紧要之事也,故姑惟予命是听,于是乃有宣誓服膺共和、永绝帝制之表示也。其后不幸袁氏果有背盟称帝之举,而以有此一宣誓之故,俾吾人有极大之理由以讨罚〔伐〕之;而各友邦亦直我而曲彼,于是乃有劝告取消之举。袁氏帝制之所以失败者,取消帝制为其极大之原因也。盖以帝制之取消,则凡为袁氏爪牙各具王侯之望者,亦悉成为空想,而斗志全消矣。此陈宦〔宧〕所以独立〈于四川〉,而袁氏即以此气绝也。帝制之所以不得不取消者,以列强之劝告也。列强之所以劝告者,以民党之抵抗袁氏有极充分之理由也。而理由之具体,而可执以为凭,表示于中外者,即袁氏之背誓也。倘当时袁氏无此信誓,则其称帝之日,民党虽有抵抗,而列强视之必以民党愚而多事,而必无劝告之事,而帝制必不取消,袁氏或不致失败。何也? 盖袁氏向为君主之臣仆,而不主张共和者也;而民党昧然让总统于袁,已自甘于牺牲共和矣。既甘放弃于前,而反争之于后,非愚而多事乎? 惟有此信誓也,则不然矣。故得列强之主张公道,而维持中国之共和也。由是观之,信誓岂不重哉!

乃吾党之士,于民国建设之始,则以信誓为不急之务而请罢之,且以予主张为理想者,则多属乎此等浅近易行之事也。夫吾人于结党之时,已遵行宣誓之仪矣,乃于开国之初,与民更始之日,则罢此法治根本之宣誓典礼,此建设失败之一大原因也。倘革命党当时不河汉予言,则后天民国之进行,亦如先天组党之手续,凡归顺之官吏、新进之国民必当对于民国为正心诚意之宣誓,以表示其拥护民国,扶植民权,励进民生;必照行其宣誓之典礼者,乃得享民国国民之权利,否则仍视为清朝之臣民。其既宣誓而后,有违背民国之行为者,乃得科以叛逆之罪,于法律上始有根据也。如今之中华民国者,若以法律按之,则只有少数之革命党及袁世凯一人曾立有拥护民国之誓,于良心上、法律上皆不得背叛民国,而其余之四万万人原不负何等良心法律之责任也。而昔日捕戮革命党之清吏,焚杀革命党之武人,与夫反对革命党之虎伥,今则觍然为民国政府之总长、总理、总统,而毫无良心之自责、法律之制裁,此何怪于八年之间而数易国体也!

夫国者,人之积也。人者,心之器也。国家政治者,一人群心理之现象也。是以建国之基,当发端于心理。故由清朝臣民而归顺民国者,当先表示正心诚意,此宣誓之大典所以为必要也。乃革命党于结党时行之,于建国时则不行之,是以为党人时有奋厉无前之宏愿魄力,卒能成破坏之功,而建国后则失此能力,遂致建设无成,此行与不行之效果也。所以不行者,非不能也,坐于不知其为必要也。故曰能知必能行也,理想云乎哉? 革命党既以予所主张建设民国之计划为理想太高,而不知按照施行,所以由革命而造成此有破坏、无建设之局,致使中国人民受此八年之痛苦矣。然而民国之建设一日不完全,则人民之痛苦一日不息,而国治民福永无可达之期也。故今后建设之责,不得独委之于革命党,而先知先觉之国民,当当仁不让而自负之也。夫革命先烈既舍身流血,而为其极艰极险之破坏事业于前矣,我国民宜奋勇继进,以完成此容易安全之建设事业于后也。国民! 国民! 当急起直追,万众一心,先奠国基于方寸之地,为去旧更新之始,以成良心上之建设也。予请率先行之。誓曰:

> 孙文正心诚意,当众宣誓:从此去旧更新,自立为国民;尽忠竭力,拥护中华民国,实行三民主义,采用五权宪法;务使政治修明,人民安乐,措国基于永固,维世界之和平。此誓。

中华民国八年正月十二日　孙文立誓

此宣誓典礼,本由政府执行之,然今日民国政府之自身尚未有此元素〔资格〕,则不得执行此典礼也。望有志之士,各于其本县组织一地方自治会,发起者互相照式宣誓。会成而后,由会中各员向全县人民执行之,必亲笔签名于誓章,举右手向众宣读之。其誓章藏之自治会,而发给凭照,必使普及于全县之成年男女。一县告竣,当助他县成立自治会以推行之。凡行此宣誓之典礼者,问良心,按法律,始得无憾而称为中华民国之国民,否则仍为清朝之遗民而已。民国之能成立与否,则全视吾国人之乐否行此归顺民国之典礼也。爱国之士,其率先行之。

附录:陈英士致黄克强书

克强我兄足下:

美猥以菲材,从诸公后,奔走国事,于兹有年。每怀德音,谊逾骨肉。去夏征骃东发,美正欤痾在院,满拟力疾走别,握手倾愫,乃莫获我心。足下行期定矣,复以事先日就道,卒无从一面商榷区区之意于足下,缘何悭也!日者晤日友宫崎①君,述及近状,益眷眷国事,弥令美动"榛苓彼美"、"风雨君子"之思矣。

溯自辛亥以前,二三同志如谭、宋②辈过沪上时,谈及吾党健者,必交推足下,以为"孙氏理想,黄氏实行"。夫谓足下为革命实行家,则海内无贤无愚莫不异口同声,于足下无所增损。惟谓中山先生倾于理想,此语一入吾人脑际,遂使中山先生一切政见不易见诸施行,迨至今日犹有持此言以反对中山先生者也。然而征诸过去之事实,则吾党重大之失败,果由中山先生之理想误之耶?抑认中山先生之理想为误而反对之致于失败耶?惟其前日认中山先生之理想为误,皆致失败;则于今日中山先生之所主张,不宜轻以为理想而不从,再贻他日之悔。此美所以追怀往事而欲痛涤吾非者也。爰胪昔日反对中山先生其历致失败之点之有负中山先生者数事以告,足下其亦乐闻之否耶?

当中山先生之就职总统也,海内风云,扰攘未已,中山先生政见一未实行,而经济支绌更足以掣其肘。俄国借款,经临时参议院

---

① 宫崎:即宫崎寅藏。
② 谭、宋:即谭人凤、宋教仁。

之极端反对，海内士夫更借口丧失利权，引为诟病。究其实，实交九七，年息五厘，即有担保，利权不碍。视后日袁氏五国财团借款之实交八二，盐税作抵，不足复益以四省地丁，且予以监督财政全权者，孰利孰害，孰得孰失，岂可同年语耶！乃群焉不察，终受经济影响，致妨政府行动。中山先生既束手无策，国家更濒于阽危。固执偏见，贻误大局，有负于中山先生者此其一。

　　及南北议和以后，袁氏当选临时总统。中山先生当时最要之主张，约有三事：一则袁氏须就职南京也。中山先生意谓南北声气未见调和，双方举动时生误会，于共和民国统一前途深恐多生障故，除此障故，非袁氏就职南京不为功。盖所以联络南北感情，以坚袁氏对于民党之信用，而祛民党对于袁氏之嫌疑也。二则民国须迁都南京也。北京为两代所都，帝王痴梦，自由之钟所不能醒；官僚遗毒，江河之水所不能涤。必使失所凭借，方足铲锄专制遗孽；迁地为良，庶可荡涤一般瑕秽耳。三则不能以清帝退位之诏全权授袁氏组织共和政府也。夫中华民国乃根据《临时约法》，取决人民代表之公意而后构成，非清帝、袁氏所得私相授受也。袁氏之临时总统乃得国民所公选之参议院议员推举之，非清帝所得任意取以予之也。故中山先生于此尤再三加之意焉。此三事者，皆中山先生当日最为适法之主张，而不惜以死力争之者也。乃竟听袁氏食其就职南京取决人民公意之前言，以演成弁髦约法、推翻共和之后患者，则非中山先生当日主张政见格而不行有以致之耶？试问中山先生主张政见之所以格而不行，情形虽复杂，而其重要原因，非由党人当日识未及此，不表同意有以致之耶？有负于中山先生者此其二。

　　其后中山先生退职矣，欲率同志为纯粹在野党，专从事扩张教育，振兴实业，以立民国国家百年根本之大计，而尽让政权于袁氏。吾人又以为空涉理想而反对之，且时有干涉政府用人行政之态度。

卒至朝野冰炭，政党水火，既惹袁氏之忌，更起天下之疑。而中山先生谋国之苦衷，经世之硕划，转不能表白于天下而一收其效。有负于中山先生者此其三。

　　然以上之事，犹可曰一般党人之无识，非美与足下之过也。独在宋案发生，中山先生其时适归沪上，知袁氏将拨专制之死灰而负民国之付托也，于是誓必去之。所定计划，厥有两端：一曰联日。联日之举，盖所以孤袁氏之援，而厚吾党之势也。"日国亚东，于我为邻，亲与善邻，乃我之福。日助我则我胜，日助袁则袁胜。"此中山先生之言也。在中山先生认联日为重要问题，决意亲往接洽，而我等竟漠然视之，力尼其行，若深怪其轻身者。卒使袁氏伸其腕臂，孙宝琦、李盛铎东使，胥不出中山先生所料，我则失所与矣。（文按：民党向主联日者，以彼能发奋为雄，变弱小而为强大，我当亲之师之，以图中国之富强也。不图彼国政府目光如豆，深忌中国之强，尤畏民党得志，而碍其蚕食之谋。故屡助官僚以抑民党，必期中国永久愚弱，以遂彼野心。彼武人政策，其横暴可恨，其愚昧亦可悯也。倘长此不改，则亚东永无宁日，而日本亦终无以幸免矣。东邻志士其有感于世运起而正之者乎？）二曰速战。中山先生以为袁氏手握大权，发号施令，遣兵调将，行动极称自由。在我惟有出其不意，攻其无备，迅雷不及掩耳，先发始足制人。且谓："宋案证据既已确凿，人心激昂，民气愤张，正可及时利用，否则时机一纵即逝，后悔终嗟无及。"此亦中山先生之言也。乃吾人迟钝，又不之信，必欲静待法律之解决，不为宣战之预备。岂知当断不断，反受其乱，法律以迁延而失效，人心以积久而灰冷。时机坐失，计划不成，事欲求全，适得其反。设吾人初料及此，何致自贻伊戚耶？有负于中山先生者此其四。

　　无何,刺宋之案率于袁、赵①之蔑视国法,迟迟未结;五国借款又不经国会承认,违法成立。斯时反对之声,举国若狂。乃吾人又以为有国会在,有法律在,有各省都督之力争在,袁氏终当屈服于此数者而取消之。在中山先生则以为国会乃口舌之争,法律无抵抗之力,各省都督又多仰袁鼻息,莫敢坚持,均不足以戢予智自雄、拥兵自卫之野心家;欲求解决之方,惟有诉诸武力而已矣。其主张办法,一方面速兴问罪之师,一方面表示全国人民不承认借款之公意于五国财团。五国财团经中山先生之忠告,已允于二星期内停止付款矣。中山先生乃电令广东独立,而广东不听;欲躬亲赴粤主持其事,吾人又力尼之,亦不之听;不得已令美先以上海独立,吾人又以上海弹丸地,难与之抗,更不听之。当此之时,海军尚来接洽,自愿宣告独立,中山先生力赞其成,吾人以坚持海陆军同时并起之说,不欲为海军先发之计。寻而北军来沪,美拟邀击海上,不使登陆,中山先生以为然矣,足下又以为非计。其后海军奉袁之命开赴烟台,中山先生闻而欲止之,曰:"海军助我则我胜,海军助袁则袁胜。欲为我助,则宜留之。开赴烟台,恐将生变。"美与足下则以海军既表同意于先,断不中变于后,均不听之。海军北上,入袁氏牢笼矣。嗣又有吴淞炮台炮击兵舰之举,以生其疑而激之变,于是海军全部遂不为我用矣。且中山先生当时屡促南京独立,某等犹以下级军官未能一致逴。及运动成熟,中山先生决拟亲赴南京宣告独立,二三同志咸以军旅之事乃足下所长,于是足下遂有南京之役。夫中山先生此次主张政见,皆为破坏借款、推倒袁氏计也,乃迁延时日,逡巡不进,坐误时机,卒鲜寸效。公理见屈于武力,胜算卒败于金钱,信用不孚于外人,国法不加于袁氏。袁氏乃借欺人之

---

　　①　赵:即赵秉钧,当时任国务总理。

语,举二千五百万镑之外债,不用之为善后政费,而用之为购军械、充兵饷、买议员、赏奸细,以蹂躏南方、屠戮民党、攫取总统之资矣。设当日能信中山先生之言,即时独立,胜负之数尚未可知也。盖其时联军十万,拥地数省,李纯未至江西,芝贵①不闻南下,率我锐师,鼓其朝气以之声讨国贼,争衡天下无难矣。惜乎粤、湘诸省不独立于借款成立之初,李、柏②诸公不发难于都督取消之际,逮借款成立,外人助袁,都督变更,北兵四布,始起而讨之,盖亦晚矣!有负于中山先生者此其五。

　　夫以中山先生之知识,遇事烛照无遗,先几洞若观火,而美于其时贸贸然反对之,而于足下主张政见则赞成之惟恐不及。非美之感情故分厚薄于其间,亦以识不过人,智暗虑物,泥于孙氏理想一语之成见而已。盖以中山先生所提议者,胥不免远于事实,故怀挟成见,自与足下为近。岂知拘守尺寸,动失寻丈,贻误国事,罔不由此乎!虽然,"前事不忘,后事之师";"前车已覆,来轸方遒";"亡羊补牢,时犹未晚";"见兔顾犬,机尚不失"。美之所见如此,未悉足下以为何如?自今而后,窃愿与足下共勉之耳。夫人之才识,与时并进,知昨非而今未必是,能取善斯不厌从人。鄙见以为理想者,事实之母也。中山先生之提倡革命播因于二十年前,当时反对之者,举国士夫殆将一致,乃经二十年后卒能见诸实行者,理想之结果也。使吾人于二十年前即赞成其说,安见所悬理想,必迟至二十年之久始得收效?抑使吾人于二十年后犹反对之,则中山先生之理想,不知何时始克形诸事实,或且终不成效果,至于靡有穷期者,亦难逆料也。故中山先生之理想能否证实,全在吾人之视察能

---

① 芝贵:即段芝贵,时任察哈尔都统。
② 李、柏:即江西都督李烈钧、安徽都督柏文蔚。

否了解、能否赞同,以奉行不悖是已。夫"观于既往,可验将来",此就中山先生言之也;"东隅之失,桑榆之收",此就美等言之也。足下明敏,胜美万万,当鉴及此,何待美之喋喋?

然美更有不容已于言者:中山先生之意,谓革命事业旦暮可期,必不远待五年以后者,诚以民困之不苏,匪乱之不靖,军队之骄横,执政之荒淫,有一于此足以乱国,兼而有之,其何能淑?剥极必复,否极必泰,循环之理,不间毫发。乘机而起,积极进行,拨乱反正,殆如运掌。美虽愚暗,愿竭棉薄,庶乎中山先生之理想即见实行,不至如推倒满清之必待二十年以后。故中华革命党之组织,亦时势有以迫之也。

顾自斯党成立以来,旧日同志颇滋訾议,以为多事变更,予人瑕隙,计之左者。不知同盟结会于秘密时代,辛亥以后一变而为国民党,自形式上言之,范围日见扩张,势力固征膨胀。而自精神上言之,面目全非,分子复杂,薰莸同器,良莠不齐。腐败官僚,既朝秦而暮楚;龌龊败类,更覆雨而翻云。发言盈庭,谁执其咎?操戈同室,人则何尤?是故欲免败群,须去害马;欲事更张,必贵改弦。二三同志,亦有以谅中山先生惨憺经营、机关改组之苦衷否耶?

至于所定誓约有"附从先生,服从命令"等语,此中山先生深有鉴于前此致败之故,多由于少数无识党人误会平等自由之真意。盖自辛亥光复以后,国民未享受平等自由之幸福。临于其上者,个人先有缅规越矩之行为。权利则猖猖以争,义务则望望以去。彼此不相统摄,何能收臂指相使之功;上下自为从违,更难达精神一贯之旨。所谓"既不能令,又不受命"者,是耶非耶?故中山先生于此,欲相率同志纳于轨物,庶以统一事权;非强制同志尸厥官肢,尽失自由行动。美以为此后欲达革命目的,当重视中山先生主张,必如众星之拱北辰,而后星躔不乱其度数;必如江汉之宗东海,而后流派不至于纷歧。悬目的以为之赴,而视力乃不分;有指车①以示之方,而航程得其向。不然,苟有党员如吾人昔日之反对中山先生者,以反对于将来,则中山先生之政见,又将误于毫厘千里之差、一国三公②之手。故遵守誓约,服从命令,美认为当然天职而绝无疑义者。足下其许为同志而降心相从否耶?

窃维美与足下,共负大局安危之责,实为多年患难之交,意见稍或差池,宗旨务求一贯。惟以情暌地隔,传闻不无异词;缓进急行,举动辄多误会。相析疑义,道故班荆,望足下之重来,有如望岁。迢迢水阔,怀人思长;嘤嘤鸟鸣,求友声切。务祈足下克日命驾言旋,共肩艰巨。岁寒松柏,至老弥坚;天半云霞,萦情独苦。阴霾四塞,相期携手同仇;沧海横流,端赖和衷共济。呜呼!长蛇封豕,列强方逞荐食之谋;社鼠城狐,内贼愈肆穿墉之技。飘摇予室,绸缪不忘未雨之思;邪许同舟,慷慨应击中流之楫。望风怀想,不尽依依。敬掬微忱,尚求指示。寒气尚重,诸维为国珍摄。言不罄意。

陈其美顿首

(按:此民国四年春之书也。)

第七章　不知亦能行

或曰:"诚如先生所言,今日文明已进于科学时代,凡有兴作,必先求知而后从事于行,则中国富强事业,非先从事于普及教育,

----

① 指车:即指南车。
② 语出《左传·僖公三年》:"一国三公,吾谁适从?"三公是指春秋时之晋献公及其子夷吾、重耳。此成语喻事权不统一,使人无所适从。

使全国人民皆有科学知识不可。按以先生之新发明'行之非艰,知之惟艰',又按之古人之言'十年树木,百年树人',则教育之普及,非百十年不为功。乃先生之论,有一跃而能致中国于富强隆盛之地者,其道何由?"曰:子徒知知之而后能行,而不知不知亦能行也。当科学未发明之前,固全属不知而行,及行之而犹有不知者。故凡事无不委之于天数气运,而不敢以人力为之转移也。迨人类渐起觉悟,始有由行而后知者,乃甫有欲尽人事者矣,然亦不能不听之于天也。至今科学昌明,始知人事可以胜天,凡所谓天数气运者,皆心理之作用也。然而科学虽明,惟人类之事仍不能悉先知之而后行之也,其不知而行之事,仍较于知而后行者为尤多也。且人类之进步,皆发轫于不知而行者也,此自然之理则,而不以科学之发明为之变易者也。故人类之进化,以不知而行者为必要之门径也。夫习练也,试验也,探索也,冒险也,之四事者乃文明之动机也。生徒之习练也,即行其所不知以达其欲能也。科学家之试验也,即行其所不知以致其所知也。探索家之探索也,即行其所不知以求其发见也。伟人杰士之冒险也,即行其所不知以建其功业也。由是观之,行其所不知者,于人类则促进文明,于国家则图致富强也。是故不知而行者,不独为人类所皆能,亦为人类所当行,而尤为人类之欲生存发达者之所必要也。有志国家富强者,宜黾勉力行也。

夫古今来一跃而致隆盛者,不可胜数,即近代之列强,亦多有跻于强盛而后乃从事于教育者。夫以中国现在之地位,现有之知识,已良足一跃而致隆盛,比肩于今世之列强矣。所以不能者,究非在于不知不行也。而向来之积弱退化有如江流日下者,其原因实在政府官吏之腐败,倒行逆施,积极作恶也。其大者,则有欲图一己之私,而至于牺牲国家而不恤;其次者,则以一督军一师长而年中聚敛,动至数百万数十万;又其次者,则种种之作弊,无一不为斩丧国家之元气,伤残人民之命脉。比之他国之政策务在保民而治,奖士、劝农、励工、惠商以图富强者,则我无一不与之相反也。由此观之,若政府官吏能无为而治,不倒行逆施,不积极作恶以害国害民,则中国之强盛已自然可致,而不待于发奋思为。是今日图治之道,兴利尚可缓,而除害尤宜急;倘能除害,则自然之进化,已足登中国于强盛之地矣。何以言之? 夫国之贫弱,必有一定之由也,有以地小而贫者,有以地瘠而贫者,有以民少而弱者,有以民愚而弱者,此贫弱之四大原因也。乃中国之土地则四百余万方咪之广,居世界之第四,尚在美国之上。而物产之丰、宝藏之富,实居世界之第一。至于人民之数则有四万万,亦为世界之第一。而人民之聪明才智自古无匹,承五千年之文化,为世界所未有,千百年前已尝为世界之雄矣。四大贫弱之原因,我曾无一焉。然则何为而贫弱至是也? 曰:官吏贪污、政治腐败之为害也。倘此害一除,则致中国之富强,实头头是道也。在昔异族专制之时,官吏为君主之鹰犬,高居民上,可任意为恶,民无可如何也。今经革命之后,专制已覆,人民为一国之主,官吏不过为人民之仆,当受人民之监督制裁也。其循良者吾民当任用之,其酷劣者当淘汰之而已。为人民者,只知除害足矣,为此需要,不必待于普通教育科学知识,而凡人有切身利害,皆能知能行也。国害一除,则国利自兴,而富强之基于是乎立。是中国今日欲富强则富强矣,几有不待一跃之功也。

中国为世界最古之国,承数千年文化,为东方首出之邦。未与欧美通市以前,中国在亚洲之地位,向无有与之匹敌者。即间被外旅〔族〕入寇,如元清两代之僭主中国,然亦不能不奉中国之礼法。而其他四邻之国,或入贡称藩,或来朝亲善,莫不羡慕中国之文化,而以中国为上邦也。中国亦素自尊大,目无他国,习惯自然,遂成为孤立之性。故从来若欲有所改革,其采法惟有本国,其取资亦尽于本国而已,其外则无可取材借助之处也。是犹孤人之处于荒岛,其所需要皆一人为之,不独自耕而食,自织而衣,亦必自爨而后得食,自缝而后得衣,其劳苦繁难不可思议,然其人亦习惯自然,而不知有社会互助之便利,人类交通之广益也。倘时移势变,此荒岛一旦成为世界航路之中枢,海客接踵而至,有悯此孤人之劳苦者,劝之曰:"君不必事事躬亲,只从所长专于一业足矣,其他当有人为君效劳也。"其人必不之信,盖以为一己之才力所不能致者,则为必不可能之事也。此犹今日中国之人,不信中国之富强可坐而致者,同一例也。盖中国之孤立自大由来已久,而向未知国际互助之益,故不能取人之长,以补己之短。中国所不知所不能者,则以为必无由以致之也。虽闭关自守之局为外力所打破者已六七十年,而思想则犹是闭关时代荒岛孤人之思想,故尚不能利用外资、利用外才以图中国之富强也。夫今日立国于世界之上,犹乎人处于社会之中,相资为用、互助以成者也。中国之为国,拥有广大之土地、无量之富源、众多之人力,是无异一富家翁享有广大之田园、盈仓之财宝、众多之子孙而乃不善治家,田园则任其荒芜,财宝则封锁不用,子孙则日事游荡,而举家则饥寒交迫,朝不保夕,此实中国今日之景象也。呜呼! 谁为为之? 孰令致之? 吾国人果知天下兴亡,匹夫有责,则人人当自奋矣!

夫以中国之人处中国之地,际当今之时,而欲致中国于富强之境,其道固多矣。今试陈其一,即利用今回世界大战争各国新设之制造厂,为开发我富源之利器是也。夫此等工厂专为供给战品而设,今大战已息,此等工厂将成为废物矣。其佣于此等工厂之千百万工人,亦将失业矣。其投于此等工厂之数十万万资本,将无从取偿矣。此为欧美战后问题之一大烦难,而彼中政治家尚无解决之方也。倘我中国人能利用此机会,借彼将废之工厂以开发我无穷之富源,则必为各国所乐许也。此所谓天与之机。语曰:"天与不取,必受其祸。"倘我失此不图,则三五年后,欧美工业悉复原状,则其发达必十倍于前,而商战起矣。吾中国之手工之工业,必不能与彼之新机械大规模之工业竞争,如此则我工商之失败必将见于十年之内矣。及今图之,则数年之间,我之机器工业亦可发达,则此祸可免。此以实业救国之道也,国人其注意之。

今之美国,吾人知其为世界最富最强之国也,然其所以致富强者,实业发达也。当其发展实业之初也,资本则悉借之欧洲,人才亦多聘之欧洲,而工人且有招之中国。其进行则多由冒险试验,而少出于计划统筹,且向未遇各国有投闲置散之全备工厂,为彼取材之机会如我之今日也。而其富源尚不及我之丰盛。然其实业之发达,今已为世界冠矣。试以其钢、铁、炭、油之出产而观其成绩。美国一千九百十六年所产铁四千万吨,钢四千三百四十八万吨。而我国每年所产之钢铁不过二十余万吨,较之美国不过四百分之一耳。美国同年所产煤炭五万八千七百四十七万吨,等于九千八百万匹马力;所产燃油二万九千二百三十万桶,等于一千九百七十五万匹马力;所产自然汽约三百万匹马力;所发展水力电约六百万匹马力。夫钢铁者,实业之体也;炭、油、汽、电者,实业之用也。统计美国所发展之自然力约一万六千六百七十五万匹马力,以一马力等八人力计之,则美国约有一十三万万有奇之人力以助之生产。其人口一万万,除人力作工之外,每人尚有十三人之机器力为之助,而此十三人之机力乃夜以继日,连作二十四时之工而不歇者,而人之作工每日八时耳,机力则每日多作三倍之工,是一机力无异三人也,而十三人之机力则等于三十九人矣。《大学》曰:"生之者众,食之者寡,为之者疾,用之者舒,则财恒足矣。"此美国之所以富也。我中国人口四万万,除老少而外,能作工者不过二万万人。然因工业不发达,虽能作工者亦恒无工可作,流为游手好闲而寄食于人者或亦半之。如是有工可作者,不过一万万人耳。且此一万万人之中,又不尽作生利之工,而半为消耗之业,其为生产之事业者实不过五千万人而已。由此观之,中国八人中不过一人生产耳。此国之所以贫,尚过于韩愈所云:"农之家一而食粟之家六,工之家一而用器家六,贾之家一而资焉之家六,奈之何民不穷且盗也!"较之美国人口一万万,而当有五千万人有工可作,而每人更有三十九人之机器力以助之,即三十九人有半作工以给一人,此其所以不患贫反忧生产之过盛〔剩〕,供过于求,而岌岌向外以觅市场为尾闾之疏泄也。此贫弱富强之所由分,亦商战胜败之所由决也。

然则今日欲求迅速之法,以发展中国之财源,而立救贫弱者,其道为何?倘以中国而言,则本无其法,更无迅速之法也。若欲中国之实业于十年之间而发达至美国现在之程度,则中国人不独不能知,不能行,且为梦想所不能及也。是犹望荒岛之孤人以一人之力而发展其荒岛,使之田园尽辟,道路悉修,港湾深浚,市场繁盛,楼宇林立,公园宏伟,居宅丽都,生活优逸,如此,虽延长其寿命至万年,彼必无由以成此等之事业也。然若荒岛之孤人,肯出其岩穴所埋藏累累之金块明珠,以与海客谋,将其荒岛发展成为繁盛华丽之海市,而许酬以相当之金块明珠,则必有人焉,为之经营,为之筹划,为之招集人才,为之搜罗资料,不期年而诸事可以毕集矣。荒岛孤人直可从心所欲,坐享其成耳。中国之欲发展其工商事业,其道亦犹是也。故其问题已不在能知不能知、能行不能行也,而直在欲不欲耳。

夫以中国之地位,中国之富源,处今日之时会,倘吾国人民能举国一致,欢迎外资,欢迎外才,以发展我之生产事业,则十年之内吾实业之发达必能并驾欧美矣。如其不信,请观美国工业发达之速率,可以知矣。当十余年前,美国之议继凿巴拿马运河也,初拟以二十年为期以达成功,及后实行施工,不过八年而毕厥事。是比其数年前所知之工程,已加速二倍半矣。及美国对德宣战而后,其战时之工业进步更令人不可思议。往时非数十年所不能成者,而今则一年可成之矣。如造船也,昔需一两年而造成一艘者,今则二十余日可成矣。倘以战时大规模、大组织之工程,施之于建筑巴拿马运河,则一个月间便可成一运河矣。有此非常速率之工程,若吾国人能晓然于互助之利,交换之益,用人所长,补我所短,则数年之间即可将中国之实业造成如美国今日矣。

中国实业之发达,固不仅中国一国之益也,而世界亦必同沾其利。故世界之专门名家,无不乐为中国效力,如海客之欲为荒岛孤人效力者一也。予近日致各国政府《国际共同发展中国实业计划》一书[1],已得美国大表赞同,想其他之国当必惟美国之马首是瞻也。果尔,则此后只须中国人民之欲之而已。倘知此为兴国之要图,为救亡之急务而能万众一心,举国一致,而欢迎列国之雄厚资本,博大规模,宿学人才,精练技术,为我筹划,为我组织,为我经营,为我训练,则十年之内,我国之大事业必能林立于国中,我实业之人才亦同时并起。十年之后,则外资可以陆续偿还,人才可以陆续成就,则我可以独立经营矣。若必俟我教育之普及、知识之完备而后始行,则河清无日,坐失良机,殊可惜也。必也治本为先,救穷宜急,"衣食足而知礼节,仓廪实而知荣辱",实业发达,民生畅遂,此时普及教育乃可实行矣。今者宜乘欧战告终之机,利用其战时工业之大规模,以发展我中国之实业,诚有如反掌之易也。故曰

① 此书原附录于本章末后,副题为《补助世界战后整顿实业之方法》,因与《建国方略之二·实业计划》篇首所载重复,故著者在勘误中注明删去。

"不知亦能行"者,此也。

第八章　有志竟成①

夫事有顺乎天理,应乎人情,适乎世界之潮流,合乎人群之需要,而为先知先觉者所决志行之,则断无不成者也,此古今之革命维新、兴邦建国等事业是也。予之提倡共和革命于中国也,幸已达破坏之成功,而建设事业虽未就绪,然希望日佳,予敢信终必能达完全之目的也。故追述革命原起,以励来者,且以自勉焉。

夫自民国建元以来,各国文人学士之对于中国革命之著作,不下千数百种,类多道听途说之辞,鲜能知革命之事实。而于革命之原起,更无从追述,故多有本于予之《伦敦被难记》第一章之革命事由。该章所述本甚简略,且于二十余年之前,革命之成否尚为问题,而当时虽在英京②,然亦事多忌讳,故尚未敢自承兴中会为予所创设者,又未敢表示兴中会之本旨为倾覆满清者。今于此特修正之,以辅事实也。

兹篇所述,皆就予三十年来所记忆之事实而追述之。由立志之日起至同盟〈会〉成立之时,几为予一人之革命也,故事甚简单,而于赞襄之要人,皆能一一录之无遗。自同盟会成立以后,则事体日繁,附和日众,而海外热心华侨、内地忠烈志士、各重要人物,不能一一毕录于兹篇,当俟之修革命党史时,乃能全为补录也。

予自乙酉中法战败之年,始决倾覆清廷、创建民国之志。由是以学堂为鼓吹之地,借医术为入世之媒,十年如一日。当予肄业于

----

① 本章初名"革命缘起",后改为"有志竟成"。
② 英京:即英国首都伦敦。

广州博济医学校也,于同学中物识有郑士良号弼臣者,其为人豪侠尚义,广交游,所结纳皆江湖之士,同学中无有类之者。予一见则奇之,稍与相习,则与之谈革命。士良一闻而悦服,并告以彼曾投入会党,如他日有事,彼可为我罗致会党以听指挥云。予在广州学医甫一年,闻香港有英文医校开设,予以其学课较优,而地较自由,可以鼓吹革命,故投香港学校肄业。数年之间,每于学课余暇,皆致力于革命之鼓吹,常往来于香港、澳门之间,大放厥辞,无所忌讳。时闻而附和者,在香港只陈少白、尤少纨①、杨鹤龄三人,而上海归客则陆皓东而已。若其他之交游,闻吾言者,不以为大逆不道而避之,则以为中风病狂相视也。予与陈、尤、杨三人常住香港,昕夕往还,所谈者莫不为革命之言论,所怀者莫不为革命之思想,所研究者莫不为革命之问题。四人相依甚密,非谈革命则无以为欢,数年如一日。故港澳间之戚友交游,皆呼予等为“四大寇”。此为予革命言论之时代也。

及予卒业之后,悬壶于澳门、羊城②两地以问世,而实则为革命运动之开始也。时郑士良则结纳会党、联络防营,门径既通,端倪略备。予乃与陆皓东北游京津,以窥清廷之虚实;深入武汉,以观长江之形势。至甲午中东战起,以为时机可乘,乃赴檀岛、美洲,创立兴中会,欲纠合海外华侨以收臂助。不图风气未开,人心锢塞,在檀鼓吹数月,应者寥寥,仅得邓荫南与胞兄德彰③二人愿倾家相助,及其他亲友数十人之赞同而已。时适清兵屡败,高丽既失,旅、威④继陷,京津亦岌岌可危,清廷之腐败尽露,人心愤激。

---

① 尤少纨:即尤列。

② 羊城:广州别名。

③ 德彰:即孙眉。

④ 旅、威:即旅顺、威海卫。

上海同志宋跃如①乃函促归国,美洲之行因而中止。遂与邓荫南及三五同志返国以策进行,欲袭取广州以为根据。遂开乾亨行于香港为干部,设农学会于羊城为机关。当时赞襄干部事务者,有邓荫南、杨衢云、黄咏商、陈少白等;而助运筹于羊城机关者,则陆皓东、郑士良并欧美技师及将校数人也。予则常往来广州、香港之间。惨淡经营,已过半载,筹备甚周,声势颇众,本可一击而生绝大之影响。乃以运械不慎,致海关搜获手枪六百余杆,事机乃泄,而吾党健将陆皓东殉焉。此为中国有史以来为共和革命而牺牲者之第一人也。同时被株连而死者,则有丘四、朱贵全二人。被捕者七十余人,而广东水师统带程奎光与焉,后竟病死狱中。其余之人或囚或释。此乙未九月九日,为予第一次革命之失败也。

　　败后三日,予尚在广州城内。十余日后,乃得由间道脱险出至香港。随与郑士良、陈少白同渡日本,略住横滨。时予以返国无期,乃断发改装,重游檀岛。而士良则归国收拾余众,布置一切,以谋卷土重来。少白则独留日本,以考察东邦国情。予乃介绍之于日友菅原传,此友为往日在檀所识者。后少白由彼介绍于曾根俊虎,由俊虎而识宫崎弥藏,即宫崎寅藏之兄也。此为革命党与日本人士相交之始也。

　　予到檀岛后,复集合同志以推广兴中会,然已有旧同志以失败而灰心者,亦有新闻道而赴义者,惟卒以风气未开,进行迟滞。以久留檀岛无大可为,遂决计赴美,以联络彼地华侨,盖其众比檀岛多数倍也。行有日矣,一日散步市外,忽有驰车迎面而来者,乃吾师康德黎与其夫人也。吾遂一跃登车,彼夫妇不胜诧异,几疑为暴客,盖吾已改装易服,彼不认识也。予乃曰:"我孙逸仙也。"遂相笑握手。问以何为而至此,曰:"回国道经此地,舟停而登岸流览风光也。"予乃趁〔乘〕车同游,为之指导。游毕登舟,予乃告以予将作环绕地球之游,不日将由此赴美,随将到英,相见不远也。遂欢握而别。

美洲华侨之风气蔽塞,较檀岛尤甚。故予由太平洋东岸之三藩市登陆,横过美洲大陆,至大西洋西岸之纽约市,沿途所过多处,或留数日,或十数日。所至皆说以祖国危亡,清政腐败,非从民族根本改革无以救亡,而改革之任人人有责。然而劝者谆谆,听者终归藐藐,其欢迎革命主义者,每埠不过数人或十余人而已。

然美洲各地华侨多立有洪门会馆。洪门者,创设于明朝遗老,起于康熙时代。盖康熙以前,明朝之忠臣烈士多欲力图恢复,誓不臣清,舍生赴义,屡起屡蹶,与虏拼命,然卒不救明朝之亡。迨至康熙之世,清势已盛,而明朝之忠烈亦死亡殆尽。二三遗老见大势已去,无可挽回,乃欲以民族主义之根苗流传后代,故以"反清复明"之宗旨结为团体,以待后有起者,可借为资助也。此殆洪门创设之本意也。然其事必当极为秘密,乃可防政府之察觉也。夫政府之爪牙为官吏,而官吏之耳目为士绅,故凡所谓士大夫之类,皆所当忌而须严为杜绝者,然后其根株乃能保存,而潜滋暗长于异族专制政府之下。以此条件而立会,将以何道而后可?必也以最合群众心理之事迹,而传民族国家之思想。故洪门之拜会,则以演戏为之,盖此最易动群众之视听也。其传布思想,则以不平之心、复仇之事导之,此最易发常人之感情也。其口号暗语,则以鄙俚粗俗之言以表之,此最易使士大夫闻而生厌、远而避之者也。其固结团体,则以博爱施之,使彼此手足相顾,患难相扶,此最合夫江湖旅客、无家游子之需要也。而最终乃传以民族主义,以期达其反清复明之目的焉。国内之会党常有与官吏冲突,故犹不忘其与清政府居于反对之地位,而反清复明之口头语尚多了解其义者;而海外之会党多处于他国自由政府之下,其结会之需要,不过为手足患难之联络而已,政治之意味殆全失矣,故反清复明之口语亦多有不知其义者。当予之在美洲鼓吹革命也,洪门之人初亦不明吾旨,予乃反而叩之反清复明何为者,彼众多不能答也。后由在美之革命同志鼓吹数年,而洪门之众乃始知彼等原为民族老革命党也。然当时予之游美洲也,不过为初期之播种,实无大影响于革命前途也,然已大触清廷之忌矣。故于甫抵伦敦之时,即遭使馆之陷,几致不测。幸得吾师康德黎竭力营救,始能脱险。此则檀岛之邂逅,真有天幸存焉。否则吾尚无由知彼之归国,彼亦无由知吾之来伦敦也。

伦敦脱险后则暂留欧洲,以实行考察其政治风俗,并结交其朝野贤豪。两年之中所见所闻,殊多心得。始知徒致国家富强、民权发达如欧洲列强者,犹未能登斯民于极乐之乡也。是以欧洲志士,犹有社会革命之运动也。予欲为一劳永逸之计,乃采取民生主义,以与民族、民权问题同时解决。此三民主义之主张所由完成也。时欧洲尚无留学生,又鲜华侨,虽欲为革命之鼓吹,其道无由。然吾生平所志,以革命为唯一之天职,故不欲久处欧洲,旷废革命之时日,遂往日本,以其地与中国相近,消息易通,便于筹划也。

抵日本后,其民党领袖犬养毅遣宫崎寅藏、平山周二人来横滨欢迎,乃引至东京相会,一见如旧识,抵掌谈天下事,其痛快也。时日本民党初握政权,大隈①为外相,犬养为之运筹,能左右之。后由犬养介绍,曾一见大隈、大石、尾崎②等。此为予与日本政界人物交际之始也。随而识副岛种臣及其在野之志士如头山、平冈、秋

---

① 大隈:即大隈重信。
② 大石、尾崎:即大石正巳、尾崎行雄。

山、中野、铃木①等，后又识安川、犬冢、久原②等。各志士之对于中国革命事业，先后多有资助，尤以久原、犬冢为最。其为革命奔走始终不懈者，则有山田兄弟、宫崎兄弟、菊池、萱野③等。其为革命尽力者，则有副岛、寺尾④两博士。此就其直接于予者而略记之，以志不忘耳。其他间接为中国革命党奔走尽力者尚多，不能于此一一悉记，当俟之革命党史也。

日本有华侨万余人，然其风气之锢塞、闻革命而生畏者，则与他处华侨无异也。吾党同人有往返于横滨、神户之间鼓吹革命主义者，数年之中而慕义来归者，不过百数十人而已。以日本华侨之数较之，不及百分之一也。向海外华侨之传播革命主义也，其难固已如此，而欲向内地以传布，其难更可知矣。内地之人，其闻革命排满之言而不以为怪者，只有会党中人耳。然彼众皆知识薄弱，团体散漫，凭借全无，只能望之为响应，而不能用为原动力也。由乙未初败以至于庚子，此五年之间，实为革命进行最艰难困苦之时代也。盖予既遭失败，则国内之根据、个人之事业、活动之地位与夫十余年来所建立之革命基础，皆全完消灭，而海外之鼓吹又毫无效果。适于其时有保皇党发生，为虎作伥，其反对革命、反对共和比之清廷为尤甚。当此之时，革命前途，黑暗无似，希望几绝，而同志尚不尽灰心者，盖正朝气初发时代也。

时予乃命陈少白回香港创办《中国〈日〉报》以鼓吹革命；命史

---

① 头山、平冈、秋山、中野、铃木：即头山满、平冈浩太郎、秋山定辅、中野德次郎、铃木五郎。

② 安川、犬冢、久原：即安川敬一郎、犬冢信太郎、久原房之助。

③ 山田兄弟、宫崎兄弟、菊池、萱野：即山田良政、山田纯三郎、宫崎弥藏、宫崎寅藏、菊池良一、萱野长知。

④ 副岛、寺尾：即副岛种臣、寺尾亨。

坚如入长江,以联络会党;命郑士良在香港设立机关,招待会党。
于是乃有长江会党及两广、福建会党并合于兴中会之事也。旋遇
清廷有排外之举,假拳党以自卫,有杀洋人、围使馆之事发生,因而
八国联军之祸起矣。予以为时机不可失,乃命郑士良入惠州,招集
同志以谋发动;而命史坚如入羊城,招集同志以谋响应。筹备将
竣,予乃与外国军官数人绕道至香港,希图从此潜入内地,亲率健
儿,组织一有秩序之革命军以救危亡也。不期中途为奸人告密,船
一抵港即被香港政府监视,不得登岸。遂致原定计划不得施行。
乃将惠州发动之责委之郑士良,而命杨衢云、李纪堂、陈少白等在
香港为之接济。予则折回日本,转渡台湾,拟由台湾设法潜渡内
地。时台湾总督儿玉①颇赞中国之革命,以北方已陷于无政府之
状态也,乃饬民政长官后藤②与予接洽,许以起事之后,可以相助。
予于是一面扩充原有计划,就地加聘军官,盖当时民党尚无新知识
之军人也。而一面令士良即日发动,并改原定计划,不直逼省城,
而先占领沿海一带地点,多集党众,以候予来乃进行攻取。士良得
令,即日入内地,亲率已集合于三洲田之众,出而攻扑新安、深圳之
清兵,尽夺其械。随而转战于龙冈、淡水、永湖、梁化、白芒花、三多
祝等处,所向皆捷,清兵无敢当其锋者,遂占领新安、大鹏至惠州、
平海一带沿海之地,以待予与干部人员之入及武器之接济。不图
惠州义师发动旬日,而日本政府忽而更换,新内阁总理伊藤氏③对
中国方针,与前内阁大异,乃禁制台湾总督不许与中国革命党接
洽,又禁武器出口,及禁日本军官投效革命军者。而予潜渡之计

---

① 儿玉:即儿玉源太郎。
② 后藤:即后藤新平。
③ 伊藤:即伊藤博文。

划,乃为破坏。遂遣山田良政与同志数人,往郑营报告一切情形,并令之相机便宜行事。山田等到郑士良军中时,已在起事之后三十余日矣。士良连战月余,弹药已尽,而合集之众足有万余人,渴望干部、军官及武器之至甚切,而忽得山田所报消息,遂立令解散,而率其原有之数百人间道出香港。山田后以失路为清兵所擒被害。惜哉!此为外国义士为中国共和牺牲者之第一人也。当郑士良之在惠州苦战也,史坚如在广州屡谋响应,皆不得当,遂决意自行用炸药攻毁两广总督德寿之署而歼之。炸发不中,而史坚如被擒遇害。是为共和殉难之第二健将也。坚如聪明好学、真挚恳诚与陆皓东相若,其才貌英姿亦与皓东相若,而二人皆能诗能画亦相若。皓东沉勇,坚如果毅,皆命世之英才,惜皆以事败而牺牲。元良沮丧,国士沦亡,诚革命前途之大不幸也!而二人死节之烈,浩气英风,实足为后死者之模范。每一念及,仰止无穷。二公虽死,其精灵之萦绕吾怀者,无日或间也。庚子之役,为予第二次革命之失败也。

　　经此失败而后,回顾中国之人心,已觉与前有别矣。当初次之失败也,举国舆论莫不目予辈为乱臣贼子,大逆不道,咒诅谩骂之声,不绝于耳;吾人足迹所到,凡认识者,几视为毒蛇猛兽,而莫敢与吾人交游也。惟庚子失败之后,则鲜闻一般人之恶声相加,而有识之士且多为吾人扼腕叹惜,恨其事之不成矣。前后相较,差若天渊。吾人睹此情形,中心快慰,不可言状,知国人之迷梦已有渐醒之兆。加以八国联军之破北京,清后、帝之出走①,议和之赔款九万万两而后,则清廷之威信已扫地无余,而人民之生计从此日蹙。国势危急,岌岌不可终日。有志之士,多起救国之思,而革命风潮

---

　　① 一九○○年八月,八国联军攻陷北京,慈禧太后携光绪帝仓惶逃往西安。

自此萌芽矣。

时适各省派留学生至日本之初,而赴东求学之士,类多头脑新洁,志气不凡,对于革命理想感受极速,转瞬成为风气。故其时东京留学界之思想言论,皆集中于革命问题。刘成禺在学生新年会大演说革命排满,被清公使逐出学校。而戢元成〔丞〕、沈虬斋、张溥泉①等则发起《国民报》,以鼓吹革命。留东学生提倡于先,内地学生附和于后,各省风潮从此渐作。在上海则有章太炎、吴稚晖、邹容等借《苏报》以鼓吹革命,为清廷所控,太炎、邹容被拘囚租界监狱,吴亡命欧洲。此案涉及清帝个人,为朝廷与人民聚讼之始,清朝以来所未有也。清廷虽讼胜,而章、邹不过仅得囚禁两年而已,于是民气为之大壮。邹容著有《革命军》一书,为排满最激烈之言论,华侨极为欢迎,其开导华侨风气,为力甚大。此则革命风潮初盛时代也。

壬寅、癸卯之交,安南总督韬美氏托东京法公使屡次招予往见,以事未能成行。后以河内开博览会,因往一行。到安南时,适韬美已离任回国,嘱其秘书长哈德安招待其殷。在河内时,识有华商黄龙〔隆〕生、甄吉亭、甄璧、杨寿彭、曾齐等,后结为同志,于钦廉、河口等役尽力甚多。河内博览会告终之后,予再作环球漫游,取道日本、檀岛而赴美欧。过日本时,有廖仲恺夫妇、马君武、胡毅生、黎仲实等多人来会,表示赞成革命。予乃托以在东物识有志学生,结为团体,以任国事,后同盟会之成立多有力焉。自惠州失败以至同盟会成立之间,其受革命风潮所感,兴起而图举义者,在粤则有李纪堂、洪全福之事,在湘则有黄克强、马福益之事,其事虽不成,人多壮之。海外华侨亦渐受东京留学界及内地革命风潮之影

---

① 戢元丞、沈虬斋、张溥泉,即戢翼翚、沈翔云、张继。

响。故予此次漫游所到，凡有华侨之处，莫不表示欢迎，较之往昔大不同矣。

乙巳春间，予重至欧洲，则其地之留学生已多数赞成革命。盖彼辈皆新从内地或日本来欧，近一二年已深受革命思潮之陶冶，已渐由言论而达至实行矣。予于是乃揭橥吾生平所怀抱之三民主义、五权宪法以号召之，而组织革命团体焉。于是开第一会于比京，加盟者三十余人；开第二会于柏林，加盟者二十余人；开第三会于巴黎，加盟者亦十余人；开第四会于东京，加盟者数百人，中国十七省之人皆与焉，惟甘肃尚无留学生到日本，故阙之也。此为革命同盟会成立之始。因当时尚多讳言"革命"二字，故只以同盟会见称，后亦以此名著焉。自革命同盟会成立之后，予之希望则为之开一新纪元。盖前此虽身当百难之冲，为举世所非笑唾骂，一败再败，而犹冒险猛进者，仍未敢望革命排满事业能及吾身而成者也；其所以百折不回者，不过欲有以振起既死之人心，昭苏将尽之国魂，期有继我而起者成之耳。及乙巳之秋，集合全国之英俊而成立革命同盟会于东京之日，吾始信革命大业可及身而成矣。于是乃敢定立"中华民国"之名称而公布于党员，使之各回本省，鼓吹革命主义，而传布中华民国之思想焉。不期年而加盟者已逾万人，支部则亦先后成立于各省。从此革命风潮一日千丈，其进步之速，有出人意表者矣！

当时外国政府之对于中国革命党，亦多刮目相看。一日予从南洋往日本，船泊吴淞，有法国武官布加卑[①]者，奉其陆军大臣之命来见，传达彼政府有赞助中国革命事业之好意，叩予革命之势力

① 布加卑(Bocabeille)：法国陆军上尉，于一九〇五年夏奉派来华主持"中国情报处"工作。

如何。予略告以实情。又叩以"各省军队之联络如何？若已成熟，则吾国政府立可相助。"予答以未有把握。遂请彼派员相助，以办调查联络之事。彼乃于驻扎天津之参谋部派定武官七人，归予调遣。予命廖仲恺往天津设立机关，命黎仲实与某武官调查两广，命胡毅生与某武官调查川、滇，命乔宜斋①与某武官往南京、武汉。时南京、武昌两处新军皆大欢迎。在南京有赵伯先②接洽，约同营长以上各官相见，秘密会议，策划进行。而武昌则有刘家运接洽，约同同志之军人在教会之日知会开会，到会者甚众，闻新军镇统张彪亦改装潜入。开会时各人演说，大倡革命，而法国武官亦演说赞成，事遂不能秘密。而湖广总督张之洞乃派洋关员某国人尾法武官之行踪，途上与之订交，亦伪为表同情于中国革命者也。法武官以彼亦西人，不之疑也，故内容多为彼探悉。张之洞遂奏报其事于清廷，其中所言革命党之计划，或确或否。清廷得报，乃大与法使交涉。法使本不知情也，乃请命法政府何以处分布加卑等。政府饬彼勿问，清廷亦无如之何。未几法国政府变更，而新内阁不赞成是举，遂将布加卑等撤退回国。后刘家运等则以关于此事被逮而牺牲也。此革命运动之起国际交涉者也。

同盟会成立未久，发刊《民报》鼓吹三民主义，遂使革命思潮弥漫全国，自有杂志以来可谓成功最著者。其时慕义之士闻风兴起，当仁不让，独树一帜以建义者踵相接也。其最著者，如徐锡麟、熊成基、秋瑾等是也。丙午萍醴之役，则同盟会会员自动之义师也。当萍醴革命军与清兵苦战之时，东京之会员莫不激昂慷慨，怒发冲冠，亟思飞渡内地，身临前敌，与虏拼命，每日到机关部请命投军者

① 乔宜斋：即乔义生。
② 赵伯先：即赵声。

甚众。稍有缓却，则多痛哭流泪，以为求死所而不可得，苦莫甚焉。其雄心义愤，良足嘉尚。独惜萍乡一举为会员之自动，本部于事前一无所知，故临时无所备。然而会员之纷纷回国从军者，已相望于道矣。寻而萍醴之师败，而〈禹之谟〉、刘道一、宁调元、胡英〔瑛〕等竟被清吏拿获，或囚或杀者多人。此为革命同盟会会员第一次之流血也。

由此而后，则革命风潮之鼓荡全国者，更为从前所未有，而同盟会本部之在东亦不能久为沉默矣。时清廷亦大起恐慌，屡向日本政府交涉，将予逐出日本境外。予乃离日本，而与汉民、精卫二人同行而之安南，设机关部于河内，以筹划进行。旋发动潮州黄冈之师，不得利，此为予第三次之失败也。继又命邓子瑜发难于惠州，亦不利，此为予第四次之失败也。

时适钦、廉两府有抗捐之事发生，清吏派郭人漳、赵伯先二人各带新军三四千人往平之。予乃命黄克强随郭人漳营，命胡毅生随赵伯先营，而游说之以赞成革命。二人皆首肯，许以若有堂堂正正之革命军起，彼等必反戈相应。于是一面派人往约钦、廉各属绅士乡团为一致行动，一面派萱野长知带款回日本购械，并在安南招集同志，并聘就法国退伍军官多人，拟器械一到，则占据防城至东兴一带沿海之地，为组织军队之用。东兴与法属之芒街仅隔一河，有桥可达，交通甚为利便也。满拟武器一到，则吾党可成正式军队二千余人，然后集合钦州各乡团勇六七千人，而后要约郭人漳、赵伯先二人所带之新军约六千余人，便可成一声势甚大之军队。再加以训练，当成精锐，则两广可收入掌握之中。而后出长江以合南京、武昌之新军，则破竹之势可成，而革命可收完全之效果矣。乃不期东京本部之党员忽起风潮，而武器购买运输之计划为之破坏。至时防城已破，武器不来，予不特失信于接收军火之同志，并失信于团绅矣。而攻防城之同志至时不见武器之来,乃转而逼钦州,冀郭军之响应。郭见我军之薄弱,加以他军为之制,故不敢来。我军遂进围灵山,冀赵军之响应。赵见郭尚未来,彼亦不敢来。我军以力薄难进,遂退入十万大山。此为予第五次之失败也。

钦、廉计划不成之后,予乃亲率黄克强、胡汉民并法国军官与安南同志百数十人,袭取镇南关,占领三要塞,收其降卒。拟由此集合十万大山之众,而会攻龙州。不图十万大山之众以道远不能至,遂以百余众握据三炮台,而与龙济光、陆荣廷等数千之众连战七昼夜,乃退入安南。予过谅山时为清侦探所察悉,报告清吏。后清廷与法国政府交涉,将予放逐出安南。此为予第六次之失败也。

予于离河内之际,一面令黄克强筹备再入钦、廉,以图集合该地同志;一面令黄明堂窥取河口,以图进取云南,以为吾党根据之地。后克强乃以二百余人出安南,横行于钦、廉、上思一带。转战数月,所向无前,敌人闻而生畏,克强之威名因以大著。后以弹尽援绝而退出。此为予第七次之失败也。

予抵星洲数月之后,黄明堂乃以百数十人袭得河口,诛边防督办,收其降众千有余人,守之以待干部人员前往指挥。时予远在南洋,又不能再过法境,故难以亲临前敌以指挥之,乃电令黄克强前往指挥。不期克强行至半途,被法官疑为日本人,遂截留之而送之回河内;为清吏所悉,与法政府交涉,乃解之出境。而河口之众,以指挥无人,失机进取,否则,蒙自必为我有,而云南府亦必无抵抗之力。观当时云贵总督锡良求救之电,其仓皇失措可知也。黄明堂守候月余,人自为战,散漫无纪,而虏四集,其数约十倍于我新集之众,河口遂不守。而明堂率众六百余人退入安南。此为予第八次之失败也。

后党人由法政府遣送出境,而往英属星加坡。到埠之日,为英官阻难,不准登岸。驻星法领事乃与星督交涉,称此六百余众乃在河口战败而退入法境之革命军,法属政府以彼等自愿来星,故送之至此云云。星督答以"中国人民而与其本国政府作战,而未得他国承认为交战团体者,本政府不能视为国事犯,而只视为乱民,乱民入境,有违本政府之禁例,故不准登岸"。而法国邮船停泊岸边两日。后由法属政府表白"当河口革命战争之际,法政府对于两方曾取中立态度,在事实上直等于承认革命党之交战团体也,故送来星加坡之党人,不能作乱民看待"等语,星政府乃准登岸。此革命失败之后所发生之国际问题也。

由黄冈至河口等役,乃同盟会干部由予直接发动,先后六次失败。经此六次之失败,精卫颇为失望,遂约合同志数人入北京与虏酋①拼命,一击不中,与黄复生同时被执系狱,至武昌起义后乃释之。

同盟会成立之前,其出资以助义军者,不过予之亲友中少数人耳,此外则无人敢助,亦无人肯助也。自同盟会成立后,始有向外筹资之举矣。当时出资最勇而多者张静江也,倾其巴黎之店所得六七万元尽以助饷。其出资勇而挚者,安南堤岸之黄景南也,倾其一生之蓄积数千元,尽献之军用,诚难能可贵也。其他则有安南西贡之巨商李卓峰、曾锡周、马培生等三人,曾各出资数万,亦当时之未易多见者。

予自连遭失败之后,安南、日本、香港等地与中国密迩者皆不能自由居处,则予对于中国之活动地盘已完全失却矣。于是将国内一切计划委托于黄克强、胡汉民二人,而予乃再作漫游,专任筹款,以接济革命之进行。后克强、汉民回香港设南方统筹机关,与赵伯先、倪映典、朱执信、陈炯明、姚雨平等谋,以广州新军举事,运动既熟,拟于庚戌年正月某日发难。乃新军中有热度过甚之士,先

---

① 虏酋:指清摄政王载沣,宣统帝溥仪之父。

一日因小事生起风潮,于是倪映典仓卒入营,亲率一部分从沙河进攻省城,至横枝冈,为敌截击。映典中弹被擒死,军中无主,遂以溃散。此吾党第九次之失败也。

　　时予适从美东行至三藩市,闻败而后,则取道檀岛、日本而回东方。过日本时,曾潜行登陆,随为警察探悉,不准留居,遂由横滨渡槟榔屿,约伯先、克强、汉民等来会,以商卷土重来之计划。时各同志以新败之余,破坏最精锐之机关,失却最利便之地盘,加之新军同志亡命南来者实繁有徒,招待安插为力已穷,而吾人住食行动之资,将虞不继。举目前途,众有忧色。询及将来计划,莫不唏嘘太息,相视无言。予乃慰以"一败何足馁?吾曩之失败,几为举世所弃,比之今日,其困难实百倍。今日吾辈虽穷,而革命之风潮已盛,华侨之思想已开,从今而后,只虑吾人之无计划、无勇气耳!如果众志不衰,则财用一层,予当力任设法"。时各人亲见槟城同志之穷,吾等亡命境地之困,日常之费每有不给,顾安得余资以为活动。予再三言必可设法。伯先乃言:"如果欲再举,必当立速遣人携资数千金回国,以接济某处之同志,免彼散去。然后图集合而再设机关以谋进行。吾等亦当继续回香港与各方接洽。如是,日内即需川资五千元。如事有可为,则又非数十万大款不可。"予乃招集当地华侨同志会议,勖以大义,一夕之间,则醵资八千有奇。再令各同志担任到各埠分头劝募,数日之内,已达五六万元,而远地更所不计。既有头批的款,已可分头进行。计划既定,予本拟遍游南洋英、荷各属,乃荷属则拒绝不许予往,而英属及暹逻亦先后逐予出境。如是则东亚大陆之广,南洋岛屿之多,竟无一寸为予立足之地,予遂不得不远赴欧美矣。到美之日,遍游各地,劝华侨捐资以助革命,则多有乐从者矣。于是乃有辛亥三月二十九广州之举。是役也,集各省革命党之精英,与彼虏为最后之一搏。事虽不成,而黄花冈七十二烈士轰轰烈烈之概已震动全球,而国内革命之时势实以之造成矣。此为吾党第十次之失败也。

先是陈英士、宋钝初、谭石屏、居觉生等既受香港军事机关之约束,谋为广州应援;广州既一败再败,乃转谋武汉。武汉新军自予派法国武官联络之后,革命思想日日进步,早已成熟。无如清吏防范亦日以加严。而端方调兵入川,湖广总督瑞澂则以最富于革命思想之一部分交端方调遣。所以然者,盖欲弭患于未然也。然自广州一役之后,各省已风声鹤唳,草木皆兵,而清吏皆尽入恐慌之地,而尤以武昌为甚。故瑞澂先与某国领事相约,请彼调兵船入武汉,倘有革命党起事,则开炮轰击。时已一日数惊,而孙武、刘公等积极进行,而军中亦跃跃欲动。忽而机关破坏,拿获三十余人。时胡英〔瑛〕尚在武昌狱中,闻耗,即设法止陈英士等勿来。而炮兵与工程等营兵士已多投入革命党者,闻彼等名册已被搜获,明日则必拿人等语。于是迫不及待,为自存计,熊秉坤首先开枪发难,而蔡济民等率众进攻,开炮轰击督署。瑞澂闻炮,立逃汉口,请某领事如约开炮攻击。以庚子条约,一国不能自由行动,乃开领事团会议。初意欲得多数表决,即行开炮攻击以平之。各国领事对于此事皆无成见,惟法国领事罗氏[①]乃予旧交,深悉革命内容;时武昌之起事第一日则揭橥吾名,称予命令而发难者。法领事于会议席上乃力言孙逸仙派之革命党,乃以改良政治为目的,决非无意识之暴举,不能以义和拳一例看待而加干涉也。时领袖领事为俄国,俄领事与法领事同取一致之态度,于是各国多赞成之。乃决定不加干涉,而并出宣布中立之布告。瑞澂见某领事失约,无所倚恃,乃逃上海。总督一逃,而张彪亦走,清朝方面已失其统驭之权,秩序

---

① 　罗(Ulysse-Raphaël Réau):今译雷奥,时任法国驻汉口总领事。

大乱矣。然革命党方面,孙武以造炸药误伤未愈,刘公谦让未遑,上海人员又不能到,于是同盟会会员蔡济民、张振武等,乃迫黎元洪出而担任湖北都督,然后秩序渐复。厥后黄克强等乃到。此时湘鄂之见已萌,而号令已不能统一矣。按武昌之成功,乃成于意外,其主因则在瑞澂一逃。倘瑞澂不逃,则张彪断不走,而彼之统驭必不失,秩序必不乱也。以当时武昌之新军,其赞成革命者之大部分已由端方调往四川,其尚留武昌者只炮兵及工程营之小部分耳,其他留武昌之新军尚属毫无成见者也。乃此小部分以机关破坏而自危,决冒险以图功,成败在所不计,初不意一击而中也。此殆天心助汉而亡胡者欤!

　　武昌既稍能久支,则所欲救武汉而促革命之成功者,不在武汉之一着,而在各省之响应也。吾党之士皆能见及此,故不约而同,各自为战,不数月而十五省皆光复矣。时响应之最有力而影响于全国最大者,厥为上海。陈英士在此积极进行,故汉口一失,英士则能取上海以抵之,由上海乃能窥取南京。后汉阳一失,吾党又得南京以抵之,革命之大局因以益振。则上海英士一木之支者,较他着尤多也。

　　武昌起义之次夕,予适行抵美国哥罗拉多省之典华城①。十余日前,在途中已接到黄克强在香港发来一电,因行李先运送至此地,而密电码则置于其中,故途上无由译之。是夕抵埠,乃由行李检出密码而译克强之电。其文曰"居正从武昌到港,报告新军必动,请速汇款应急"等语。时予在典华,思无法可得款,随欲拟电覆之,令勿动。惟时已入夜,予终日在车中体倦神疲,思虑纷乱,乃止。欲于明朝睡醒精神清爽时,再详思审度而后覆之。乃一睡至翌日午前十一时,起后觉饥,先至饭堂用膳,道经回廊报铺,便购一

_____

①　哥罗拉多(Colorado)省之典华(Denver)城:今译科罗拉多州的丹佛市。

报携入饭堂阅看。坐下一展报纸,则见电报一段曰:"武昌为革命党占领。"如是我心中踌躇未决之覆电,已为之冰释矣。乃拟电致克强,申说覆电延迟之由,及予以后之行踪。遂起程赴美东。

时予本可由太平洋潜回,则二十余日可到上海,亲与革命之战,以快生平。乃以此时吾当尽力于革命事业者,不在疆场〔場〕之上,而在樽俎之间,所得效力为更大也。故决意先从外交方面致力,俟此问题解决而后回国。按当时各国情形,美国政府对于中国则取门户开放、机会均等、领土保全,而对于革命则尚无成见,而美国舆论则大表同情于我。法国则政府、民间之对于革命皆有好意。英国则民间多表同情,而政府之对中国政策则惟日本之马首是瞻。德、俄两国当时之趋势则多倾向于清政府,而吾党之与彼政府民间皆向少交际,故其政策无法转移。惟日本则与中国最密切,而其民间志士不独表同情于我,且尚有舍身出力以助革命者。惟其政府之方针实在不可测,按之往事,彼曾一次逐予出境,一次拒我之登陆,则其对于中国之革命事业可知;但以庚子条约之后,彼一国不能在中国单独自由行动。要而言之,列强之与中国最有关系者有六焉:美、法二国则当表同情革命者也;德、俄二国则当反对革命者也;日本则民间表同情,而其政府反对者也;英国则民间同情,而其政府未定者也。是故吾之外交关键,可以举足轻重为我成败存亡所系者,厥为英国;倘英国右我,则日本不能为患矣。

予于是乃起程赴纽约,觅船渡英。道过圣路易城时,购报读之,则有"武昌革命军为奉孙逸仙命令而起者,拟建共和国体,其首任总统当属之孙逸仙"云云。予得此报,于途中格外慎密,避却一切报馆访员,盖恶虚声而图实际也。过芝加古①时,则带同志朱卓

---

① 芝加古(Chicago):今译芝加哥。

文一同赴英。抵纽约时,闻粤中同志图粤急,城将下。予以欲免流血计,乃致电两广总督张鸣岐,劝之献城归降,而命同志全其性命。后此目的果达。到英国时,由美人同志咸马里代约四国银行团主任会谈,磋商停止清廷借款之事。先清廷与四国银行团结约,订有川汉铁路借款一万万元,又币制借款一万万元。此两宗借款,一则已发行债票,收款存备待付者;一则已签约而未发行债票者。予之意则欲银行团于已备之款停止交付,于未备之款停止发行债票。乃银行主干答以"对于中国借款之进止,悉由外务大臣主持,此事本主干当惟外务大臣之命是听,不能自由作主也"云云。予于是乃委托维加炮厂总理为予代表,往与外务大臣磋商,向英政府要求三事:一、止绝清廷一切借款;二、制止日本援助清廷;三、取消各处英属政府之放逐令,以便予取道回国。三事皆得英政府允许。予乃再与银行团主任开商革命政府借款之事。该主干曰:"我政府既允君之请而停止吾人借款清廷,则此后银行团借款与中国,只有与新政府交涉耳。然必君回中国成立正式政府之后乃能开议也。本团今拟派某行长与君同行归国,如正式政府成立之日,就近与之磋商可也。"时以予在英国个人所能尽之义务已尽于此矣,乃取道法国而东归。过巴黎,曾往见其朝野之士,皆极表同情于我,而尤以现任首相格利门梳[①]为最恳挚。

予离法国三十余日,始达上海。时南北和议已开,国体犹尚未定也。当予未到上海之前,中外各报皆多传布谓予带有巨款回国,以助革命军。予甫抵上海之日,同志之所望我者以此,中外各报馆访员之所问者亦以此。予答之曰:"予不名一钱也,所带回者,革命

---

① 格利门梳(G.Clemenceau):今译克里孟梭。与孙中山晤面时为法国参议院议员,曾分别于一九〇六年至一九〇九年、一九一七年至一九二〇年担任法国总理。

之精神耳! 革命之目的不达,无和议之可言也。"于是各省代表乃开选举会于南京,选举予为临时总统。予于基督降生一千九百十二年正月一日就职,乃申令颁布定国号为中华民国,改元为中华民国元年,采用阳历。于是予三十年如一日之恢复中华、创立民国之志,于斯竟成。

建国方略之二
实业计划(物质建设)
纽约英文版自序①

世界大战宣告停止之日,余即从事研究国际共同发展中国实业,而次第成此六种计划。余之所以如是其亟亟者,盖欲倾竭绵薄,利用此绝无仅有之机会,以谋世界永久和平之实现也。

夫以中国幅员之广,达四百二十八万九千〈平〉方英里;人口之众,号四万万;益以埋藏地下之无量数矿产与夫广大雄厚之各种农产,乃不能雄飞独立,与世界各国互相提携,共同开发;而反以谩藏诲盗,致成列强政治、经济侵略之俎上肉,斯诚不独中国之耻,抑亦世界各国之忧也。

不观夫巴尔干之往事乎? 暴徒之弹朝发,世界之战夕起。今后中国问题,其严重殆十倍于巴尔干,此问题一日不解决,则世界第二次大战之危机一日不能消除;且其战区之扩大及战斗之猛烈,尤非第一次所可比拟。吾人试闭目一思,当有不寒而栗者矣。顾

---

① 另有一九二〇年七月二十日《实业计划》上海英文版序,《建国方略》未收,其与本篇内容基本相同,译文略有不同。

欲解决此问题,其道果安在乎? 余以为舍国际共同发展中国实业外,殆无他策。此政策果能实现,则大而世界,小而中国,无不受其利益。余理想中之结果,至少可以打破现在之所谓列强势力范围,可以消灭现在之国际商业战争与资本竞争,最后且可以消除今后最大问题之劳资阶级斗争。如是则关于中国问题之世界祸根可以永远消灭,而世界人类生活之需要,亦可得一绝大之供给源流,销兵气为日月之光,化凶厉于祯祥之域,顾不懿欤!

余之所为计划,材料单薄,不足为具体之根据,不过就鄙见所及,贡其粗疏之大略而已;增损而变更之,非待专门家加以科学之考查与实测,不可遽臻实用也。比如余所计划之北方大港,将出现于青河、滦河之间者,在余之意见,以为港口必须设于东面,乃一经工程师实行测量之后,则港口应在西方。举此一例,可以证明余之粗疏。弥缝补苴,使成尽美尽善之伟大计划,是所望于未来之专门家矣。

余书著成后,助予校阅稿本者为蒋梦麟博士、余日章先生、朱友涣博士、顾子仁先生、李耀邦博士,例应于此致谢。

　　　　中华民国十年四月二十五日　孙文序于广州

据《中央党务月刊》第二十三期(一九三〇年六月版)

《英文本实业计划自序》

中文版序①

　　欧战甫完之夕,作者始从事于研究国际共同发展中国实业,而

---

① 本序系孙中山为一九二一年十月上海民智书局出版《实业计划》中文初刊本时所撰,孙中山的手书改正本将"自序"改为"序"。

成此六种计划。盖欲利用战时宏大规模之机器及完全组织之人工,以助长中国实业之发达,而成我国民一突飞之进步;且以助各国战后工人问题之解决。无如各国人民久苦战争,朝闻和议,夕则懈志,立欲复战前原状,不独战地兵员陆续解散,而后路工厂亦同时休息。大势所趋,无可如何。故虽有三数之明达政治家欲赞成吾之计划,亦无从保留其战时之工业,以为中国效劳也。我固失一速进之良机,而彼则竟陷于经济之恐慌,至今未已。其所受痛苦较之战时尤甚。将来各国欲恢复其战前经济之原状,尤非发展中国之富源,以补救各国之穷困不可也。然则中国富源之发展,已成为今日世界人类之至大问题,不独为中国之利害而已也。惟发展之权,操之在我则存,操之在人则亡,此后中国存亡之关键,则在此实业发展之一事也。吾欲操此发展之权,则非有此知识不可。吾国人欲有此知识,则当读此书,尤当熟读此书,从此触类旁通,举一反三,以推求众理。庶几操纵在我,不致因噎废食,方能泛应曲当,驰骤于今日世界经济之场,以化彼族竞争之性,而达我大同之治也。

此书为实业计划之大方针,为国家经济之大政策而已。至其实施之细密计划,必当再经一度专门名家之调查,科学实验之审定,乃可从事。故所举之计划,当有种种之变更改良,读者幸毋以此书为一成不易之论,庶乎可。

此书原稿为英文,其篇首及第二、第三计划及第四之大部分为朱执信所译,其第一计划为廖仲恺所译,其第四之一部分及第六计划及结论为林云陔所译,其第五计划为马君武所译。特此志之。

民国十年十月十日　孙文序于粤京

据孙文著《建国方略》(上海民智书局)一九二二年六月再版本

篇　首[①]

　　世界大战最后之一年中,各国战费每日须美金二万四千万元。此中以极俭计,必有一半费于药弹及其他直接供给战争之品,此已当美金一万二千万元矣。如以商业眼光观察此种战争用品,则此新工业乃以战场为其销场,以兵士为其消费者,改变种种现存之他种实业,以为此供给,而又新建以益之。各交战国民,乃至各中立国民,日夕缩减其生活所需至于极度,而储其向日所费诸繁华及安适者,以增加生产此种战争货品之力。今者战事告终,诚可为人道庆。顾此战争用品之销场同时闭锁,吾人当图善后之策。故首当谋各交战国之再造,次则恢复其繁华与安适。此两项事业,若以日费六千万元计之,只占此战争市场所生余剩之半额,而所余者每日仍有六千万元,尚无所用之地。且此千数百万军人,向从事于消费者,今又一转而事生产,则其结果必致生产过多。不特此也,各国自推行工业统一与国有后,其生产力大增,与前此易手工用机器之工业革命相较,其影响更深。吾人欲命以"第二工业革命"之名,似甚正确。若以其增加生产力而言,此次革命之结果,实较前增加数倍。然则以世界战争而成此工业统一与国有之现象者,于战后之整理必多纠纷。今夫一日六千万,则一年二百一十九万万也,贸易如是其巨也,以战争而起者,乃忽以和平而止。试问欧美于此世界

---

　　① 此篇曾于一九一八年单独发表,原为英文,《孙文学说》附载时译名为《国际共同发展中国实业计划书——补助世界战后整顿实业之方法》。一九一九年三月七日上海《民国日报》发表时,标题为《中山先生国际共同发展中国实业计划书》。同年八月上海《建设》创刊号转载,称之为《实业计划》的"开篇总论""总论"。《建国方略》对本篇未加标题。此处"篇首"二字为编者所加。

中将向何处觅销场，以消纳战争时储节所赢之如许物产乎？

如当整理战后工业之际，无处可容此一年二百一十九万万之贸易，则其工业必停，而投于是之资本乃等于虚掷，其结果不惟有损此诸生产国之经济状况，即于世界所失亦已多矣。凡商业国，无不觅中国市场，以为消纳各国余货之地。然战前贸易状态太不利于中国，输入超过输出年逾美金一万万。循此以往，中国市场不久将不复能销容大宗外货，以其金钱、货物俱已枯竭，无复可持与外国市易也。所幸中国天然财源极富，如能有相当开发，则可成为世界中无尽藏之市场；即使不能全消费此一年二百十九万万之战争生产剩余，亦必能消费其大半无疑。

中国今尚用手工为生产，未入工业革命之第一步，比之欧美已临第二革命者有殊。故于中国两种革命必须同时并举，既废手工采机器，又统一而国有之。于斯际中国正需机器，以营其巨大之农业，以出其丰富之矿产，以建其无数之工厂，以扩张其运输，以发展其公用事业。然而消纳机器之市场，又正战后贸易之要者也。造巨炮之机器厂，可以改制蒸汽辗压以治中国之道路；制装甲自动车之厂，可制货车以输送中国各地之生货；凡诸战争机器，一一可变成平和器具，以开发中国潜在地中之富。此种开辟利源之办法，如不令官吏从中舞弊，则中外利益均沾，中国人民必欢迎之。

欧美人或有未之深思者，恐以战争时之机器、战争时之组织、与熟练之技工开辟中国利源，将更引起外国工业之竞争。故余今陈一策，可使中国开一新市场，既以销其自产之货，又能销外国所产，两不相妨。其策如下：

（甲）交通之开发。

　　子　铁道一十万英里。

　　丑　碎石路一百万英里。

寅　修浚现有运河：

　　（一）杭州、天津间运河。

　　（二）西江、扬子江间运河。

卯　新开运河：

　　（一）辽河、松花江间运河。

　　（二）其他运河。

辰　治河：

　　（一）扬子江筑堤、浚水路，起汉口迄于海，以便航洋船直达该港，无间冬夏。

　　（二）黄河筑堤，浚水路，以免洪水。

　　（三）导西江。

　　（四）导淮①。

　　（五）导其他河流。

巳　增设电报线路、电话及无线电等，使遍布于全国。

（乙）商港之开辟。

子　于中国中部、北部、南部各建一大洋港口，如纽约港者。

丑　沿海岸建种种之商业港及渔业港。

寅　于通航河流沿岸建商场、船埠。

（丙）铁路中心及终点并商港地设新式市街，各具公用设备。

（丁）水力之发展。

（戊）设冶铁、制钢并造士敏土②之大工厂，以供上列各项之需。

（己）矿业之发展。

（庚）农业之发展。

---

① 淮：指淮河。

② 士敏土（cement）：即水泥。

（辛）蒙古、新疆之灌溉。

（壬）于中国北部及中部建造森林。

（癸）移民于东三省、蒙古、新疆、青海、西藏。

如使上述规划果能逐渐举行，则中国不特可为各国余货消纳之地，实可为吸收经济之大洋海，凡诸工业国其资本有余者，中国能尽数吸收之。不论在中国抑在全世界，所谓竞争、所谓商战者，可永不复见矣。

近时世界战争，已证明人类之于战争不论或胜或负，均受其殃，而始祸者受害弥重。此理于以武力战者固真，于以贸易争者尤确也。威尔逊总统今既以国际同盟防止将来之武力战争，吾更欲以国际共助中国之发展，以免将来之贸易战争，则将来战争之最大原因，庶可从根本绝去矣。

自美国工商发达以来，世界已大受其益。此四万万人之中国一旦发达工商，以经济的眼光视之，何啻新辟一世界？而参与此开发之役者，亦必获超越寻常之利益，可无疑也。且此种国际协助，可使人类博爱之情益加巩固，而国际同盟亦得借此以巩固其基础，此又予所确信者也。

欲使此计划举行顺利，余以为必分三步以进：第一，投资之各政府，务须共同行动，统一政策，组成一国际团，用其战争时任组织、管理等人材及种种熟练之技师，令其设计有统系，用物有准度，以免浪费，以便作工。第二，必须设法得中国人民之信仰，使其热心匡助此举。如使上述两层已经办到，则第三步，即为与中国政府开正式会议，以议此计划之最后契约。而此种契约，吾以为应取法于曩者吾与伦敦波令公司所立建筑广州重庆铁路合同，以其为于两方最得宜，而于向来中国与外国所结契约中为人民所最欢迎者也。吾人更有不能不预为戒告者，即往日盛宣怀铁路国有之覆辙，不可复蹈也。当时外国银行家不顾中国之民意,以为但与中国政府商妥,即无事不可为;及后乃始悔其以贿成之契约,终受阻于人民也。假使外国银行先遵正当之途,得中国人民之信仰,然后与政府订契约,则事易行,岂复有留滞之忧? 然则于此国际计划,吾人不可不重视民意也。

如资本团以吾说为然,吾更当继此有所详说。

第 一 计 划

中国实业之开发应分两路进行,(一)个人企业(二)国家经营是也。凡夫事物之可以委诸个人,或其较国家经营为适宜者,应任个人为之,由国家奖励,而以法律保护之。今欲利便个人企业之发达于中国,则从来所行之自杀的税制应即废止,紊乱之货币立需改良,而各种官吏的障碍必当排去,尤须辅之以利便交通。至其不能委诸个人及有独占性质者,应由国家经营之。今兹所论,后者之事属焉。

此类国家经营之事业,必待外资之吸集、外人之熟练而有组织才具者之雇佣,宏大计划之建设,然后能举。以其财产属之国有,而为全国人民利益计以经理之。关于事业之建设运用,其在母财、子利尚未完付期前,应由中华民国国家所雇专门练达之外人任经营监督之责;而其条件,必以教授训练中国之佐役,俾能将来继承其乏,为受雇于中国之外人必尽义务之一。及乎本利清偿而后,中华民国政府对于所雇外人当可随意用舍矣。于详议国家经营事业开发计划之先,有四原则必当存〔留〕据〔意〕:

(一)必选最有利之途以吸外资。

(二)必应国民之所最需要。

（三）必期抵抗之至少。

（四）必择地位之适宜。

今据上列之原则，举其计划如下：

（一）筑北方大港于直隶湾[①]。

（二）建铁路统系，起北方大港，迄中国西北极端。

（三）殖民蒙古、新疆。

（四）开浚运河，以联络中国北部、中部通渠及北方大港。

（五）开发山西煤铁矿源，设立制铁、炼钢工厂。

上列五部为一计划，盖彼此互相关联，举其一有以利其余也。北方大港之筑，用为国际发展实业计划之策源地；中国与世界交通运输之关键，亦系夫此。此为中枢，其余四事旁属焉。

第一部　北方大港

兹拟建筑不封冻之深水大港于直隶湾中。中国该部必需此港，国人宿昔感之，无时或忘。向者屡经设计浚渫大沽口沙，又议筑港于岐河口[②]。秦皇岛港已见小规模的实行，而葫芦岛港亦经筹商兴筑。今余所策，皆在上举诸地以外。盖前两者距深水线过远而淡水过近，隆冬即行结冰，不堪作深水不冻商港用；后两者与户口集中地辽隔，用为商港不能见利。兹所计划之港，为大沽口、秦皇岛两地之中途，青河、滦河两口之间，沿大沽口、秦皇岛间海岸岬角上。该地为直隶湾中最近深水之一点，若将青河、滦河两淡水远引他去，免就近结冰，使为深水不冻大港，绝非至难之事。此处与天津相去，方诸天津、秦皇岛间少差七八十咪。且此港能借运河

---

① 直隶湾：今名渤海湾。

② 岐河口，后文亦作岐口，地濒渤海湾。

以与北部、中部内地水路相连,而秦皇、葫芦两岛则否。以商港论,现时直隶湾中唯一不冻之港,惟有秦皇岛耳。而此港则远胜秦皇、葫芦两岛矣。

由营业上观察,此港筑成,立可获利,以地居中国最大产盐区域之中央故也。在此地所产至廉价之盐,只以日曝法产出;倘能加以近代制盐新法,且可利用附近廉价之煤,则其产额必将大增,而产费必将大减,如此中华全国所用之盐价可更廉。今以本计划遂行之始,仅能成中等商港计之,只此一项实业已足支持此港而有余。此外直接附近地域,尚有中国现时已开最大之煤矿(开滦矿务公司),计其产额年约四百万吨。该公司现用自有之港(秦皇岛),借为输出之路。顾吾人所计划之港,距其矿场较近,倘能以运河与矿区相联,则其运费方诸陆运至秦皇岛者廉省多矣。不特此也,兹港将来必畅销开滦产煤,则该公司势必仰资此港为其运输出口之所。今天津一处在北方为最大商业之中枢,既无深水海港可言,每岁冬期,封冻数月,亦必全赖此港以为世界贸易之通路。此虽局部需要,然仅以此计,已足为此港之利矣。

顾吾人之理想,将欲于有限时期中发达此港,使与纽约等大。试观此港所襟带控负之地,即足证明吾人之理想能否实现矣。此地西南为直隶、山西两省与夫黄河流域,人口之众约一万万。西北为热河特别区域及蒙古游牧之原,土旷人稀,急待开发。夫以直隶生齿之繁,山西矿源之富,必赖此港为其唯一输出之途。倘将来多伦诺尔、库伦间铁路完成,以与西伯利亚铁路联络,则中央西伯利亚一带皆视此为最近之海港。由是言之,其供给分配区域,当较纽约为大。穷其究竟,必成将来欧亚路线之确实终点,而两大陆于以连为一气。今余所计划之地,现时毫无价值可言。假令于此选地二三百方咪置诸国有,以为建筑将来都市之用,而四十年后,发达程度即令不如纽约,仅等于美国费府,吾敢信地值所涨,已足偿所投建筑资金矣。

中国该部地方,必需如是海港,自不待论。盖直隶、山西、山东西部、河南北部、奉天之一半、陕甘两省之泰半,约一万万之人口,皆未尝有此种海港。蒙古、新疆与夫煤铁至富之山西,亦将全恃直隶海岸,为其出海通衢。若乎沿海、沿江各地稠聚人民,必需移实蒙古、天山一带从事垦殖者,此港实为最近门户,且以由此行旅为最廉矣。

兹港所在,距深水至近,去大河至远,而无河流滞淤填积港口,有如黄河口、扬子江口时需浚渫之患,自然之障碍于焉可免。又为干燥平原,民居极鲜,人为障碍丝毫不存,建筑工事尽堪如我所欲。至于海港、都市两者之工程预算,当有待于专门技士之测勘,而后详细计划可定。(参观第一图,并观详图一、二)

(详图之说明:自第一计划寄到北京公使馆之后,美使芮恩诗博士即派专门技师[①],往作者所指定之北方大港地点实行测量,果发见此地确为直隶沿海最适宜于建筑一世界港之地。惟其不同之点,只有港口当位于西边耳。因作者当时无精确之图也。读者一观此两详细图,便可一目了然矣。)

第二部　西北铁路系统

吾人所计划之铁路,由北方大港起,经滦河谷地以达多伦诺尔,凡三百咪。经始之初,即筑双轨,以海港为出发点,以多伦诺尔为门户,以吸收广漠平原之物产,而由多伦诺尔进展于西北。第一

---

① 美国驻华公使芮恩诗(Paul Samuel Reinsch),后文附录亦作芮恩施。专门技师指美国商务部特派员惠瑟姆(Paul P.Whitham)。

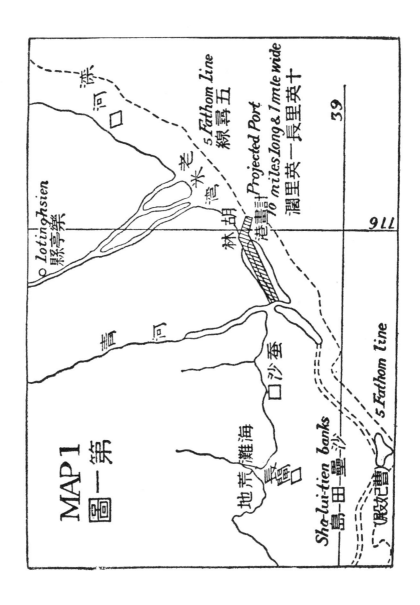

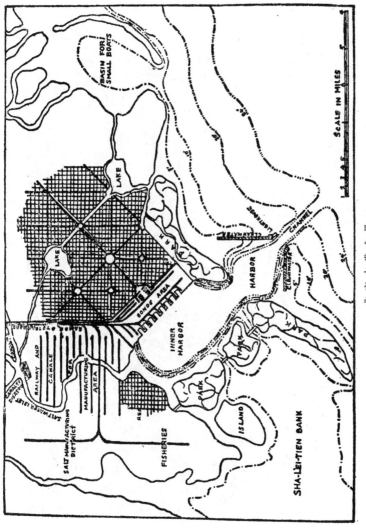

北方大港全景一

北方大港全景三

线,向北偏东北走,与兴安岭山脉平行,经海拉尔以赴漠河。漠河者,产金区域而黑龙江右岸地也。计其延长约八百咪。第二线,向北偏西北走,经克鲁伦以达中俄边境,以与赤塔城附近之西伯利亚铁路相接,长约六百咪。第三〈线〉,以一干线向西北,转正西又转西南,沿沙漠北境,以至国境西端之迪化城,长约一千六百咪。地皆平坦,无崇山峻岭。第四线,由迪化迤西以达伊犁,约四百咪。第五线,由迪化东南,超出天山山峡,以入戈壁边境,转而西南走,经天山以南沼地与戈壁沙漠北偏之间一带腴沃之地,以至喀什噶尔;由是更转而东南走,经帕米尔高原以东、昆仑以北,与沙漠南边之间一带沃土,以至于阗,即克里雅河岸。延长约一千二百咪,地亦平坦。第六线,于多伦诺尔、迪化间干线,开一支线,由甲接合点出发,经库伦,以至恰克图,约长三百五十咪。第七线,由干线乙接合点出发,经乌里雅苏台,倾北偏西北走,以至边境,约六百咪。第八线,由干线丙接合点出发,西北走,达边境,约四百咪。(参观第二图)

　　兹所计划之铁路,证以"抵抗至少"之原则,实为最与理想相符合者。盖以七千余咪之路线为吾人计划所定者,皆在坦途。例如多伦诺尔至喀什噶尔之间,且由斯更进之路线,延袤三千余咪,所经均肥沃之平野,并无高山大河自然之梗阻横贯其中也。

　　以"地位适宜"之原则言之,则此种铁路,实居支配世界的重要位置。盖将为欧亚铁路系统之主干,而中、欧两陆人口之中心,因以联结。由太平洋岸前往欧洲者,以经此路线为最近。而由伊犁发出之支线,将与未来之印度、欧洲线路(即行经伯达,以通达马斯加斯及海楼府[①]者)联络,成一连锁。将来由吾人所计划之港,可

---

　　① 伯达、达马斯加斯、海楼府;今译为巴格达、大马士革、开罗。

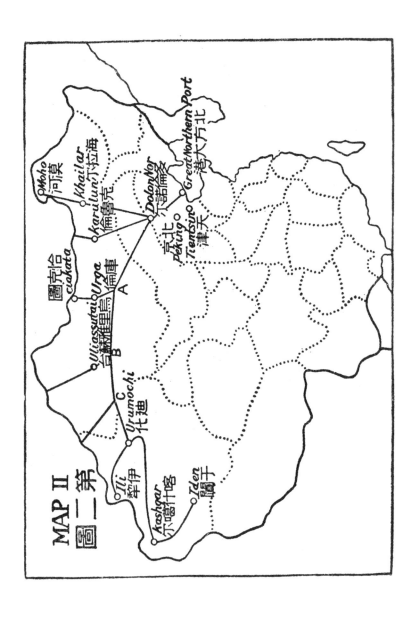

以直达好望角城。综观现在铁路，于世界位置上无较此重要者矣。

以"国民需要"之原则言之，此为第一需要之铁路。盖所经地方，较诸本部十八行省尤为广阔。现以交通运输机关缺乏之故，丰富地域，委为荒壤，而沿海沿江烟户稠密省分，麇聚之贫民无所操作，其弃自然之惠泽而耗人力于无为者，果何如乎？倘有铁路与此等地方相通，则稠密省区无业之游民，可资以开发此等富足之地。此不仅有利于中国，且有以利世界商业于无穷也。故中国西北部之铁路系统，由政治上、经济上言之，皆于中国今日为必要而刻不容缓者也。

吾人所以置"必选有利之途"之第一原则而未涉及者，非遗弃之也，盖将详为论列，使读者三致意焉耳。今夫铁路之设，间于人口繁盛之区者其利大，间于民居疏散之地者其利微，此为普通资本家、铁路家所恒信；今以线路横亘于荒僻无人之境，如吾人所计划者，必将久延岁月，而后有利可图。北美合众国政府于五十年前，所以给与无垠之土地于铁路公司，诱其建筑横跨大陆干路，以达太平洋岸者，职是之故。余每与外国铁路家、资本家言兴筑蒙古、新疆铁路，彼辈恒有不愿。彼将以为兹路之设，所过皆人迹稀罕，只基于政治上、军事上理由，有如西伯利亚铁路之例，而不知铁路之所布置，由人口至多以达人口至少之地者，其利较两端皆人口至多之地为大。兹之事实，盖为彼辈所未曾闻。请详言其理。夫铁路两端人口至多之所，彼此经济情况大相仿佛，不如一方人口至多、他方人口至少者，彼此相差之远。在两端皆人口至多者，舍特种物产此方仰赖彼方之供给而外，两处居民大都生活于自足经济情况之中，而彼此之需要供给不大，贸迁交易，不能得巨利。至于一方人口多而他方人口少者，彼此经济情况，大相径庭。新开土地从事劳动之人民，除富有粮食及原料品，以待人口多处之所需求而外，一切货物,皆赖他方之繁盛区域供给,以故两方贸易必臻鼎盛。不特此也,筑于两端皆人口至多之铁路,对于人民之多数无大影响,所受益者惟少数富户及商人而已;其在一方人口多而他方人口少者,每筑铁路一咪开始输运,人口多处之众必随之而合群移住于新地,是则此路建筑之始,将充其量以载行客。京奉、京汉两路比较,其明证也。

京汉路线之延长八百有余咪,由北京直达中国商业聚中之腹地,铁路两端之所包括,皆户集人稠之所;京奉路线长仅六百咪耳,然由人口多处之京、津,开赴人口少处之满洲。前者虽有收益,则不若后者所得之大。以较短之京奉线,方诸较长之京汉线,每年纯利所赢,其超过之数有至三四百万者矣。

故自理则上言之,从利益之点观察,人口众多之处之铁路,远胜于人口稀少者之铁路。然由人口众多之处筑至人口稀少之处之铁路,其利尤大。此为铁路经济上之原则,而铁路家、资本家所未尝发明者也。

据此铁路经济上之新原则,而断吾人所计划之铁路,斯为有利中之最有利者。盖一方联接吾人所计划之港,以通吾国沿海沿江户口至多省分;又以现存之京汉、津浦两路,为此港暨多伦诺尔路线之给养,他方联接大逾中国本部之饶富未开之地。世界他处欲求似此广漠腴沃之地,而邻近于四万万人口之中心者,真不可得矣。

第三部　蒙古、新疆之殖民

殖民蒙古、新疆,实为铁路计划之补助,盖彼此互相依倚,以为发达者也。顾殖民政策,除有益于铁路以外,其本身又为最有利之事业,例如北美合众国、加拿大、澳洲及阿尔然丁[①]等国所行之结果,其成绩至为昭彰。至若吾人之所计划,不过取中国废弃之人力,与夫外国之机械,施对沃壤,以图利益昭著之生产。即以满州〔洲〕现时殖民言之,虽于杂乱无章之中,虚耗人工地力,不知凡几,然且奇盛;假能以科学上方法行吾人之殖民政策,则其收效将无伦比。以此之故,予议于国家机关之下,佐以外国练达之士及有军事上组织才者,用系统的方法指导其事,以特惠移民,而普利全国。

土地应由国家买收,以防专占投机之家置土地于无用,而遗毒害于社会。国家所得土地,应均为农庄,长期贷诸移民。而经始之资本、种子、器具、屋宇应由国家供给,依实在所费本钱,现款取偿,或分年摊还。而兴办此事,必当组织数大机关,行战时工场制度,以为移民运输居处衣食之备。第一年不取现值,以信用贷借法行之。

一区之移民为数已足时,应授以自治特权。每一移民,应施以训练,俾能以民主政治的精神,经营其个人局部之事业。

假定十年之内,移民之数为一千万,由人满之省徙于西北,垦发自然之富源,其普遍于商业世界之利,当极浩大。靡论所投资本庞大若何,计必能于短时期中,子偿其母。故以"有利"之原则论,别无疑问也。

以"国民需要"之原则衡之,则移民实为今日急需中之至大者。夫中国现时应裁之兵,数过百万;生齿之众,需地以养。殖民政策于斯两者,固最善之解决方法也。兵之裁也,必须给以数月恩饷,综计解散经费,必达一万万元之巨。此等散兵无以安之,非流为饿莩,则化为盗贼,穷其结果,宁可忍言。此弊不可不防,尤不可使防

---

① 阿尔然丁:今译阿根廷。

之无效。移民实荒,此其至善者矣。予深望友好之外国资本家,以中国福利为怀者,对于将来中国政府请求贷款以资建设,必将坚持此诣〔旨〕,使所借款项第一先用于裁兵之途;其不然者,则所供金钱,反以致祸于中国矣。对于被裁百余万之兵,只以北方大港与多伦诺尔间辽阔之地区,已足以安置之。此地矿源富而户口少,倘有铁路由该港出发以达多伦诺尔,则此等散兵可供利用,以为筑港、建路及开发长城以外沿线地方之先驱者。而多伦诺尔将为发展极北殖民政策之基矣。

第四部　开浚运河以联络中国北部、中部通渠及北方大港

此计划包含整理黄河及其支流、陕西之渭河、山西之汾河暨相连诸运河。黄河出口应事浚渫,以畅其流,俾能驱淤积以出洋海。以此目的故,当筑长堤,远出深海,如美国密西悉比河口然。堤之两岸须成平行线,以保河辐之划一,而均河流之速度,且防积淤于河底。加以堰闸之功用,此河可供航运,以达甘肃之兰州。同时,水力工业亦可发展。渭河、汾河亦可以同一方法处理之,使于山、陕两省中,为可航之河道。诚能如是,则甘肃与山、陕两省当能循水道与所计划直隶湾中之商港联络,而前此偏僻三省之矿材物产,均得廉价之运输矣。

修理黄河费用或极浩大,以获利计,亦难动人。顾防止水灾,斯为全国至重大之一事。黄河之水,实中国数千年愁苦之所寄。水决堤溃,数百万生灵、数十万万财货为之破弃净尽。旷古以来,中国政治家靡不引为深患者。以故一劳永逸之策不可不立,用费虽巨,亦何所惜,此全国人民应有之担负也。浚渫河口,整理堤防,建筑石坝,仅防灾工事之半而已;他半工事,则植林于全河流域倾

斜之地,以防河流之漂卸土壤是也。

千百年来,为中国南北交通枢纽之古大运河,其一部分现在改筑中者,应由首至尾全体整理,使北方、长江间之内地航运得以复通。此河之改筑整理,实为大利所在。盖由天津至杭州,运河所经皆富庶之区也。

另应筑一新运河,由吾人所计划之港,直达天津,以为内地诸河及新港之连锁。此河必深而且广,约与白河相类,俾供国内沿岸及浅水航船之用,如今日冬期以外之所利赖于白河者也。河之两岸,应备地以建工厂,则生利者不止运输一事,而土地价格之所得,亦其一端也。

至于建筑之计划预算,斯则专门家之责,兹付阙如。

第五部　开发直隶、山西煤铁矿源,
设立制铁炼钢工厂

本计划所举诸业,如筑北方大港,建铁路统系由北方大港以达中国西北极端,殖民蒙古、新疆,与夫开浚运河、改良水道以联络北方大港,之四者所需物料当极浩大。夫煤铁矿源,在各实业国中累岁锐减,而各国亟思所以保存天惠,以遗子孙。如使为开发中国故,凡夫物料所需,取给各国,则将竭彼自为之富源,贻彼后代患。且以欧洲战后,各国再造所费,于实业界能供给之煤铁,行将吸收以尽。故开发新富源,以应中国之特别需求者,势则然也。

直隶、山西无尽藏之煤铁,应以大规模采取之。今假以五万万或十万万元资本,投诸此事业。当中国一般的开发计划进行之始,钢铁销场立即扩大,殊非现时实业界所能供给。试思铁路、都市、商港等之建筑,与夫各种机械器具之应用,所需果当何若。质而言之,则中国开发,即所以起〔启〕各种物品之新需要,而同时不得不

就附近原料,谋相当之供给。故制铁、炼钢工厂者,实国家之急需,亦厚利之实业也。

此第一计划,皆依据前此所述之四原则而成。果如世论所云,"一需要即以发生更新之需要,一利益即以增进较多之利益",则此第一计划,可视为其他更大发展中国计划之先导,后当继续论之。

第 二 计 划

东方大港之为第二计划中心,犹之北方大港之为第一计划中心也。故第二计划亦定为五部,即:

(一)东方大港。

(二)整治扬子江水路及河岸。

(三)建设内河商埠。

(四)改良扬子江之现存水路及运河。

(五)创建大士敏土厂。

第一部　东方大港

上海现在虽已成为全中国最大之商港,而苟长此不变,则无以适合于将来为世界商港之需用与要求。故今日在华外国商人有一运动,欲于上海建一世界商港。现经有种种计划提出,即如将现在之布置更加改良,堵塞黄浦江口及上游以建一泊船坞,于黄浦口外、扬子江右岸建一锁口商港,于上海东方凿一船池,并浚一运河到杭州湾;而预算欲使上海成为一头等商港,必须费去洋银一万万元以上然后可。据第一计划中吾所举之四原则,则上海之为中国东方世界商港也,实不可谓居于理想的位置。在〔而〕此种商港最良之位置,当在杭州湾中乍浦正南之地。依上述四原则以为观察,论其为东方商港,则此地位远胜上海。是以吾等于下文将呼之为计划港,以别于现在中国东方已成之商港即上海也。

甲　计划港

计划港当位于乍浦岬与澉浦岬之间,此两点相距约十五英里。应自此岬至彼岬建一海堤,而于乍浦一端离山数百尺之处,开一缺口,以为港之正门。此种海堤可分为五段,每段各长三英里。因现在先筑一段,长三英里,阔一英里半,已得三四方英里之港面,足供用矣。至于商务长进,则可以逐段加筑,以应其需用。前面海堤,应以石块或士敏土坚结筑之。其横于海堤与陆地间之堤,则可用沙及柴席垒成,作为暂时建造,以备扩张港面时之移动。此港一经作成,永无须为将来浚渫之计。盖此港近旁,并无挟泥之水日后能填满此港面及其通路者也。在杭州湾中,此港正门为最深之部分,由此正门出至公海,平均低潮水深三十六尺至四十二尺,故最大之航洋船,可以随时进出口。故以此计划港作为中国中部一等海港,远胜上海也。(参观第三图)

以"抵抗最少"之原则言,吾之计划乃在未开辟地规划城市、发展实业皆有绝对自由,一切公共营造及交通计划均可以最新利之方法建设之。即此一层,已为我等之商港将来必须发展至大如纽约者之最重要之要素矣。如使人之远见,在百年前能预察纽约今日人口之多与其周围之广,则此空费之无数金钱劳力与无远见之失误皆可避去,而恰就此市不绝长进之人口及商务,求其适合矣。吾人既知其如此,则中国东方大港务须经始于未开辟之地,以保其每有需用,随时可以推广也。

且上海所有天然利益,如其为中国东部长江商港,为其中央市场,我之计划港亦复有之,更加以由铁路以与大江以南各大都市相

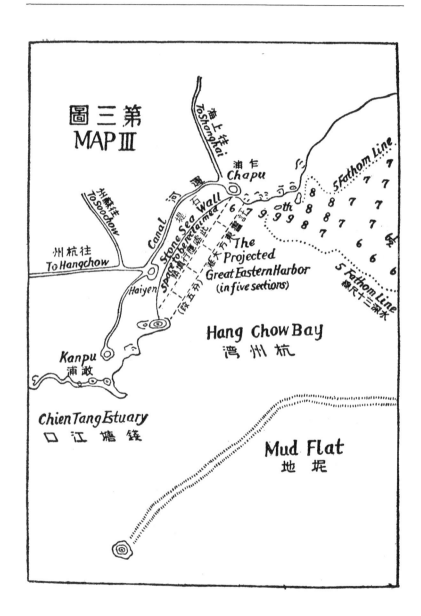

交通，此港较之上海为近。抑且如将该地近旁与芜湖之间水路加以改良，则此港与长江上游水上交通亦比上海为近。而上海所有一切人为的繁荣，所以成为一大商埠，为中国此方面商务之中心者，不待多年，此港已能追及之矣。

由吾发展计划之观察点，以比较上海与此计划港，则上海较此港遥劣。因其须购高价之土地，须毁除费用甚多之基址与现存之布置，即此一层所费，已足作成一良好港面，于我所计划之地矣。是以照我所提，别建一头等港供中国东部之用，而留上海作为内地市场与制造中心，如英国孟遮斯打①之于利物浦，日本大阪之于神户、东京之于横滨，最为得策也。

以其建造将较上海廉数倍，工作亦简单数倍，故此计划港将为可获厚利之规划。乍浦、澉浦间及其附近土地之价每亩当不过五十元至一百元，国家当划取数百英方里之地于其邻近，以供吾等将来市街发展之计划所用。假如划定为二百英方里，每亩价值百元，每六亩当一英亩，而六百四十英亩当一英方里，故二百英方里地价当费七千六百万元。以一计划论，此诚为巨额。但政府可以先将地价照现时之额限定，而仅买取所须用之地，其余之地则作为国有地未给价者留于原主手中，任其使用，但不许转卖耳。如此，国家但于发展计划中需用若干地，即随时取若干地，而其取之则有永远不变之定价，而其支付地价可以徐徐，国家将来即能以其所增之利益还付地价。如此，惟第一次所用地区之价须以资本金支付之，其余则可以其本身将来价值付之而已足。至港面第一段完成以后，此港发达，斯时地价急速腾贵，十年之内，在其市街界内地价将起自千元一亩至十万元一亩之高价，故土地自体已发生利益矣，而又

---

① 孟遮斯打（Manchester）：今译曼彻斯特。

益之以计划本来之港面及市街之利益。因其所挟卓越之地位,此
港实有种种与纽约媲美之可能。而在扬子江流域,控有倍于美国
之二万万人口之一地区,恐当以此为唯一之深水海港也。此种都
市长进之率,将与实行此发展计划全部之率为正比例。如使用战
时工作之伟大规模、完密组织之方法,以助长此港面与市街之建
造,则此时将有东方纽约崛起于极短时间之中。于是无须更虑其
过度扩展与资本之误投,因有无限之富源与至大之人口,正待此港
而用之也。

乙　以上海为东方大港

如使我之计划惟欲以一深水港面供中国此部分将来商务之
用,则必取前之计划港而舍上海无疑。任从何点观察,上海皆为僵
死之港,然而在我之中国发展计划,上海有特殊地位。由此审度
之,于上海仍可求得一种救济法也。

扬子江之沙泥,每年填塞上海通路,迅速异常,此实阻上海为
将来商务之世界港之疆神也。据黄浦江浚渫局技师长方希典斯坦
君①所推算,此种沙泥每年计有一万万吨,此数足以铺积满四十英
方里之地面,至十英尺之厚。必首先解决此沙泥问题,然后可视上
海为能永成为一世界商港者也。幸而在吾计划中,本有整治扬子
江水道及河岸一部,将有助于上海通路之解决。故常以此计划置
诸心中,即可将沙泥问题作为已解决者,而将整治长江入海口一事
让之次部。现在先商上海港面改良一事。

现有诸专门家提出种种计划,以图上海港面改良,如前所述。
其中有欲将十二年来黄浦江浚渫局用一千一百万两所作之工程,
尽行毁弃者。是以吾欲献一常人之规划,以供专门家及一般公众

───────────

①　方希典斯坦(Von Heidenstam);今译冯·海顿斯坦。

之研讨。我之设世界港于上海之计划,即仍留存现在自黄浦江口起至江心沙上游高桥河合流点止已成之布置,如此则浚濮局十二年来所作之工程均不虚耗。于是依我计划,当更延长浚濮局所已开成之水道,又扩张黄浦江右岸之湾曲部,由高桥河合流点开一新河直贯浦东,在龙华铁路接轨处上流第二转湾复与黄浦江正流会。如此,则由此点直到斜对杨树浦之一点,江流直几如绳,由此更以缓曲线达于吴淞。此新河将约三十英方里之地圈入,作为市宅中心,且作成一新黄浦滩;而现在上海前面缭绕潆洄之黄浦江,则填塞之以作广马路及商店地也。此所填塞之地,当然为国家所有,固不待言;且由此线以迄新开河中间之地暨其附近,亦均当由国家收用,而授诸国际开发之机关所支配。如此,然后上海可以追及前述之计划港,其建造能为经济的,可以引致外国资本也。

关于改良上海以为将来世界商港(参观第四图),在杨树浦下游,吾主张建一泊船坞。此坞应就现在黄浦江左岸自杨树浦角起,至江心沙上流转湾处止,跨旧黄浦江面及新开地,而邻于新开河之左岸以建之。坞之面积应有约六英方里,并应于江心沙上游之处建一水闸以通船坞,而坞当凿至四十尺深。新开河之深,亦当以河流之冲刷,而使之至四十尺。惟此冲刷之水,非如专门家所提议于江阴设一长江、太湖间之闭锁运河而引致之,乃由我计划所定之改良此部分地方与芜湖间之水道而引致之,如此乃能得较猛之水力也。我辈既已见及现在之黄浦江,须由龙华接轨处上面第二转湾起填至杨树浦角,以供市街规划,则如何处分苏州河之问题,又须解决。吾意当导此小河,沿黄浦江故道右岸直注泊船坞之上端,然后合于新开之河;于此小河与泊船坞之间,当设一水闸,所以便于由苏州及内地之水运系统直接与船坞联络也。

在我计划,以获利为第一原则,故凡所规划皆当严守之。故创

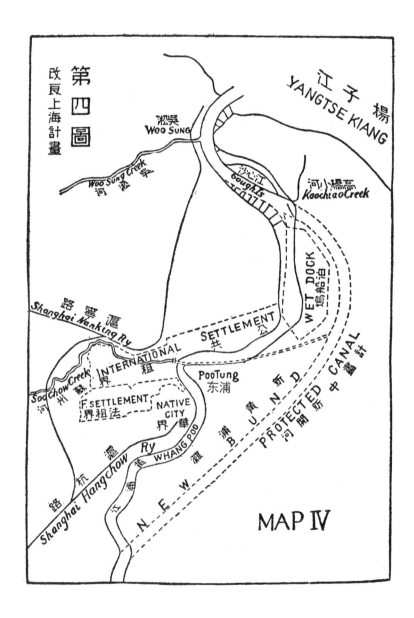

造市宅中心于浦东，又沿新开河左岸建一新黄浦滩，以增加其由此计划圈入上海之新地之价值，皆须特为注意者也。盖惟如此办去，而后上海始值得建为深水海港。亦惟为此垂死之港，新造出有价值之土地，然后上海可以与计划港争胜也。

究竟救济上海之最重要要素，为解决扬子江口沙泥问题，故整治扬子江水道及河岸一事于此沙泥问题有何影响、有何意义，吾人将于次部论之。

第二部　整治扬子江

整治扬子江一部，当分五〔六〕节：

甲　由海上深水线起至黄浦江合流点。

乙　由黄浦江合流点起至江阴。

丙　由江阴至芜湖。

丁　由芜湖至东流。

戊　由东流至武穴。

己　由武穴至汉口。

甲　整治扬子江口自海上深水线至黄浦江合流点

凡河流航行之阻塞，必自河口始，此自然法则也。故凡改良河道以利航行，必由其河口发端，扬子江亦不能居于例外也。故吾人欲治扬子江，当先察扬子江口。扬子江入海有三口：最北为北支流，在左岸与崇明岛间；中间为中水道，在崇明岛与铜沙坦之间；最南为南水道，在铜沙坦与右岸之间。故为便利计，以后当分别称之为北水道、中水道、南水道。

凡河口所以被沙泥填塞者，以河水将入海汇流，河口宽阔，湍流减其速力,而沙泥因之沉淀也。救之者,收窄其河口,令与上流无异,以保其湍流之速力;由此道,则沙泥被水裹挟,直抵深海。收窄之工程,当筑海堤以成之,或用一连之石坝。如是,其沙泥为水所混,直到深海广阔之处,未及沉淀,复遇回潮冲击,还填入河口两旁附近浅水之洼地,以潮长〔涨〕、潮退之动力与反动力,遂使河口常无淤积。凡疏浚一河之河口,皆以利用此天然力助成之。

欲治扬子江口,吾辈须将构成其口之三水道——研究,又择出其一道以为入海之口。在方希典斯担〔坦〕君所提议改良上海港面通路策,列有二案:其一,闭塞北、中两水道,独留南水道,以为扬子江口;其二,独修浚南水道,而置余两水道不理。现在彼意以为用第二案已足,此或因经济上目的而然。顾惟修浚南水道,则上海通路将常见不绝提心吊胆之情形,仍如方希典斯担〔坦〕君暨其他专门家现所忧虑者;因扬子江水流之大部,随时可以改灌入他两水道,而令南水道淤塞。故为使上海通路永久安全、一劳永逸计,必须于三水道之中,闭塞其二,独留一股,以为上海通路。此又整治扬子江口惟一可得实行之路也。

在我整治扬子江口之计划,本应选用北水道,而闭塞中、南二水道。因北水道为入深海最短之线,又用之以为惟一之扬子江口,则其两旁有更多之沙坦洼地,正待沙泥填堵也。故其费用为较少,而收效为较多。但此本不为上海作计故然耳。如其统筹全局,必须以一箭双雕之法行之,而采中水道以为河口,则于治河与筑港两得其便。盖专谋治扬子江口与单谋上海之通路者,各有所志,其考察自有不同也。在我治扬子江口之计划,所取者有两端:其一则求深水道以达海洋;其二则多收其沙泥,以填海为田,惟力所及。中水道具有三堆积场,以受沙泥而成新陆地,即海门坦、崇明坦、铜沙坦是也。此外尚有淳水洼地千数百英方里,循现在之势以往,不过十年至二十年便成陆地。以我之第一原则为获利故,每一举足,不可忘之。即令二十年不能成地,姑倍之为四十年,而所填筑者有约一千英方里之多,其于利益,已不菲矣。以至贱计之,填积之地值二十元一亩,如使十年之后,五百英方里之地可备耕作之用,其所得之利已为三千八百四十万元。如使由南水道以通上海,则接受沙泥之地面只在一偏,即惟有铜沙坦在其左方,而右方则为深水之杭州湾,非数百年不能填满,在此数百年间沙泥之半数归于无用矣。夫以上海为海港,故沙泥为之疆神;至于低地,正欢迎沙泥,而以福星视之也。

此种企业,既有填筑上述海坦洼地为田之利,我等自可建一双石堤,自长江入海之处起,直达深海,至离岸四十英里之沙尾山为止。以舟山列岛附近有花冈石岛,廉价之石不难运致。故筑一石堤,高六英尺至三十英尺,使刚与低潮面平,其平均所需当不过每一英里费二十万元;石堤每边长四十英里,统共八十英里,其所费约在一千六百万元左右。而在海门坦、崇明坦暨铜沙坦有二三百英方里地,转瞬之间可变为农田计之,则建地〔此〕石堤已非不值矣。况其建此石堤,实足以为上海世界港得一永久通路,又为扬子江得一深水出路也耶!(参观第五图)

右边之石堤,应从黄浦江合流点起延长其右边石坝,画一缓曲线到南水道深处,然后转向对岸,横截鸭窝沙以至中水道,又折向东方直筑至沙尾山东南水深三十尺处。左边之堤,由崇宝沙起直至崇明角,与右堤平行,两堤中间相距约两英里。此堤当在崇明之饮水角附近,稍作曲线,然后直达深海三十尺深之线,恰在沙尾山南端经过。试一览附图,当知将来上海通路当何如,扬子江出路当何如矣。此一双水底石堤,断不容高过低潮面,以使潮涨时水流自由通过堤面,如此则潮涨时可将沙泥夹带回两堤之旁,于是填塞两

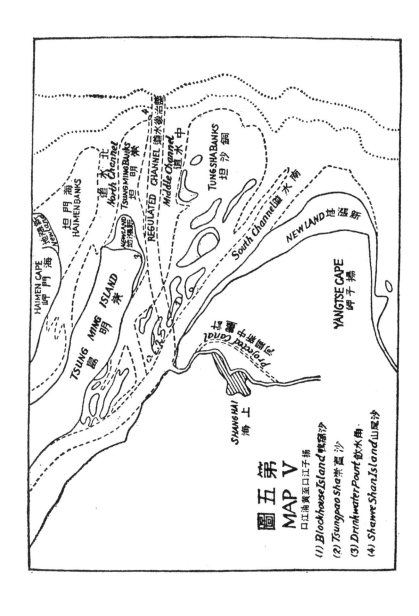

第五圖
MAP V

口江黃至浦黃口江子揚

(1) Blockhouse Island 帆窟沙
(2) Tsungpao Sha 寶崇沙
(3) Drinkwater Point 角水飲
(4) Shawe Shan Island 山尾沙

堤旁所括之低地更迅速矣。现在南水道在黄浦江外面已有四五十英尺之深,而新水道以两平行石堤夹成,料必比南水道更深,因其聚三水道入于一流,其水流速力必较现在者为多也,而河身之深亦将较现在为确定且一律。在石堤,虽止于水深三十英尺处,而水流不于是遽停,必过此一点更突入较深之外海而后止。则上海通路常开,与扬子江口无阻之两目的,可得同时俱达矣。

乙 由黄浦江合流点起至江阴

扬子江水道中,此一部分为最不规则,又最转变无常者。其江流广处在十英里以上,至其狭处才得四分英里之三,即江阴窄路是也。在此广阔之处,河深不过三十英尺至六十英尺;至于江阴窄路,实有一百二十尺之深。由江阴窄路之水深以判断之,必须有一英里半阔之河身,以缓和此地方湍流之速力,令全河流速始终如一。于是在黄浦口之二英里阔河身,在江阴应阔一英里半。(参观第六图)

此段左岸即北岸筑河堤,起自崇宝沙,与海堤相连,作一凸曲线,以至崇明岛,在崇明城西北约六英里处,接于滩边。然后沿崇明滩边,直至马孙角(译音),然后转而横过北水道,离北岸约三四英里,作一平行线,直抵金山角(译音)。在此处截断近年新成之深水道,向西南,以与靖江县城东北河岸相接。沿此岸再筑七八英里,又挖开陆地,以增河身之阔。令其自江阴炮台脚下起,算至对岸,常有一英里半之距离。此自崇宝沙至江阴对面之靖江,河堤共长约一百英里。

在崇明岛迤南,此河堤之一部及海堤,共围有浅滩约一百六十英方里,可以填为实地。其河堤之他一部,自崇明岛上头马孙角起,至靖江河岸止,另围有浅滩一百三十英方里。

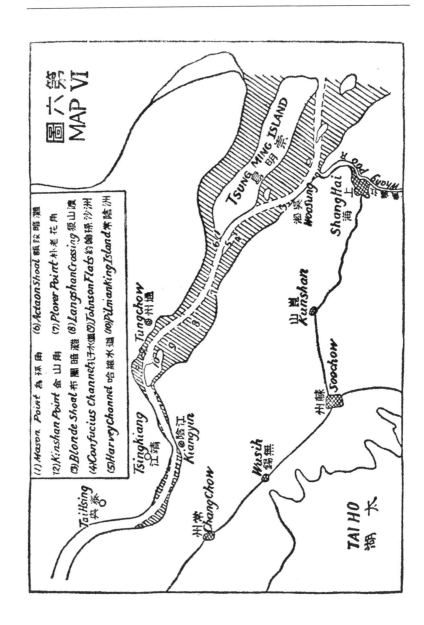

右边河堤,自黄浦江口石坝尽处起,循宝山岸边,过布兰暗滩直至深处,横过"孔夫子水道",穿入额段暗滩(译音),随哈维水道(译音)右边沂〔溯〕流筑至朴老花角(译音)。再在狼山渡横截深水道,穿过约翰孙沙洲(译音)与常阴洲相接续。再循此岸直筑至江阴炮台山脚下。此段河堤围有浅滩两处,一在朴老花角上游,他一则在其下游,共约有一百六十英方里。此两边河堤之所围浅滩,共约四百五十英方里,其中大部分已成陆地,亦有一部已于低潮时露出。此等地方若令不与湍流相遇,则其填塞之进行更速。所以谓二十年之内,此四百五十英方里之地,当完全填成实地,可供耕作,亦非奢望也。如使此种新地每亩仅值二十元,则此新填地所生利益已约有二千九百七十六万元矣。而此近三千万之利益,固从新地而生。此新地之利益,自起工以后,则每年增长,直至其填塞完成而后已者也。

以后此二十年间可得三千万元利益而论,此种提案自可采供讨议。今先计须投资本若干,然后我填筑之全计划可以完成。将欲填此四百五十英方里之地,须筑二百英里之河堤。此所计划之河堤,有一部分为沿河岸线者,而大部分须在中流,更有一小部分须筑在深水道之中。沿河岸线者,惟有在凹曲线面之一部须以石建,或用士敏土坚结以保护堤面,此外无须费力。在中流者须用石叠起,至离低潮水面下不及十尺为止,适足以抵抗下层水流,令不轶出正路之外。如此则大股流水,将循此抵抗最少之线,以其自力,从其初级河堤所诱导,开一水道。此种初级河堤所费比之海堤较廉,而海堤所费,依吾前计算为二十万元一英里而已。惟有在马孙角、北水道分流点一处,须将该水道完全闭塞,其费已经专门家估算,当在百万元以外,方能填筑此二三英里之堤。是故由新填地所生利益,必足以回复其所筑河堤所费。可知即此填新地一节,已足令自海口到江阴两段导江工程不致亏本,而又有改良扬子江航路之益也。

丙　自江阴至芜湖

此段河流,性质与江阴以下全异。其水道较为巩固,惟有三数处现出急曲线,河流蚀入凹曲线方面之陆地,因此时时于两岸另开新水道而已。此段长约一百八十英里。(参观第七图)

此处整治之工,比之江阴以下更为困难。盖其泛滥之地,应填筑者仍与长江下游景况正同。其急曲线须修之使直,旁支水道应行闭塞,中流小岛应行削去,窄隘水路应行浚广,令全河上下游一律。然而此部分原有河堤,大抵可以听其自然,惟其河岸凹曲线面,有数处应用石或士敏土坚结以保护之耳。以力求省费之故,此段水道及河堤整治工程,可以一面用人为之工作,一面助以自然之力。此一段河流工程全部所费,不能于测量未竣以前精密计出,但粗为计算,则四十万一英里之数总相去不远。故全段一百八十英里应费七千二百万元。此外尚有开阔南京、浦口中间河面之费,未计在内;此处有多数高价之产业须全毁去,其费颇多也。

瓜洲开凿一事,所以令镇江前面及上下游三处急曲线改为一处,使河流较直也。此处沿江北岸约二英里半陆地正对镇江,必须凿开令成新水道,阔一英里有余。其旧道在镇江前面及上下游者,则须填塞之。所填之地,即成为镇江城外沿江市街,估其价值,优足以偿购取瓜洲陆地及开凿工程之费。故此一部分,至少总可认为不亏本之提案。

浦口、下关间窄处,自此码头至彼码头仅得五分英里之三,即

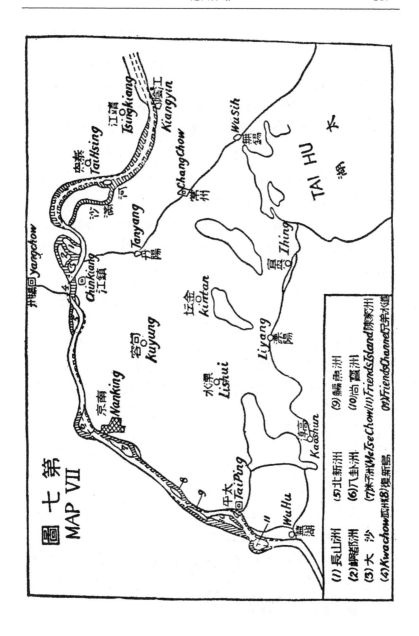

一千二百码而已。而此处水深最浅处为三十六英尺,最深处为一百三十二英尺。下关一边陆地,时时以水流过急、河底过深之故而崩陷,斯即显然为此部分河道太窄,不足以容长江洪流通过也。然则非易以广路不可矣。为此之故,必以下关全市为牺牲,而容河流直洗狮子山脚,然后此处河流有一英里之阔。以赔还下关之高价财产而论,须费几何,必须提交专门家详细调查乃能决定。要之,此为整治扬子江全计划中最耗费之部分。但亦有附近下关沿岸之地,可以成为高价财产无疑,故此工程或可望得自相弥补也。

南京、浦口间窄路下游之水道,应循其最短线路,沿幕府山脚以至乌龙山脚。其绕过八卦洲后面之干流应行填塞,俾水流直下无滞。

由南京至芜湖一段河流,殆成一直线,其中有泛滥三处,一处刚在南京上游,余二则在东、西梁山之上下游。其第一泛滥之米子洲上游支流应行闭塞,另割该洲外面一幅,使本流河幅足用。至欲整治余二泛滥,则应循其右岸深水道作曲线,向大〔太〕平府城,而将左边水道锁闭。此曲线所经各沙洲有须全行削去者,亦有须削其一部者。而在东、西梁山上游之泛滥,须将兄弟水道完全闭塞,并将陈家洲削去一部。而芜湖下游左岸亦须稍加割削,令河流广狭上下一律。

丁　自芜湖至东流

此段大江约长一百三十英里,沿流有泛滥六处。其中最显著者,即在铜陵下之泛滥也。此泛滥两岸相距在十英里以上,每一泛滥常分为两三股水道,其间夹有新涨之沙洲。其深水道时时变迁,忽在此股,忽在彼股,有时竟至数股同时淤塞,逼令航行暂时停止,亦非希觏之事也。(参观第八图)

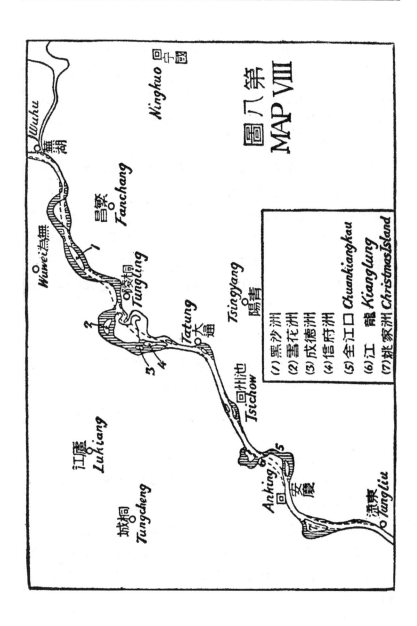

为整治此自芜湖上游十英里至大通下游十英里一段河流,吾拟凿此三泛滥中流之沙洲及岸边之突角,为一新水道直贯其中,使成一较短较直之河身,即附图中点线所示之路是也。此项费用,亦须详细测量之后始能算定。但若两边河堤筑定之后,则浚渫工程之大部分将以河流之自然势力行之,故开凿新河之费必较寻常大为减少。大通以上,左岸有急度弯曲两处,须行凿开。第一处即大通上游十二英里,现设塔灯水标处之左岸,此处左岸陆地有二三英里须略加刊削。次一处则应在安庆下游,凿至江龙塔灯水标,计长六英里左右。既凿此河,则免去全江口急度之转湾矣。此项开凿工程比之下游叠石为堤之费更多。其旁支水路,虽能填为耕地,究不能补其开凿所费。是以此一部分整治之工程不免为亏本,但以其通长江航道与保护两岸陆地,又防止将来洪水为患,则此种工程必为有益明也。

戊　自东流至武穴

此段长约八十英里,沿右岸皆山地,左岸则大抵低地也。沿流有泛滥四处,此中有三处,以水流之蚀及左岸,成一支流,复至下游与正流相会,其会合处殆成直角。在此等地方,河岸殊不巩固,而此泛滥各股水道之间正在堆积,将成沙洲矣。(参观第九图)

此段整治工程,比之下游各段施工较易。此三处成半圆形时时转变之支流,应从其分支口施以闭塞,仍留其下游会流之口,任令洪水季节之沙泥随水泛入,自然填塞之。其他一处泛滥则须于两边筑坝,束而窄之。更有数处须行削截,而小孤山上游及粮洲两处尤为重要。江心沙洲有一部分须削去,而河幅阔处亦有须填窄者。总令水道始终一律,期于全航道常有三十六英尺以上之水深也。

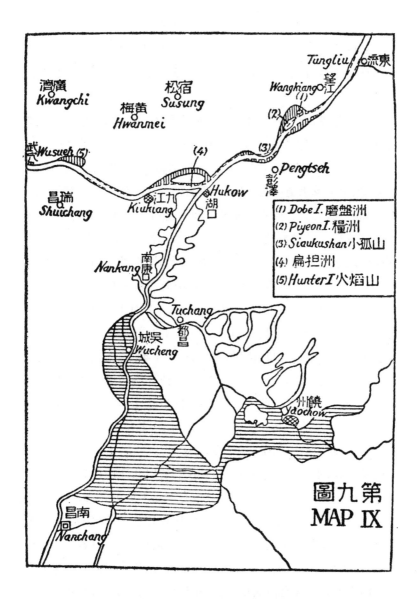

己　自武穴至汉口

此段约长一百英里，自武穴而上，夹岸皆山地，河幅常为半英里内外。水深自三十尺至七十二尺，有数处尚在七十二尺以上。（参观第十图）

整理此段，须填塞其宽广之河面三数处。令水道整齐，有三四处支流须行闭塞。如此，然后冬季节俱有三十六尺至四十八尺水深之水道可得而成也。在戴家洲一段河流，应将埃梨水道（译音）闭塞，独留冬季水道，则此岛上游下游曲线均较缓徐。在鸭蛋洲及罗霍洲之处，其大弯曲水道及两岛间水道均应闭塞，而另开一新水道穿过罗霍洲以成为较短之曲线。在水母洲，其南水道务须闭塞，而此洲之上万八垱口曲处亦须挖成较缓徐之曲线。由此处以至汉口，则须先填右岸，收窄河身，至与右岸向西南曲处相接而止。再从对面左岸填起，直过汉口租界面前，以至汉水口，则汉口堤岸面前，可以常得三十六英尺至四十八英尺深之水道矣。

总计自海中至汉口，治河长约六百三十英里，河堤之长当得其二倍，即一千二百六十英里也。在江口之堤，吾尝约计每英里费二十万元，两堤四十万。此项数目，自深海以迄江阴一百四十英里均可适用，充足有余。因此部分惟须建两堤，此堤亦惟须于水中堆石，令其坚足以约束河流，使从其所导而行，斯已足矣。此两岸列石既成之后，水道可因于自然之力以成，所以此部工程尚为简单。

然而在上游有数处为困难，其中有五六十英里之实地，水面上有一二十英尺之高，水面下尚有三四十英尺之深，须行削去，以使河身改直。此凿开及削去之工程，有若干须用人工，有若干可借天然之力，仍须待专门家预算。除此不计外，工程全部每一英里所费不过四十万元。故自海面至汉口，相距六百三十英里，所费当不过

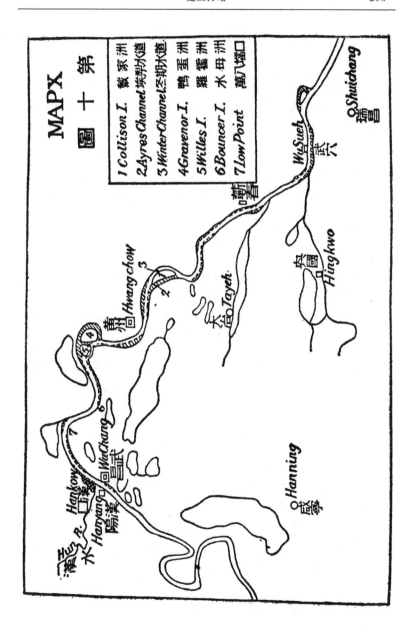

二万五千二百万元。今姑假定整治扬子江全盘计划并未知之部分算在其内,须费三万万元。由此计划,吾人辟一通路深入内地六百英里,容航洋巨船驶至住居二万万人口之大陆中心,而此中有一万万人住居于此最大水路通衢之两旁。以工程之利益而论,此计划比之苏彝士、巴拿马两河更可获利。

虽在江阴以上各段,吾人不能发见不亏本之方法,不如江阴下游各段可以新填之地补其所费,但在竣工之后,仍可在沿江建立商埠,由之以得利益也。此建设商埠之计划,将于次部论之。

结　论

当结论此二部,吾更须申言关于筑港及整治扬子江之工程数目,仅为粗略之预算,盖事势上自然如此也。

关于在长江出海口及诸泛滥地建筑初步河堤之预算,或者有太低之迹,但吾所据之资料以为计算根源者,在下列各层:第一、为吾所亲见,在广东河汉环吾本村筑堤填地之私人企业;第二、为廉价之石,可求之于舟山列岛者;第三、为海关沿岸视察员泰罗君①之计算。在崇明岛上端闭塞北水道所费,该水道以此处为最狭,约计有三英里,而泰罗君谓所费约须一百万两有余,然则约五十万元一英里也。比之吾所计算,已为两倍有半,此其差异可得比较而知。盖此崇明岛上端三英里之水道,平均水深二十英尺,而我所计划之海堤江堤建于水中者,平均比此段少三分之二。且闭塞北水道之工程完全与河流成为直角,则其所费较之建此初步河堤与水流成平行线者,纵使长短相同,所差亦应数倍。而五十万元可以建

---

① 泰罗(Tyler William Ferdinand),英国人,通常译为戴理尔,原供职中国海关巡工司,一度任民国政府交通部顾问。

横截深二十尺之河,而闭塞之之一英里工程,则其五分之二之经费,亦必足以供吾所规划之工程之用矣。

当吾草此文之际,《芝加高①铁路批评》五月十七日所出之报,适有一论文道及此事。彼谓用钢铁骨架以筑河堤及坝,于浊泥河流,如吾辈今所欲治者,比之用石及用其他材料较佳,而又较廉。然则若采此新法,吾等可以用吾前此未知之更廉材料,以建河堤矣。所以吾前所计算或者不免稍低,而仍离正确之数目不远,决不如骤见所觉之过低也。

第三部　建设内河商埠

在扬子江此一部建设内河商埠,将为此发展计划中最有利之部分,因此部分在中国为农矿产最富之区,而居民又极稠密也。以整治长江工程完成之后,水路运送所费极廉,则此水路通衢两旁定成为实业荟萃之点,而又有此两岸之廉价劳工附翼之,则即谓将来沿江两岸转瞬之间变为两行相连之市镇,东起海边、西达汉口者,非甚奇异之事也。此际应先选最适宜者数点,以为获利的都市发展。依此目的,吾人将从下游起,溯江逐港论之如下:

甲　镇江及其北岸。

乙　南京及浦口。

丙　芜湖。

丁　安庆及其南岸。

戊　鄱阳港。

己　武汉。

---

① 芝加高:今译芝加哥。

甲　镇江及其北岸[①]

　　镇江位于运河与江会之点,在汽机未用以前,为南北内地河运中心重要之地。而若将旧日内地运河浚复,且增浚新运河,则此地必能恢复其昔日之伟观,且更加重要。因镇江为挈合黄河流域与长江流域中间之联锁,而又以运河之南端直通中国最富饶之钱塘江流域。所以此镇江一市,将来欲不成为商业中心,亦不可得也。

　　依吾整治长江计划,则在镇江前面,吾人既以大幅余地在六英方里以上者加入镇江。此项大江南面新填之余地,当利用以为吾人新镇江之都市计划。而江北沿岸之地,亦当由国家收用,以再建一都市。盖以黄河流域全部,欲以水路与江通,惟恃此一口,故江北此一市当然超越江南之市也。镇江、扬州之间,须建船坞,以便内地船舶;又当加最新设备,以便内地船只与航洋船之间,盘运货物之用。此港既用以为东海岸食盐收集之中心,同时又为其分销之中心,如此则可用新式方法,以省运输之费。江之两岸须以石或士敏土坚结筑成堤岸,而更筑应潮高下之火车渡头,以便联络南北两岸铁路客车、货车之往来。至于商业发达之后,又需建桥梁于江上,且凿地道于江下,以便两岸货物来往。街道须令宽阔,以适合现代之要求。其临江街道及其附近,应预定为工商业所用。此区之后面即为住宅,各种新式公共营造均应具备。至于此市镇计划详细之点,吾则让之专家。

乙　南京、浦口

　　南京为中国古都在北京之前,而其位置乃在一美善之地区。其地有高山,有深水,有平原,此三种天工,钟毓一处,在世界中之

---

　　① 原作"镇江",今据英文本(原文为 Chinkiang and Northside)及本部目录甲"镇江及其北岸",故增"及其北岸"四字。

大都市诚难觅如此佳境也。而又恰居长江下游两岸最丰富区域之中心,虽现在已残破荒凉,人口仍有一百万之四分一以上。且曾为多种工业之原产地,其中丝绸特著,即在今日,最上等之绫及天鹅绒尚在此制出。当夫长江流域东区富源得有正当开发之时,南京将来之发达,未可限量也。

在整治扬子江计划内,吾尝提议削去下关全市,如是则南京码头当移至米子洲与南京外郭之间,而米子洲后面水道自应闭塞,如是则可以作成一泊船坞,以容航洋巨舶。此处比之下关,离南京市宅区域更近;而在此计划之泊船坞与南京城间旷地,又可以新设一工商业总汇之区,大于下关数倍。即在米子洲,当商业兴隆之后,亦能成为城市用地,且为商业总汇之区。此城市界内界外之土地,当照吾前在乍浦计划港所述方法,以现在价格收为国有,以备南京将来之发展。

南京对岸之浦口,将来为大计划中长江以北一切铁路之大终点。在山西、河南煤铁最富之地,以此地为与长江下游地区交通之最近商埠,即其与海交通亦然。故浦口不能不为长江与北省间铁路载货之大中心,犹之镇江不能不为一内地河运中心也。且彼横贯大陆直达海滨之干线,不论其以上海为终点,抑以我计划港为终点,总须经过浦口。所以当建市之时,同时在长江下面穿一隧道以铁路联结此双联之市,决非燥〔躁〕急之计。如此,则上海、北京间直通之车立可见矣。

现在浦口上下游之河岸,应以石建或用士敏土坚结,成为河堤,每边各数英里。河堤之内,应划分为新式街道,以备种种目的建筑所需。江之此一岸陆地,应由国家收用,一如前法,以为此国际发展计划中公共之用。

丙 芜湖

芜湖为有居民十二万之市镇,且为长江下游米粮市易之中心,故吾择取此点为引水冲刷上海黄浦江底之接水口,而此口亦为通上海或乍浦之运河之上口。

在整治长江工程之内,青弋河合流点上面之凹曲部分应行填塞,而对岸突出之点则应削去。此所计划之运河,起于鲁港合流点下游约一英里之处。此运河应向北东走,至芜湖城东南角与山脚中间一点,与青弋河相合。更于濮家店,循此河之支流以行。如此,则芜湖东南循此运河左岸,得一临水之地。运河两旁应建新堤,一如长江两岸。且建船坞于运河通大江之处,以容内地来往船只,加以近代之机械,供盘运货物过船之用。自江岸起向内地,循运河之方向规划广阔之街道,其近江者留以供商业之需,其沿运河者则留为制造厂用地。芜湖居丰富铁矿区之中心,此铁矿既得相当开发之时,芜湖必能成为工业中心也。芜湖有廉价材料、廉价人工、廉价食物,且极丰裕,专待现世之学术与机器,变之以为更有价值之财物,以益人类耳。

丁 安庆及南岸

安庆者,安徽之省城,自从经太平天国战争破坏之后,昔日之盛不可复睹矣。现在人口仅有四万。其直接邻近之处,农产、矿产均富。若铁路既成,则六安大产茶区与河南省之东南角矿区,均当以安庆为其货物出入之港。在治江工程中,安庆城前面及西边之江流曲处,应行填筑。此填筑之地即为推扩安庆城建新市街之用。所有现代运输机械,均应于此处建之。

在安庆城对面上游江岸最突出之地角应行削去,使江流曲度更为和缓,而全河之广亦得一律。新市街即当在此处建造,因皖南、浙西之大产茶区,将于此处指挥掌握之也。如以徽州之内地富饶市镇,又有产出极盛之乡土环绕之,则必求此地以为其载货出入之中站明矣。以芜湖为米市中心言,则此安庆之双联市将为茶市中心,而此双联市之介在丰富煤铁矿区中心,又恰与芜湖相等。此又所以助兹港使于短期之间成为重要工业中心者也。故在长江此部建此双联市,必为大有利益之企业。

<h3 style="text-align:center">戊 鄱阳港</h3>

吾欲于长江与鄱阳湖之间建设一鄱阳港,此港将成为江西富省之惟一商埠矣。江西省每县均有自然水路联络之,若更加以改良,则必成宏伟之水路运输系统。江西有人民三千万,矿源最富,如有一新式商埠以为之工商业中心,以发展此富源饶裕之省分,则必为吾计划中最获利之一部分矣。

此港位置应在鄱阳湖入口西端,长江右岸之处。此港应为新地之上所建之新市,其中一部之地须由填筑湖边低地成之。在鄱阳湖水道整治工程之中,应建一范堤,起自大姑塘山脚,迄于湖口石钟山对面之低沙角。此范堤之内,应建造一有闸船坞,以便内河船舶寄泊。而此港市街则应设在长江右岸、鄱阳湖左侧、庐山山麓,合成之三角地。此三角地每边约有十英里,以供市街发展,优良已极。景德镇磁器工业应移建之于此地。盖以运输便利缺乏之故,景德之磁常因之大受损坏,而出口换船之际尤常使制成之磁器碰损。此地应采用最新大规模之设备,以便一面制造最精良之磁器,一面复制廉价之用具。盖此地收集材料,比之在景德镇更为便宜也。以各种制造业集中于一便利之中心,其结果不特使我计划之港长成迅速,且于所以奉给人者亦可更佳良。但以江西一省观之,鄱阳湖已必为世界商业制造之大中心。鄱阳湖非特长江中一泊船港,又为中国南北铁路之一中心。所以从经济上观之,以大规模发展此港者,全然非不合宜者也。

己　武汉

武汉者,指武昌、汉阳、汉口三市而言。此点实吾人沟通大洋计划之顶水点,中国本部铁路系统之中心,而中国最重要之商业中心也。三市居民数过百万,如其稍有改进,则二三倍之,决非难事。现在汉阳已有中国最大之铁厂,而汉口亦有多数新式工业,武昌则有大纱厂。而此外,汉口更为中国中部、西部之贸易中心,又为中国茶之大市场。湖北、湖南、四川、贵州四省,及河南、陕西、甘肃三省之各一部,均恃汉口以为与世界交通唯一之港。至于中国铁路既经开发之日,则武汉将更形重要,确为世界最大都市中之一矣。所以为武汉将来立计划,必须定一规模,略如纽约、伦敦之大。

在整治长江堤岸,吾人须填筑汉口前面,由汉水合流点龙王庙渡头起,迄于长江向东屈折之左岸一点。此所填之地,平均约阔五百码至六百码。如是,所以收窄此部分之河,全河身一律有五六链(每链为一海里十分之一)之阔,又令汉口租界得一长条之高价土地于其临江之处也。此部之价,可以偿还建市所费之一部分。汉水将入江处之急激曲折应行改直,于是以缓徐曲线绕龙王庙角,且使江汉流水于其会合处向同一方面流下。汉阳河岸应密接现在之河边,沿岸建筑,毋突过于铁厂渡头之外。武昌上游广阔之空处,当圈为有闸船坞,以供内河外洋船舶之用。武昌下游应建一大堤,与左岸平行,则将来此市可远扩至于现在市之下面。在京汉铁路线,于长江边第一转弯处,应穿一隧道过江底,以联络两岸。更于汉水口以桥或隧道,联络武昌、汉口、汉阳三城为一市。至将来此市扩大,则更有数点可以建桥,或穿隧道。凡此三联市外围之地,均当依上述大海港之办法收归国有,然后私人独占土地与土地之投机赌博可以预防。如是则不劳而获之利,即自然之土地增价,利可尽归之公家,而以之偿还此国际发展计划所求之外债本息也。

第四部　改良现存水路及运河

兹将现存水路运河、扬子江相联络者,列举如下:

甲　北运河。

乙　淮河。

丙　江南水路系统。

丁　鄱阳〈水路〉系统。

戊　汉水。

己　洞庭系统。

庚　扬子江上游。

甲　北运河

北运河在镇江对岸一点与扬子江联络,北走直至天津,其长逾六百英里。在江北之一部运河,现已著手为详细之测量,改良工事不久可以起工,此吾人所共知者也。在吾计划,吾将以淮水注江之一段,代江北一段运河之用。

乙　淮河

淮河出河南省西北隅,东南流,又折而东流,至安徽、江苏两省之北部。其通海之口近年已经淤塞,故其水郁积于洪泽湖,全恃蒸发以为消水之路,于是一入大雨期,洪水泛滥于沿湖广大区域,人民受其荼毒者以百万计。所以修浚淮河为中国今日刻不容缓之问题,近年迭经调查,屡有改良之提案。美国红十字会技师长詹美生[①]君,曾献议为淮河开两出口,其一循黄河旧槽以达海,其一经宝应、高邮两湖以达扬子江。在此计划,吾赞成詹君通海、通江之方法,但于用黄河旧槽及其经过扬州西面一节有所商榷。在其出海之口,即淮河北支已达黄河旧槽之后,吾将导以横行入于盐河,循盐河而下,至其北折一处,复离盐河过河边狭地直入灌河,以取入深海最近之路,此可以大省开凿黄河旧路之烦也。其在南支在扬州入江之处,吾意当使运河经过扬州城东,以代詹君经城西入江之计划。盖如此则淮河流水,刚在镇江下面新曲线,以同一方向与大江会流矣。

　　淮河此两支,至少均须得二十英尺深之水流,则沿岸商船自北方赴长江各地,可免绕道经由江口以入,所省航程近三百英里。而两支既各有二十英尺之深,则洪泽与淮河之水流宣畅;而今日高于海面十六英尺之湖底,即时可以变作农田。则以洪泽合其旁诸湖,依詹美生君之计算,六百万亩之地咄嗟可致也。如此以二十元为其一亩之价,则此纯粹地价已足一万二千万元,此政府之直接收入也。而又有一万七千英方里地向苦水潦之灾者,今既无忧,所以昔日五年而仅两获者,今一年而可再获,是一万七千英里者,得一千零八十八万英亩(七千余万中亩),各得五倍其收获也。假如总生产额一英亩所值为五十元,则此地所产总额原得五万四千四百万元者,今为二十七万二千万元也。其在国家,岂非超越寻常之利益乎!

丙　江南水路系统

　　此项系统包含南运河与黄浦江、与太湖及其与为联络之水路

而言。此中吾所欲为最重要之改良，乃在浚广浚深芜湖、宜兴间之水路，以联长江与太湖，而又贯通太湖浚一深水道，以达南运河苏州、嘉兴间之一点。其在嘉兴歧为两支，一支循嘉兴、松江之运河以达黄浦江；他一支则至乍浦之计划港。

此项长江、黄浦间水路，当其未达上海之前，应先行浚令广深至其极限，使能载足流水。一面以洗涤上海港面，不容淤积；一面亦使内河船舶来往于江海之间者经此，大减其路程也。而此水路又可为挟土壤俱来之用，太湖暨其旁诸湖沿水路之各区，将来均可因其填塞，成为耕地。故于建此水路之大目的以外，又有此种填筑计划及本地载货之利益可收，于是其获利之性质，可以加倍确实。现在太湖暨其他诸湖沼地之精确测量尚无可征，则能填筑为田者当有几亩，今亦未可遽言，但以粗略算之，则填筑江南诸湖所得之地，吾意其亩数必不在江北之田以下。

丁　鄱阳水路系统

此一系统为江西全省排水之用。每县每城乃至每一重要市镇，均可由水路达到。全省交通惟恃水路，此乃未有铁路前，中国东南各省所同者也。

江西下游水路系统受不规则之害与长江同，皆以其为低地之故，然则其整治之工亦应与长江相同。鄱阳湖应按各水入湖之路，分为多数水道，然后逐渐汇流，卒至渚溪附近乃合而为一。度此湖狭隘之部而与长江合于湖口。此深水道两旁应各叠水底石堤为一线，使刚与湖中浅处同高，以是其水道可以于排水之外并作航行之用也。水道以外之浅处，将来于相当时间可填为耕地。于是整治鄱阳湖各水道之计划，可以其填筑而得充足之报酬矣。

戊　汉水

此水以小舟溯其正流,可达陕西东〔西〕南隅之汉中,又循其旁流可达河南西南隅之南阳及赊旗店。此可航之水流,支配其大之分水区域:自襄阳以上,皆为山国;其下以至沙洋,则为广大开豁之谷地;由沙洋以降,则流注湖北沼地之间,以达于江。

改良此水,应在襄阳上游设水闸。此一面可以利用水力,一面又使巨船可以通航于现在惟通小舟之处也。襄阳以下河身广而浅,须用木桩或叠石作为初级河堤,以约束其水道,又以自然水力填筑两岸洼地也。及至沼地一节,须将河身改直浚深。其在沙市,须新开一运河沟通江汉,使由汉口赴沙市以上各地得一捷径。此运河经过沼地之际,对于沿岸各湖均任其通流,所以使洪水季节挟泥之水溢入渚湖,益速其填塞也。

己　洞庭系统

此项水路系统,为湖南全省及其上游排水之用。此中最重要之两支流,为湘江与沅江。湘江纵贯湖南全省,其源远在广西之东北隅,有一运河在桂林附近,与西江系统相联络。沅江通布湖南西部,而上流则跨在贵州省之东。两江均可改良,以供大河〔船〕舶航行。其湘江、西江分水界上之运河,更须改造,于此运河及湘江、西江各节,均须设新式水闸,如是则吃水十尺之巨舶,可以自由来往于长江、西江之间。洞庭湖则须照鄱阳湖例,疏为深水道,而依自然之力,以填筑其浅地为田。

庚　长江上游

自汉口至宜昌一段,吾亦括之入于“长江上游”一语之中。因在汉口为航洋船之终点,而内河航运则自兹始,故说长江上游之改良,吾将发轫于汉口。现在以浅水船航行长江上游,可抵嘉定,此地离汉口约一千一百英里。如使改良更进,则浅水船可以直抵四川首府之成都。斯乃中华西部最富之平原之中心,在岷江之上游,离嘉定仅约六十英里耳。

改良自汉口至岳州一段,其工程大类下游各部。当筑初步河堤,以整齐其水道。而急弯曲之凹岸,当护以石堤,或用士敏土坚结。中流洲屿均应削去。金口上游大湾,所谓簰州〔洲〕曲者,应于簰州〔洲〕地颈开一新河以通航。至后金关之突出地角,则应削除,使河形之曲折较为缓徐。

洞庭之北、长江屈曲之部,自荆河口起以至石首一节,吾意当加闭塞。由石首开新道通洞庭湖,再由岳州水道归入本流。此所以使河身径直,抑亦缩短航程不少。自石首以至宜昌中间有泛滥处,当以木石为堤约束之;其河岸有突出点数处,须行削去,而后河形之曲折可更缓也。

自宜昌而上,入峡行,约一百英里而达四川之低地,即地学家所谓"细〔红〕盆地"也。此宜昌以上迄于江源一部分河流,两岸岩石束江,使窄且深,平均深有六寻(三十六英尺),最深有至三十寻者。急流与滩石,沿流皆是。

改良此上游一段,当以水闸堰其水,使舟得溯流以行,而又可资其水力。其滩石应行爆开除去。于是水深十尺之航路,下起汉口,上达重庆,可得而致。而内地直通水路运输,可自重庆北走直达北京,南走直至广东,乃至全国通航之港无不可达。由此之道,则在中华西部商业中心,运输之费当可减至百分之十也。其所以益人民者何等巨大,而其鼓舞商业何等有力耶!

第五部　创建大士敏土厂

钢铁与士敏土为现代建筑之基,且为今兹物质文明之最重要分子。在吾发展计划之种种设计，所需钢铁与士敏土不可胜计，即合世界以制造著名之各国所产，犹恐不足供此所求。所以在吾第一计划，吾提议建一大炼钢厂于煤铁最富之山西、直隶。则在此第二计划，吾拟欲沿扬子江岸建无数士敏土厂。长江谷地特富于士敏土原料，自镇江而上可航之水道，夹岸皆有灰石及煤，是以即为其本地所需要，还于其地得有供给也。今日已有制士敏土之厂在黄石港上游不远之石灰窑，其位置刚在深水码头与灰石山之间。其山既若是近，故直可由山上以锹锄起石，直移之窑中，无须转运。而在汉口、九江之间，与此相类之便利尚复多有。九江以下，马当、黄石矶以及九江、安庆间诸地，又有极多之便利相同之灰石山。其安庆以下至南京之间，多为极有利于制士敏土之地区，即如大通、荻港、采石矶，均有丰裕之灰石及煤铁矿，夹江相望也。

筑港、建市街、起江河堤岸诸大工程同时并举，士敏土市场既如斯巨大，则应投一二万万之资本以供给此士敏土厂矣。而此业之进行，即与全盘其他计划相为关连，徐徐俱进，则以一规划奖进其他规划，各无忧于生产过剩与资本误投，而各计划俱能自致其为一有利事业矣。

第 三 计 划

第三计划主要之点为建设一南方大港，以完成国际发展计划篇首所称中国之三头等海港。吾人之南方大港，当然为广州。广州不仅中国南部之商业中心，亦为通中国最大之都市。迄于近世，广州实太平洋岸最大都市也，亚洲之商业中心也。中国而得开发者，广州将必恢复其昔时之重要矣。吾以此都会为中心，制定第三计划如下：

（一）改良广州为一世界港。

（二）改良广州水路系统。

（三）建设中国西南铁路系统。

（四）建设沿海商埠及渔业港。

（五）创立造船厂。

第一部　改良广州为一世界港

广州之海港地位，自鸦片战争结果〔束〕，香港归英领后已为所夺。然香港虽有深水港面之利益，有技术之改良，又加以英国政治的优势，而广州尚自不失为中国南方商业中心也。其所以失海港之位置也，全由中国人民之无识，未尝合力以改善一地之公共利益，而又益之以满洲朝代之腐败政府及官僚耳。自民国建立以来，人民忽然觉醒，于是提议使广州成为海港之计划甚多。以此亿兆中国人民之觉醒，使香港政府大为警戒。该地当局，用其全力以阻止一切使广州成为海港之运动；凡诸计划，稍有萌芽，即摧折之。夫广州诚成为一世界港，则香港之为泊船、载货、站头之一切用处，自然均将归于无有矣。但以此既开发之广州与既繁荣之中国论，必有他途为香港之利，而比之现在仅为一退化贫穷之中国之独占海港，利必百倍可知。试征之英领哥伦比亚域多利港①之例，彼固尝为西坎拿大②与美国西北区之唯一海港矣。然而即使有独占之性质，而当时腹地贫穷，未经开发，其为利益实乃甚小。及至一方有温哥华起于同国方面，他方美国又有些路与打金麻③并起为其

---

①　域多利港（Victoria Punta）：今又译维多利亚港。

②　西坎拿大（Canada）：今译加拿大西部。

③　些路（Seattle）、打金麻（Tacoma）：今译西雅图、塔科马。

竞争港,此诸港之距域多利远近恰与香港之距广州相似,而以其腹地开发之故,即使其俱为海港,竞争之切有如是,仍各繁荣非常。所以吾人知竞争海港,有如温哥华、些路、打金麻者,不惟不如短见者所尝推测,以域多利埠置之死地,且又使之繁荣有加于昔。然则何疑于既开发之广东、既繁荣之中国,不能以与此相同之结果与香港耶!实则此本自然之结果而已,不必有虑于广东之开发、中国之繁荣伤及香港之为自由港矣。如是,香港当局正当以其全力,鼓励此改良广州以为海港一事,不应复如向日以其全力阻止之矣。抑且广州与中国南方之发展,在于商业上所以益英国全体者,不止百倍于香港今日所以益之者。即使此直辖殖民地之地方当局,无此远见以实行之,吾信今日寰球最强之帝国之各大政治家、各实业首领必能见及于此。吾既怀此信念,故吾以为以我国际共同发展广州以为中国南方世界大港之计划布之公众,绝无碍也。

广州位于广州河汊之顶,此河汊由西江、北江、东江三河流会合而成,全面积有三千英方里,而为在中国最肥饶之冲积土壤。此地每年有三次收获,二次为米作,一次为杂粮,如马铃薯或甜菜之类。其在蚕丝每年有八次之收成。此河汊又产最美味之果实多种。在中国,此为住民最密之区域,广东全省人口过半住于此河汊及其附近。此所以纵有河汊沃壤所产出巨额产物,犹须求多数之食料于邻近之地与外国也。在机器时代以前,广州以东亚实业中心著名者几百年矣。其人民之工作手艺,至今在世界中仍有多处不能与匹。若在吾国际共同发展实业计划之下,使用机器助其工业,则广州不久必复其昔日为大制造中心之繁盛都会矣。

以世界海港论,广州实居于最利便之地位。既已位于此可容航行之三江会流一点,又在海洋航运之起点,所以既为中国南方内河水运之中轴,又为海洋交通之枢纽也。如使西南铁路系统完成,则以其运输便利论,广州之重要将与中国北方、东方两大港相伴矣。

广州通大洋之水路大概甚深,惟有二处较浅,而此二处又甚易范之以堤,且浚渫之,使现代航海最大之船可以随时出入无碍也。海洋深水线直到零丁岛边,该处水深自八寻至十寻。自零丁以上水道稍浅(其深约三四寻),以达于虎门,凡十五英里。自虎门起,水乃复深,自六寻至十寻。直至莲花山脚之第二凵洲,其长二十英里;在第二凵洲处,仅有数百码水深自十八英尺至二十英尺而已。过第二凵洲后,其水又深,平均得三十英尺者约十英里,以至于第一凵洲,此即吾人所欲定为将来广州港面水界之处也。

将改良此通广州之通海路,吾意须在广东河口零丁岛上游左边建两水底范堤,其一由海岸筑至东新坦头,他一则由该坦尾起筑至零丁坦顶上。此第一范堤之顶,应在水面下三四英尺,约与该坦同高。第二范堤一端低于水面四英尺,一端低十六英尺,各按所联之坦之高低(参照第十一图之1及3),此堤须横断两坦间深二十四英尺之水道。合此两堤与此四英尺高之东新坦,将成为一连续海堤之功用,可以导引现在冲过左边海岸与零丁岛之间之下层水流,入于河口当中一部。于是可以在零丁横沙与同名之坦中间开一新水道,而与零丁岛右边深水相接。在广东河口右边须建一范堤,自万顷沙外面沙坦下面起,向东南行,横断二十四英尺深之水道,直穿过零丁横沙至其东头尽处为止(参照第十一图之2)。如是,以此河口两边各水底堤,限制下层水流,使趋中央一路,则可得一甚深之水道。自虎门起直通零丁口,约五十英尺深。于是可得创造一自深海直达珠江之第二凵洲之通路矣。

合此各水底堤计之,其长约八英里,而其高只须离海底六英尺至十二英尺而已。其所费者应不甚多,而其使自然填筑进行加速

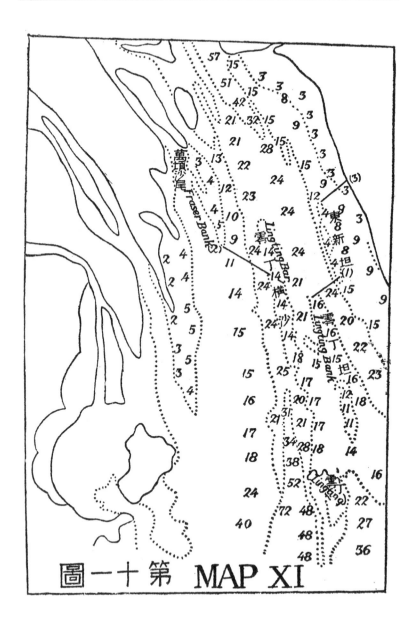

圖一十第　MAP XI

之力则其大。故因此诸堤两岸新成之地，必能偿还筑此诸堤之工程所费，且大有余裕也。

整治此广州通海之路，自虎门至黄埔一段珠江，吾意须使东江出口集中于一支，即用其最上之水道，于鹿步墟岛下游一点与珠江合流者。其他在第二闩洲以下与珠江会流各支，概须筑与寻常水面同高之堰，以截塞之，至入雨期则仍以供宣泄洪水之水道之用。此集会东江全流于第二闩洲上面，可以得更强之水，以冲洗珠江上部也。

此一段范水工程，吾意须筑多数之坝如下：第一，自江鸥沙之 A 点筑一坝，至攧沙岛低端对面加里吉打滩边。此坝所以堵截江鸥沙与加里吉打滩中间之水流，而转之入于现在三十六英尺深之水道，以其自然之力浚使更深。第二，于此河右岸，由海心沙之 B 点起另筑一坝，至中流第二闩洲下端为终点。第三，于此河左岸，自漳澎尾沙下头 C 点筑一坝，至中流，亦以第二闩洲下端为终点。以是借此两坝所束集中水流之力，可以刷去第二闩洲，其两坝上面浅处，则可浚之至得所求之深为止。若发现河底有岩石，则应炸而去之，然后全部通路可得一律之水深也。第四，在此河右岸与海心沙中间之水道，须堵塞之于 D 点（即瑞成围头）。第五，在漳澎常安围上游之 E 点起筑一坝，至第二闩洲坦之上端中流。如是，则此河左边水流截断，而中央水道之流速可以增加也。第六，在右岸长洲岛与第二闩洲之间适中之处 F 点起筑一坝，至中流滩之顶上，以截断此河右边之水流。第七，于鹿步墟岛下端 G 点起筑一坝，至中流，与前述之 F 坝相对。此 E〔F〕G 两坝所以集中珠江上段水流，而 G 坝同时又导引东江，使其流向与珠江同一也（参照第十二图）。

以此七坝，自黄埔以迄虎门之水流可得有条理，而冲刷河底可

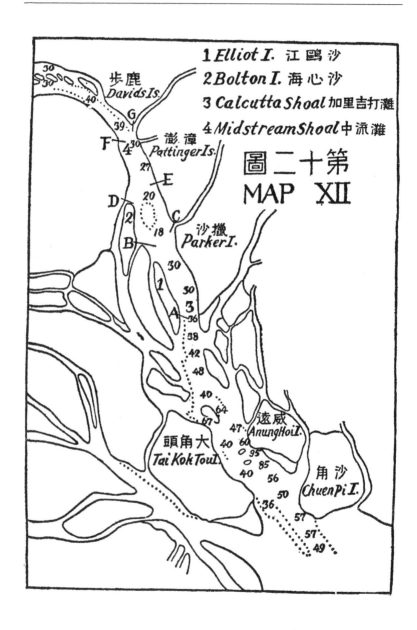

致四十英尺以上之深,如是则为航洋巨舶开一通路,自公海直通至广州城矣。合此诸坝,其长当不过五英里,而又大半建于浅水处。自建坝以后,水道两旁各坝之间,以其自然之力,新填地出现必极速。单以所填之地而论,必足以偿还筑坝所费。况又有整治珠江与为海洋运输开一深水道之两大目的,可由此而实现乎!

吾人既为广州通海水路作计,则可次及改良广州城以为世界商港一事矣。广州港面水界应至第一𠮟洲为止。由此处起,港面应循甘布列治水道(乌涌与大吉沙之间),经长洲、黄埔两岛之间,以入亚美利根水道(深井与仑头之间)。于是凿土华、小洲之间,开一新路,以达于河南岛之南端,复循依里阿水道(沥滘、下滘之间),以至大尾岛(三山对面)。于是循佛山旧水道,更凿一新水道,直向西南方,与潭洲水道会流。如是,由第一𠮟洲起以达潭洲水道成一新水路矣,其长当有二十五英里。此水路将为北江之主要出口,又以与西江相通连。一面又作为广州港面,以北江水量全部及西江水量一部,经此水路以注于海。故其水流之强,将必足以刷洗此港面,令有四十英尺以上之深也(参观第十三图)。

新建之广州市,应跨有黄埔与佛山,而界之以车卖炮台及沙面水路。此水以东一段地方,应发展之以为商业地段;其西一段,则以为工厂地段。此工厂一区,又应开小运河以与花地及佛山水道通连,则每一工厂均可得有廉价运送之便利也。在商业地段,应副之以应潮高下之码头,与现代设备及仓库,而筑一堤岸。自第一𠮟洲起,沿新水路北边及河南岛西边,与沙面堤岸联为一起。又另自花地上游起筑一堤岸,沿花地岛东边,至大尾乃转向西南,沿新水路左岸筑之。其现在省城与河南岛中间之水道,所谓“省河”者,应行填塞。自河南头填起,直至黄埔岛,以供市街之用。从利益问题论之,开发广州以为一世界商港,实为此国际共同发展计划内三大

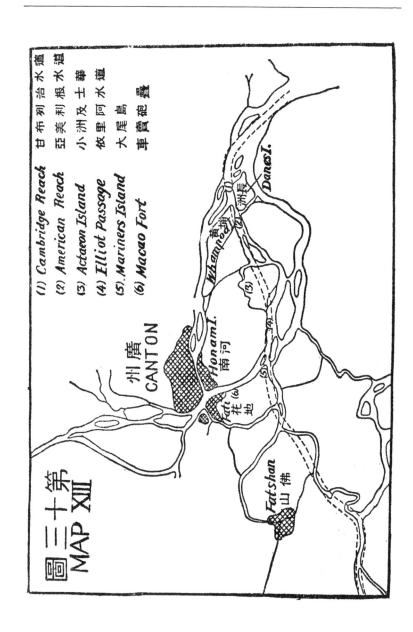

圖三十第
MAP XIII

(1) *Cambridge Reach*　甘布利治水遺
(2) *American Reach*　亞美利根水遺
(3) *Actaeon Island*　小洲及士華
(4) *Elliot Passage*　故里阿水遺
(5) *Mariners Island*　大尾島
(6) *Macao Fort*　車貫砲壘

廣州
CANTON

Honam I.　南河

Fati 花地

Whampoa　黃埔　長洲

Danes I.

Fatshan　佛山

港中最有利润之企业。所以然者,广州占商业中枢之首要地位,又握有利之条件,恰称为中国南方制造中心,更加以此部地方之要求新式住宅地甚大也。此河汊内之殷富商民与华人在外国经商致富暮年退隐者,无不切盼归乡,度其余年;但坐缺乏新式之便宜与享乐之故,彼等不免踌躇,仍留外国。然则建一新市街于广州,加以新式设备,专供住居之用,必能获非常之利矣。广州城附近之地,今日每亩约值二百元,如使划定以为将来广州市用之地,即应用前此所述方法收用之,则划定街道加以改良之后,地价立可升高至原价之十倍至五十倍矣。

广州附近景物特为美丽动人,若以建一花园都市,加以悦目之林囿,真可谓理想之位置也。广州城之地势恰似南京,而其伟观与美景,抑又过之。夫自然之原素有三:深水、高山与广大之平地也。此所以利便其为工商业中心,又以供给美景以娱居人也。珠江北岸美丽之陵谷,可以经营之以为理想的避寒地,而高岭之巅又可利用之以为避暑地也。

在西北隅市街界内,已经发现一丰富之煤矿。若开采之,而加以新式设计,以产出电力及煤气供给市中,则可资其廉价之电力、煤气以为制造、为运输,又使居民得光、得热、得以炊爨也。如是则今日耗费至多之运输,与烦费之用薪炊爨制造,行于此人烟稠密之市中者,可以悉免矣。是此种改良,可得经济上之奇效也。现在广州居民一百万,若行吾计划,则于极短时期之中将见有飞跃之进步,其人口将进至超过一切都市,而吾人企业之利益,亦比例而与之俱增矣。

第二部　改良广州水路系统

中国南部最重要之水路系统,为广州系统。除此以外皆不甚

重要,将于论各商埠时附述之。论广州水路系统,吾将分之为下四项:

甲　广州河汊。

乙　西江。

丙　北江。

丁　东江。

甲　广州河汊

吾人论广州河汊之改良,须从三观察点以立议:第一,防止水灾问题;第二,航行问题;第三,填筑新地问题。每一问题皆能加影响于他二者,故解决其一,即亦有裨于其他也。

第一　防止水灾问题

近年水灾频频发生,于广州附近人民实为巨害,其丧失生命以千计,财产以百万计。受害最甚者,为广州与芦包〔苞〕间,其地恰在广州河汊之直北。吾以为此不幸之点,实因西南下游北江正流之淤塞而成。以此之故,北江须经由三水之短河道,以入西江,藉为出路;同时又经由两小溪流,一自西南,一自芦包〔苞〕,以得出路。此二溪者,一向东南行,一向东北行,而再合流于官窑。自官窑起复东北流,至于金利又折而东南流,经过广州之西关。自北江在西南下游淤塞之后,其淤塞点之上游一段亦逐年变浅,现在三水县城上游之处亦仅深四五英尺。当北江水涨之时,常藉冈根河(即思贤滘)以泄其水于西江。但若西江同时水涨,则北江之水无从得其出路,惟有停积,至高过芦苞上下游之基围而后已。如是,自然基围有数处被水冲决,水即横流,而基围所护之地域全区均受水灾矣。欲治北江,须重开西南下面之北江正流,而将自清远至海一段一律浚深。幸而吾人改良广州河汊之航行时,亦正有事于此项浚深,故一举而可两得也。

救治西江,须于其入海处横琴与三灶两岛之间两岸各筑一堤,左长右短以范之。如是,则将水流集中以割此河床,使成深二十英尺以上之水道;如是,则水深之齐一可得而致。盖自磨刀门以上通沿广州河汊之一段,西江平均有二十英尺至三十英尺之深也。如有全段一律之水深,以达于海,则下层水流将愈速,而洪水时泄去其水更速矣。除此浚深之工程以外,两岸务须改归齐整,令全河得一律之河阔;中流之暗礁及沙洲,均应除去。

东江流域之受水灾,不如西、北二江之深重,则整治此河,以供航行,即可得其救治,留俟该项论之。

第二 航行问题

广州河汊之航行问题与三江相连,论此问题须自西江始。往日西江流域与广州间往来载货,常经由三水与佛山,此路全长三十五英里。但自佛山水道由西南下游起淤塞之后,载货船只须为大迂回:沿珠江而下以至虎门,转向西北以入沙湾水道,又转向东南入于潭洲水道,西入于大良水路,又南入于黄色水道(自合成围至莺哥嘴)及马宁水路,于此始入西江。西北溯江以至三水西北江合流之处,此路全长九十五英里,比之旧路多六十英里。而广州与西江流域之来往船只其数甚多,现在广州与近县来往之小火轮有数千艘,其中有大半为载货往来西江者。夫使广州、三水间水道得其改良,则今之每船一往复须行九十五英里者,忽减而为三十五英里也,其所益之大,为何如哉!

在吾改良广州通海路及港面之计划,吾曾提议浚一深水道,自海至于黄埔,又由黄埔以至潭洲水道。今吾人更须将此水道延长,自潭洲水道合流点起,以至三水与西江合流之处。此水道至少须有二十英尺水深,以与西江在三水上游深水处相接。而北江自身,亦须保有与此同一之水深,至于三水上游若干里之处,所以便于该河上流既经改良之后大舶之航行也。为广州河汊之航行以改良东江,吾人应将其出口之水流,集中于鹿步墟岛上面之处与珠江合流之最右之一水道。此所以使水道加深,又使异日上流既经改良之日,广州与东江地区路程更短也。

为航行计,广州河汊更须有一改良,即开一直运河于广州与江门之间,此所以使省城与四邑间之运输得一捷径也。此运河应先将陈村小河改直,达于紫泥,于是横过潭洲水道,以入于顺德小河。循此小河,以直角入于顺德支流。由此处须凿新运河一段,直至大良水道近容奇曲处(竹林)。又循此水道,通过黄水道,至汇流路(南沙、小榄之间起莺哥嘴至冈美之福〔对〕岸)为止。于此处须更凿一段新运河,以通海洲小河,循古镇水道,以达西江正流,横过之以入于江门支流。此即为广州、江门间直达之运河矣。欲更清晰了解广州河汊之改良,可观附图第十四、第十五。

第三　填筑新地问题

在广州河汊,最有利之企业为填筑新地。此项进行已兆始于数百年前,于是其所增新地供农作之用者,岁逾百十顷。但前此所有填筑,仅由私人尽力经营,非有矩矱。于是有时私人经营,有阻塞航路、诱致洪水等等事情,危及公安,如在磨刀岛上游之填筑工事,闭塞西江正流水路过半,其最著者也。论整治西江,吾意须将此新坦削去。为保护公安计,此河汊之填筑工作必须归之国家。而其利益,则须以偿因航行及防水灾而改良此水路系统之所费。

现在可徐徐填筑之地区,面积极广。在广州河口左岸可用之地有四十英方里,其右岸有一百四十英方里;在西江河口,东起澳门,西至铜鼓洲,可用之地约二百英方里。此三百八十英方里之中,四分一可于十年之内填筑成为新坦,即十年之内有九十五英方

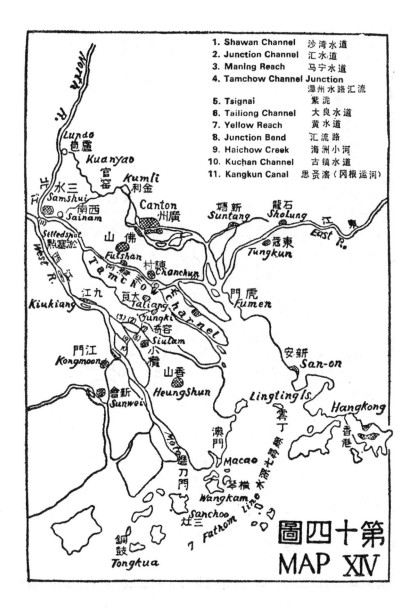

1. Shawan Channel　沙湾水道
2. Junction Channel　汇水道
3. Maning Reach　马宁水道
4. Tamchow Channel Junction
　　潭州水路汇流
5. Tsignai　紫泥
6. Tailiong Channel　大良水道
7. Yellow Reach　黄水道
8. Junction Bend　汇流路
9. Haichow Creek　海洲小河
10. Kuchan Channel　古镇水道
11. Kangkun Canal　思贡滘（冈根运河）

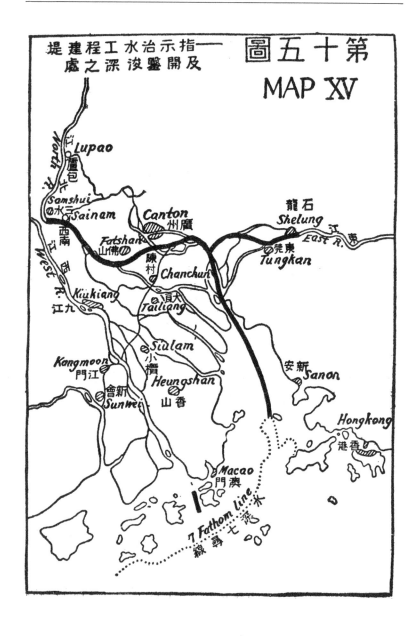

里之地可以填筑,变为耕地也。以一英方里当六百四十英亩,而一英亩当六亩计,九十五英方里将等于三十六万四千八百亩。而中国此方可耕之地,通常不止值五十元一亩,假以平均五十元一亩算,则此三十六万四千八百亩,已值一千八百二十四万元矣。此大有助于偿还此河汊为航行及防水灾所为改良水路之费也。

乙　西江

现在西江之航行,较大之航河汽船可至距广州二百二十英里之梧州,而较小之汽船则可达距广州五百里之南宁,无间冬夏。至于小船,则可通航于各支流,西至云南边界,北至贵州边界,东北则以兴安运河通于湖南以及长江流域。

为航行计,改良西江,吾将以其工程细分为四:

一　自三水至梧州。

二　自梧州至柳江口。

三　桂江(即西江之北支)由梧州起,泝流至桂林以上。

四　南支自浔州至南宁。

一　自三水至梧州

西江此段水道常深,除三数处外,为吃水十英尺以下之船航行计,不须多加改良。其中流岩石须行爆去,其沙质之岸及泛滥之部分应以水底堤范之,使水深一律,而流速亦随之。于是有一确实航路,终年保持不替矣。西江所运货载之多,固尽足以偿还吾今所提议改良之一切费用也。

二　自梧州至柳江口

在柳江口应建一商埠,以联红水江及柳江之浅水航运与通海之航运。此两江实渗入广西之西北部与贵州之东南部丰富之矿产地区者也。此商埠应设于离浔州五十英里之处,浔州即此江与南宁一支合流处也。是故在此项改良,所须着力之处只有五十英里,因梧州至浔州一段,为南宁商埠计划所包括也。为使吃水十英尺以上之船可以航行,必须筑堰,且设水闸于此一部分。而此所设之堰,又同时可借以发生水电也。

三　桂江(即西江之北支)由梧州起溯流至桂林以上

桂江较小较浅,而沿江水流又较速,故其改良比之其他水路更觉困难。然而,此实南方水路规划中极有利益之案。因此江不特足供此富饶地区运输之目的而已也,又以供扬子江流域与西江流域载货来往孔道之用。此项改良应自梧州分歧点起,以迄桂林,由此再溯流至兴安运河,顺流至湘江,因之以达长江。于此当建多数之堰及水闸,使船得升至分水界之运河;他方又须建多数之堰闸,以便其降下。此建堰闸所须之费,非经详细调查,不能为预算也。然而吾有所确信者,则此计划为不亏本之计划也。

四　由浔州至南宁

此右江一部分,上至南宁,可通小轮船。南宁者,广西南部之商业中心也。自南宁起,由右江用小船可通至云南东界,由左江可通至越南东京之北界。如使改良水道,以迄南宁,则南宁将为中国西南隅——云南全省、贵州大半省、广西半省矿产丰富之全地区之最近深水商埠矣。南宁之直接附近又多产锑、锡、煤、铁等矿物,而同时亦富于农产,则经营南宁,以为深水交通系统之顶点,必不失为有利之计划也。改良迄南宁之水道,沿河稍须设堰及水闸,使吃水十英尺之船可以通航,并资之以生电力。此项工程所费,亦非经详细测量不能预算,但比之改良自梧州至兴安运河一节桂江所费,当必大减矣。

丙　北江

北江自三水至韶州约长一百四十英里,全河中有大部分为山地所夹。但自出清远峡以后，河流入于广豁之区，其地与广州平原相联，此处危险之水灾常见。自西南下游水道淤塞之后，自峡至西南一段河身逐年变浅，左岸靠平原之基围时时崩决，致广州以上之平原大受水灾。所以整治一部分河流，有二事须加考察：第一防止洪水；第二航运改良。

关于第一事，无有逾于浚深河身一法者。在改良广州通海路及港面并广州河汊时，吾人应开一深水水路，从深海起，直达西南。在改良北江下时〔段〕段〔时〕，吾人只须将此工程加长，溯流直至清远峡，拟使有水深自十五尺至二十尺之深水道。其浚此水道，或用人工，或兼用自然之力。既已浚深此河底矣，则即以今日基围之高言，亦足以防卫此平原不使其遭水患矣。

论及此第二事，则既为防止水灾，将西南至清远峡一节之北江浚深，即航行问题同时解决矣。然则今所须商及者只此上段一部而已。吾欲提议将此北江韶州以下一段改良，令可航行。韶州者，广东省北部之商业中心也，又其煤铁矿之中心也。欲改良此峡上一部令可航行，则须先建堰与水闸于一二处，然后十英尺吃水之船可以航行无碍，直至韶州。虽此江与粤汉铁路平行，然而若此地矿山得有相当开发之后，此等煤铁重货仍须有廉值之运输以达之于海，即此水路为不可缺矣。然则于此河中设堰以生水电，设水闸以利航行，固不失为一有利之企业也，况又为发展此一部分地方之必要条件也。

丁 东江

东江以浅水船航行可达于老龙市，此地离黄埔附近鹿步墟岛东江总出口处约一百七十英里。沿此江上段，所在皆有煤铁矿田。铁矿之开采于此地也，实在于久远之往昔，记忆所不及之年代。在今日全省所用各种铁器之中,实有一大部分,为用此地所出之铁制造之者。是故浚一可航行之深水道直上至于煤铁矿区中心者,必非无利之业也。

改良此东江,一面以防止其水害,一面又便利其航行。吾意欲从鹿步墟岛下游之处着手,于前论广州通海路已述之矣。由此点起,须浚一深水道上至新塘。自新塘上游约一英里之处,应凿一新水道直达东莞城,而以此悉联东江左边在东莞与新塘间之各支流为一。以此新水道为界,所有自此新水道左岸以迄珠江,中间上述各支流之旧路,悉行闭塞。其闭塞处之高,须约与通常水平相同,而以此已涸之河身,供异日雨期洪水宣流之用。如是,东江之他出口已被一律封闭,则所有之水将汇成强力之水流,此水流即能浚河身使加深,又使全河水深能保其恒久不变也。河身须沿流加以改削,令有一律之河幅,上至潮水能达之处;自此处起,则应按河流之量多寡,以定河身之广狭。如是,则东江将以其自力浚深惠州城以下一段矣。石龙镇南边之铁路桥,应改建为开合铁桥,使大轮船可以往来于其间。东江有急激转弯数处,应改以为缓徐曲线,并将中流沙洲除去。惠州以上一部江流,应加堰与水闸,令吃水十尺之船,可以上溯至极近于此东江流域煤铁矿田而后已。

第三部　建设中国西南铁路系统

中国西南一部,所包含者:四川,中国本部最大且最富之省分也;云南,次大之省也;广西、贵州,皆矿产最丰之地也;而又有广东、湖南两省之一部。此区面积有六十万英方里,人口过一万万。除由老街至云南府约二百九十英里法国所经营之窄轨铁路外,中国广地众民之此一部,殆全不与铁路相接触也。

于此一地区,大有开发铁路之机会。应由广州起向各重要城市、矿产地引铁路线,成为扇形之铁路网,使各与南方大港相联结。在中国此部建设铁路者,非特为发展广州所必要,抑亦于西南各省全部之繁荣为最有用者也。以建设此项铁路之故,种种丰富之矿产可以开发,而城镇亦可于沿途建之。其既开之地价尚甚廉,至于未开地及含有矿产之区,虽非现归国有,其价之贱,去不费一钱可得者亦仅一间耳。所以若将来市街用地及矿产地预由政府收用,然后开始建筑铁路,则其获利必极丰厚。然则不论建筑铁路投资多至若干,可保其偿还本息,必充足有余矣。又况开发广州以为世界大港,亦全赖此铁路系统,如使缺此纵横联属西南广袤之一部之铁路网,则广州亦不能有如吾人所预期之发达矣。

西南地方,除广州及成都两平原地各有三四千英方里之面积外,地皆险峻。此诸地者,非山即谷,其间处处留有多少之隙地。在此区东部,山岳之高鲜逾三千英尺;至其西部与西藏交界之处,平均高至一万英尺以上。故建此诸铁路之工程上困难,比之西北平原铁路系统乃至数倍。多数之隧道与凿山路须行开凿,故建筑之费,此诸路当为中国各路之冠。

吾提议以广州为此铁路系统终点,以建下列之七路:

甲　广州重庆线,经由湖南。

乙　广州重庆线,经由湖南、贵州。

丙　广州成都线,经由桂林、泸州。

丁　广州成都线,经由梧州、叙府。

戊　广州云南大理腾越线,至缅甸边界为止。

己　广州思茅线。

庚　广州钦州线,至安南界东兴为止。

甲　广州重庆线经由湖南

此线应由广州出发，与粤汉线同方向，直至连江与北江会流之处。自此点起，本路折向连江流域，循连江岸上至连州以上，于此横过连江与道江之分水界，进至湖南之道州。于是随道江以至永州、宝庆、新化、辰州，溯酉水过川、湘之界入于酉阳，〔由酉阳横过山脉而至南川，从南川渡扬子江而至重庆〕①。此路全长有九百英里，经过富饶之矿区与农区。在广东之北连州之地，已发见丰富之煤矿、铁矿、锑矿、钨矿；于湖南之西南隅，则有锡、锑、煤、铁、铜、银；于四川之酉阳，则有锑与水银。其在沿线之农产物，则吾可举砂糖、花生、大麻、桐油、茶叶、棉花、烟叶、生丝、谷物等等；又复多有竹材、木材及其他一切森林产物。

乙　广州重庆线经由湖南、贵州

此线约长八百英里。但自广州至道州一段即走于甲线之上，凡二百五十英里，故只有五百五十英里计入此线。所以实际从湖南道州起筑，横过广西省东北突出一段，于全州再入湖南西南境，过城步及靖州。于是入贵州界，经三江及清江两地，横过山脉，以至镇远。此线由镇远须横过沅江、乌江之分水界，以至遵义。由遵义则循商人通路，直至綦江，以达重庆。此铁路所经，皆为产出木材，矿物极富之区域。

丙　广州成都线经由桂林、泸州

此线长约一千英里。由广东〔州〕西行，直至三水在此处之绥江口地点，渡过北江。循绥江流域，经过四会、广宁，次于怀集入广

---

①　"入于酉阳"之后，原作"又循乌江流域至扬子江边之涪州，循扬子江右岸上至重庆"，孙中山亲笔将其涂去，另改写成以上这段文字。但在第十六图中并未作相应修改。

西。经过贺县及平乐,由此处循桂江水流,上达桂林。于是广东、广西两省省城之间,各煤铁矿田可得而开凿矣。自桂林起,路转而西,至于永宁,又循柳江流域,上至贵州边界。越界至古州,由古州过都江及八寨,仍循此河谷而上,逾一段连山至平越。由平越横渡沅江分水界,于瓮安及岳四城入乌江流域。自岳四城循商人通路逾雷边山至仁怀、赤水、纳溪。于是渡扬子江以至泸州。自泸州起,经过隆昌、内江、资州、资阳、简州,以达成都。此路最后之一段,横过所谓"四川省之红盆地",有名富庶之区也。其在桂林、泸州之间,此路中段则富于矿产,为将来开发希望最大者。此路将为其两端人口最密之区,开一土旷人稀之域,以收容之者也。

丁　广州成都线经由梧州与叙府

此线长约一千二百英里。自丙线渡北江之三水铁路桥之西端起,循西江之左岸,以入于肇庆峡,至肇庆城。即循此岸,上至德庆、梧州、大湟。在大湟,河身转而走西南,路转而走西北至象州,渡柳江至柳州及庆远。于是进至思恩,过桂、黔边界入贵州,至独山及都匀。自都匀起,此路再折偏西走,至贵州省城之贵阳,次进至黔西及大定。离贵州界于毕节,于镇雄入云南界。北转而至乐新渡,过四川界入叙府。自叙府起,循岷江而上至嘉定,渡江入于成都平原,以至成都。此路起自富庶之区域,迄于富庶之区域,中间经过宽幅之旷土未经开发、人口极稀之地。沿线富有煤、铁矿田,又有银、锡、锑等等贵金属矿。

戊　广州云南大理腾越线

此线长约一千三百英里。起自广州,迄于云南、缅甸边界之腾越。其首段三百英里,自广州至大湟,与丁线相同。自大湟江口分支至武宣,循红水江常道,经迁江及东兰。于是经兴义县,横过贵州省之西南隅入云南省至罗平,从陆凉一路以至云南省城。自省城经过楚雄,以至大理。于是折而西南至永昌,遂至腾越,终于缅甸边界。

　　在广西之东兰近贵州边界处,此路应引一支线,约长四百英里。此线应循北盘江流域,上至可渡河与威宁,于昭通入云南。在河口过扬子江,即于此处入四川,横截大凉山至于宁远。此路所以开昭通、宁远间有名铜矿地之障碍,此项铜矿为中国全国最丰之矿区也。

　　此路本线自东至西,贯通桂、滇两省,将来在国际上必见重要。因在此线缅甸界上,当与缅甸铁路系统之仰光八莫一线相接,将来此即自印度至中国最捷之路也。以此路故,此两人口稠密之大邦,必比现在更为接近。今日由海路,此两地交通须数礼拜者,异时由此新路,则数日而足矣。

己　广州思茅线

　　此线至缅甸界止,约长一千一百英里。起自广州市西南隅,经佛山、官山,由太平墟渡过西江,至对岸之三洲墟。于是进入高明、新兴、罗定。既过罗定,入广西界至平河,进至容县。于是西向,渡左江至于贵县,即循左江之北岸以达南宁。在南宁应设一支线,约长一百二十英里,循上左江水路以至龙州,折而南至镇南关、安南东京界上止,与法国铁路相接。其本线由南宁循上右江而上,至于百色。于是过省界入云南至剥隘,经巴门、高甘、东都、普子塘一路至阿迷州。截老街、云南铁路而过。由阿迷州进至临安府、石屏、元江。于是渡过元江,通过他郎、普洱及思茅,至缅甸边界近澜沧江处为止。此线穿入云南、广西之南部锡、银、锑三种矿产最富之地,同时沿线又有煤、铁矿田至多,复有多地产出金、铜、水银、铅。

论其农产,则米与花生均极丰饶,加以樟脑、桂油、蔗糖、烟叶,各种果类。

庚　广州钦州线

此线从西江铁路桥西首起算,约长四百英里。自广州起,西行至于太平墟之西江铁路,与己线同轨。过江始分支,向开平、恩平,经阳春,至高州及化州。于化州须引一支线,至遂溪、雷州,达于琼州海峡之海安,约长一百英里。于海安再以渡船与琼州岛联络。其本线仍自化州西行,过石城①、廉州、钦州,达于与安南交界之东兴为止。东兴对面芒街至海防之间,将来有法国铁路可与相接。此线全在广东省范围之内,经过人口多、物产富之区域,线路两旁皆有煤铁矿,有数处产金及锑,农产则有蔗糖、生丝、樟脑、苎麻、靛青、花生及种种果类。

此系统内各线,如上所述,约六千七百英里。此外须加以联络成都、重庆之两线。又须另设一线,起自乙线遵义之东,向南行至瓮安与丙线接;又一线自丙线之平越起,至丁线之都匀;又一线由丁线贵州界上一点,经南丹、那地,以至戊线之东兰,再经泗城,以至己线之百色。此联络各线,全长约六百英里。故总计应有七千三百英里。

此系统将于下文所举三线经济上大有关系:

一　法国经营之老街云南府已成线,及云南府重庆计划线。此线与己线交于阿迷州,与戊线交于威宁,与丁线交于叙府,与丙线交于泸州,而与甲、乙两线会于重庆。

二　英国经营之沙市兴义计划线。此线与甲线交于辰州,与乙线交于镇远,与丙线交于平越,与丁线交于贵阳,而与戊线之支

---

① 广东省石城县,当时已改名廉江县,今为廉江市。

线交于永定西方之一点。

　　三　美国经营之株州钦州计划线。此线与甲线交于永州,乙线交于全州,丙线交于桂林,丁线交于柳州,戊线交于迁江,已线交于南宁,而与庚线会于钦州。

　　所以此法、英、美三线与本系统各线一律完成之后,中国西南各省之铁道交通可无缺乏矣。

　　此诸线皆经过广大且长之矿产地,其地有世界上有用且高价之多种金属。世界中无有如此地含有丰富之稀有金属者,如钨、如锡、如锑、如银、如金、如白金等等;同时又有虽其普通而尤有用之金属,如铜、如铁、如铅。抑且每一区之中,均有丰裕之煤。南方俗语有云"无煤不立城"。盖谓预计城被围时,能于地中取炭,不事薪采,此可见其随在有煤产出也。四川省又有石油矿及自然煤气(火井),极为丰裕。

　　是故吾人得知,以西南铁路系统开发西南山地之矿产利源,正与以西北铁路系统开发蒙古、新疆大平原之农产利源,同其重要。此两铁路系统,于中国人民为最必要,而于外国投资者又为最有利之事业也。论两系统之长短,大略相同,约七千英里。此西南系统,每英里所费平均须在彼系统两倍以上,但以其开发矿产利源之利益言,又视开发农产利源之利益更多数倍也。(参照第十六图)

第四部　建设沿海商埠及渔业港

　　既于中国海岸为此三世界大港之计划,今则已至进而说及发展二三等海港及渔业港于沿中国全海岸,以完成中国之海港系统之机会矣。近日以吾北方大港计划为直隶省人民所热心容纳,于是省议会赞同此计划,而决定作为省营事业立即举办,以此目的,经已票决募债四千万元。此为一种猛进之征兆。而其他规划,亦必或早或晚，或由省营，或由国营，随于民心感其必要，次第采用。吾意则须建四个二等海港、九个三等海港及十五个渔业港。

此四个二等海港，应以下列之情形配置之，即一在北极端，一在南极端，其他之港则间在此三世界大港之间。

此项港口，按其将来重要之程度排列之如下：

甲　营口。

乙　海州。

丙　福州。

丁　钦州。

甲　营口

营口位于辽东湾之顶上，昔者尝为东三省之唯一海港矣。自改建大连为一海港以后，营口商业大减，昔日之事业殆失其半。以海港论，营口之不利有二：一为其由海入口之通路较浅，二为冬期冰锢至数月之久。而其胜于大连唯一之点，则为位置在辽河之口，拥有内地交通遍及于南满辽河流域之内。其所以仍保有昔时贸易之半与大连抗者，全以其内地水路之便也。欲使营口将来再能凌驾大连而肩随于前言三世界大港之后，吾人必须一面改良内地水路交通，一面浚深其达海之通路。关于通路改良之工程，当取与改良广州通海路相同之法，既设一水深约二十英尺之深水道，而又同时行填筑之工程。盖以辽东湾头广而浅之沼地，可以转为种稻之田，借之可得甚丰之利润也。至于内地水路交通，则不独辽河一系，即松花江、黑龙江两系统亦应一并改良。其最重要之工程，则为凿一运河联此各系统，此则吾当继此有所讨论。

辽河与松花江间之运河，于将来营口之繁荣实为最要分子。

惟有由此运河,此港始能成为中国二等海港中最重要者。而在将来,此北满之伟大森林地及处女壤土丰富矿源,可以以水路交通与营口相衔接也。所以为营口计,此运河为最重要;使其缺此,则营口之为一海港也,最多不过保其现在之位置,人口六七万,全年贸易三四千万元极矣,无由再占中国二等海港首位之位置矣。

此运河可凿之于怀德以南,范家屯与四童山之间,与南满铁路平行,其长不及十英里;亦可凿之于怀德以北,青山堡与靠山屯之间,其长约十五英里。在前一线,所凿者短,而以全水路计则长;在后一线,运河之长几倍前者,而计此两江系统间之全水路则较短。两线均无不可逾越之物质的障碍,二者俱在平原,但其中一线高出海面上之度或较他一线为多,则将来择用于二者间唯一之取决点也。若此运河既经开竣,则吉林、黑龙江两富省及外蒙古之一部,皆将因此与中国本部可以水路交通相接,然则此运河不特营口之为海港大有需要焉也,又与中国全国国民政治上经济上亦大有关系。辽河、松花江运河完成以后,营口将为全满洲与东北、蒙古内地水路系统之大终点。而通海之路既经浚深以后,彼又将为重要仅亚于三大港之海港矣。

乙　海州

海州位于中国中部平原东陲,此平原者,世界中最广大肥沃之地区之一也。海州以为海港,则刚在北方大港与东方大港二大世界港之间,今已定为东西横贯中国中部大干线海兰铁路之终点。海州又有内地水运交通之利便,如使改良大运河其他水路系统已毕,则将北通黄河流域,南通西江流域,中通扬子江流域。海州之通海深水路,可称较善。在沿江北境二百五十英里海岸之中,只此一点可以容航洋巨舶逼近岸边数英里内而已。欲使海州成为吃水二十英尺之船之海港,须先浚深其通路至离河口数英里外,然后可得四寻深之水。海州之比营口,少去结冰,大为优越;然仍不能不甘居营口之下者,以其所控腹地不如营口宏〔之〕之〔宏〕大,亦不如彼在内地水运上有独占之位置也。

丙　福州

福建省城在吾二等海港中居第三位。福州今日已为一大城市,其人口近一百万,位于闽江之下游,离海约三十英里。此港之腹地,以闽江流域为范围,面积约三万方英里。至于此流域以外之地区,将归他内河商埠或他海港所管,故此港所管地区又狭于海州。所以顺位言,二等海港之中,此港应居第三位。福州通海之路,自外闩洲以至金牌口,水甚浅;自金牌口而上,两岸高山夹之,既窄且深,直至于罗星塔下。

吾拟建此新港于南台岛之下游一部,以此地地价较贱,而施最新改良之余地甚多也。容船舶之锁口水塘,应建设于南台岛下端,近罗星塔处。闽江左边一支,在福州城上游处应行闭塞,以集中水流,为冲刷南台岛南边港面之用。其所闭故道,绕南台岛北边者,应留待自然填塞,或遇有必要改作蓄潮水塘(收容潮涨时之水,俟潮退时放出,以助冲洗港内浮沙),以冲洗罗星塔以下一节水道。闽江上段应加改良,人力所能至之处为止,以供内地水运之用。其下一段自罗星塔以至于海,必须范围整治之,以求一深三十英尺以上之水道,达于公海。于是福州可为两世界大港间航洋汽船之一寄港地矣。

丁　钦州

钦州位于东京湾之顶,中国海岸之最南端。此城在广州即南方大港之西四百英里。凡在钦州以西之地,将择此港以出于海,则比经广州可减四百英里。通常皆知海运比之铁路运价廉二十倍，然则节省四百英里者，在四川、贵州、云南及广西之一部言之，其经济上受益为不小矣。虽其北亦有南宁以为内河商埠，比之钦州更近腹地，然不能有海港之用。所以直接输出入贸易，仍以钦州为最省俭之积载地也。

改良钦州以为海港，须先整治龙门江，以得一深水道直达钦州城。其河口当浚深之，且范之以堤，令此港得一良好通路。此港已选定为通过湘、桂入粤之株钦铁路之终点。虽其腹地较之福州为大，而吾尚置之次位者，以其所管地区，同时又为广州世界港、南宁内河港所管，所以一切国内贸易及间接输出入贸易皆将为他二港所占，惟有直接贸易始利用钦州耳。是以腹地虽广，于将来二等港中，欲凌福州而上，恐或不可能也。

此三个世界大港、四个二等港之外，吾拟于中国沿海，建九个三等港，自北至南如下：

甲　葫芦岛。

乙　黄河埠〔港〕。

丙　芝罘。

丁　宁波。

戊　温州。

己　厦门。

庚　汕头。

辛　电白。

壬　海口。

甲　葫芦岛

此岛为不冻深水港，位于辽东湾顶西侧，离营口约六十英里。

论东三省之冬期港,此港位置远胜大连,以其到海所经铁路较彼短二百英里,又在丰富煤田之边沿也。当此煤田及其附近矿产既开发之际,葫芦岛将为三等港中之首出者,为热河及东蒙古之良好出路。此港又可计划之以为东蒙古及满洲全部之商港,以代营口,但须建一运河以与辽河相连耳。将来之营口①惟有由内地水路交通可以成一满洲②重要商港,而葫芦岛恰亦与之相同,所以葫芦岛若得内地水路交通,自然可代营口而兴。如使确知于此凿长距离运河以通葫芦岛于辽河,比之建一深水港面于营口经济上更为廉价,则葫芦岛港面置之于此半岛之西北边,不如今之计划置之半岛之西南。盖今日之位置,不足以多容船舶碇泊,除非建一广大之防波堤直入深海中,此工程所费又甚多也。且此狭隘之半岛,又不足以容都市规划,若其在他一边,则市街可建于本陆,有无限之空隙容其发展也。

吾意须自连山湾之北角起,筑一海堤至于葫芦岛之北端,以闭塞连山湾,使成为锁口港面。在葫芦岛之颈部开一口,向南方深水处。此闭塞港口〔面〕,应有十英方里之广,但此中现在只有一部分须浚至所求之深。在此港面北方须另留一出口,介于海堤、海岸之间,以通其邻近海湾。并须另建一防波堤,横过第二海湾。由该处起应建一运河或凿之于海岸线内,或建一海堤与海岸线平行,至与易凿之低地连接为止。再由该地开凿运河与辽河相连。如能为葫芦岛凿此运河,则此岛立能取营口而代之,居二等港首位矣。

乙　黄河港

此港将位于黄河河口北直隶湾之南边,离吾人之北方大港约

---

① 此处英文本有 YinKow,故此处增"之营口"三字。
② 此处英文本有 Manchuria,故此处增"满洲"二字。

八十英里。当整治黄河工程已完成之日,此河口将得为航洋汽船所经由,自然有一海港萌芽于是。以是所管北方平原在直隶、山东、河南各省有相当之部分,而又益以内地水运交通,所以此港欲不成为重要三等海港,亦不可得矣。

丙　芝罘

芝罘为老条约港,位于山东半岛之北侧,尝为全中国北部之惟一不冻港矣。自其北方有大连开发,南方又有青岛兴起,其贸易遂与之俱减。以海港论,如使山东半岛之铁路得其开发,而筑港之工程又已完毕,则此港自有其所长。

丁　宁波

宁波亦一老条约港也,位于浙江省之东方,甬江一小河之口。此地有极良通海路,深水直达此河之口。此港极易改良,只须范之以堤,改直其沿流两曲处,直抵城边。宁波所管腹地极小,然而极富;其人善企业,其以工作手工知名,肩随于广州。中国之于实业上得发展者,宁波固当为一制造之城市也。但以东方大港过近之故,宁波与外国直接之出入口贸易未必能多,此种贸易多数归东方大港。故以宁波计,有一相当港面以为本地及沿岸载货之用,亦已足矣。

戊　温州

温州在浙江省之南,瓯江之口。此港比之宁波,其腹地较广,其周围之地区皆为生产甚富者,如使铁路发展,必管有相当之地方贸易无疑。现在港面极浅,中等沿岸商船已不能进出。吾意须于盘石卫即温州岛之北(温州岛者,瓯江口之小岛,非温州城)建筑新港。由此目的,须建一堰于北岸与温州岛北端之间,使此岛北之河流完全闭塞,单留一闭锁之入口。至于瓯江,应引之循南水道经温州岛,使其填塞附近浅地之大区,而又以范上段水流也。其自虎头岛南边以至此港之通路,应行浚深。在此通路右,应于温州岛与尾妖岛之间浅处,及尾妖岛与三盘岛各浅处之间建堤。于是成一连堤,可以防瓯江沙泥不令侵入此通路。如此,然后温州新港可以得一恒常深水道也。

己　厦门

此亦一老条约港也,在于思明岛。厦门有深广且良好之港面,管有相当之腹地,跨福建、江西两省之南部,富于煤铁矿产。此港经营对马来群岛及南亚细亚半岛之频繁贸易,所有南洋诸岛、安南、缅甸、暹罗、马来各邦之华侨大抵来自厦门附近,故厦门与南洋之间载客之业极盛。如使铁路已经发展,穿入腹地煤铁矿区,则厦门必开发而为比现在更大之海港。吾意须于此港面之西方建新式商埠,以为江西、福建南部丰富矿区之一出口。此港应施以新式设备,使能联陆海两面之运输以为一气。

庚　汕头

汕头在韩江口,广东省极东之处。以移民海外之关系,汕头与厦门极相类似,以其亦供大量之移民于东南亚细亚及马来群岛也。故其与南洋来往船客之频繁,亦不亚厦门。以海港论,汕头大不如厦门,以其入口通路之浅也。然以内地水运论,则汕头为较胜,以用浅水船则韩江可航行者数百英里也。围汕头之地,农产极盛,在南方海岸能追随广州河汉者,独此地耳。韩江上一段,煤铁矿极富。汕头通海之路,只须少加范围浚渫之功,易成为一地方良港也。

辛　电白

此港在广东省海岸、西江河口与海南岛间当中之点。其周围地区富于农产、矿田,则此地必须有一商港,以供船运之用矣。如使以堤全围绕电白湾之西边,另于湾之东南半岛颈地开一新出入口,以达深海,则电白可成一佳港面,而良好通路亦可获得矣。港面本甚宽阔,但有一部须加浚渫,以容巨船,其余空隙则留供渔船及其他浅水船之用。

壬　海口

此港位于海南岛之北端,琼州海峡之边,与雷州半岛之海安相对。海口与厦门、汕头俱为条约港,巨额之移民赴南洋者,皆由此出。而海南固又甚富而未开发之地也。已耕作者仅有沿海一带地方,其中央犹为茂密之森林,黎人所居,其藏矿最富。如使全岛悉已开发,则海口一港将为出入口货辐辏之区。海口港面极浅,即作〔行〕小船,犹须下锚于数英里外之泊船地,此于载客、载货均大不便。所以海口港面必须改良。况此港面又以供异日本陆及此岛铁路完成之后,两地往来接驳货僦之联络船码头之用也。

于渔业港一层,吾前所述之头二三等海港均须兼为便利适合渔业之设备,即三个头等港、四个二等港、九个三等港皆同时为渔业港也。然除此十六港以外,中国沿岸仍有多建渔业港之余地,抑且有其必要。故吾意在北方奉天、直隶、山东三省海岸,应设五渔业港如下:

(1)安　东　在高丽交界之鸭绿江。

(2)海洋岛　在鸭绿湾辽东半岛之南。

(3)秦皇岛　在直隶海岸辽东湾与直隶湾之间,现在直隶省之独一不冻港也。

(4)龙　口　在山东半岛之西北方。

(5)石岛湾　在山东半岛之东南角。

东部江苏、浙江、福建三省之海岸,应建六渔业港如下:

(6)新洋港　在江苏省东陲,旧黄河口南方。

(7)吕四港　在扬子江口北边一点。

(8)长涂港　在舟山列岛之中央。

(9)石　浦　浙江之东,三门湾之北。

(10)福　宁　在福建之东,介于福州与温州之间。

(11)湄州港　福州与厦门之间,湄州岛之北方。

南部广东省及海南岛海岸,应建四渔业港如下:

(12)汕　尾　在广东之东海岸,香港、汕头之间。

(13)西江口　此港应建于横琴岛之北侧。西江口既经整治以后,横琴岛将借海堤以与本陆相连,而有一良好港面地区出现矣。

(14)海　安　此港位于雷州半岛之末端,隔琼州海峡与海南岛之海口相对。

(15)榆林港　海南岛南端之一良好天然港面也。

以此十五渔业港,合之前述各较大之港,总三十有一。可以连合中国全海岸线,起于高丽界之安东,止于近越南界之钦州。平均每海岸线百英里,而得一港。吾之中国海港及渔业港计划,于是始完。

瞥见之下,当有致疑于一国而须如是之多海港与渔业港者。然读者须记此中国一国之大与欧洲等,其人则较欧洲为多。如使吾人取西欧海岸线与中国等长之一节计之,则知欧洲海港之多远过中国。欧洲海岸线之长过中国数倍,而以每百英里计,尚不止有一与此相当型式之港。例如荷兰,其全地域不较大于吾人三等港中汕头一港之腹地,而尚有安斯得坦与洛得坦①两头等海港,又有

---

① 安斯得坦(Amsterdam)、洛得坦(Rotterdam):今译阿姆斯特丹、鹿特丹。

多数之小渔业港附随之。又使与北美合众国较其海港,美国人口仅得中国四分之一,而单就其大西洋沿岸海港而论,已数倍于吾计划中所举之数。所以此项海港之数,不过仅敷中国将来必要之用而已。且吾亦仅择其自始有利可图者言之,以坚守第一计划中所标定之"必选有利之途"一原理〔则〕也。(参照第十七图)

第五部　　创立造船厂

当中国既经按吾计划发展无缺之际,其急要者,当有一航行海外之商船队,亦要多数沿岸及内地之浅水运船,并须有无数之渔船。当此次世界大战未开之际,全世界海船吨数为四千五百万吨;使中国在实业上,按其人口比例,有相等之发达,则至少须有航行海外及沿岸商船一千万吨,然后可敷运输之用。建造此项商船,必须在吾发展实业计划中占一位置。以中国有廉价之劳工与材料,固当比外国为吾人所建所费较廉。且除航海船队以外,吾人尚须建造大队内河浅水船及渔船,以船载此等小船远涉重洋,实际不易,故外国船厂不能为吾建造此等船只,则中国于此际必须自设备其船厂,自建其浅水船渔船船队矣。然则建立造船厂者,必要之企业,又自始为有利之企业也。

此造船厂应建于内河及海岸商埠,便于得材料人工之处。所有船厂应归一处管理,而投大资本于此计划,至年可造各种船只二百万吨之限为止。一切船舶当以其设计及其设备定有基准,所有旧式内河浅水船及渔船,当以新式效力大之设计代之。内河浅水船当以一定之吃水基准为基础设计之,如二英尺级、五英尺级、十英尺级之类。鱼拖船(船旁拖网者)应以行一日、行五日、行十日分级为基准。沿海船可分为二千吨级、四千吨级、六千吨级。而驶赴海外之船,则当设定一万二千吨级、二万四千吨级、三万六千吨级

MAP XVII 第十七圖

- ◎ First Class Port
  頭 等 港
- ◉ Second Class Port
  二 等 港
- ⊙ Third class Port
  三 等 港
- ● Fishing Port
  漁 業 港
- ⊕ Foreign Occupied Port
  外 國 占 領 港

(1) Antang 安東
(2) Haiyangtao 海洋島
(3) Chihwangtao 秦皇島
(4) Lungkau 龍口
(5) Shitauwan 石島灣
(6) Sinyangkang 新洋港
(7) Luszekang 呂四港
(8) Changtukang 長塗港
(9) Shipu 石浦
(10) Funing 福寧
(11) Meichow 湄州
(12) Sanmei 汕尾
(13) Sikiang Mouth 四江口
(14) Haian 海安
(15) Yulinkiang 榆林港

島盧葫 口營
Hulutao Yingkow
(3) (1)
港大方北
Great Northern P. 大連
Talien (2)
口河黃 Chefoo 芝罘
HoangHo (4) (5)
州海 Tsingtau
Haichow 島青
(6)
(7)
港大方東
Great Eastern P.
(8)
波寧 Ningpo
(9)
州温
Wenchow
(10)
州福
Foochow
(11)
港大方南
Great Southern P. Amoy 廈門
(12) Swatow 汕頭
Yamchow Tunpak (13)
欽州 白電 Hongkong 香港
(14)
Hoihou 海口
(15)

为基准。于是今日以万计之内河船及渔艇来往中国各江、各湖、各海岸者,将为基准划一,可使费少、功多、较新、较廉之船只所代矣。

第 四 计 划

在吾第一、第三两计划,吾已详写吾西南铁路系统、西北铁路系统两规划矣。前者以移民于蒙古、新疆之广大无人境地,消纳长江及沿海充盈之人口为目的,而又以开发北方大港;后者则所以开中国西南部之矿产富源,又以开发广州之南方大港也。此外仍须有铁路多条,以使全国得相当之开发。故于此第四计划,吾将于《国际共同发展计划》绪论中所拟十万英里之铁路细加说明,其目如下:

(一)中央铁路系统。

(二)东南铁路系统。

(三)东北铁路系统。

(四)扩张西北铁路系统。

(五)高原铁路系统。

(六)创立机关车、客货车制造厂。

第一部　中央铁路系统

此系统将为中国铁路系统中最重要者,其效能所及之地区,遍包长江以北之中国本部及蒙古、新疆之一部。论此广大地域之经济的性质,则其东南一部人口甚密,西北则疏;东南大有矿产之富,而西北则有潜在地中之农业富源。所以此系统中每一线,皆能保其能有利如京奉路也。

以此北方、东方两大港为此系统诸路之终点故,吾拟除本区现存〔有〕及已计划各线之外，建筑下列各线，合而成为中央铁路系统：

天　东方大港塔城线。

地　东方大港库伦线。

玄　东方大港乌里雅苏台线。

黄　南京洛阳线。

宇　南京汉口线。

宙　西安大同线。

洪　西安宁夏线。

荒　西安汉口线。

日　西安重庆线。

月　兰州重庆线。

盈　安西州于阗线。

昃　婼羌库尔勒线。

辰　北方大港哈密线。

宿　北方大港西安线。

列　北方大港汉口线。

张　黄河港汉口线。

寒　芝罘汉口线。

来　海州济南线。

暑　海州汉口线。

往　海州南京线。

秋　新洋港汉口线。

收　吕四港南京线。

冬　海岸线。

藏　霍山嘉兴线。

天　东方大港塔城线

此线起自东方大港之海边,向西北直走,至与俄国交界之塔城为止,全长约三千英里。如使以上海为东方大港,则沪宁铁路即成为此路之首一段。但若择用乍浦,则此线应沿太湖之西南岸经湖州、长兴、漂〔溧〕阳,以至南京。于是在南京之南渡长江,至全椒及定远。此时线转而西,经寿州及颖〔颍〕上,于新蔡入河南界。在确山横截京汉线后,过泌阳、唐县、邓州,转而西北至浙〔淅〕川及荆紫关,入陕西界。溯丹江谷地而上,通过龙驹寨及商州,度蓝关至蓝田及西安。西安者,陕西之省城,中国之古都也。由西安循渭河而西行过盩厔、郿县、宝鸡,于三坌入甘肃界。进向秦州、巩昌、狄道,及于甘肃省城之兰州。自兰州从昔日通路,以至凉州、甘州、肃州、玉门及安西州。由此西北行,横绝沙漠以至哈密。自哈密转而西,达土鲁番。在土鲁番与西北铁路系统之线会,即用其线路轨,以至迪化及绥来。自绥来与该线分离,直向边界上之塔城,途中切断齐尔山而过。此线自中国之一端至于他一端,全长三千英里,仅经过四山脉。而此四山脉皆非不可逾越者,由其自未有历史以前已成为亚洲贸易路一事,可以知之矣。

地　东方大港库伦线

此线自东方大港起,即用天线路轨迄于定远。定远即在南京渡江后第二城也。自定远起,始自建其路轨,进向西北,达于淮河上之怀远。于是历蒙城、涡阳及亳州,更转迳北,过安徽界,入河南,经归德又出河南界,入山东界。于是经曹县、定陶、曹州,渡黄河入直隶界。通过开州再入河南,至于彰德。自彰德循清漳河谷地西北走,出河南界入山西界。于是本线通过山西省大煤铁矿田之东北隅矣。既入山西,仍遵此谷地,至辽州及仪城,越分水界,入洞涡水谷地，至榆次及太原。自太原西北进，入山西省之别一煤铁矿区，至于岢岚。又转而西，至保德，于此渡黄河，至府谷，陕西省之东北隅也。此线自府谷北行，截开万里长城，入绥远区，再渡黄河，至萨拉齐。由萨拉齐起西北行，截过此大平原，至西北干路之甲接合点。在此处与多伦诺尔、库伦间之公线合，以暨〔至〕库伦。此线自中国中部人口最密之地，通至中部蒙古土沃人稀之广大地域。其自定远至甲接合点之间，约长一千三百英里。

玄　东方大港乌里雅苏台线

自东方大港，因用大〔天〕线路轨至于定远；再用地线路轨，至于亳州。由亳州起，分支自筑路轨，西向行越安徽省界，至河南之鹿邑。自此处转向西北，逾太康、通许，以及中牟。在中牟与海兰线相会，并行至于郑州、荥阳、汜水。在汜水渡过黄河，至温县。又在怀庆出河南界，入山西界。于是乃过阳城、沁水、浮山，以至平阳。在平阳渡汾水，至蒲县、大宁。转而西，至省界，再渡黄河，入陕西境。于是进至延长，遵延水流域以至于延安、小关、靖边，然后循长城之南边，以入甘肃。又渡黄河至宁夏。自宁夏而西北，过贺兰山脉，至沙漠缘端之定远营。于此取一直线向西北走，直至西北铁路系统之乙接合点，与此系统合一线以至乌里雅苏台。此线所经之沙漠及草地之部分，均可以以灌溉工事改善之。其自亳州至乙接合点之距离为一千八百英里。

黄　南京洛阳线

此线走于中国两古都之间，通过烟户极稠、地质极肥之乡落，又于洛阳一端触及极丰富之矿田。此线自南京起，走于天、地两线公共路轨之上，自怀远起始分支西行，至太和。既过太和，乃逾安徽界，入河南界。又沿大沙河之左岸，至周家口，此一大商业市镇也。自周家口进至于临颍〔颕〕，与京汉线交。更进至襄城、禹州，则河南省大煤矿田所在地也。自禹州而往，过嵩山分水界，以逮洛阳，与自东徂西之海兰线相会。此线自怀远至洛阳，凡三百英里。

宇　南京汉口线

此线应循扬子江左岸而行，以一支线与九江联络。自南京对岸起西南行，至和州、无为州及安庆。安庆者，安徽省城也。自安庆起，仍循同一方向至宿松、黄梅。自黄梅别开一支线，至小池口，渡扬子江，以达九江。本线则自黄梅转而西至广济，又转而西北至蕲水，卒西向以至汉口，距离约三百五十英里，而所走之路平坦较多。

宙　西安大同线

此线自西安起，北行至于三原、耀州、同官、宜君、中部、甘泉，以至延安，与东方大港乌里雅苏台线相会。自延安起转而东北，至于绥德、米脂及黄河右岸之葭州，即循此岸而行至蔚汾河与黄河汇流处（在对岸）。渡黄河至蔚汾河谷地，循之以至兴县、岢岚，在岢岚与东方大港库伦线相交。过岢岚，至五寨及羊房。在羊房截长城而过，至朔州，乃至大同与京绥线相会。此线约长六百英里。经过陕西有名之煤油矿，又过山西西北煤田之北境，其在终点大同与京绥线合。借大同至张家口一段之助，可与将来西北系统中联络张家口与多伦诺尔之一线相属。

洪　西安宁夏线

此线应自西安起，西北向行至泾阳县、淳化、三水（今改称枸邑）。过三水后，出陕西界，入甘肃界，于正宁转而西至宁州。自宁州始入环河谷地，循其左岸，上至庆阳府及环县。乃离河岸，经清平、平远后，与环河相会。仍循该谷地，上至分水界。过分水界后，至灵州，渡黄河至宁夏。此线长约四百英里，经过矿产及石油最富之地区。

荒　西安汉口线

此线联络黄河流域最富饶一部与中部长江流域最富饶一部之一重要线路。此线自西安起，用天线路轨过秦岭，进至丹江谷地。直至淅〔浙〕川，始分线南行，过省界至湖北。循汉水左岸，经老河口，以至襄阳对岸之樊城。由樊城仍循此岸以至安陆，由此以一直线东南至汉川及汉口。全线约长三百英里。

日　西安重庆线

此线自西安起，直向南行度秦岭，入汉水谷地。经宁陕、石泉、紫阳，进入任河谷地，逾陕西之南界，于大竹河入四川界。于是逾大巴山之分水界，以入太平河谷地。循此谷地而下，至绥定及渠县，乃转入此谷地之左边至于邻水。又循商路以至江北及重庆。此线全长约四百五十英里，经由极多产物之地区及富于材木之地。

月　兰州重庆线

此线从兰州起西南行，用天线之线路，直至狄道为止。由此分支进入洮河谷地，过岷山分水界，入黑水谷地沿之而下，至于阶州及碧口。自碧口而降，出甘肃界，入四川界，进逮昭化，黑水河即在昭化与嘉陵江合。自昭化起，即顺嘉陵江降至保宁、顺庆、合州以及重庆。此线约长六百英里，经过物产极多、矿山极富之地区。

盈　安西州于阗线

此线贯通于戈壁沙漠与阿勒腾塔格岭中间一带肥沃之地。虽此一带地方本为无数山间小河所灌溉，润泽无缺，而人口尚极萧条，则交通方法缺乏之所致也。此线完成之后，此一带地方必为中国殖民最有价值之处。此线起自安西州,西行至敦煌,循罗布泊沼地之南缘端以至婼羌。自婼羌仍用同一方向,经车城以至于阗,与西北系统线之终点相接。借此系统之助,得一东方大港与中国极西端之喀什噶尔直接相通之线。自安西州以至于阗,长约八百英里。

昃　婼羌库尔勒线

此线沿塔里木河之下游,截过沙漠,其线路两旁之地给水丰足,铁路一旦完成,即为殖民上最有价值之地。本线长约二百五十英里,与走于沙漠北缘端之线相联属。沙漠两边肥饶土地之间,此为捷径。

辰　北方大港哈密线

此线自北方大港西北行,经宝坻、香河以至北京。由北京起即用京张路轨以至张家口,由此以进入蒙古高原。于是循用商队通路,向西北行以至陈台、布鲁台、哲斯、托里布拉克。自托里布拉克向西取一直线,横度内外蒙古之平原及沙漠以至哈密,以与东方大港塔城线相联络。而该线则直通于西方新疆首府之迪化。故此线,即为迪化城与北京及北方大港之直通线。此线长约一千五百英里,其中有大部分走于可耕地之上。然则其完成之后必为殖民上最有价值之铁路矣。

宿　北方大港西安线

此线自北方大港西行,至于天津。由该处西行,经过静海、大城,以至河间。由河间更偏西行,至于深泽、无极,又与京汉线交于正定,即于此处与正太线相接。自正定起,即用正太线路,但该线之窄轨,应重新建筑,改为标准轨〔阔〕阔〔轨〕,此所以便于太原以往之通车也。自太原起,此线向西南行,经交城、文水、汾州、隰州以至大宁。由大宁转而西行,渡黄河。又西南行,至宜川、洛川、中部。在中部,与西安大同线相会,即用其路线以达西安。此线长约七百英里。其所经者,则农产物极多之地区,又煤、铁、石油丰富广大之矿田也。

列　北方大港汉口线

此线自北方大港起,循海岸而行至北塘、大沽、岐口,又至盐山,出直隶界,入山东界于乐陵。自乐陵而往,经德平、临邑,至禹城,与津浦线相交,进至东昌、范县,于是渡黄河至曹州。既过曹州,出山东界,入河南界与海兰线相交,至睢州。由此进至太康与玄线相交,经陈州及周家口与黄线相交,又至项城、新蔡、光州及光山。既过光山,逾分界岭入湖北境,经黄安至汉口。此线长约七百英里,自北方大港以至中国中部之商业中心。

张　黄河港汉口线

此线自黄河港起,西南行,至于博兴、新城、长山,乃与胶济线相交,至博山。上至分水界,入于汶河谷地,至泰安与津浦线相交,又至宁阳及济宁。自济宁而进,以一直线向西南,至安徽之亳州、河南之新蔡。自新蔡起与北方大港汉口线合,以至汉口。自黄河港至新蔡,约四百英里。

寒　芝罘汉口线

此线起于山东半岛北边之芝罘,即横断此半岛,经过莱阳、金家口以至于其南边之即墨。由即墨起,向西南过胶州湾顶之洼泥地,作一直线,至于诸城。既过诸城,越分水界以入沭河谷地,至莒州及沂州,进至徐州,与津浦海兰线相会。自徐州起,即用津浦路轨直至安徽之宿州。乃分路至蒙城、颖〔颍〕州,过省界入河南光州,即于此处与北方大港汉口线相会,由之以至汉口。此线自芝罘至光州,长约五百五十英里。

来　海州济南线

此线发海州,循临洪河至欢墩埠,转西向至临沂。由临沂始转北向,次西北向,经蒙阴、新泰至泰安。在泰安与津浦线会合,取同一轨道而至济南。此线自海州至泰安长约一百一十英里,经过山东南部之煤铁矿场。

暑　海州汉口线

此线自海州出发,西南行至沭阳与宿迁,或与现在海兰线之预定线路相同。自宿迁而往,经泗州、怀远与东方大港库伦线及乌里雅苏台线相交。既过怀远,乃向寿州及正阳关,即循同一方向横过河南省之东南角及湖北之分界岭,过麻城至汉口。长约四百英里。

往　海州南京线

此线从海州向南至安东,稍南至淮安。既过淮安,渡宝应湖(此湖应按第二计划第四部整治淮河,施以填筑),经天长、六合以至南京。全长一百八十英里。

秋　新洋港汉口线

此线自新洋港而起,至于盐城,过大纵湖(此亦应填筑)至淮安。自淮安转向西南,渡过洪泽湖之东南角(此湖仍应填筑)至安徽之盱眙。既过盱眙,在明光附近与津浦线相交,又至定远与地、玄两线相会。过定远后,进至六安、霍山,逾湖北之分界岭过罗田,以至汉口。全长约四百二十英里。

收　吕四港南京线

此线由吕四港而起。吕四港者,将来于扬子江口北端尽处应建之渔业港也。自吕四港起西行至于通州。转西北行至如皋。又西行至泰州、扬州、六合、南京。全长约二百英里。

冬　海岸线

此线自北方大港起,循北方大港汉口线至于岐口。始自开线路,密接海岸以行,过直隶界至山东之黄河港,进至于莱州。自莱州离海岸,画一直线至招远及芝罘,以避烟潍铁路之计划线。由芝罘转而东南,经过宁海及文登。自文登引一支线至荣城,又一线至石岛,其本线转而西南,至海阳及金家口与芝罘汉口线合。循之直至于胶州湾之西端,折而南至灵山卫。自灵山卫转而西南,循海岸至日照过山东界,入江苏省,经赣榆至海州。于是向西南进至盐城、东台、通州、海门,以达于崇明岛。此岛以扬子江之治水堤之故,将与大陆联为一气矣。其自崇明赴上海,可用渡船载列车而过。此自岐口迄崇明之线,约长一千英里。

藏　霍山芜湖苏州嘉兴线

此线自霍山起至舒城及无为,乃过扬子江至芜湖。又过高淳、溧阳、宜兴,过太湖之北端(将来填筑)至苏州,与沪宁线会。过苏州后,转而南至沪杭线上之嘉兴。此线走过皖、苏两省富庶之区,长三百英里,将成为上海、汉口间之直接路线之大部分。

中央铁路系统各线,全长统共约一万六千六百英里。

第二部　东南铁路系统

本系统纵横布列于一不规则三角形之上。此三角形以东方大港与广州间之海岸线为底,以扬子江重庆至上海一段为一边,更以经由湖南之广州重庆甲线为第二边,而以重庆为之顶点。此三角形全包有浙江、福建、江西三省,并及江苏、安徽、湖北、湖南、广东之各一部。此地富有农矿物产,而煤铁尤多,随在有之,且全区人口甚密,故其建铁路,必获大利。

以东方大港、南方大港及其间之二三等港,为此铁路之终点,可建筑下列之各线:

天　东方大港重庆线。

地　东方大港广州线。

玄　福州镇江线。

黄　福州武昌线。

宇　福州桂林线。

宙　温州辰州线。

洪　厦门建昌线。

荒　厦门广州线。

日　汕头常德线。

月　南京韶州线。

盈　南京嘉应线。

昃　东方、南方两大港间海岸线。

辰　建昌沅州线。

天　东方大港重庆线

此线越扬子江以南,殆以一直线联结中国西方商业中心之重庆与东方大港。此线起于东方大港,至杭州,经临安、昌化以至安徽省之徽州(歙县)。由徽州进至休宁、祁门,于是越省界入江西境,过湖口至九江。自九江起,循扬子江右岸越湖北界至兴国州,又进至通山、崇阳,在崇阳逾界至湖南岳州。自岳州起,取一直线贯洞庭湖(此湖将来进行填塞)至于常德。由常德溯溇水谷地而上,过慈利,再逾省界入湖北之鹤峰,于是及于施南与利川。在施南应开一支线向东北界走至宜昌;在利川应另开一支线,西北行至万县。此宜昌、万县两地,均在长江左岸。自利川而后入四川界,过石砫至涪州,〈与广州重庆甲线会于涪州。〉遂过乌江,循扬子江右岸而上,至与广州重庆乙线会而后已。此后以同一之桥渡江,至对岸之重庆。连支线,长约一千二百英里。

地　东方大港广州线

此线由一头等海港,以一直线至他头等海港。自东方大港起,至杭州折而西南行,遵钱塘江左岸过富阳、桐庐,至严州及衢州。更进过浙、赣省界至广信(上饶)。由广信起,经上清、金溪至建昌,然后进至南丰、广昌、宁都。由宁都而往,至雩都、信丰、龙南,过赣、粤界岭至长宁(新丰)。于是经从化以至广州。长约九百英里。

玄　福州镇江线

此线起自福州,经罗源、宁德,以至福安。于是进而逾闽、浙边界,以至泰顺、景宁、云和、处州。于是进经武义、义乌、诸暨,以达杭州。杭州以后经德清及湖州,逾浙江省界以入江苏,循宜兴、金坛、丹阳之路而进,以至镇江。此线长五百五十英里。

黄　福州武昌线

此线自福州起,沿闽江左岸,过水口及延平,至于邵武。邵武以后逾浙〔福〕江〔建〕界,入于江西,经建昌及抚州,以至省城南昌。由南昌而入湖北之兴国,过之,以至湖北省城武昌。全长约五百五十英里。

宇　福州桂林线

此线自福州起,渡过闽江,进而取永福(永泰)[①]、大田、宁洋、

连城一路,以至汀州(长汀)。于是过闽、赣省界入于瑞金。由瑞金进至雩都、赣州,又进至上犹及崇义。崇义以后,过赣、湘边界至桂阳〔东〕县(汝城)及彬〔郴〕州,与粤汉线交于郴州,遂至桂阳州。又进至于新田、宁远、道州,与广州重庆甲、乙两线相遇。道州以后,转而南,循道江谷地而上至广西边界,过界直至桂林。此线长约七百五十英里。

<h3 style="text-align:center">宙　温州辰州线</h3>

此线由温州新港起,循瓯江左岸而上,至于青田。由青田进向处州及宣平,转而西出浙江省界,入江西之玉山。自玉山经过德兴、乐平,乃沿鄱阳湖之南岸,经余干至于南昌。由南昌经过瑞州(高安)、上高、万载,逾江西省界入湖南之浏阳,遂至长沙。由长沙经宁乡、安化以至辰州,与广州重庆甲线及沙市兴义线会合。长约八百五十英里。

<h3 style="text-align:center">洪　厦门建昌线</h3>

此线自厦门新港起至长泰。溯九龙江而上,至漳平、宁洋、清流及建宁县。自建宁以后,过省界,至江西之建昌,与东方大港广州线、福州武昌线、建昌沅州线相会。此线长约二百五十英里。

<h3 style="text-align:center">荒　厦门广州线</h3>

此线自厦门新港起,进至漳州、南靖、下洋。于此出福建界至广东之大埔。由大埔过松口、嘉应、兴宁、五华,于五华过韩江及东江之分水界至龙川。乃遵东江而下至河源。又过一分水界至于龙门、增城,以至广州。长约四百英里。

<h3 style="text-align:center">日　汕头常德线</h3>

此线自汕头起,进至潮州、嘉应,出广东界至江西之长宁(寻

邬）。自长宁越分水界入贡江谷地,循之以下至于会昌、赣州。由赣州以至龙泉(遂川)、永宁(宁冈)、莲花。在莲花逾江西界入湖南,于是进至洙〔株〕州及长沙。由长沙经过宁乡、益阳,终于常德,与东方大港重庆线及沙市兴义线相会。此线长约六百五十英里。

月　南京韶州线

此线自南京起,循扬子江右岸而上,至于太平、芜湖、铜陵、池州、东流以后出安徽界,入江西之彭泽,遂至湖口。在湖口与东方大港重庆线会,即用该线之桥以至鄱阳港。于是沿鄱阳湖之西岸,经过南康(星子)、吴城,以至南昌,与温州辰州线及福州武昌线会于南昌。由南昌溯赣江谷地而上,由临江(江渡)至吉安,与建昌沅州之计划线交于吉安。由吉安至于赣州,复与福州桂林线交焉。于是进向南康县及南安。南安以后,过大庾岭分界处入广东于〔之〕南雄。于是经始兴至韶州,与粤汉线会。此线长约八百英里。

盈　南京嘉应线

此线自南京起,进至溧水、高淳。于是出江苏界入安徽之宣城。自宣城进至宁国及徽州(歙县)。徽州以后,出安徽界入浙〔浙〕江界,经开化、常山及江山。出浙〔浙〕江界入福建之浦城。自浦城由建宁(建瓯)以至延平,与福州武昌线交,更过沙县、永安以至宁洋,与福州桂林线及厦门建昌线会。自宁洋复进至龙岩、永定,至松口与厦门广州线合,迄嘉应而止。所经之路约七百五十英里。

昃　东方、南方两大港间海岸线

此线自南方大港广州起,与广九铁路采同一方向行至石龙,乃自择路线,取东江沿岸一路以至惠州。由惠州经三多祝、海丰、陆丰,转东北行至揭阳及潮州。潮州以后,经饶平出广东界,入福建之诏安。自诏安经云霄、漳浦、漳州以及厦门。由厦门历泉州、兴化，而至福州省城。自福州以后，用与福州镇江线同一之方向抵福安，乃转而东至福宁，又转而北至福鼎。过福鼎后，出福建界入浙〔浙〕江界，经平阳至温州。于温州渡瓯江，进至乐清、黄岩、台州。又进历宁海，至于宁波以为终点。即用杭甬铁路，经杭州，以与东方大港相接。此线自广州至宁波，长约一千一百英里。

辰　建昌沅州线

此线自建昌起，行经宜黄、乐安、永丰、吉水，以至吉安，即于该地与南京韶州线相交。由吉安进而及永新、莲花，与汕头常德线会。于是出江西界，入湖南于〔之〕茶陵，乃经安仁至衡州，遇粤汉线。于是由衡州更进至宝庆，则与广州重庆甲线交焉。由是西行，至于终点沅州（芷江），与沙市兴义线相遇。此线长约五百五十英里。

东南铁路系统各线，全长统共约九千英里。

第三部　东北铁路系统

此系统包括满洲之全部，与蒙古及直隶省之各一部分，占有面积约五十万英方里，人口约二千五百万。其地域三面为山所围绕，独于南部则开放，直达至辽东海湾。在此三山脉①之中，低落成为一广浩肥美之平原，并为三河流所贯注，嫩江位于北，松花江位于东北，辽河位于南。此之境界，中国前时视之等于荒漠，但自中东铁路成立后，始知其为中国最肥沃之地。此地能以其所产大豆，供给日本全国与中国一部分为食料之用。此种大豆为奇美物品，在植物中含有最富蛋白质之物，早为中国人所发明；经用以代肉品，

---

①　指大兴安岭、小兴安岭、长白山。

不下数千年。由此种大豆可以提出一种豆浆,其质等于牛奶,复由此种豆奶制成各种食品,此种食品为近代化学家所证明,其涵肉质比肉类尤为丰富;而中国人与日本人用之以当肉与奶用者,已不知其始自何时矣。近来欧美各国政府之粮食管理官,对于此项用以代肉之物品甚为注意。所以此种大豆之输出于欧美者亦日见增加。由此观之,满洲平原确可称为世界供给大豆之产地。除此大豆以外,此平原并产各种谷类极多,就麦一类言之,已足供西伯利亚东部需用。至于满洲之山岭,森林、矿产素称最富,金矿之发见于各地者亦称最旺。

敷设铁路于此境域,经已证明其为最有利益之事业。现已成立之铁路贯通于此富饶区域者,已有三干线。如京奉线,为在中国之最旺铁路;日本之南满铁路,亦为获利最厚路线;中东铁路,又为西伯利亚系统之最旺部分。除此以外,尚有数线为日本人所计划经营。如欲依次发展此之富庶区域,即应敷设一网式铁路,乃足敷用也。

在未论及此网式铁路之各支线以前,吾意以为当先设立一铁路中区,犹蜘蛛巢之于蜘蛛网也。吾且名此铁路中区曰"东镇"。此东镇当设立于嫩江与松花江合流处之西南,约距哈尔滨之西南偏一百英里,将来必成为一最有利益之位置。此之新镇,不独可为铁路系统之中心,至当辽河、松花江间之运河成立后,且可成为水陆交通之要地。

既以此计划之新市镇"东镇"为中区,吾拟建筑如下之各线:

天　　东镇葫芦岛线。

地　　东镇北方大港线。

玄　　东镇多伦线。

黄　　东镇克鲁伦线。

宇　东镇漠河线。

宙　东镇科尔芬线。

洪　东镇饶河线。

荒　东镇延吉线。

日　东镇长白线。

月　葫芦岛热河北京线。

盈　葫芦岛克鲁伦线。

昃　葫芦岛呼伦线。

辰　葫芦岛安东线。

宿　漠河绥远线。

列　呼玛室韦线。

张　乌苏里图们鸭绿沿海线。

寒　临江多伦线。

来　节克多博依兰线。

暑　依兰吉林线。

往　吉林多伦线。

天　东镇葫芦岛线

此是由计划中之满洲铁路中区分出之第一线。比较其他直达辽东半岛之不冰口岸之二线为短,路线与南满铁路平行。在两线之北部末尾,相距约八十英里。依据与俄前政府所订原约,不能在南满铁路百里以内建筑并行路线,但当施行国际发展计划,为共同利益起见,此等约束必须废除。此线起自东镇,向南延进,经过满洲大平原,由长岭、双山、辽源、康平而至新民,成为一直线,约有二百七十英里之长。过新民后,即与京奉铁路合轨,约行一百三十英里之长,即至葫芦岛。

地　东镇北方大港线

此是由铁路中区直达不冰之深水港之第二线。起自东镇,向西南方延进,经过广安于东镇与西辽河间之中道。在未到西辽河以前,先须经过无数小村落。当经过辽河之后,即进入热河区域之多山境界。经过一谷地至阜新县城,再经过分水界,进入大凌河谷地。当经过大凌河谷地之后,此线即由此河之支流,再经一分水界而入于滦河谷地。然后通过万里长城,取道永平与乐亭,而至北方大港。此线共长约五百五十英里,前半截所经过者是平地,后半截所经过者是山区。

玄　东镇多伦线

此是由铁路中区分出之第三线。向西方直走,经过平原至洮南。由此横过日本之计划瑷珲热河线,并与长春洮南及郑家屯洮南两计划路线之终点相合。经过洮南后,此线即沿大兴安岭山脉东南方之山脚转向南走,在此一带山脉,发现有最丰盛之森林与富饶之矿产。然后经过上辽河谷地,此谷地即由在北之大兴安岭与在南之热河山所成。再通过林西与经棚等市镇至多伦,于是由此处与西北铁路系统之干线相合。此线长约有四百八十英里,大半皆在平地。

黄　东镇克鲁伦线

此由东镇铁路中区分出之第四线。向西北方走,几与中东路之哈尔滨满洲里线平行,两线相隔之距离,由一百英里至一百三十英里不等。此线由嫩江与松花江合流处之东镇北部起,复向西渡嫩江至大赉,转西北向横过平原,进入奎勒河之北支流谷地。当进入此谷地后,即沿此河流直上至河源处,然后横过大兴安岭分水界,进入蒙古平原。于是从哈尔哈河之右岸至贝尔池北之末端,由彼处转向西走至克鲁伦河,即循克鲁伦河南岸至克鲁伦。此线约共长六百三十英里。

宇　东镇漠河线

此是由铁路中区发出之第五线。起自嫩江与松花江合流处之北部,向西北行,横过满洲平原之北端至齐齐哈尔。在齐齐哈尔与计划之锦瑷线相会,同向西北方,沿嫩江左岸走,至嫩江而后彼此分路。于是再向西北走,进入嫩江上流谷地,至发源处再横过大兴安岭山脉之北部末尾处至漠河,在漠河与多伦漠河线之末站相会。此线约长六百英里。全线首之四分一行经平原,其次之四分一沿嫩江下流走,第三之四分一行经上流谷地。第四之四分一截经山岭,是为金矿产地,但天然险阻亦意中事也。

宙　东镇科尔芬线

此是由铁路中区分出之第六线。起至嫩江与松花江合流处之北边,向平原前行,经肇东、青冈等城镇。到青冈后,渡通肯河至海伦。然后上通肯河谷地,横过小兴安岭分水界,由此即向下进入科尔芬谷地。经车陆前行至科尔芬,即黑龙江之右岸也。此线共长约三百五十英里,三分二为平地,三分一为山地。此为由东镇至黑龙江之最短线,黑龙江之对岸即俄境也。

洪　东镇饶河线

此是由铁路中区分出之第七线。起自嫩江、松花江合流处之北边,经肇州,绕松花江左岸行经平原,而后再横过中东铁路,渡呼兰河而至呼兰。过呼兰后,向巴彦、木兰、通河等地方前进,再渡松花江至三姓,即今名依兰地方也。于是向前进入倭肯河谷地,过分水界,经七星碣子与大锅盖等地方,进入饶河谷地。于是沿此河边经过无数村落市镇,始至饶河县,以饶河与乌苏里江合流处为终点。此线之距离约有五百英里,所经之处皆为肥美土地。

荒　东镇延吉线

此是第八线,由铁路中区分出。起自嫩江、松花江会流处之东边,循松花江右岸,向东南方前行,至扶余(又名伯都讷),并经过此江边之镇甚多。至横过哈尔滨大连铁路后,即转向东行,至榆树与五常等地方。到五常后,此线转偏南行,向丰德栈前进,而后依同一方向至额穆。于是由额穆渡牡丹江,然后向凉水泉与石头河前行,至此即与日本会宁吉林线合轨,直达于延吉。此线约共长三百三十英里,经过各农产与矿产极丰富之地方。

日　东镇长白线

此是由铁路中区分出之第九线。起自嫩江、松花江相会处之南部,向东南方走,横过平原至农安。渡伊通河,相继向同一方进行,经过此河之各支流至九台站。复由此与长春吉林线合轨,直行至吉林。迨至吉林后,则由其本路循松花江右岸,向东南行至拉法河合流处。即沿松花江河岸转南行至桦甸。即再由此溯流而上,至头道沟直达抚松。即转东南行,进入松香河谷地。再溯流前行,经长白山分水界,绕天池湖边南部,然后转向循暖江至长白,即近高丽边界地方也。此线之距离约共三百三十英里。最后之一部分,当经过长白分水界时,须历许多困难崎岖之地。

月　葫芦岛热河北京线

由此吾将从而另为计划东北铁路系统之一新组,此组以辽东半岛之不冰口岸葫芦岛为总站。此第一线起自葫芦岛,向西方走进沙河谷地,至新台边门。于是行过海亭、犄牛营子、三十家子之多山境界至平泉。复依同一方向直达热河(又名承德)。到热河

后，由旧官路至滦平，然后转西南向至古北口，通过万里长城，由彼
处循通路经密云与顺义，至北京。此线之距离约有二百七十英里。

盈　葫芦岛克鲁伦线

此是由葫芦岛分出之第二线。起自葫芦岛口岸，向北直走，经
建平与赤峰行过热河之多山地域后，此线循通道而行，过辽河谷地
上部，至间场、西图、大金沟与林西等地方。到林西即进至陆家窝
谷地，即由甘珠庙、右府迹经过大兴安岭极南之分水界。然后再进
至巴原布拉克、乌尼克特及欢布库列，由此即与多伦克鲁伦线合
轨，直达克鲁伦。此线以达至欢布库列计之，约长四百五十英里，
经过丰富之矿产、木材、农业等地方。

昃　葫芦岛呼伦线

此是由葫芦岛分出之第三线。取道锦州，循大凌河右边直走
至义州，由此渡大凌河至清河边门与阜新。到阜新后，此线即向北
直行至绥东，由此渡西辽河至开鲁，再由大鱼湖与小鱼湖之间直达
合板与突泉。然后横过大兴安岭进入阿满谷地，沿河流直达呼伦。
此线长约六百英里，所经过地方皆富于矿产与农业，并有未开发之
森林。

辰　葫芦岛安东线

此第四线，自葫芦岛起，向东北方走，循计划中之辽河、葫芦
岛、运河边直上，而后转东南行至牛庄与海城，由此再转东南行至
析木城，于是与安东奉天线合轨，直达近高丽境界之安东。此线约
长二百二十英里。此线与葫芦岛热河北京线连合，则成为一由安
东以外之高丽至北京之至直捷之线矣。

宿　漠河绥远线

此是别一组铁路系统中之第一线，吾且进而论之。此等为环

形线，以东镇中区为轴，成二半圆形，一内一外。此之漠河绥远线，起自漠河，沿黑龙江边前进至乌苏里、额木尔苹果、奎库堪、安罗、倭西们等地。过彼处后，此后转折南流，故此线亦循之至安干、察哈颜、望安达、呼玛等处。于是再由呼玛前行，至锡尔根奇、奇拉、满洲屯、黑河、瑷珲，在瑷珲乃与锦瑷线之终点相会。过瑷珲后，此线即渐转而东向，直达霍尔木勒津、奇克勒与科尔芬等处，在科尔芬与东镇科尔芬线相会。然后由彼处再进至乌云、佛山与萝北，由萝北直至同江，此即黑龙江与松花江会流之点也。此线即由此处渡松花江，抵同江。再由此向街津口、额图前行至绥远，即黑龙江与乌苏里河之合流处也。此线长约有九百英里，至所经之地方，皆系金矿产地。

列　呼玛室韦线

此本是漠河绥远线之支线。起自呼玛，循库玛尔河，经过大碰子与瓦巴拉沟等金矿。然后溯库玛尔而上向西行，又西南偏至此河之北源。遂由彼处过分水界，进入哈拉尔谷地，于是由此谷地上达室韦。此线约长三百二十英里，经过极丰富之金矿地方。

张　乌苏里图们鸭绿沿海线

此是外半圆形之第二线。由绥远起与第一线相续，沿乌苏里江前行，经过高兰、富有、民康等处至饶河，于是此线与东镇饶河线之末站相会。由饶河起南行，则与在乌苏里江东边之俄乌铁路成平行线，直达虎林而止。到虎林后即离俄罗斯线转向西方，循穆陵河至兴凯湖之西北角之密山县。由此再至平安镇，转南向循国界在小绥芬车站横过哈尔滨海参崴线，直至东宁。到东宁后相继南向，循国界而行，至五道沟与四道沟间之交点。然后转而西行至珲春，再西北走至延吉，于是与日本之会宁吉林线相会。由延吉循日

本线至和龙,离日本线由图们江左岸向西南走,经过分水界进入鸭
录〔绿〕谷地,即在此处与东镇长白线相会。过长白后即转西向,又
西北偏,沿鸭录〔绿〕江右岸至临江。彼时又复西南偏,仍沿鸭绿江
右岸前行至辑安县。再相继依同一方向,沿鸭绿江右岸直达安东,
由此即与安东奉天铁路相会。过安东后,向鸭绿江口之大东沟前
走,循此海岸线至大孤山与庄河等处,然后转而西向,经平西屯、房
店,至吴家屯,与南满铁路相会。此线之距离约有一千一百英里,
自头至尾皆依满州〔洲〕东南之国界而行也。

寒　临江多伦线

此是东镇铁路中区外半圆之第三线,与在中区南部分出之支
线相接。此线起自临江,即鸭绿江之西南转弯处也。由此处向多
山地域前进,经过通化、兴京与抚顺等地方至奉天,横过南满铁路,
于是此线由奉天与京奉线合轨,直达新民。由此横过东镇葫芦岛
线,转向西北走,经过新立屯,至阜新。过阜新后,此线进入辽河谷
地上部之山地,直向赤峰前行,经过无数小村落与帐幕地,皆大牧
场也。此线由赤峰再前行,经三座店、公主陵、大辗〔碾〕子等处,通
过银河谷地至发木谷,然后循吐根河至多伦诺尔。此线长五百
英里。

来　节克多博依兰线

此是内半圆形之第一线,与东镇铁路中区之东北方所分出之
各支线相连。起自黑龙江上游之节克多博,向东前行,又东南偏,
经过大兴安岭山脉之谷地、山地数处,即至嫩江。过嫩江后,渐转
南向至克山,由彼处再至海伦,然后渡松花江至三姓即依兰也。此
线长约七百英里,经过农业与金矿地方。

署　依兰吉林线

此是内半圆之第二线。起自依兰,向西南方,沿牡丹江右岸前行,经过头站、二站、三站、四站,至城子,即由此处横过哈尔滨海参威〔崴〕线。于是由牡丹江右岸渡至左岸,直往宁古塔。过宁古塔后,复向西方前行,经过瓮城、蓝旗站、搭拉站与凤凰店至额穆。于此与日本之会宁吉林线相合,向西前行,至吉林。此线所行之长度约二百英里,经过牡丹江之肥美谷地。

往　吉林多伦线

此是在东镇铁路系统中内半圆形之第三线。起自吉林,循旧通路西行至长春,于是在此与中东铁路北来之线及日本南满铁路南来之线之两末站相会。过长春后,即横过平原至双山,又在此与东镇葫芦岛〈线〉及日本之四平街郑家屯洮南线相会。再由双山渡辽河至辽源,复由彼处行经一大平原,经过东镇北方大港线,直达绥东,与葫芦岛呼伦线相会。过绥东后,循辽河谷地上行,先横过葫芦岛克鲁伦线,然后过分水界至多伦,是为终站。此线所经之远度约有五百英里。

由以上所举,方能完成吾计划中东北铁路之蜘蛛网系统。就全系统路线之长言之,其总数约有九千英里。

第四部　扩张西北铁路系统

西北铁路系统包有蒙古、新疆与甘肃一部分之地域,面积约有一百七十万英方里。此幅土地,大于阿根廷共和国约六十万英方里。阿根廷为供给世界肉类之最大出产地,而蒙古牧场尚未开发,以运输之不便利也。以阿根廷既可代美国而以肉类供给世界,如蒙古地方能得铁路利便,又能以科学之方法改良畜牧,将来必可取阿根廷之地位而代之。此所以在此最大食物之生产地方建筑铁路为最要之图，亦可以救济世界食物之竭乏也。在国际共同发展中国之第一计划中，吾曾提议须敷设七千英里铁路于此境域，以为建筑北方大港之目的，而复可以将中国东南部过密之人民逐渐迁移。但此七千英里之铁路不过为一开拓者，如欲从实际上发展此丰富之境域，铁路必须增筑。故在此扩张西北铁路系统之计划中，吾提议建筑下列之各线：

天　多伦恰克图线。

地　张家口库伦乌梁海线。

玄　绥远乌里雅苏台科布多线。

黄　靖边乌梁海线。

宇　肃州科布多线。

宙　西北边界线。

洪　迪化乌兰固穆线。

荒　戛什温乌梁海线。

日　乌里雅苏台恰克图线。

月　镇西库伦线。

盈　肃州库伦线。

昃　沙漠联站克鲁伦线。

辰　格合克鲁伦节克多博线。

宿　五原洮南线。

列　五源〔原〕多伦线。

张　焉耆伊犁线。

寒　伊犁和阗线。

来　镇西喀什噶尔线。

天　多伦恰克图线

此线起自多伦,向西北方前行,循驿路横过大牧场,至喀特尔呼、阔多、苏叠图等处。过苏叠图后,此线即横过界线至外蒙古,依同一路线至霍申屯、鲁库车鲁、杨图等地方。由彼处渡克鲁伦河,至额都根、霍勒阔进入山地。于是即横过克鲁伦河分水界与赤奎河分水界,克鲁伦分水界之水则流入黑龙江而至太平洋,赤奎河分水界之水则流入贝加尔湖,再由彼处至北冰洋。过克奎河分水界后,此路即循赤奎河之支派至恰克图。其线长约八百英里。

地　张家口库伦乌梁海线

此线起自万里长城之张家口,向西北前进高原,横过山脉,进入蒙古大草场,走向明安、博罗里治、乌得与格合,即横过多伦迪化干线。过格合后,此线前行经过穆布伦之广大肥沃牧场,然后依直线再前行,经穆克图、那赖哈、库伦。由库伦此线即进入山地,横过色楞格谷地至一地点,在库苏古尔泊南部末端之对面。然后再转北向,横过山脉,从库苏古尔之南岸之哈特呼尔。过哈特呼尔后,此线绕库苏古尔泊边走约一短距离,即再转西北向,又西偏循乌鲁克穆河岸至近国界之出口点。复转西南向,直上克穆赤克谷地,至其发源处,通过巴阔洼,直达中俄国境交界处而止。此线之距离约有一千七百英里。

玄　绥远乌里雅苏台科布多线

此线起自绥远,近于山西省之西北角地方。向西北方前进,经过山地进入蒙古牧场托里布拉克,于是横过北方大港哈密线与北方大港库伦线。过托里布拉克后,此线由同一方向依直线前行,通过匝门苏治至土谢图省会。由彼处仍依直线向西北走,至霍勒特,再循商路至郭里得果勒。此线即转西向,再西北向前行,通过河流、谷地数处与小市镇,即至乌里雅苏台,于是在乌里雅苏台横过北方大港与乌鲁木齐线之第二联站边界支线。过乌里雅苏台后,此线即依商路向西方前行,通过呼都克卒尔、巴尔淖尔与匝哈布鲁等处,至科布多。彼时此线转西北向至欢戛喀图与列盖等处,即复西走至别留,以国界为终点。此线约长一千五百英里。

黄　靖边乌梁海线

此线起自靖边,即在陕西北界与万里长城相接地方也。此线向鄂尔多斯乡落前行,经波罗波勒格孙、鄂托、臣浊等处,然后过黄河至三道河。由三道河再前行,过哈那那林、乌拉岭,即进入在西北方之蒙古大草场,直至古尔斑、昔哈特,在此即经过北京哈密线。然后至乌尼格图、恩京,由恩京即经过北方大港乌鲁木齐线。过恩京后,此线进入谷地与分水界地,向北前行至西库伦。于是再转西北行,经过色楞格河流域之各支流与谷地,即抵沙布克台与粗里庙等处。至粗里庙后,再向同一方向前行,渡色楞格河,沿其支流帖里吉尔穆连河至发源处,经过流入帖里淖尔湖之分水界。然后沿此湖之出口,至乌鲁克穆河,即与张家口库伦乌梁海线相合,此即终点也。此线之长约有一千二百英里。

宇　肃州科布多线

此线起自肃州,向西北方走,在尖牛贯通万里长城向煤矿地方前行,即离肃州二百五十里地方也。由彼处即往哈毕尔罕布鲁克与伊哈托里。离伊哈托里不远,此线即经过北京哈密线,然后前行至伯勒台。过此处后,经过一小块沙漠,即至底门赤鲁。当进此多山与下隰之乡落,再前行至夏什温,即横过北方大港乌鲁木齐干线。过夏什温,向倭伦呼都克、塔巴腾与塔普图,即由塔普图与古城科布多通道相合。于是循此路经伯多滚台、苏台,前行至科布多,即此线之末站。约共长七百英里。

宙　西北边界线

比〔此〕线起自伊犁,循乌鲁木齐伊黎〔犁〕线,至三台,即赛里木湖之东边也。此线由此处向东北自行,沿艾比湖西方至土斯赛。过土斯赛后,向托里前行,横过中央干线,即北方大港塔城线也。由彼处,此线即往纳木果台与斯托罗盖台,经过最大之森林与最富之煤矿地方。再由斯托罗盖台依通道前行至承化寺,是阿尔泰省之省会。于是由彼处横过山脉,经乌尔霍盖图山口入至科布多谷地,循科布多河河源至别留,由此与绥远科布多线直达乌列盖。由乌列盖依其本路取道乌松阔勒与乌兰固穆,行至塔布图,于是与他线再合,同行至在唐努乌梁海境内之乌鲁克穆河。然后转东向,沿河流而上,至别开穆与乌鲁河之合流处。即再前行,沿前流依东北方溯源直上至境界是为终点。此线所经之距离约九百英里。

洪　迪化(又名乌鲁木齐)乌兰固穆线

此线起自迪化,依多伦迪化干线至阜康。然后循其本路向北前进,经自辟川至霍尔楚台。由此转东北走,经过山地至开车。然后至土尔扈特,于是横过北方大港乌鲁木齐线之支线第三交点。过土尔扈特后,转北行,经巴夏宁格力谷地至斯和硕特。然后过帖列克特山口,由彼处即转东北向前行,经过一新耕种地方,即至科布多。再前行经过一肥沃草场,渡数河流,沿经数湖,即至乌兰固穆,在此即与西北边界线相会。此线长约五百五十英里。

荒　戛什温乌梁海线

此线起自戛什温,向东北前行,横过多山与隰地境界,经哈同呼图克与达兰趣律、博尔努鲁。经博尔努鲁后,此线通过匝盆谷地,经呼志尔图与博尔霍至乌里雅苏台,在此与绥远科布多线及北方大港乌里雅苏台线相会。于是此线向北方前行于一新境地,先经过色楞格河之正源,然后经过帖斯河之正源,当在帖斯河谷地中,此线经过一极大未辟之森林。过此森林后,即转向西北走,经过分水界,进入在唐努乌梁海地方之乌鲁克穆谷地,与西北边界线相会,是为末站。此线共长六百五十英里。

日　乌里雅苏台恰克图线

此线起自乌里雅苏台,依戛什温乌梁海线前行,至色楞格河支流之鄂叠尔河止。然后转而东向,由其本线循鄂叠尔河流域前行而下,横过靖边乌梁海线,至鄂叠尔河与色楞格河合流处而止。于是与张家口库伦乌梁海线合轨,向东方前行颇远,待至彼线转东南向而止。当此线转东北向时,即循色楞格河下至恰克图。此线包有之距离约五百五十英里,经过一肥美谷地。

月　镇西库伦线

此线起自镇西,向东北前行,横过一种植地域,道经图塔古至苓尔格斜特。于是由乌尔格科特行过肃州科布多线,然后行经戈壁沙漠北边之大草场,至苏治与达阆图鲁。由彼处再向北走,横过北方大港乌里雅苏台〈线〉与多伦诺尔乌里雅苏台线,至塔顺呼图克。过此处后,此线即在鄂罗盖地方横过绥远乌里雅苏台线,前行过分水界,进入色楞格河谷地。于是在沙布克台行过靖边乌梁海线,从此即转东向,经过一多山水之境域,至库伦。此线所经之距离约八百英里。

盈　肃州库伦线

此线起自肃州,前行经金塔至毛目。于是随道河(又名额经纳河)而行,此河可以之灌注沙漠中之沃地。然后乃沿河流域而至一

湖,复由彼处行经戈壁沙漠,即与北京哈密线及北方大港乌里雅苏
台线之相交处相会,成为一共同联站。过此以后,此线向沙漠与草
场前行,经过别一铁路交点,此铁路之交点即由绥远科布多线与靖
边乌梁海线所成。于是此线在此处亦成为共同联站。由彼处前
行,进入一大草地,经过哈藤与图里克,至三音达赖,于此即横过多
伦诺尔乌鲁木齐线。过三音达赖后,此线前行经乌兰和硕与许多
市镇营寨,即至库伦。此线包有之距离约七百英里,三分一路经过
沙漠,其余三分之二经过低湿草地。

昃　沙漠联站克鲁伦线

此线起自沙漠联站,向东方前行至一大草地。于是在鄂兰淖
尔湖南方横过靖边乌梁海线,由彼处前行至土谢图汗都会,于此经
过绥远科布多线。过土谢图汗都会后,行经大草场,至第一联站。
由第一联站即前行至乌兰呼图克与尖顶车,然后横过张家口乌梁
海线,至车臣汗。由车臣汗此线向东北循河流域而下,直达克鲁伦
城,于此即横过多伦克鲁伦线并与克鲁伦东镇线相会。此线长约
八百英里。

辰　格合克鲁伦节克多博线

此线起自格合,此即多伦诺尔乌鲁木齐与张家口库伦乌梁
海二线之交点也。由彼处向东北前行,经过大草场至霍申屯,于
是横过多伦恰克图线。过霍申屯后,依同一方向前行,又经过一
大草场,至克鲁伦,即由此横过呼伦克鲁伦线。然后依克鲁伦河
右岸前行,再渡左岸,经过呼伦池之西北边。过呼伦池后,此线
横过中东铁路,渡额尔古纳河。然后沿此河右岸直达节克多博,
于是与多伦诺尔漠河与节克多博依兰二线相会,此即此线之末
站也。此线包有之距离约六百英里,上半截经过旱地,下半经过

湿地。

宿　五原洮南线

此线起自黄河西北边之五原地方,向东北前行,横过晒田、乌拉山与大草地,即抵托里布拉克,于是与北京哈密线、绥远科布多线及北方大港库伦线之三路交点相会。由托里布拉克此线再向同一方向前行,经过草地场至格合,在此即与多伦乌鲁木齐与北京库伦二线相会,亦即格合克鲁伦线之首站也。过格合后,此线渐转东向,横过多伦恰克图〈线〉之中部,至欢布库里,于是在此横过多伦克鲁伦与葫芦岛克鲁伦之二线。由欢布库里此线行经界线之南,即循之行至达克木苏马,于是与多伦漠河线相会。由彼处行向东方,横过兴安岭至突泉,然后转东南向至洮南,此即终站也。此线长约九百英里。

列　五原多伦线

此线起自五原,向东北前行,横过晒田、乌拉岭至茂名安旗,即在此经过北方大港库伦线。然后向一大草场前行,经过绥远科布多线至邦博图,经过北京哈密线。过邦博图后,此线转而东向前行,经过张家口库伦乌梁海线,然后至多伦,与多伦奉天临江线相合为终站。此线由黄河上流〔游〕谷地,成一直接路线至肥美之辽河谷地,包有距离约五百英里。

张　焉耆伊犁线

此线起自焉耆(又名喀喇沙),向西北前行,横过山岭进入伊犁谷地。然后循崆吉斯河向西下行,绕极肥美谷地至伊宁与绥定(即伊犁城)等,此皆在伊犁地方、近俄罗斯边境之主要城镇也。于是在伊犁与伊犁乌鲁木齐线相合。此线长约四百英里。

寒　伊犁和阗线

此线起自伊犁，向南前行渡伊犁河，然后东向沿此河左岸而行。初向东南，继向南行至博尔台。由此即转西南向，进入帖克斯谷地。然后溯帖克斯河而上，至天桥，再上山道。过此山道后，此线转东南向行，绕过一极大煤矿地方，然后再转西南至札木台，于此即经过吐鲁番喀什噶尔线。由札木台即转南向，行过塔里木谷地北边之最肥美区域，至巴斯团搭格拉克。再向西南行至和阗。此路经过无数小部落，皆在和阗河之肥沃区域中，此河即流入沙漠。此线在和阗与喀什噶尔于阗线相会。过和阗后，即向此城南方上行至高原，以国界为终站。此线包有距离约七百英里。

来　镇西喀什噶尔线与其支线

此线起自镇西，向西南行，循天山草场，经延安堡、薛家陇与陶赖子至七个井。然后循天山森林，经过桐窝西盐池与阿朗至鄯善，由此即经过中央干线。过鄯善后，即循塔里木沙漠北边而行，经鲁克沁与石泉至河拉，于此横过车城库尔勒线。由河拉前行，循塔里木河流域，经过无数新村落肥美地方与未开发之森林，即至巴斯团塔格拉克。在此横过伊犁和阗线，行经巴楚至喀什噶尔，在此与乌鲁木齐于阗线相会。过喀什噶尔后，此线即向西北前行至国界，是为终站。至与此线有连续关系者，约有二支线：第一支线，由河拉西南方前行，经沙漠中沃地数处至车城；第二支线，则由巴楚西南方，循叶尔羌河至莎车，然后西南至蒲犁，即近国界地方也。此线与其各支线合计之，约共长一千六百英里。

如就此系统全部言之，约共长一万六千英里。

第五部　高原铁路系统

此是吾铁路计划之最后部分,其工程极为烦〔繁〕难,其费用亦甚巨大,而以之比较其他在中国之一切铁路事业,其报酬亦为至微。故此铁路之工程,当他部分铁路未完全成立后,不能兴筑。但待至他部分铁路完全成立,然后兴筑此高原境域之铁路,即使其工程浩大,亦当有良好报酬也。

此之高原境域包括西藏、青海、新疆之一部,与甘肃、四川、云南等地方,面积约一百万英方里。附近之土地,皆有最富之农产与最美之牧场。但此伟大之境域,外国多有未之知者。而中国人则目西藏为西方宝藏,盖因除金产丰富外,尚有他种金属,黄铜尤其特产,故以宝藏之名加于此世人罕知之境域,洵确当也。当世界贵金属行将用尽时,吾等可于此广大之矿域中求之。故为开矿而建设铁路,为必要之图。吾拟下之各线:

天　拉萨兰州线。

地　拉萨成都线。

玄　拉萨大理车里线。

黄　拉萨提郎宗线。

宇　拉萨亚东线。

宙　拉萨来吉雅令及其支线。

洪　拉萨诺和线。

荒　拉萨于阗线。

日　兰州婼羌线。

月　成都宗札萨克线。

盈　宁远车〈尔〉城线。

昃　成都门公线。

辰　成都沅江线。

宿　叙府大理线。

列　叙府孟定线。

张　于阗噶尔渡线。

天　拉萨兰州线

此线与西藏都会相连,为彼境域之中央干线,足称为此系统中之重要路线。沿此线之起点与终点,现已有少数居民,将来可成为一大殖民地,故即当开办之始,或可成为一有价值之路线也。此线起自拉萨,循旧官路向北前行,经达隆至雅尔,即腾格里池之东南方也。过雅尔后,此线暂转东向,由藏布谷地过分水界,经双竹山口至潞江谷地。然后转而东向渡潞江正源,经过数处谷地、河流及山岭,而至扬子江。于是渡扬子江上流正源之金沙江,过苦苦赛尔桥。过此桥后转东南向,又东向通过扬子江谷地,进入黄河谷地。于是由此经过数小村落与帐幕地,进至札陵湖与鄂陵湖间之星宿海。然后东北向,过柴塔木之东南谷地,再转入黄河谷地,即前进经过喀拉普及数小市镇至丹噶尔(今名湟源,界于甘肃与青海之间)。过丹噶尔后,此线即转东南,循西宁河流之肥美谷地下行,经过西宁、碾伯与数百小市镇、小村落至兰州。此线行经之距离约一千一百英里。

地　拉萨成都线

此线起自拉萨,东北向依旧官路前行,经德庆、南摩,至墨竹工卡。然后转东南向,又东北向至江达。于是由江达转北向,又转东北向前行,经过托拉山至拉里。过拉里后,此线向东行,经边坝硕督与数小市镇至洛龙宗。然后由嘉裕桥渡潞江,即转东北向至恩

达与察木多。过察木多后，此线不循东南之官路至巴塘，乃向东北
而循别一商路前行，至四川省西北角之巴戎，由此前行过桥渡金沙
江，即札武三土司附近地方也。于是此线转东南向进入依杵谷地，
沿鸦龙江下行至甘孜。再前进经长葛、英沟至大金川之倍田，并至
小金川之望安。过望安后，此线即横过斑烂山至灌县，进入成都平
原，即由郫县至成都。此线行经之距离约一千英里。

<h3 style="text-align:center">玄　拉萨大理车里线</h3>

此线起自拉萨，与拉萨成都线同轨，直行至江达。于是由江达
循其本路路轨西南向，沿藏布江支流至油鲁，即其河支流与正流会
合之点也。过油鲁后即沿藏布江口左岸，经公布什噶城至底穆昭。
由底穆昭离藏布江向东前行，至底穆宗城、遗贡、巴谷、刷宗城。过
刷宗城后，此线转东南行至力马，再东行至潞江之门公。于是由门
公转南向前行，沿潞江右岸经菖蒲桶至丹邬。然后渡潞江，由崖瓦
村谷地过分水界至澜沧江（又名美江），乃渡江至小维西。过小维
西后，即沿河边至诚心铜厂，然后离河前行，经河西、洱源、邓州、上
关至大理。由大理南行至下关、凤仪、蒙化，再行至保甸，与澜沧江
再会。于是南行，沿江之左岸至车里，为此线之终点。其路线之长
约九百英里。

<h3 style="text-align:center">黄　拉萨提郎宗线</h3>

此线起自拉萨，向南行，道经德庆至藏布江。再由藏布江转东
向，沿河之左岸至札噶尔总。渡藏布江至泽当，即南向前行，经吹
夹坡郎、满楚纳、塔旺至提郎宗。再接续前行，至印度之亚三①边
界。此线长约二百英里。

---

① 亚三（Assam）：今译阿萨姆。

宇　拉萨亚东线

此线起自拉萨,西南向,由札什循旧官路经僵里至曲水。由曲水过末力桥,渡藏布江南之查戛木,然后至塔马隆、白地、达布隆与浪噶子等地方。过浪噶子后,此线转西向至翁古、拉萨、沙加等地。于是由沙加离官路再转向西南行,道经孤拉至亚东,是哲孟雄①边界。此线约长二百五十英里。

宙　拉萨来吉雅令及其支线

此线起自拉萨,向西北行,由札什循旧官路前行至小德庆。再西行至桑驼骆池,转西南行至那马陵与当多汛,即在拉古地方渡藏布江。过拉古后,此线即转西向至日喀则城,是为西藏之第二重要市镇。由此依同一方向,向沿藏布江边右岸前行,经过札什冈、朋错岭与拉子等地方。于是由拉子分一支线向西南行,取道胁噶尔、定日至尼泊尔边界之聂拉木。但其干线则横过藏布江之右边循官路行,取道那布林格喀至大屯。由此再分一支线向西南行,至尼泊尔边界。而其干线仍接续西北行,取道塔木札卓山至噶尔渡。然后向西前行,至萨特来得河之来吉雅令,以印度边界为终点。此线与其二支线合计之,约共长八百五十英里。

洪　拉萨诺和线

此线起自拉萨,与宙线同轨,行至桑驼骆池始循其本线向西北前行,至得贞、桑札宗及塔克东。于是由此处进入西藏之金矿最富地方,再经过翁波、都拉克巴、光贵与于喀尔至诺和,为此线之终点。其距离约长七百英里。

---

① 哲孟雄:即今锡金。

荒　拉萨于阗线

此线起自拉萨，循宙、洪两线之轨道，至腾格里池之西南角。于是由其本轨向西北前行，经隆马绒、特布直〔克〕托罗海与四五处小地方，至萨里。过萨里后，此线即通过一大幅无人居之地，至巴喀尔与苏格特。横过山岭，遂由高原而下，经索尔克至塔里木河流域之雅苏勒公，在此与西北铁路系统之车尔城于阗线合轨，前行至于阗。此线共长约七百英里。

日　兰州婼羌线

此线起自兰州，循拉萨札州线轨道同行，至青海之东南角。于是由其本轨绕青海南岸至都兰奇特，即由此转西南走至宗札萨克。由宗札萨克依柴达木低洼地之南边，向西南行，经过屯月、哈罗里与各尔莫，至哈自格尔。过哈自格尔后，此线即转西北向，经拜把水泉、那林租哈至阿尔善特水泉。然后暂转北向前行，横过山脉至婼羌，即与安西于阗线及婼羌库尔勒线联合，是为终站。此线约长七百英里。

月　成都宗札萨克线

此线起自成都，循拉萨成都〈线〉轨道前行至灌县。然后由其本轨向北前行，经汶川至茂州。于是循泯〔岷〕江河流向西北前行，至松潘。过松潘后，即入岷山谷地，经过东丕至上勒凹。即由此处横过扬子江与黄河间之分水界，再接续前行至鄂尔吉库舍里。于是由黄河支源西北转至其正流，沿河右边，取道察汉津至布勒拉察布。渡黄河至旧官路，西北转与拉萨兰州线合轨前行，直达拉尼巴尔。再转西北向，循其本轨前行，至宗〈札〉萨克，与兰州婼羌线相会，是为终站。此线行经之距离约六百五十英里。

盈　宁远车尔成〔城〕线

此线起自宁远，向西北行，取道怀远镇至雅江。横过江之右岸，循旧驿路前行至西俄落，即离江边循驿路至里塘。由里塘仍依同一方向，从别路前行至金沙江左岸之冈沱。再沿此河边前行至札武三土司，横过拉萨成都线。过札武三土司后，此线仍依同一方向前行，沿金沙江边，取道图登贡巴至苦苦赛尔桥，即在此横过拉萨兰州线。再循金沙江之北支源至其发源处，过分水界循骆驼路前行，经沁司坎、阿洛共至车尔成〔城〕，是为终站。其距离约长一千三百五十英里。此线为此系统之最长路线。

昃　成都门公线

此线起自成都，向西南行，经双流、新津、名山至雅州。转西北向前行至天全。复转西行至打箭炉、东俄落、里塘等地方。过里塘后，此线向西南行，经过巴塘、宴尔喀罗，至门公①。约共长四百英里，所经过地方皆系山岭。

辰　成都元江线

此线起自成都，循成都门公线路轨前行至雅州。然后由其本轨依同一方向，取道荣经至清溪。过清溪后，此线向南行，经越嶲至宁远，即于此与宁远车〈尔〉城线之首站相会。过宁远后即至会理，然后渡金沙江至云南府，与广州大理线相会。于是由云南府循昆明池西边至昆阳，经过新兴、嶍峨至沅江，与广州思茅线相会，是为终站。其距离约六百英里。

宿　叙府大理线

此线起自叙府，沿扬子江左岸前行至屏山、雷波。过雷波后即

---

①　门公：即芒康。

离此河向西南行,过大梁〔凉〕山至宁远,即于此横过成都宁远线,并与广州宁远线及宁远车〈尔〉城线之首站相会。于是再接续依同一方向前行,横过雅砻江至盐源、永北。过永北后,此线暂转南向,渡金沙江至宾川,然后至大理,与广州大理线及拉萨大理线相会,是为终站。共长约四百英里。

列　叙府孟定线

此线起自叙府,循叙府大理线路轨直行至雷波。即由扬子江上流名曰金沙江横过,沿此江之上流左岸,至其湾南处,即横过成都沅江线至元谋。复由元谋前行至楚雄。横过广州大理线至景东。复向西南前行,横过澜沧江至云州。然后转西南向,循潞江支脉至孟定,以边界为终站。此线共长约五百英里。

张　于阗噶尔渡线

此线起自于阗,沿克利雅河向南行至波鲁。由波鲁复转西南行,取道阿拉什东郎至诺和,即与拉萨诺和线之终站相会。过诺和后,即绕诺和湖之东边至罗多克。复向西南行,沿印度河至碟木绰克。复由碟木绰克东南向,沿印度河上行至噶尔渡,即于此与拉萨来吉雅令线相会,是为终站。此线长约一千一〔五〕百英里。

〈此高原铁路系统,全部共长一万一千英里。〉

第六部　设机关车、客货车制造厂

上部第四计划所预定之路线,约共长六万二千英里。至第一、第三计划所预定者,约一万四千英里。除此以外,并有多数干线当设双轨,故合数计划路线计之,至少当有十万英里。若以此十万英里之铁路,在十年内建筑之,机关车与客货车之需要必当大增。现当此战后改造时期,世界之制造厂将难以供应。此所以在中国建设机关车、客货车之制造厂以应建筑铁路之需,为必要之图,且其为有利事业尤不可不注意也。中国有无限之原料与低廉之人工,是为建设此等制造厂之基础。但举办此种事业所必需者为外国资本与专门家耳。至此项之计划应用资本若干,吾当留为对于此种工程有经验者定之。

第 五 计 划

前四种计划既专论关键及根本工业之发达方法,今则讲述工业本部之须外力扶助发达〈者〉。所谓工业本部者,乃以个人及家族生活所必需,且生活安适所由得。当关键及根本工业既发达,其他多种工业皆自然于全国在甚短时期内同时发生,欧美工业革命之后既已如是。关键及根本工业发达,人民有许多工事可为,而工资及生活程度皆增高;工资既增多,生活必要品及安适品之价格亦增加。故发达本部工业之目的,乃当中国国际发展进行之时,使多数人民既得较高工资,又得许多生活必要品、安适品而减少其生活费也。世人尝以中国为生活最廉之国,其错误因为寻常见解以金钱之价值衡量百物;若以工作之价值衡量生活费用,则中国为工人生活最贵之国。中国一寻常劳工,每日须工作十四至十六小时,仅能维持其生活。商店之司书,村乡之学究,每年所得恒在百元以下。农人既以所生产价还地租及交换少数必要品之后,所余已无几何。工力多而廉,惟食物及生活货品,虽在寻常丰年亦仅足敷四万万人之用,若值荒年则多数将陷于穷乏死亡。中国平民所以有此悲惨境遇者,由于国内一切事业皆不发达,生产方法不良,工力失去甚多。凡此一切之根本救治,为用外国资本及专门家发达工业以图全国民之福利。欧美二洲之工业发达早于中国百年,今欲于甚短时期内追及之,须用其资本、用其机器。若外国资本不可得,至少亦须用其专门家、发明家,以为吾国制造机器。无论如何,必须用机器以辅助中国巨大之人工,以发达中国无限之富源也。

据近世文明言,生活之物质原件共有五种,即食、衣、住、行及印刷是也。吾故定此种计划如下:

（一）粮食工业。

（二）衣服工业。

（三）居室工业。

（四）行动工业。

（五）印刷工业。

第一部　粮食工业

粮食工业又分类如下:

甲　食物之生产。

乙　食物之贮藏及运输。

丙　食物之制造及保存。

丁　食物之分配及输出。

甲　食物之生产

人类食物得自三种来源,即陆地、海水、空气三者。其中最重要、最多量者为空气食物,譬如养气为此中有力元素,惟自然界本具此甚多,除飞行家及潜艇乘员闲时须特备外,不须人工以为生产,故此种食物人人可自由得之,于此不须详论。吾前此论捕鱼海港之建设及捕鱼船舶之构造,已涉及海水食物,故于此亦不更述。惟陆地食物生产之事须国际扶助者,此下论之。

中国为农业国,其人数过半皆为食物生产之工作。中国农人颇长于深耕农业,能使土地生产至最多量。虽然人口甚密之区,依诸种原因,仍有可耕之地流为荒废,或则缺水,或则水多,或则因地主投机求得高租善价,故不肯放出也。

中国十八省之土地,现乃无以养四万万人。如将废地耕种,且将已耕之地依近世机器及科学方法改良,则此同面积之土地,可使其出产更多,故尽有发达之余地。惟须有自由农业法以保护、奖励农民,使其护〔获〕得己力之结果。

就国际发展食物生产计划言之,须为同时有利益之下列二事:

(一)测量农地。

(二)设立工场制造农器。

(一)测量农地　中国土地向未经科学测量制图,土地管理、征税皆混乱不清,贫家之乡人及农夫皆受其害。故无论如何,农地测量为政府应尽之第一种义务。然因公款及专门家缺乏之故,此事亦须有外力扶助。故吾以为是当以国际机关行之,由此机关募集公债以供给其费用,雇用专门家及诸种设备以实行其工事。测量费用几何,所需时间几何,机关之大小如何,以飞行机测量亦适用于工事否,是须专门家决定之。

地质探验当与地图测量并行,以省费用。测量工事既毕,各省荒废未耕之地,或宜种植,或宜放牧,或宜造林,或宜开矿,由是可估得其价值,以备使用者租佃,为最合宜之生产。耕地既增加之租税,及荒地新增之租税,将足以偿还外债之本息。除十八省外,满洲、蒙古、新疆有农地牧地极广,西藏、青海有牧地极广,可依移民计划如吾第一计划所述者,以粗略耕作法开发之。

(二)设立工场制造〈农器〉　欲开放废地,改良农地,以闲力归于农事,则农器之需要必甚多。中国工价甚廉,煤铁亦富,故须自制造一切农器,不必由外国输入。此需资本甚多。此工场直设于煤铁矿所在之邻地,即工力及物料易得之所。

乙　食物之贮藏及运输

此所言当贮藏及运输之重要食物,即谷类。现在中国贮藏谷类之方法不良,若所藏之量过多,每不免为虫类所蛀损、气候所伤害;故其量甚少,且须非常注意,乃能于一定时期内保存之。又谷类之运输,大半皆以人力,故费用甚巨。及谷类已达水道,则船舶往来,运输漫无定制。若将谷类贮藏及运输方法改良,必省费不少。吾意当由国际开发机关于全国内设谷类运转器,且沿河设特别运船。此事所需资本几何,且谷类运转器当设于何处,应由专门家调查之。

丙　食物之制造及保存

前此中国之食物制造几全赖手工,而以少数简单器具助之。至于食物保存,则以食盐或日光制造之,磨机及铁锡罐〔至机器及罐头〕方法,为前此所不知。吾意扬子江及南部中国诸大城镇以米为主食者,当设许多磨米机房;扬子江以北以小麦、燕麦及米以外之他谷类为主食者,其诸大城镇当设许多磨麦机房。此种机房,当由中央一处管理,以得最省费之结果。是所需资本几何,当俟详细调查。

食物果类、肉类、鱼类之保存,或用锡铁罐,或用冰冷法。若锡铁罐工业发达,则锡铁片之需要必大增,故锡铁片工场之建设为必要,且有利益。此种工场当设于铁矿之近处。中国南部有许多地方皆发见有锡、铁、煤三种,如欲建筑工场,材料最为完备。锡铁片工场及罐工场当合同经营,以得最良之节省结果。

丁　食物之分配及输出

在寻常丰年,中国向不缺乏食物,故中国有常言云:"一年耕,则足三年之食。"国内较富部分之人民,大概有三四年食物之积储以对付荒年。若中国既发达,有生计组织,则当预储一年之食物以为地方人民之用,其余运至工业中枢。食物之分配及运出,亦由中央机关管理,与其贮藏及运输无异。每一县余出之谷类,送至近城贮藏,每一城镇须有一年食物之贮积。经理部当按人数依实价售主要食物于其民,更有所余,乃以售之于外国需此宗食物且可得最高价者。以隶中央经理部之输出部司之。于是乃不如前此禁止输出法之下,食物多所废坏。输出所得巨资,以之偿还外债本息,固有余也。

于叙论食物工业之部,不能不特论茶叶及黄豆二种工业,以毕所说。茶为文明国所既知已用之一种饮料,科学家及食物管理部今复初认黄豆为一种重要食料。就茶言之,是为最合卫生、最优美之人类饮料,中国实产出之,其种植及制造,为中国最重要工业之一。前此中国曾为以茶叶供给全世界之唯一国家,今则中国茶叶商业已为印度、日本所夺。惟中国茶叶之品质,仍非其他各国所能及。印度茶食〔含〕有丹宁酸太多,日本茶无中国茶所具之香味。最良之茶,惟可自产茶之母国即中国得之。中国之所以失去茶叶商业者,因其生产费过高。生产费过高之故,在厘金及出口税,又在种植及制造方法太旧。若除厘金及出口税,采用新法,则中国之茶叶商业仍易复旧。在国际发展计划中,吾意当于产茶区域,设立制茶新式工场,以机器代手工,而生产费可大减,品质亦可改良。世界对于茶叶之需要日增,美国又方禁酒,倘能以更廉、更良之茶叶供给之,是诚有利益之一种计划也。

以黄豆代肉类,是中国人之发明。中国人、日本人用为主要食料,既历数千年。现今食肉诸国,大患肉类缺乏,是必须有解决方法。故吾意国际发展计划中,当以黄豆所制之肉乳油酪输入欧美,于诸国大城市设立黄豆制品工场,以较廉之蛋白质食料供给西方人民。又于中国设立新式工场,以代手工生产之古法,而其结果可使价值较廉,出品亦较佳矣。

第二部　衣服工业

衣服之主要原料为丝、麻、棉、羊毛、兽皮五种,今分论如下：

甲　丝工业。

乙　麻工业。

丙　棉工业。

丁　毛工业。

戊　皮工业。

己　制衣机器工业。

甲　蚕丝工业

蚕丝为中国所发明,西历纪元前数千年已用为制衣原料,为中国重要工业之一,直至近日,中国为以蚕丝供给全世界之唯一国家。惟现今日本、意大利、法兰西诸国已起而与中国争此商业,因此诸国已应用科学方法于养蚕制丝之事,而中国固守数千年以来之同样旧法也。世界对于蚕丝之需要既逐日增加,则养蚕制丝之改良,将为甚有利益之事。吾意国际发展计划,应于每一养蚕之县设立科学局所,指导农民,以无病蚕子供给之。此等局所当受中央机关监督,同时司买收蚕茧之事,使农民可得善价。次乃于适宜地方设缫丝所,采用新式机器,以备国内国外之消费。最后乃设制绸工场,以应国内国外之需求。缫丝及制丝工场皆同受一国家机关之监督,借用外资,受专门家之指挥,而其结果可使该物价廉省,品物亦较良较贱矣。

乙　麻工业

是亦为中国之古工业。惟中国所产苎麻,与欧美所产之亚麻异,若以新法及机器制之,其细滑与蚕丝无异。然中国至今尚无以新法及机器制麻者,有名之中国麻布皆依旧法及手工织造。中国南部之麻原料甚富,人工亦廉,故于此区域宜设立许多新式工场也。

丙　棉工业

棉花本外国产物,其输入中国在数百年前,在手工纺织时代是为中国一种甚重要之工业。然自外国棉货输入中国之后,此种本国手工业殆渐归灭绝,于是以许多棉花输出,以许多棉货输入。试思中国工力既多且廉,乃不能产出棉货,岂非大可怪之事。近今乃有少数纺纱、织布厂设于通商诸埠,获利极巨。或谓最近二三年内,上海纺织厂分红百分之百至百分之二百,皆因中国对于棉货之需要远过于供给,故中国须设纺织厂甚多。吾意国际发展计划,当于产棉区域设诸大纺织厂,而由中国立中央机关监督之,于是最良节省之结果可得,而可以较廉之棉货供给人民也。

丁　羊毛工业

中国西北部占全国面积三分之二用为牧地,而羊毛工业则从未见发达,每年由中国输出羊毛甚多,制为毛货又复输入中国。自羊毛商业输出、输入观之,可知发达羊毛工业,为在中国甚有利之事。吾意当以科学方法养羊、剪毛,以改良其制品,增加其数量。

于中国西北全部设立工场以制造一切羊毛货物,原料及工价甚廉,市场复大至无限。此工业之发达,须有外国资本及专门家,是为国际发展计划中最有报酬者,因是属一种新工业,无其他私人竞争也。

戊　皮工业

通商诸埠虽有多少制皮工场,是实为中国之新工业。生皮之输出,熟皮之输入,每年皆有增加。故设立制皮工场,及设立制造皮货及靴、鞋类工场,其为有利益之事。

己　制衣机器工业

中国需要各种制衣机器甚多。或谓中国在欧美所定购纺织机器,须此后三年内乃能交清。若依予计划发展中国,则所需机器当较多于现在数倍,欧美且不足供给之。故设立制造制衣机器〈厂〉为必要,且有利之事。此种工场,当设于附近钢铁工场之处,以省粗重原料运输之费。此事所需资本几何,当由专门家决定之。

第三部　居室工业

中国四万万人中,贫者仍居茅屋陋室,北方有居土穴者。而中国上等社会之居室,乃有类于庙宇。除通商口岸有少数居室依西式外,中国一切居室皆可谓为庙宇式。中国人建筑居室,所以为死者计过于为生者计,屋主先谋祖先神龛之所,是以安置于屋室中央,其他一切部分皆不及。于是重要居室非以图安适,而以合于所谓红白事者。红事者,即家族中任何人嫁娶及其他喜庆之事;白事者,即丧葬之事。除祖先神龛之外,尚须安设许多家神之龛位。凡此一切神事,皆较人事为更重要,须先谋及之。故旧中国之居室,殆无一为人类之安适及方便计者。

今于国际发展计划中,为居室工业计划,必须谋及全中国之居室。或谓为四万万人建屋乃不可能。吾亦认此事过巨。但中国若弃其最近三千年愚蒙之古说及无用之习惯,而适用近世文明,如予国际发展计划之所引导,则改建一切居室以合于近世安适方便之式,乃势所必至。或因社会进化于无意识中达到,或因人工建设于有意识中达到,西方民族达到近世文明,殆全由于无意识的进步,因社会经济科学乃最近发明也。但一切人类进步,皆多少以知识即科学计划为基础,依吾所定国际发展计划,则中国一切居室将于五十年内依近世安适方便新式改造,是予所能预言者。以预定科学计划建筑中国一切居室,必较之毫无计划更佳更廉。若同时建筑居室千间,必较之建筑一间者价廉十倍。建筑愈多,价值愈廉,是为生计学定律。生计学唯一之危险为生产过多,一切大规模之生产皆受此种阻碍。自欧美工业进化以来,世界之大战争前所有财政恐慌,皆生产过多之所致。就中国之居室工业论,雇主乃有四万万人,未来五十年中至少需新居室者有五千万,每年造屋一百万间,乃普通所需要也。

居室为文明一因子,人类由是所得之快乐较之衣食更多。人类之工业过半数,皆以应居室需要者。故居室工业为国际计划中之最大企业,且为其最有利益之一部分。吾所定发展居室计划,乃为群众预备廉价居室。通商诸埠所筑之屋,今需万元者,可以千元以下得之,建屋者且有利益可获。为是之故,当谋建筑材料之生产、运输、分配,建屋既毕,尚须谋屋中之家具装置,是皆包括于居室工业之内。今定其分类如下:

甲　建筑材料之生产及运输。

乙　居室之建筑。

丙　家具之制造。

丁　家用物之供给。

甲　建筑材料之生产及运输

建筑材料为砖、瓦、木材、铁架、石、塞门土、三合土等,其每一种皆须制造,或与其他原料分离。如制造砖瓦则须建窑,木材须建锯木工场,铁架须建制铁工场,此外须设石工场、塞门土工场、三合土工场等。须择适宜之地,材料与市场相近者为之。且一切须在中央机关监督之下,使材料之制出与需要成比例。材料既制成,则水路用舟,陆路用车,以运至需要之地,务设法减省一切费用。造船部、造车部于此则造特别之舟、车以应之。

乙　居室之建筑

此项建筑事业,包括一切公私屋宇。公众建筑以公款为之,以应公有,无利可图,由政府设专部以司其事。其私人居室,为国际发展计划所建筑者,乃以低廉居室供给人民,而司建筑者仍须有利可获。此类居室之建筑须依一定模范。在城市中所建屋,分为二类:一为一家称[之]居室,一为多家同居室。前者分为八房间、十房间、十二房间诸种;后者分为十家、百家、千家同居者诸种,每家有四房间至六房间。乡村中之居室,依人民之营业而异,为农民所居者当附属谷仓、乳房①之类。一切居室设计皆务使居人得其安适,故须设特别建筑部以考察人民习惯、营业需要,随处加以改良。建造工事,务须以节省人力之机器为之,于是工事可加速、费用可节省也。

---

①　乳房:即榨牛奶棚。

丙　家具之制造

中国所有居室既须改造，则一切家具亦须改用新式者，以图国人之安适，而应其需要。食堂、书室、客厅、卧室、厨房、〈浴室〉、便所所用家具，皆须制造。每种皆以特别工场制造之，立于国际发展机关管理之下。

丁　家用物之供给

家用物为水、光、燃料、电话等。（一）除通商口岸之外，中国诸城市中无自来水，即通商口岸亦多不具此者。许多大城市所食水为河水，而污水皆流至河中，故中国大城市中所食水皆不合卫生。今须于一切大城市中设供给自来水之工场，以应急需。（二）于中国一切大城市供给灯光，设立制造机器发光工场。（三）设立电工场、煤气工场、蒸气工场，以供给暖热。（四）厨用燃料在中国为日用者，最贫乡村之人，每费年工十分之一以采集柴薪。城市之人，买柴薪之费占其生活费十分之二。故柴薪问题为国民最大耗费。今当使乡村中以煤炭代木草，城市用煤气或电力。然欲用煤炭、煤气、电力等，皆须有特别设备，即由国际发展机关设制造煤气、电力火炉诸工场。（五）无论城乡各家皆宜有电话。故当于中国设立制造电话器具工场，以使其价甚廉。

第四部　行动工业

中国人为凝滞民族，自古以来，安居于家，仅烦虑近事者，多为人所赞称。与孔子同时之老子有言曰："邻国相望，鸡犬之声相闻，民至老死不相往来。"中国人民每述此为黄金时代。惟据近世文明，此种状态已全变。人生时期内行动最多，各人之有行动，故文明得以进步。中国欲得近时文明，必须行动。个人之行动为国民之重要部分,每人必须随时随地行动,甚易甚速。惟中国现在尚无法使个人行动容易,因古时大道既已废毁,内地尚不识自动车即摩托为何物。自动车为近时所发明,乃急速行动所必要。吾侪欲行动敏捷,作工较多,必须以自动车为行具。但欲用自动车,必先建造大路。吾于国际发展计划,提前一部已提议造大路一百万英里。是须按每县人口之比率,以定造路之里数。中国本部十八省约有县二千,若中国全国设县制,将共有四千县,每县平均造路二百五十英里。惟县内人民多少不同,若以大路一百万英里除四万万人数,则四百人乃得大路一英里。以四百人造一英里之大路,决非难事。若用予计划,以造路为允许地方自治条件,则一百万英里之大路将于至短时期内制成矣。

中国人民既决定建造大路,国际发展机关即可设立制造自动车之工场。最初用小规模,后乃逐渐扩张,以供给四万万人之需要。所造之车当合于各种用途,为农用车、工用车、商用车、旅行用车、运输用车等。此一切车以大规模制造,实可较今更廉,欲用者皆可得之。

除供给廉价车之外,尚须供给廉价燃料,否则人民不能用之。故于发展自动车工业之后,即须开发中国所有之煤、油矿,是当于矿工业中详论之。

第五部　印刷工业

此项工业为以知识供给人民,是为近世社会一种需要,人类非此无由进步。一切人类大事皆以印刷纪述之,一切人类知识以印刷蓄积之,故此为文明一大因子。世界诸民族文明之进步,每以其每年出版物之多少衡量之。中国民族虽为发明印刷术者,而印刷工业之发达反甚迟缓。吾所定国际发展计划,亦须兼及印刷工业。

若中国依予实业计划发达,则四万万人所需印刷物必甚多。须于一切大城乡中设立大印刷所,印刷一切自报纸以至百科全书。各国所出新书以中文翻译,廉价售出,以应中国公众之所需。一切书市,由一公设机关管理,结果乃廉。

欲印刷事业低廉,尚须同时设立其他辅助工业,其最重要者为纸工业。现今中国报纸所用纸张皆自外国输入。中国所有制纸原料不少,如西北部之天然森林、扬子江附近之芦苇,皆可制为最良之纸料。除纸工场之外,如墨胶工场、印模工场、印刷机工场等皆须次第设立,归中央管理,产出印刷工业所需诸物。

第　六　计　划[①]

矿业与农业为工业上供给原料之主要源泉也。矿业产原料以供机器,犹农业产食物以供人类。故机器者实为近代工业之树,而矿业者又为工业之根。如无矿业,则机器无从成立;如无机器,则近代工业之足以转移人类经济之状况者,亦无从发达。总而言之,矿业者为物质文明与经济进步之极大主因也。在吾第一计划之第五部中,曾倡议开采直隶、山西两省之煤铁矿田,为发展北方大港之补助计划;但矿业为近代之重要事业,有不可不另设专部以研究之者。中国矿业尚属幼稚,惟经营之权素归国有,几成习惯。此所以发展中国实业,当由政府总其成,庶足称为有生气之经济政策。彼通常人对于矿业多以为危险事业,并谓借外资以为开采者亦非得计,其所见或未到也。故在此之矿业计划中,择其决为有利者先行举办,兹分别列于下之各种:

---

① 　此处原有"矿业"二字,为与前面各计划的标题格式相一致,特删去。

(一)铁矿。

(二)煤矿。

(三)油矿。

(四)铜矿。

(五)特种矿之采取。

(六)矿业机器之制造。

(七)冶矿机厂之设立。

第一部　铁　矿

在近代工业中,称为最重要之原质者,是为钢铁。钢铁产生于各地者,多见丰富,且易开采。故为国家谋公共利益计,开采铁矿之权,当属之国有。中国除直隶、山西两省经拟开采之铁矿外,其余各地铁矿亦须次第开采。中国内地沿扬子江一带与西北各省皆以铁矿见称丰富,新疆、蒙古、青海、西藏各地亦以铁矿著名。所可惜者,中国经营钢铁事业,现只有汉阳铁厂与南满洲之本溪湖铁厂,其资本又多为日本人所占有,虽云近来获利甚厚,亦不免有利权外溢之叹矣。

广州将开为南方大港,应设立一铁厂。其他如四川、云南等地方之铁矿,亦可次第开采。而后多设钢铁工厂于各处内地,使之便利经营钢铁事业者之需要。至增设之铁厂,应用资本若干,可留为有经验者另行察夺。但以吾之见,因发展中国实业之结果,需铁孔亟,即以相等或加倍于直隶、山西铁厂所用之资本经营之,亦不为多也。

第二部　煤　矿

中国煤矿素称丰富,而煤田之开掘者,不过仅采及皮毛而已。

北美合众国每年所采取之煤约六万万吨，如中国能用同一方法采取之，并依其人口之比例以为衡，则产出之煤应四倍于美国。此当为中国将来煤矿之产额，而国际发展实业机关宜注意经营者也。夫煤矿之产于中国各地既多所发见，而其产额亦可以预定，故开采者不特无失败之虞，而利益之厚可断言者。但煤为文明民族之必需品，为近代工业之主要物，故其采取之目的不徒纯为利益计，而在供给人类之用。由此言之，开采煤矿之办法，除摊派借用外资之利息外，其次当为矿工增加工资，又其次当使煤价低落，便利人民，而后各种工业易于发展也。吾以为当煤矿开采之始，除为钢铁工厂使用外，开始计划当以产出二万万吨备为他项事业之用。沿海岸、河岸各矿，交通既便，宜先开采，内地次之。况欧洲各国现思取煤于中国，故吾所定煤之产额，虽当开采之始，亦无过多之虑。待至数年后，当中国工业愈加发达，需煤之数必渐增多，可无疑者。至开采需用之资本若干，与何处矿田应先开采，须留以待专门家用科学之眼光考察之。除煤矿以外，其他一切因煤而产出之工业，可用同一方法经理之。此之新工业，既无人与之竞争，且在中国又有无限之市场，故资本之投放，其利益之大可断言者。

第三部　油　矿

世界中营业公司之最富者，以纽约三达煤油公司[①]为著，世界中人之最富者，以该公司之创建者乐极非路[②]为最著，于此可以证明开采煤油矿为最有利益之事业。中国亦以富于煤油出产国见称也，四川、甘肃、新疆、陕西等省已发见有油源，虽其分量之多寡，尚

①　三达煤油公司（Standard Oil Co.）：今译美孚石油公司。
②　乐极非路（John Devison Rockefeller）：今译洛克菲勒。

未能确实调查。而中国有此种矿产，不能开采以为自用，以至由外国入口之煤油、汽油等年年增加，未免可惜。如待至中国将来汽车盛行之时，煤汽之需用或增至千倍。当此欧美各国煤油正在日渐减缩，由外国输入之煤油、煤气，断不足以供中国之需要，此所以在中国以开采油矿为必要之图也。此种事业，须由国际发展实业机关为政府经营之。但当经营之始，规模亦当远大。如煤油区域、稠密民居、工业中心以及河岸、海港等地方，皆宜用油管办法互相联络，以使其输送与分配于各地者，更为便利。如此之筹划，须用资本若干方能开办，可留为对于此事业有经验者察夺之。

第四部　铜　矿

中国铜矿亦如铁矿之丰富，经已发见者已有多处。至其矿产之分量，在未开以前均可预计，故办理可无危险。但开采之权须依中国惯例，属之国有，而后由国际发展实业机关投资代为经营。四川、云南与扬子江一带皆中国铜产最盛之区。由政府开采之铜矿在于云南北角之昭通者，经已数世纪之久矣。中国向来通用之钱币，几乎全赖云南铜矿以制造之，现今钱币需用之铜仍称大宗。但因云南之铜，输运艰难，价格过高，故多购自外国。非中国缺此种金属，是中国对于此种金属之采取未能发达故也。况铜之为物，除用作钱币外，需用为他种目的者尚多。当中国将来之工业发达，用铜之途必增至百倍。故此种金属，即在中国市场，将必成为需要之大宗。此吾之所以为开采铜矿不可不适用近代机器，而冀其有大宗之出产也。此之事业，应投资若干以为之经营，可留为专门家察夺之。

第五部　特种矿之采取

国际发展实业机关对于各色特种之矿,有可以经营之者。如云南箇旧之锡矿,黑龙江之漠河金矿,新疆之和阗玉矿,皆用人力采取,经已数世纪之久矣。此种之矿产皆以丰厚见称,现已开采者不过是矿中之上层,其余大部分因无法排除泉水,尚多埋藏地中。但向来对于此等特种矿产,有为人民采取者,有为政府采取者。如能行用近代机器,并由政府经营,是为最经济之办法也。其他多有已弃置之矿产。如此类者须通行考察,如以为实有利益,即须依国际发展计划,再行开采。至于将来一切矿业,除既为政府经营外,应准租与私人立约办理,当期限既满,并知为确有利益者,政府有收回办理之权。如此办法,一切有利益之矿可以从渐收为社会公有,而通国人民亦可以均沾其利益矣。

第六部　矿业机械之制造

各种金属之埋藏于独一地域者不过一小部分,而散产于各地者,广狭亦各有不同。故对于各种矿业之经营,有为政府不能自办,当留为私人办之。譬如农业,私人经营者利益常丰,矿业亦如是也。

如欲望矿务之发展,国家必须采用宽大之矿律。政府所雇用之专门技师,应自由予以指导与报告。公司、银行应予以经济之帮助。此国际发展机关对于普通矿业,只当为之制造各种矿业器具与机械,以供给业矿者之使用。至此器具与机械之出售者,无论其为现金,或为赊借,必须定以最低廉之价,而后能使之遍为分配于中国之多余工人,矿业自日臻发达。矿业既日臻发达,器具与机械之需要必日多。若依此办理,即制造矿业器具机械之利益,已无可限量矣。但此等工厂,在开始时期只宜从小经营,待至矿业日臻发达而后从渐推广。故吾以为此种之第一工厂须设立于广州,盖因广州为西南矿区之口岸,获取原料、延请技师亦较他处为便易也。至其他之工厂,应设立于汉口与北方大港各地。

第七部 冶矿〈机〉厂之设立

各种金属之冶铸机厂,应遍设于各矿区,使之便于各种金属之化炼。此等冶铸机厂,应仿合作制度组织之。当其始也,生矿之收集,价格必廉。迨后金属之出售,无论其在中国或外国市场,而此种冶铸工夫,可以分享其一分之利益,用以抵偿各种费用、利息与冗费。其他之剩余利益,应按各种工人之工资并各资本家所供给于铸炉之生矿之多寡比例分配之。如此办法,对于私人之经营矿业者,既可以资鼓励,而工业之基础亦可因之以成立。但机厂之设立须依各区之需要,由专门家以定其规模之大小,而设中央机关以管理之。

结 论

世界有三大问题,即国际战争、商业战争与阶级战争是也。在此国际发展实业计划中,吾敢为此世界三大问题而贡一实行之解决。即如后达文而起之哲学家之所发明人类进化之主动力,在于互助,不在于竞争,如其他之动物者焉。故斗争之性,乃动物性根之遗传于人类者,此种兽性当以早除之为妙也。

国际战争者无他,纯然一简直有组织之大强盗行为耳。对此种强盗行为,凡有心人莫不深疾痛恨之。当美国之参加欧战也,遂变欧战而为世界之大战争。美国人民举国一致,皆欲以此战而终结将来之战，为一劳永逸之计焉。世界爱和平之民族之希望，莫不为之兴起，而中国人民为尤甚，一时几咸信大同之世至矣。惜乎美国在战场上所获之大胜利，竟被议席间之失败而完全推翻之①。遂至世界再回复欧战以前之状况，为土地而争、为食物而争、为原料而争将再出见。因此之故，前之提倡弭兵者，今则联军列强又增加海军，以预备再次之战争。中国为世界最多人口之国，将来当见有最大之代价也。

十余年前，列强曾倡瓜分中国，俄罗斯帝国且实行殖民满洲，后因激动日本之义愤，与俄战争，得以救中国之亡。今则日本之军国政策，又欲以独力并吞中国。如中国不能脱离列强包围，即不为列国瓜分，亦为一国兼并。今日世界之潮流，似有转机矣。中国人经受数世纪之压迫，现已醒觉，将起而随世界之进步，现已在行程中矣。其将为战争而结合乎？抑为和平而结合乎？如前者之说，是吾中国军国主义者与反动者之主张，行将以日本化中国。如其然也，待时之至，拳匪之变或将再见于文明世界。但中华民国之创造者，其目的本为和平，故吾敢证言曰：为和平而利用吾笔作此计划，其效力当比吾利用兵器以推倒满清为更大也。

吾现所著之《实业计划》，经已登载各报、各杂志，流传于中国者不止一次，几于无处无人不欢迎之，并未闻有发言不赞成之者。

---

①　原文"国际战争者"之后为"无以名之，只可名之曰一有组织之强盗机关，用以实行其强盗行为耳。此等之强盗行为，有良心人所不肯为者，彼等则行之，当美国加入欧洲战争，遂转欧洲战争为世界战争，在美国人民之意思，非欲以此次之大战争，以免永远之战争乎？中国人民素以爱和平之民族见称，中国思想中之大同世界，又常为世所艳羡，惟最不幸者，因美国在此战争中虽获大胜利，惟对于和平问题，完全失败"。此段今据上海孙中山故居藏勘误本改。

但彼等所虑者,谓吾所提议之计划过于伟大,难得如此一大宗巨款以实行之耳。所幸者,当吾计划弁首之部寄到各国政府与欧洲和会之后,巴黎遂有新银行团之成立,思欲协助中国发展天然物产。闻此举之发起人出自美国政府,故吾等即当开办之始,亦不患资本之无着也。

在列强之行动如系真实协力为共同之利益计,而彼之主张军国主义者,欲为物质向中国而战争者,自无所施其伎俩。此无他,盖为互助而获之利益,当比因竞争而获之利益更为丰厚也。彼日本之武力派,尚以战争为民族进取之利器,彼参谋本部当时计划十年作一战争。一八九四年以一最短期之中日战争,获最丰之报酬,于是因之而长其欲。一九○四年日俄之役,获大胜利,所得利益亦非轻小。最后以一九一四年之大战争,复加入联军以拒德国,而日本以出力最微,费财至少,竟获一领土大如未战前之罗马尼亚、人口众如法国之山东。由此观之,在近三十年间,日本于每一战争之结局即获最厚之报酬,无怪乎日本之军阀以战争为最有利益之事业也。

试以此次欧战最后之结果证之,适得其反。野心之德国,几尽丧其资本与利益,与其他难于计算之物。法国虽以战胜称,实亦无所得。今中国已醒觉,日本即欲实行其侵略政策,中国人亦必出而拒绝之。即不幸中国为日本所占领,不论何时何处,亦断非日本所能统治有利。故以吾之见,日本之财政家当比日本之军阀派较有先见之明,此可以满洲、蒙古范围地之争持证之。以财政家得最后之胜利,如是日本即舍弃其垄断蒙古之政策,而与列强相合成立新银团。若此新银团能实行其现所提倡之主义,吾中国人素欲以和平改造中国者,必当诚意欢迎之。故为万国互助者当能实现,为个人或一民族之私利者自当消灭于无形矣。

商业战争,亦战争之一种,是资本家与资本家之战争也。此种战争无民族之区分,无国界之限制,常不顾人道,互相战斗。而其战斗之方法即减价倾轧,致弱者倒败,而强者则随而垄断市场,占领销路,直至达其能力所及之期限而止。故商业战争之结果,其损失、其残酷亦不亚于铁血竞争之以强力压迫也。此种之战争,自采用机器生产之后,已日见剧烈。彼司密亚丹派之经济学者,谓竞争为最有利益之主因,为有生气之经济组织;而近代之经济学者,则谓其为浪费,为损害之经济组织。然所可确证者,近代经济之趋势,适造成相反之方向,即以经济集中代自由竞争是也。美国自有大公司出现,即有限制大公司法律,而民意亦以设法限制为然。盖大公司能节省浪费,能产出最廉价物品,非私人所能及。不论何时何地,当有大公司成立,即将其他小制造业扫除净尽,而以廉价物品供给社会,此固为社会之便利。但所不幸者,大公司多属私有,其目的在多获利益,待至一切小制造业皆为其所压倒之后,因无竞争,而后将各物之价值增高,社会上实受无形之压迫也。大公司之出现系经济进化之结果,非人力所能屈服。如欲救其弊,只有将一切大公司组织归诸通国人民公有之一法。故在吾之国际发展实业计划,拟将一概工业组成一极大公司,归诸中国人民公有,但须得国际资本家为共同经济利益之协助。若依此办法,商业战争之在于世界市场中者,自可消灭于无形矣。

阶级战争,即工人与资本家之战争也。此种之战争现已发现于各工业国家者,极形剧烈。在工人则自以为得最后之胜利,在资本家则决意以为最苦之压迫。故此种之战争,何时可以终局,如何可以解决,无人敢预言之者。中国因工业进步之迟缓,故就形式上观之,尚未流入阶级战争之中。吾国之所谓工人者通称为"苦力",而其生活只以手为饭碗,不论何资本家若能成一小工店予他等以工作者,将必欢迎之。况资本家之在中国寥若晨星,亦仅见于通商口岸耳。

　　发展中国工业,不论如何必须进行。但其进行之方,将随西方文明之旧路径而行乎? 然此之旧路径,不啻如哥伦布初由欧至美之海程。考其时之海程,由欧洲起向西南方,经加拿利岛至巴哈马群岛之圣沙路华打①,绕程极远;与现行之航线取一直捷方向,路程短于前时数倍者,不可同日而语矣。彼西方文明之路径,是一未辟之路径,即不啻如哥伦布初往美国之海程,犹人行黑夜之景况。中国如一后至之人,可依西方已辟之路径而行之,此所以吾等从大西洋西向而行,皆预知其彼岸为美洲新大陆而非印度矣,经济界之趋势亦如是也。夫物质文明之标的,非私人之利益,乃公共之利益。而其最直捷之途径不在竞争,而在互助。故在吾之国际发展计划中,提议以工业发展所生之利益,其一须摊还借用外资之利息,二为增加工人之工资,三为改良与推广机器之生产,除此数种外,其余利益须留存以为节省各种物品及公用事业之价值。如此,人民将一律享受近代文明之乐矣。前之六大计划,为吾欲建设新中国之总计划之一部分耳。简括言之,此乃吾之意见,盖欲使外国之资本主义以造成中国之社会主义,而调和此人类进化之两种经济能力,使之互相为用,以促进将来世界之文明也。②

---

　　①　圣沙路华打(San Salvador):今译圣萨尔瓦多岛,又名华特林岛。
　　②　原文在"总计划之一部分"后,为"然亦皆欲对于中国使资本主义变而为社会主义,故此二种人类进化之经济权能,必在将来之文化中相依而行矣"。此段今据上海孙中山故居藏勘误本改。

附录一

关于广州至重庆与兰州支线
之借款与建筑契约草案①

　　此之契约,经于中华民国二年七月四日即西历一九一三年七月四日成立于上海。关于此契约之双方当事人,一为中国国家铁路公司,一为波令有限公司(Pauling and Company, Limited②)。中国国家铁路公司经于中华民国元年九月九日即西历一九一二年九月九日由总统命令委任,并于中华民国二年三月三十一日即西历一九一三年三月三十一日经大总统公布公司章程在案,故即以公司定名。波令有限公司现设立于伦敦城维多利亚街第二号,为立契约人等,现经双方当事人同意,议定契约条文如下:

第 一 条

　　立契约人承诺借巨款与中华民国,年息五厘,专为兴筑广州至重庆之铁路费用。其总额若干,须经双方预为议定。此借款开始所发行之债券,名曰"一九一三年中国国办广州重庆铁路五厘公债券"。

第 二 条

　　此借款之用途,专为由广州至重庆铁路之建筑与器具之费用。至其必要之用具,再详细开列于第十七条之详细契约中。

――――――――

　　① 标题和正文中凡提及"广州"之处,底本原作"广东",今均据英文本原文"Canton"改译。
　　② 所附英文原作 Pauling and Company,今据英文本补正。

第 三 条

对于借款之摊还与利息之交付,则由中华民国政府并以广州重庆铁路之监察权为之担保。

此之监察权,为契约人对于该路为其债券所有者之援助应享有之第一抵押品。此之抵押品,即如当建筑铁路之时,各种费用与铁路材料、车料与屋宇等之买卖是。

如利息应偿还款项之全数或一部分,不能如所订之期限交付时,立契约人为其债券所有者援助计,有权将该项权利加入于特别抵押品内。

第 四 条

当铁路尚在建筑时期,凡债券与借款之利息经立契约人订定者,应由借款项下支付。凡由借款所加入之利息,若当建筑时期尚未支出者,与铁路公司已成立之一部分铁路之收入,须移用为补偿应摊还利息之总数。若再有不足,则由借款补足。

当铁路全部建筑完工后,其债券之利息可由该铁路公司之铁路入息或其他项收入支付。但对于此项办法之详细契约,另详于此契约之第十七条。

不论何时,若铁路之收入与借入之存款合计之,尚不足偿还债券之利息与载在详细契约中所借入期单应偿还之资本,中华民国政府为保证此契约起见,应正式承认将此借款之欠负与载在第十七条详细契约所偿还之利息,一并交付。

第 五 条

发行之债券,即作为中华民国政府之债券。

第 六 条

债券应分为二次或二次以上发售。第一次所发出之总额,须在金镑一百万至二百万之间,惟须当此契约第十七条之详细契约双方签名之后,即刻实行。此债券之发行价格,应由铁路公司与立契约人协同依同样债券为基础,以议定市面价格。此之价格,因包含债券发行于各国所需用之印花,故比其原定价格略低。此种债券至少须百分之五十在英伦发行,百分之四为立契约人抽收,即每一百金镑可照债券之发行之价抽收四镑。

当十七条详细契约既定、债券亦将发行时候,立契约人须先存贮五万金镑于银行,入为广州重庆铁路公司数目。此之总数,若经铁路总理之命令并总会计与总工程师之签名,可以随时提取作为测量及各种必需之费用。至此五万金镑之总数,订定每年利息五厘,将来由借款项下拨出归还。

第 七 条

借款须存贮于银行,由立契约人声明并担保作为广州重庆铁路数目。如此办法,可再由第十七条之详细契约中商酌办理。

当建筑工程经已开始,一相等于在中国足充六个月用度之数额,须交付存贮于设立在中国之银行,入为广州重庆铁路数目,并可由该铁路公司支用。但须得总会计与总工程师会签方为有效。此六个月用度之总额,可接续依月递交,存贮于中国之银行。

第 八 条

当详细契约签押之后,此铁路公司即须于广东省城另设一广州重庆铁路事务所。此之事务所,应设中国总理一人,由铁路公司派委;英国总工程师及英国总会计各一人,由铁路公司与立契约人协同择定,而后由铁路公司任命。但所雇用英国职员,若得铁路公司与立契约人之同意,并可以革除。

此项职工应尽之义务,在增进铁路公司与债券所有者之共同

利益,故每当有问题发生,必须有铁路公司与立契约人共同秉公处
理。英国总工程师与总会计之薪金及期限,由铁路公司与立契约
人订定,即由铁路数目项下支出。

凡关于管理铁路之重要人员,如有有经验、有技能之欧洲人与
有能干之中国人,均须一体并用。如此等一切之任用与其权限之
规定,须由总理与总工程师会商办理,呈请铁路公司核准。至雇用
于总会计部之欧人,均须依同一方法办理。如欧洲职员有失德行
为或不称职时,总理与总工程师会商呈请公司核准,可将该职员革
除。至雇用欧洲职员所订之契约,须与普通所用者相同。

凡在总会计部之收入数目及铁路建筑与管理之支出数目,须
用中英两国文字。总会计须依此办法办理报告,分呈于总理与代
表债券所有者之立契约人。但此项数目之收入与支出,必须经总
会计承认,并总理核准。

当铁路建筑完工之后,凡关于铁路之通常应办事宜,须由总理
与总工程师会商办理,并须随时报告于铁路公司。

总工程师之责任,在使铁路办理妥善,节省经费,至普通事宜,
须会商总理进行。副工程师当建筑时期,其责任如何,再详示于本
契约中第十七条之详细契约。

总工程师须遵奉铁路公司意思与命令。惟此项意思与命令,
不论其为直接授予或经总理转达,均须一体照办。并须对于铁路
之建筑与维持随时留心料理。

为养成中国铁路人才起见,总理若得铁路公司之核准,可设一
铁路专门学校。

第 九 条

立契约人担认建造与完成此铁路,并得由该铁路所用之建筑

物与器具之确实所值价格抽取百分七之数量。"器具"二字之意思，包含铁路用以驾驶之一切器用，如车料、车头为驾驶而用者皆是。

"器具"之名词，若明白解释之，凡对于铁路已建筑完全、经已购器使用之后，所购入之各物不包含在内。更为详明解释之，凡因建筑铁路买入之地价，与总理、总会计、总工程师及各办事人员之薪俸，不能列入建筑与器用之名词之意思内。

立契约人有权依章建筑支路至甘肃省之兰州。如或得双方之同意，并可建筑同长铁路至中国之他部地方。此种之权限，在由铁路兴工之始七年内有效。

其余一切关于建筑铁路与购办器具之事宜，遵照本契约第十七条之详细契约办理。

第　十　条

一切沿铁路边旁之田地，经测量指定，系依详细计划用为旁路、车站、修理店与车房之用者，可由公司依确定之价值收买，并须由借款内照给。

第十一条

立契约人依照详细契约所规定，须将每段已完工之铁路交出铁路公司，以备使用。

第十二条

立契约人须派董事为债券所有者之代表。至其应领取之薪金，别以详细契约定之。

第十三条

中华民国政府对于现建筑或已驶行之铁路，与属于铁路之一切财产,并将雇用中国或外国人员,皆须饬各地方官极力保护。铁路得设立警察队与警察官,其薪金与费用须由铁路建筑费用项下支给。若铁路遇有事故,须要政府兵力时,须由铁路公司呈明,迅速派人驻守。但此等兵队,须由政府供给费用。

第十四条

凡用以建筑铁路之各种材料,无论其由外国购办抑由本省采取,若为铁路使用且在免税限内者,须一律免除厘金与关税。凡债券、票据与铁路之入息,须由中华民国政府免除各种征抽。

第十五条

为奖励中国工业起见,若中国材料之价值与物质均称适宜,须一体劝用。英国制造货物与由他国运来之货物比较,若系同物质并同价值者,英国货物有优先权。

第十六条

立契约人得铁路公司之核准与承诺,可将全部或一部之利益、权利与事权转让与承受人或授予人。

第十七条

当此契约经已划押,即须送呈中华民国政府核夺。若经中华民国政府批准,然后将此契约由双方协定,另订详细契约。

第十八条

此契约既经批准与承诺,中华民国政府须将此事实照会驻京英国公使。但此之批准,必须将第十七条之详细契约统括之。

第十九条

此之契约须按照英中两国文字缮写四张,一送呈于中华民国政府,一送呈于驻京英国公使,一留存于立契约人。若对于此契约之解释有疑义发生时，英文底本即作为标准。

中华民国二年七月四日即一九一三年七月四日

关于契约双方当事人划押于上海

附录二

驻京美国公使芮恩施复函译文

孙先生大鉴：

来函经于二月一日收到。函内手著《国际共同发展中国实业计划》，拜读之余，良深钦佩。先生对于此重要问题，能以宏伟精深之政策运用之，可喜可贺。尊意以为发展中国实业，须联合国际共同办理，凡命为中国朋友者，应当竭力赞助。前者列强每当战争告终，即施其所谓势力范围与割让、租借等手段，是不幸事，人皆知之。尊意以为革除彼向来恶习为必要之图，故提倡用一联合政策，由国际机关与中国共同发展中国之实业，所见甚是。若依此办法，中国应享之权利无不可保矣。

吾甚望中国情形有所变更，一切中国人民将利用其钱财为生利之事业，而共襄助此伟大之经营也。吾甚望中国政府奖励其本国工业，使以其本国无限之资本用为生产，其日不远。盖因政府有建设之政策，信用自生也。

若先生许吾进言，吾欲将先生之伟大计划为之介绍，或可使世界原料与资本生一密切之关系。吾人皆知现残余之欧洲亟需资以恢复，而他国又以发展伟大计划而求资，如此之发展中国实业计划，必须认定其最急迫最密切之需要，而后共同联合整顿输运，使在如此之计划中占一永久位置。故为目前计，五万英里之铁路似可最敷需用。如此，可使中国西北部之丰富无人境域，交通利便，移民居住,既可以救济沿海岸一带人居过密之各省不至受经济之压迫,亦可以使中国西、北两部之丰富区域能与中国各部及世界各国有通商之机会也。

中国对于煤铁矿之发展,尤为要图。煤与铁,近代工业主义之两大原料也。如中国欲发展此两项工业,应设法利用外资,为之援助。但不可不注意者:一面当留存煤铁为其本国之需;一面当阻止中国之钢铁事业抵押于外人。如此而后不至危及中国此项伟大之事业。币制之改良与内地税率管理之改良,亦对于中国经济与工业之发展有大关系之大问题也。现在最大出产之土地,而又为中国急迫之需要者,是为农业。此无他,农产,一国之所赖以供养也。就现时计之,中国之人口几百分之八十为农业。中国之大问题在使人民衣食丰足,故改良农业、开辟新地、整顿灌溉与保护工人、奖励畜牧、发展棉业、改良丝茶及改良中国种子等事业,尚须注意者甚多。若从此开始,亦可导中国于繁盛,或可使其国人民投资于各项事业。若舍此不顾,欲保证实业之发达,盖亦难矣。

就现时言之,吾之所切望者,注重于改良输运、币制、税则、煤铁、农工等事业。然在先生大计划中所包括者,亦不外上列之各种具体办法也。

试就此发展实业计划言之,吾信以为吾等所应留意者,不在讨论新国家,而在讨论一社会秩序极错综而又为以农工商业立国久有经验之国家。在吾之意,至要者为工业。但工业变用新法不可过急,只可将旧艺术、旧习惯由渐改进。如制造丝与磁等工业之艺术技能,须设法保存,不可以省工廉价求售。如食物出口,若非确知为生产之剩余者,即须禁止。不然,若食物价格之在中国,起而与世界市场之食物价格相等,中国将必大受恐慌,可无疑者。近代机关之组织,中国人有不可不知者,是对于一公司办事员应用何权限,并该公司与股东有何关系是也。若中国人不知适用公司,国债机关之设立亦断无效果。兹更有进者,中国人素以诚实见称,尤不可因改用新法以经营事业,遂弃置其原有性质也。吾上所述之各点,亦不过欲使中国成一更良善之组织,前日之好习惯固当保全,而社会之秩序亦不至因急速改革而受搅扰也。

先生欲整顿中国,因而利用一最适时宜办法,成一国际共同发展实业计划。高言伟论,当为道贺。此亦足见今日为中国人民领袖之心理,已日渐趋重于国家建设之事业。若奋其能力以成此事业,将来中外人民日相亲密,使将来之发展得与世界之发展共同提携,此为最可喜者也。

先生发展实业计划有更详明者,请赐一纸,不胜铭感。

芮恩施敬上

一九一九年三月十七日〈于北京〉

附录三

美国商务总长刘飞尔复函一通

孙逸仙大人阁下:

得奉三月十七日赐函,内附《国际共同发展中国计划》,披阅之下,兴味不穷。而阁下之所谓中国之经济发展将为人类全体最大利益,不特中国人食赐,尤所赞成也。以阁下所提计划如此复杂,如此溥遍,即令将其备细之点规划完竣,亦须数年。阁下亦明知书案中一小部分尚须数十万万金元①,而其中多数在初期若干年间,不能偿其所投之利息与经费。是故,其必要之债所需利息如何清

———————

① 金元(Dollar):即美元,或称美金。

付,实为第一须决之问题。以中华民国收入负担现在国债利息太重,难保新增之息必能清付。则今日似必要将此发展计划限制,以期显有利益足引至私人资本者为度。

合众国政府一致努力以表示无私之友谊于中国人民,并愿由各种正当之途径,以参与增进华人最上利益之计划也。

远承赐教,感谢无已,敬颂勋祺。

商务总长刘飞尔谨启

一九一九年五月十二日〈于华盛顿〉

附录四

意大利陆军大臣嘉域利亚将军复函

敬启者:蒙惠赐以关于如何以国际共同组织使用战时所产洋溢之制造能力,而开发中国最大宝藏之〈有〉兴味之计划,不胜感谢。虽在此计划亦有与相附丽之实际困难,稍须顾虑,而以其所造之深与其带有现代精神之活气,使我不禁为最高之代〔评〕价也。

为人道之利益,为贵国之进步,吾愿阁下此计划之完全成功。专此布达悃诚。

嘉域利亚

〈一九一九年五月十七日于罗马〉

附录五

北京交通部顾问之铁路专门家碧格君投函

孙逸仙先生阁下:

敬启者,得读《远东时报》六月号所载尊著论文,敢以一铁路专门家之资格，敬表喜忭之忱。

在阁下所选定路线，仆在此时虽难遽言赞成、反对，但以一铁路联结广大之农业腹地与人口稠密之海岸之理想，感我实深。窃谓阁下于此已于铁路经济理论上致一具体之贡献。即此路线自身，已能蠲解滞积，开辟一生产区，使食料价可较贱，以职业授巨额之退伍兵卒，又能使大量之硬币得有流转，而通货之位置将循之以为于正也。

在仆尤有庆者，则大著正以此时发表，而仆适亦应《横贯太平洋杂志》社主之求，曾草一论，恰亦触及此种思想径路。此论非至七月不能发表，则阁下之意见，对于现在此点着想，使怀疑我者大足以开悟之矣。

冒昧致书，惟冀鉴原。又信阁下此种启沃思想敏妙之作，必将有继此而宣于世者也。专此敬颂勋祺。

碧格谨启

〈一九一九年〉六月十七日〈于北京〉

附录六

美国名士寓居罗马以世界中都
计划著名之安得生君复函

逸仙先生足下：

六月十九日赐书，已由罗马敝事务所转到此处，甚谢，甚谢。并承瑰伟之补助战后整顿实业之案与《国际共同发展中国计划》相贻，尤感。

奉读尊著计划，旁擘附图而及于先生所与理则的且有力的论据，觉其兴味深永。谨此布庆悦之忱。

吾完全确信先生之高尚理想必将实现，非惟以为中国国家人民之福利而已,又以为世界各人种之利益与繁荣计也。

以饶富之贵国,粮食、矿产、煤铁等等天然富源素称丰富,从前虽为各国所忽略,今则不然矣。而先生之活动发展计划与其展开培成,在使此全未触及之广大处女地,以最经济最实用之方法运其产物于世界市场之前。是先生绝无私心,专为人道求其利益,是为稀有之人,且明晰显出先生深重之国际同情也。

夫发展中国富源者,不特于贵国实业商务与之新刺激、新能力,且为贵国之人民谋其不可胜计之利路而已,又以不可否认且无限之利益付与一切国家之一切人民。此所以政府及外国财政家,对于先生之计划与以最深细之考查及援助,而襄同先生以实现此最大之人道的计划,不应更有所踌躇也。凡此在北直隶建筑北方大港,由此港直通中国西北边陲,建一铁路系统,又浚一运河,构成中国北部、中部与此港联络之内地水路统系,且开发山西煤铁矿区,不仅其所需以作制铁炼钢工程者使贵国数百万人得其职役,抑且广开门户,随之以利益,以容多数国家组织完美之无数实业也。

先生于我世界交通中心之计划辱予赞助,且将以先生所经营之《建设》杂志绍介此思想于贵国人民,使我益加奋厉矣。

此都市如建立于中立地区,则立可以应国际联盟之必然的需要,作为其实际之骨干,而能成为受治于国际司法法庭之下最庄严之行政中心矣。

吾已将此世界中都之图及案送与各国之政府及主权者,并拟于十月一日起赴华盛顿,以展览各图原本,并亲自由纯然实际经济的观察点说明此种计划于各国代表之前。此等代表拟于此处集合,以助国际联盟之组织也。

吾又尝致函威尔逊总统,彼接吾图案之后,答吾谓彼视此计划之价值甚高。吾望此世界交通中心之计划,不久能为实现之中都,将以各国最高自然产物与最重要之实业成功致之于集中点,且使之确定意义,显出此种贡献,乃向于友谊的社会及经济关系为最初决定之一步,而建立此种联合之实用无可批难者也。

将纪念于此海上、空中、陆地战场,为求公道之战胜,为人道扫除榛秽以进于和平,为将来不受暴君压迫之自由而抛其生命之数百万人之英雄奋斗与高尚的牺牲,诸国应各有所献纳,共建造维持此和平都市,以为国际之为丰碑也。

对于先生高尚之计划,吾抱有最深厚之同情;而于先生对于我计划有此深切之兴味,尤吾所引以为庆者也。专布悃忱,藉申敬意。

〈一九一九年〉八月三十日

轩特力·安得生启于萨丁诺①

建国方略之三
民权初步(社会建设)

序

中华民族,世界之至大者也,亦世界之至优者也。中华土地,世界之至广者也,亦世界之至富者也。然而以此至大至优之民族,据此至广至富之土地,会此世运进化之时、人文发达之际,犹未能先我东邻而改造一富强之国家者,其故何也? 人心涣散,民力不凝结也。

中国四万万之众等于一盘散沙,此岂天生而然耶? 实异族之专制有以致之也。在满清之世,集会有禁,文字成狱,偶语弃市,是人民之集会自由、出版自由、思想自由皆已削夺净尽,至二百六十

---

① 萨丁诺(Sardinia):今译撒丁。

余年之久。种族不至灭绝亦云幸矣，岂复能期其人心固结、群力发扬耶！

乃天不弃此优秀众大之民族。其始也，得欧风美雨之吹沐；其继也，得东邻维新之唤起；其终也，得革命风潮之震荡。遂一举而推覆异族之专制，光复祖宗之故业，又能循世界进化之潮流，而创立中华民国。无如国体初建，民权未张，是以野心家竟欲覆民政而复帝制，民国五年已变为洪宪元年①矣！所幸革命之元气未消，新旧两派皆争相反对帝制自为者，而民国乃得中兴。今后民国前途之安危若何，则全视民权之发达如何耳。

何为民国？美国总统林肯氏有言曰："民之所有，民之所治，民之所享。"此之谓民国也。何谓民权？即近来瑞士国所行之制：民有选举官吏之权，民有罢免官吏之权，民有创制法案之权，民有复决法案之权，此之谓四大民权也。必具有此四大民权，方得谓为纯粹之民国也。革命党之誓约曰"恢复中华，创立民国"。盖欲以此世界至大至优之民族，而造一世界至进步、至庄严、至富强、至安乐之国家，而为民所有、为民所治、为民所享者也。

今民国之名已定矣。名正则言顺，言顺则事成，而革命之功亦以之而毕矣。此后顾名思义，循名课实，以完成革命志士之志，而造成一纯粹民国者，则国民之责也。盖国民为一国之主，为统治权之所出，而实行其权者，则发端于选举代议士。倘能按部就班，以渐而进，由幼稚而强壮，民权发达，则纯粹之民国可指日而待也。

民权何由而发达？则从固结人心、纠合群力始。而欲固结人心、纠合群力，又非从集会不为功。是集会者，实为民权发达之第一步。然中国人受集会之厉禁，数百年于兹，合群之天性殆失，是

① "洪宪"为一九一六年袁世凯称帝时的年号。

以集会之原则、集会之条理、集会之习惯、集会之经验,皆阙然无有。以一盘散沙之民众,忽而登彼于民国主人之位,宜乎其手足无措,不知所从,所谓集会则乌合而已。是中国之国民,今日实未能行民权之第一步也。

然则何为而可?吾知野心家必曰"非帝政不可",曲学者必曰"非专制不可"。不知国犹人也,人之初生,不能一日而举步,而国之初造,岂能一时而突飞?孩提之举步也,必有保母教之,今国民之学步亦当如是。此《民权初步》一书之所由作,而以教国民行民权之第一步也。

自西学之东来也,玄妙如宗教、哲学,奥衍如天、算、理、化,资治如政治、经济,寿世如医药、卫生,实用如农、工、商、兵,博雅如历史、文艺,无不各有专书,而独于浅近需要之议学则尚阙如,诚为吾国人群社会之一大缺憾也。夫议事之学,西人童而习之,至中学程度则已成为第二之天性矣,所以西人合群团体之力常超吾人之上也。

西国议学之书不知其几千百家也,而其流行常见者亦不下百数十种,然皆陈陈相因,大同小异。此书所取材者,不过数种,而尤以沙德氏之书为最多,以其显浅易明,便于初学,而适于吾国人也。此书条分缕析,应有尽有,已全括议学之妙用矣。自合议制度始于英国,而流布于欧美各国,以至于今,数百年来之经验习惯,可于此书一朝而得之矣。

此书譬之兵家之操典,化学之公式,非流览诵读之书,乃习练演试之书也。若以流览诵读而治此书,则必味如嚼蜡,终无所得。若以习练演试而治此书,则将如啖蔗,渐入佳境。一旦贯通,则会议之妙用可全然领略矣。

凡欲负国民之责任者,不可不习此书。凡欲固结吾国之人心、纠合吾国之民力者,不可不熟习此书。而遍传之于国人,使成为一普通之常识。家族也、社会也、学校也、农团也、工党也、商会也、公司也、国会也、省会也、县会也、国务会议也、军事会议也,皆当以此为法则。

此书为教吾国人行民权第一步之方法也。倘此第一步能行,行之能稳,则逐步前进,民权之发达必有登峰造极之一日。语曰:"行远自迩,登高自卑。"吾国人既知民权为人类进化之极则,而民国为世界最高尚之国体,而定之以为制度矣,则行第一步之工夫万不可忽略也。苟人人熟习此书,则人心自结,民力自固。如是,以我四万万众优秀文明之民族,而握有世界最良美之土地、最博大之富源,若一心一德以图富强,吾决十年之后必能驾欧美而上之也。四万万同胞行哉勉之!

民国六年二月二十一日　孙文序于上海

卷一[①]　结　会

第一章　临时集会之组织法

一节　会议之定义　凡研究事理而为之解决,一人谓之独思,二人谓之对话,三人以上而循有一定规则者则谓之会议。无论其为国会立法,乡党修睦,学社讲文,工商筹业,与夫一切临时聚众征求群策、纠合群力以应付非常之事者,皆其类也。

二节　会议之规则　尝见邦人之所谓会议者,不过聚众于一堂,每乏组织,职责缺如,遇事随便发言,彼此交谈按语,全无秩序。如此之会议,吾国社会殆成习惯。其于事体容或有可达到目的之

---

① 　每卷卷次前有《社会建设(民权初步)》标题,现均删去。

时,然误会之端、冲突之事在所不免,此直谓之为不正式、不完备、不规则之会议可也。有规则之会议则异于是,其组织必有举定之职员,以专责成;其行事必按一定之秩序,有条不紊。如提议一案也,必先请于主座以讨地位,得地位而后发言;既提之案,必当按次讨论,而后依法表决。一言一动,秩序井然,雍容有度。如是乃能收集思广益之功,使与会者亦得练习其经验,加增其智能也。

三节　会议之种类　会议有三种:其一临时集会,为应付特别事件而生者;其二委员会,乃受高级团体之命令而成,以审查所指定之事,而为之解决或为之筹备者;其三永久社会,为有定目的而设者。此三者之分别,则如一、二两种为暂时之会,其三为永久之会。又其一、其三为独立之团体,而委员会则为附属之团体。至于组织之不同,则临时集会必当有主座、书记,各专其责;而委员会之书记虽有用之者,然非必要,而主座常可兼之。但永久社会之组织,略同于二者之外,更加以须有正式举定之职员及一切之章程规则,并有定期之会议、标揭之意志、规定之人数。

四节　召集之通式　凡有同声相应、同气相求者,皆可召来会议。其法有以口传,有用帖请,有登广告于报上,有标长红于通衢。其式如下:

敬启者:兹值民国中兴,宜张庆典。谨择于十月二十五日,在新都成功大道民乐园开筹备会。凡我同志,届期务乞光临指示一切。此布。

民国五年十月初十日　发起人甲乙丙丁同启

五节　开会之秩序　届时群贤毕至,少长咸集。而丁君先将议堂预备妥当,设主座于堂上,堂前陈列一案,案前横列众椅。到者随意择座,互道寒暄。少顷,发起人甲君敲案作声,要众注意,遂起而言曰:“诸君……开会之时间已至,请众就秩序!”(外国习尚,临开会时只高声号曰:"秩序! 秩序!!"众则肃然就范矣)。俟众就秩序之后,乃再曰:"请诸君指名若人为候选主座!"仍立候众人之指名。

六节　主座之选举　有己君起而对甲君言曰:"我指名乙君当主座。"(己君对于甲君发言而不称曰主座者,因彼尚未得为正式主座,不过权行其事耳,故不称也)。己君既坐,庚君即起而言曰:"我附和之。"遂亦坐。甲君尚立待,乃曰:"乙君已被指名为候选主座,又得附和矣,尚有其他指名者否?"稍待,又曰:"尚有言否?"仍立待。乃再曰:"如无别意,则乐举乙君为吾人主座者,请曰'可'。"(众人之赞成者,则答曰"可"。)"其反对者,请曰'否'。"(众人之反对者,则答曰"否"。)若"可"者多于"否",甲君当宣布曰:"选举主座之案已得通过:乙君当选为本会之主座。"遂坐。倘答"否"者多于"可",则其案为否决,而甲君当再请众指名以备选。会中当照前法指名其他之人。

七节　被指名者多人　倘有于乙君之外另指名他人当主座者,当起而言曰:"我指名戊君。"又有指名丙君、指名甲君,如是者数人。甲君立待,俟指名者各尽其所喜,而后按次先由乙君起,一一表决之,至得当选之人为止。甲君自身之被指名,亦提出己名于众以表决,一如他人焉。因甲君之职务,为会众之代理,以办选举主座之事,而待其本身亦如待他会员也。若用投票选举,则于指名既齐之后乃能投票。投票法后再详。

八节　指名之附和　指名宜有附和,为一妥善办法,盖足见被指名者非只一人之乐意也。倘同时有指名多人,则附和一法非所必要。但其事以何为妥便,代行主座者可酌量变通办理。

九节　选举书记等　乙君既被选为主座,起而就座,立于案后,对众人(或敲案要众注意)言曰:"现在第一件事为选举书记,请众指名!"仍立而待。戊君起而言曰:"主座先生!"(此之谓称呼主座所以讨地位也)。主座答曰:"戊先生。"(此之谓承认其发言之地位也)。戊君既得地位,乃进而言曰:"我指名己君当书记之选。"遂坐。辛君即起而言曰:"主座先生,我附和之。"亦坐。主座略待,或问众曰:"更有指名否?"少顷,乃进而照前选举主座之法以表决之。己君当选为书记,即就案坐于主座之傍(案上当先准备文房器具),预备将所经之事、随来之事,一一照实记之;不必记众人之所言,但须全录已行之事或表决之案,而不得下一批评。

此时主座则将开会之目的宣布,为一长短适宜之演说,大略如下曰:"今日之会,为筹备庆典而设。诸君当知民国开基,甫经四载,则被移于大盗[①],几至沦亡。所幸人心不死,义师起于西南,志士应于东北,举国一致,大盗伏诛,天日得以重光,主权依然还我,中华民国从此中兴,四亿同胞永绥福乐。当兹幸运,理合申祝,故拟举行庆典,以表欢忱。诸君对于筹备之事当有指陈,此时则在发言秩序之中,本主座望各畅所欲言,备众采择,俾得速定办法,幸甚。"言毕乃坐。惟一旦有人称呼"主座",彼当再起立承认之。当人发言时,彼可坐,但于接述动议、呈出表决及详言事实时,当起立。又凡有关于会中秩序及仪式所必要之时,亦当起立。

以上各节,为临时会议组织完备、着手进行之模范也。

十节　委员会　委员会之组织与上同,惟书记一职,可以省之耳。若高级团体委任委员之时已选定其主座,则开会时不必再选,否则于开第一会时,当由委员会中自选举之。就事实上而论,先受委之人未必即为委员长,但第一会当由彼召集其他之委员耳。委员会进行规则,后再详之。

---

① 大盗,指窃国大盗袁世凯。

第二章 永久社会之成立法

十一节 立会 发起永久社会之第一回集会,其组织方法与临时集会相同,但须订立章程规则及选举长任职员。

(演明式)譬如庆典会告终之后,与会者兴趣未消,感情愈结,均欲成立一会以助政治改良,而导社会进步。于是再集同人,从新发起,其进行程序一如临时之会焉。

乙君被选为临时主席,己君为临时书记。主座既宣布开会宗旨之后,在会者各随意评谈,有赞成、有反对此计划者。甲君于是起而称呼主座,及得承认,乃曰:"我动议发起一'地方自治励行会',而在此会中即须从事进行。"主座接述其动议,遂即正式讨论,各尽所言,然后呈出表决。若得多数表决赞成,则为通过,而主座即宣布曰:"发起一地方自治励行会之动议,已得可决矣。"斯时也,按法言之虽为临时集会,实则变为永久之团体矣。从此凡与会者,既尽共同所约束之义务,则当然为会员。

主座既将表决之结果宣布之后,乃继而问曰:"本会今当如何进行,使团体之组织臻于完备?"庚君如法讨得地位,乃动议委任委员三人,以草立章程规则。此动议既接述,经讨论,乃呈众表决。若得通过,主座当问曰:"用何法委任,由众选抑由主座委?"壬君讨得地位动议,或曰"由主座委任",或曰"由众指名"。若为前之动议,如法呈众通过后,主座乃委任在会之三人,曰:"本主座今委任戊先生、壬先生、己先生为起草委员。"若为后之动议,呈众如前通过后,主座乃请众指名,而接之以呈众表决,一如选举主座之法焉。

选举职员亦如前法,可动议交委员审定,备造职员名册,或动议由众指名候选。若交委员审定,则被委者或即退于别室,详细审定，而即报告，或俟下会然后报告，更或饬令将职员名册抄录，或印刷多分，备为选票之用。

至于章程规则之起草委员，必待下会而后报告也。

以上各事，为发起一会之所必要，而不能稍为忽略者。如是暂成组织随而逐步进为永久之团体。第一会当决定下会之开会时间、地位，乃散会。

十二节　章程及规则　第一次会议所委任之起草委员，自行集会，将章程规则草就誊正，准备报告。于下期开会时认可记录之后，第一件事则为起草委员之报告。主座要请之，而委员长宣读之。先读全文，俾会员知主旨之总意，后乃分条而读之。每条当详细讨论，或加修正。第一条议定之后，主座则曰："今开议第二条。"每条皆如是云云，至尽而止。主座随曰："现在问题，在采用此章程为本会之章程，赞成者……"云云（如前之表决法）。规则表决式同此。

有《模范章程规则》一份，载于附录，可为各种团体之张本。章程规则之要点，当包涵会名及其目的，职员及常务委员之数及其职务，会员之条件，取法之议则，法定之额数，修改之条例，与夫会中一切之要义。

十三节　职员　重要之职员，为会长、副会长及记录书记。若有会费，则加理财、核数二职。如事繁则当有通信书记及副书记。倘其事件为集会时所不能办者，则当举董事办之。至若小团体，而目的在互相资益而不勤外务者，则一切事务当以全体会员办之，于集会时讨论表决其大要，而细务乃授之委员。又此等资益会，其职员宜轮流充当，使各得练习其才干。如是则全体会员皆得与闻会事，于是感情益密，结力弥坚，而平等公正之精神亦油然而生矣。

十四节　职员之选举　第一回会议所委之职员，指名委员自行开会审定,乃列单预备报告。于第二回开会时章程规则既采用之后,主座则着指名委员报告。该委员长起而言曰:"主座先生,本委员等谨报告如下:'当主座者壬先生,当副主座者丙先生,当记录书记者己先生,当通信书记者戊先生,常理财者乙先生,当核数者甲先生'"云云(以至章程中应有职员,尽仿此开列)。读毕,将人名单交与主座,遂坐。

　　会中规则各有不同:有规定于指名委员报告之后,同时选举者;有规定于接报告之后,下期始选举者。倘为下期开会始选举者,主座于收接指名报告之时,当申言曰:"诸君已闻委员报告候选职员之姓名矣,选举之期在于下会某某日,倘有不合意者,此时可另为指名,以备下会附入正式指名者之后而当候选也。"倘为同时选举者,主座当曰:"诸君已聆委员报告,意见如何"云云。此种报告,不必另有动议以收接或采用也。此时在指名秩序中,倘有他指名者,适可行之(详下节)。

　　选举时至,主座发言曰:"今当选检查员。"辛君随而讨得地位,曰:"我动议检查员由主座委派。"此动议即呈众表决。得通过,主座即委癸先生及子先生为检查员。彼等受命后,即分派候选人之名单,以作票用,或空白条纸亦可。会员各将票准备,勾去不合意之名,而加入其所喜者。检查员以箱或他器收之,退而数之,记其结果。此事既毕,主座当搁置他事,曰:"检查员已准备报告矣。"癸君于是将投票之结果宣读如下:

　　　　所投之票总数二十一票
　　　　当选必要之数为十一票
　　　　会长票　　辛先生得一票
　　　　　　　　壬先生得二十票,理合当选
　　　　副会长票　　子先生得一票

庚先生得一票

丙先生得十九票，理合当选

读毕，将单交与主座。主座曰："下开各位已得大多数票，当选为本会职员。"彼再宣读职员及被选者之名。经此宣读，则成为决议，而书记即记录其案，此案不能复议。

十五节　其他之选举　倘指名委员须即时报告，则无暇准备名单，而用白票，按职分选会员，随所喜而书名，然后收而按名数之。或用复选之法，初选作为指名，其法如下：一、凡得票皆作被指名者；二、以二三得最多票为被指名者；三、以限得若干票以上皆为被指名者。三者之中，采用何法，须先表决。复选之法，最为公允，但略费时耳。

十六节　无人当选　若各职之候选者，无人能得所投票之大多数，则谓之无人当选。如是必须再选，至得有当选者为止。则如选举会长，所投票共得十九：壬君得票十，丙君得票七，乙君得票二。此为壬君得大多数为当选。倘壬君所得少于十票，则为不当选，必当再投票。于是主座当曰："候选会长皆无人能得大多数，本会当再投票。"

十七节　大多数与较多数　大多数者，即过半数也；较多数者，即半数以下之最多数也。若只得二份票，或二候补员之竞争，即大多数与较多数实无所别；若过二数以上则大异矣。如所投票为十九数，壬君得九票，丙君得七票，乙君得三票，如是则壬君所得票为较多数，非大多数也。因十票乃为十九票之大多数也。较多数亦有得选者，如此则必于投票之先，已经表决乃可。但一切社会之职员选举，最少须有一票过半乃能当选，庶几合大多数之常例。惟在人民选举官吏，则反乎此者乃为常例。因用大多数法，往往生出不便之事也，故有经验之国家多不行之。

十八节　团体之成立　恒久职员选妥之后，当于下会就职。临时〈职员当服务至散会为止。会长于就职时〉①可申言感谢会中之信任，并许尽其能力以服务，且当注意于会员之权利及利益，而平等承认之、尊重之。自此彼称为"会长"或"主座"。职员选妥，章程规则订妥，则其会即为成立，而可着手办事矣。此时职员当就职，各司其事。倘无论何时，有当开会时而正式职员全然缺席者，则当宣布秩序时，无论何人皆可将秩序宣布，而使会中另举代理主座并书记以摄行会事，此则犹胜于使会众及演说者久待也。

临时会与永久会皆各有常规，以定其程序。其前者则多尚普通习惯，其后者则采自专家。各商团及公司会议皆当循会议规则，而无论何家所定之法适于各社会，皆适于各商团、公司也。

第三章　议事之秩序并额数

十九节　循行之事　开场议事，有三件必要之形式：一为唱秩序，二为宣读及认可前会之记录，三为散会。此外更有常务委员之报告，皆可称为循行之事。此等事由全体许可，便可不用动议及表决之形式而施行之。但此等非公式之举动，切不宜施之于此外之事，因虽于循行之事中，亦常容人反对非公式之举动者。

当开会之时，会长起立，稍静待，或敲案而后言曰："时间已到，请众就秩序而听前会记录之宣读。"乃坐。书记于是起而称主座，然后宣读记录，读毕亦坐。主座再起而言曰："诸君听悉前会之记录矣，有觉何等错误或遗漏者否？"略待，乃曰："如其无之，此记录当作认可。今当序开议之事为如此如此"云云。倘有人察觉记录

---

① 据孙文《会议通则》稿本，增补以上脱字。

之错误,当起而改正之。发言如下,曰:"主座,我记得所决行某案之事乃如此如此。"倘书记以为所改正者合,而又无人反对,书记当照录之,而主座乃曰:"此记录及修正案,当作认可成案。"倘有异议,或书记执持原案,任人皆可动议,曰:"照所拟议以修正记录",或删去或加入何字。此动议经讨论及表决,而案之修正与否,当从大多数之可决、否决而定之。主座于是曰:"记录如议修正,作为成案。"

二十节 议事之公式秩序 凡社会或会长宜采用议事之一种秩序,以为集会之标准;但其式可作通常用,非一成不变者也。其式如下:

一 请就秩序

二 宣读记录及认可之

三 宣布要旨

四 特务委员之报告

五 常务委员之报告

六 选举

七 前会指定之事

八 前会未完之事

九 新生事件

十 本日计划之事

十一 散会

以上秩序,各会可随其利便及方法以变通之。会长每次当定一日录,书明各件于秩序之下,以备开会时按序提出。次及新生事件之时,会长当问曰:"今日有无新生事件?"如其有之,当提出表决之,或临时结束之,然后着手于本日之演说或其他之计划事件。倘本日计划定有一定时间者,到时而诸事尚未完结,除得多数投票表决"继续进行"外,当作默许,立将诸事延搁至下期会议。总之,议事之秩序,一经认可记录之后,便可由动议及表决随时停止或变更之,以议特别事件也。

二十一节　额数定义　额数乃会议办事之必需人数。在临时集会,则额数问题不发生,无论到会者多少皆可开会。在委员会,必得过半数乃成额。在长久社会,必当以法定其何数乃成额。如未有规定者,则必以大多数为成额。开会时必得过半数而后乃能办事,不足额则只有散会以待下期而已。

在立法院,其事为公共性质,其人员到会为当然之职务。而法院,又有强迫到会之能力,则额数以多为允当。至于寻常社会,则以少为宜,因其目的在事之能办,所以当定少额,以备开会时必能达足额之数。如社友之数由五十人至百人者,其额数以九人为妙;若更少之会,则五人为额;若数百人以上之社会,亦不过十五人至十七人为额足矣。至于所定人数,又当注意于社会之种类。有种社会其社员非服务者,则人数虽多,而额仍以少为宜也。其要义即在凡会员皆有到会之权利之机会,故无论雨晴皆到者,当然得办事之权利,以偿其劳;而疏忽不到会之会员,当不得更有异议也。

二十二节　额数为开会前之必要　凡一团体既定有额数,则此额为开会办事之必要条件。到开会之时,会长当数到会者几人,连己能足额否。苟缺一人,则不能唱序开会,须待到足方可。倘待过时尚无足额,众可定散会之时,时到则散。下期之会亦如是,则到会者只能谈论事件,而不能动议,不能表决,而无事在秩序之列,此与不开会等。会员或可催请到来以成额,然不能使之必来也。委员会之开会,亦与此同例。

二十三节　开会后缺额之效力　以足额而开会,开会后会员逐渐离席,以至于缺额,则事仍照前进行。此其意盖以为既得足额而开会，则开会后仍为足额也。当此情景，所办之事可视为正当，且可进行至散会之时而止。会长无注意于缺额之必要，而可继续进行。但若有人无论主座或会员欲提出缺额问题，则进行立止。主座可曰："本主座要众注意于缺额之事，而待动议。"或一会员起曰："主座，我提出缺额之问题。"此时各事当停止，而数在场人数，倘有不足，即行散会。

二十四节　数额数之法　若额数为少数人，其出席、缺席，由主座及书记一数便明，众人亦容易察悉。若额过大，当由检查员或用唱名而数之，登记在场者之多少，便可立即解决额数问题矣。

立法会之议长（其会之额为大多数之议员，或多数之额数），可否由彼一人数在场之人数，尚属一问题。此专断之法，或为程序所规定之政党团体所必要。但在寻常团体，则用唱名之先例以定人员出席、缺席为最允当之法。

无论何事，可发生机会致会长有自然之趋势而成其专断之能力者，宁为限制，而不当奖励之也。

第四章　会员之权利义务

二十五节　会长之义务　会长为全体之公仆，非为一部分或一人而服务，是故彼虽为一会之长，而非一会之主人翁也。彼以事体之秩序，而纠率会众，使一切皆循公正平等而行。彼维持秩序及额数，如遇秩序紊乱之时，当立呼"秩序！"及议则错误，当立起纠正之。彼凭议则及会章以率众，引导之而不驱策之，至达目的而已。会长之义务，当严正无偏，务使大多数之意趣得以施行，而同时又能尊重少数人之权利，俾事件得迅速公当之处分，而讨论得自由不偏之待遇。贤能之会长当具三种特质：一果毅之力，二诚恳之意，三体顺之情。

至于详细之节,主座当行其最宜于维持秩序之时,及适当于处分事件之事。彼于办事,如接述动议,呈问动议,及表决动议时当起立,但讨论时可坐。彼发言时,称本会长或本主座。彼对于会员,当承认应得地位之会员,当接述合序之动议,而使之得机以讨论。对于开会时当候至足额,乃能进行。当依时开会,依时散会。彼当知何时为委员报告,而到时命之报告。彼当注意于特别指定之事,而于适合之时提出之。所有需要事件,必当了结之,或正式延搁之,而后乃能散会。

二十六节　会长之权利　会长为社中或议场中人员之一,故当有发言及投票之权。但除关于必要之事外,此种权利常多放弃者。主座可遇事加以说明,而述布事实而已。至于亲行讨论,则当退让主座曰:"请某君代主座"而暂为一纯素会员,乃从事于讨论。彼不必离其坐位,但当以他人为主座,如他之会员先称呼主座而后发言者。言毕,乃复其主座之职。

主座有权以处决谁为应得地位者,并有权以处决秩序之争点,但如有不服者,则二事皆可诉之公决也。彼可不待动议,而将正式事件提出。又倘无人反对,可将循例之案,不待表决而宣布通过。且到时可由彼宣布散会。彼又可使会员将动议缮写成文,又可随意打消不合秩序之动议。

主座非受特别委任,无权参加于委员会,而委员亦无与磋商之必要。彼非受特别委任,亦无监督之权,而此等权亦以不授之为妙。主座之权乃指导会众,而使之能自治,而不在治之也。

二十七节　会员之权利义务　会员之义务,在能以竭助会长维持秩序。而维持之道,则当从自己始。如在会场,须戒出声,戒旁语,戒走动,并戒一切之能扰乱会场而阻人言听者。会员当依正式而动议,当持友恭而讨论,当惟多数之是从。会员地位,彼此皆一体平等。表决之投票乃会员之权利,而投票当本之主张亦会员之义务也。会员讨论之权利义务,第七章另行详之。

二十八节 副会长并书记之权利义务 副会长乃备以若遇会长缺座或失能而代之者。彼之职务,与会长同,故当知会中之目的、之办法与夫一切议事之行为。最妙得会长常请彼帮理一切事务,以资练习,庶不致使之成为废职。

记录书记之职务,乃记录当场之事,不必记录当场之言,除非有特别命意乃录言;随后当将临场记录缮就正式议案。所有表决票数,须照当时结果抄录,不容稍为更易。所有否决之动议,亦必录之。凡有记录,则作为案据,日后有所争持,悉以记录为准,而不以个人之记忆或主张为准也。故凡前会之记录,必当复读于下会,由众动议,或投票,或默许,以表决认可,然后方能成为正式议案。书记有通告委员被委事之责,并管理各种搁置及延期案件。简而言之,则帮助会长料理一切事务。倘书记于记录中有错误之处,而记录已为众所认可者,则正误之人必要指出其错点为众所满意者乃可。盖以议案一经认可则成立正式案据,故必先修改错误方许认可,是为极要之事。记录经认可之后,书记当签押于记录之后,如下:书记某某。书记记录之时,宜书之于册,则不必再抄。若有改正之处,可于行间加入。如所有表决之事,非得全体所许,不能删之。

其他职员之义务,当由各会之需要,而从会则规定之各职员,当尽本职之义务。彼不当干涉他人,亦不容他人之干涉也。

总而言之,记录书记之义务为专司记录;通信书记之义务为专理文牍。与夫凡属其类者,各从而司之。若其他之事件,亦得指委其一以司之;或其务内之事件,亦可由投票或特别规定而分治之。

会长当监督一切,但除纠正程序之外,不当干涉之。书记固不当授以重权,然而彼亦当自慎用其应有之权,而毋越分可也。

二十九节　全体之权限并缺席、废置①等之规定　夫一会之权力:第一为章程并规则,第二为各种之表决之专条与章程规则无抵触者,第三为采定之议则,第四为议会之习惯。以上各条,以先后为施行秩序。

职员缺席　倘于会期内职员有缺席者,当早为另选新员以补之。如遇散会期内有缺席者,可待至开会时乃选补之,或于规则中定有专条以处理之。至于董事会之缺席,宜否由董事团中自行选补,殊属疑问。但委员会有缺席,则常可自行选补,因其为临时之团体也。所有缺席职员,宜以他员暂代其职,以待新员之选举,而新员一经选出之时,代员即立终止其职务。

职员废置　职员有放弃责任或有陨越贻羞于一会者,可以多数表决,而废置斯职。其废置之法,当出于有附和之动议,而由投票以表决之如下:"动议宣布某某事务之职从此废置"云云。此等废置之事,独关于是非利害之极端者乃行之,其他当待其职务之届期告终为妙。

三十节　特务会议　在永久社会之会员,当知常期会开会之时及集会之地,故通告可以不必。但特务会则异是,必当照会中表决之规定。每会员发给正式通告,此规必当励行。在常期会得足额人数,则各种表决无抵触于章程规则及前时之表决者,皆可施行。惟特务会则反是,所表决之事,必先登录于传单;传单所无之事,则不能提议。特务会对于修改之事,较常期会格外谨严,而其程序与常会同。若有疑问发生,当就谨严之途以采决。特务会为

---

①　此处原加"特别会"三字,因其内容已移至"三十节",故删。

应非常而设,当以少开为宜。

卷二　动　　议
第五章　动　　议

三十一节　动议　议场每行一事,其手续有三:其一动议,其二讨论,其三表决。此三手续乃一线而来,无论如何复杂之程序,皆以此贯之。动议者,为对于事体处分之提案也。欲在议场发生合法之提案,必当行正式之动议;倘随意谈话或随意拟议而得一般之同意者,不得收约束之效力也。如命行一事,必有正式动议,正式表决,始足责成受命者之遵行也。凡随意谈话,只足当动议之先导,而不能代动议之功能。故动议者,实为事体之始基也。

三十二节　处事之手续　以动议及表决而处事,重要之步调有六,其秩序如下:

一　会员起立而称呼主座。

二　主座起立而承认会员。

三　会员发动议而坐。

四　主座接述其动议。

五　主座畀机会以讨论,随而问曰:"诸君准备处分此问题否?"

六　呈动议以表决,并宣布表决之结果。

倘动议有附和,则附和之步调在第三步之后。此步调未括于内者,以此非重要如他也。

三十三节　动议之措词　动议之词,以能达言者之意为主,各种词句皆可用也。但动议当要简明,而限定一题目。此书各章所演明动议之形式,不必强作模范,盖此不过指导动议当如何发耳。发言者之开始当曰:"我动议如此如此。"主座呈其动议于众,当复述其言,一如动议者为是。但彼可要求动议者,将动议誊诸翰墨,或可令其再言,以期确正。倘动议者有词不达意之处,主座接述之时,可为之修饰,但只能改其词句,而不能稍变其本意;倘主座有变其本意,则动议者当复述原语以纠正之。

三十四节　**何时可发动议**　各种普通动议,皆可于无他动议待决时发之。惟有特别之议术动议,则虽于他动议待决中,亦可随时而发。此种动议,十四章详之。惟当投票时,或当会员得讨论地位时,则无论何种动议皆不能发。在动议打消之后,则各事复回动议未发前之原来秩序。

三十五节　**手续之演明式**　设使地方自治励行会适在进行之中,而会长循序开会,记录既宣读及认可之后,照办事秩序以次及新事件矣。

辛君欲在会发起公开演说之议,乃起而言曰:"会长先生!"仍立而待承认。主座遂起而承认之,曰:"辛先生!"辛君由此得地位,进而言曰:"我动议'本会公开一演说会'。"遂坐。主座乃曰:"诸君已听着辛先生之动议为'本会当公开一演说会',此事当待诸君讨论。"仍立而待众之讨论。如久无人起,主座当请之,仍不应,再勉促之以讨论。当讨论时,主座可坐。讨论既竟,各尽所言,主座再起曰:"诸君已预备处分此问题否?"倘无人再起讨论,彼即将动议呈众表决如后,曰:"动议为本会公开一演说会,诸君之赞成此动议者,请曰'可'(赞成者应曰"可"),诸君之反对此议者,请曰'否'(反对者应曰"否")。"若赞成者为大多数,主座曰:"可者得之。"或曰:"动议已通过。"若否者为大多数,主座曰:"否者得之。"或曰:"动议已否决。"除有疑点及复议之外,则主座此一宣布便成决案,书记录之以为后日会中行事可作案据也。至其他之动议,如于何时何地开演说会,何人当演说员等等,皆同式发之,同式决之。略而言之,所有动议皆照此手续而行。惟属于议术之动议,则有免却或限制讨论之事。

三十六节 附和动议 附和动议之习惯,常有视之过重。每有于动议尚不能正式发之及正式呈之,而亦力持动议之必需附和而后得付讨论者,此乃以形式小事视为太重也。且近有立法院,如美国国会及马斯朱雪省①省会,皆不用附和,于此可见附和之事渐失其用矣。经验老练之团体,已觉免却附和一事较为利便,盖可减省时间,且适于平等之理,使人人在会中能同享发言之权也。

由此观之,虽向来会议法家多主持〔张〕附和为当务之事,而吾人则主张除关于不能讨论之案、非正式之案及偏僻之案外,则不必太为拘守此旧习,但假权宜与主座,由彼定附和之需否,而后将动议呈之于众也。

按以习惯,无论何人皆可随意附和动议,但附和非属必要之务。如无人附和,主座可以请人附和。除特别之案,主座可不待附和,而直呈动议于众者。又主座觉于事有益,亦可自行附和动议者,此可免于请众附和之烦也。在坚持必需附和之团体,其动议未得附和者,便作打消论。是故公正之主座,往往宁自行附和一正式之动议,而不愿任其打消也。

三十七节 附和之形式 附和动议者,必待动议发后乃从而附和之。附和之事,固有正式行之,即起而称主座,得彼承认,而后言曰:“我附和动议。”但附和本非重要之事,则每多以非公式行之,由坐而言曰:“附和动议。”主座遂曰:“某动议既发,并得附和”云云。如动议为主座自行附和者,则彼所用之言词与上同,或曰:"动议为如此如此。"若在无需附和之时,主座当曰:"动议已发",或"某某君动议如此如此"。若主座欲得场上之附和,当曰:"有人附和此动议否?"在坚持有附和之社会,则凡有此动议,议员当立时附和,而不必待主座之请求。此可省时,而免主座之再三复问也。

　　三十八节　极端之当避　常有两极端为公正之主座所当避者:其一为打消无附和之动议,其二为过促将动议呈众表决,而不假机以讨论。

　　如第一章所言,职员指名之举,当以有附和为善,其故因指名之事,向无讨论也。对于附和规则,欲规定其良善者只属此耳。附和此事,在常务当不必坚持;所可坚持者,则在指名之案,在不能讨论之动议,并在申诉之事件。而在此书之演明式中,附和一事免而不用。各种社会,如有以此书为法则者,可任意采择附和之去取也。

第六章　离奇之动议并地位之释义

　　三十九节　收回动议之公例　动议既发,而未经主座接述者,本人可以随意收回。若既经主座接述之后,则非全体一致,断不能收回也。盖既经主座接述之后,则动议当属之全体,而不属之本人也。且以全体一致而决会众之意旨,实为最直捷了当之法;若不用全体一致,而用大多数以解决此问题,则既决之后,任一人皆可再发同一之动议也。如此倒而复起,徒为费时失事耳。又动议既经修正之后,则虽全体一致,亦不能收回。盖此既经他种手续,则自有他种之作用也。倘动议既经附和时,附和亦必要收回。动议既收回,则不必纪录之,以其与未发无异也。

　　四十节　收回之演明式　事件有至于讨论之际，乃使动议者觉其提案之非要且属无谓，而悔其所为者，于是彼可以收回之。其法如下：彼起称呼主座而得承认，乃言曰："我欲收回我之动议。"主座随而接述之曰："某先生欲收回其动议，有反对者否？"略待回答，倘无反对，即宣布曰："动议已收回。"倘有反对者，其人当起而言曰："主座先生，我反对之。"主座遂曰："已有人反对，动议不能收回，仍在诸君之前，请从而讨论之。"

　　四十一节　例外之事　上节所述动议，未经主座接述之前则动议仍为个人所属，发者可任意收回。然动议者皆有故而发，断未有即发即收者。但间有为事实所关或时势使然之事，为动议者所未知，而主座或他人转主座示意，使动议者知其动议之无谓或不合时宜，倘动议者以为然，可乘时收回动议，而免生后悔。

　　四十二节　分开动议　一动议具有数段意思者，可于每段分作一动议，而一一呈出以表决。其分开之事可由主座为之，如无反对，则不必表决。或由会员发动议，将动议分开此案呈出表决，与他动议无异。譬有发动议为"由主座委全权委员三人，以审查公开演说会之问题"。此动议可分为四，如下：其一委员以审查公开演说会事，其二委员为三人，其三委员由主座派委，其四委员授以全权。

　　此可假机会以便逐段讨论、逐段修正，较之一起而处分一全部之复杂动议，尤能得迅速公平之效果。在级序之列，则分开与修正同等，见一一六节。若主座决意不用动议而行分开事，则可将动议之显明段落一一分之，而呈出表决便是。分开事之动议法，不过如下，曰："我动议将此动议分开"，而不必详其分法也。若此议通过，主座则随而分之，如上所述。

　　四十三节　对等动议　对等动议者，即两动议同时有背驰效力之谓也。如否决此动议,便是可决彼动议,二者出入于否决、可决之间,毫无疑义,于是表决其一即是表决其他也。(演明之式见五十二节。)

四十四节　地位释义　地位者,发言之权也。因言者必先起立,故西人议场习惯通称地位。此书亦沿之以为一术语,专为议场上有发言之权而说。凡议会办事,必由动议以开其端,而动议者必先得地位而后能发言。本此秩序以集会,虽聚千百人于一堂,各尽所怀,自由畅议,无论事体如何纷纭,问题如何复杂,皆能迎刃而解,泛应曲当,决无阻滞难行、衔堂捣乱之事也。

四十五节　地位之讨得　地位既为议事轨道之初步,则动议者必先向主座以讨地位,得地位之后乃能发言。是故地位者,对众交通之枢纽也。握此枢纽者,主座也。是犹乎一城市内之电话机关也,握其枢纽者为中央电话局,凡欲用电话以通消息者,必先向中央电话局以接其枢纽,始能有达言之效。议员之欲发言者,亦犹乎城市内之一家,欲通其消息于他处,必先联络中央电话局之枢纽,而向主座讨其地位也。既得地位,而后对众发言乃为有效,否则视为闲谈,可置不理也。此地位之为用如此,而发言者有讨得之必要也。(演明式见三十五节。)

第七章　讨　论

四十六节　讨论之权利　一动议既发,及为主座接述之后,会众便可讨论。此时主座之义务,当使之能得完满及公平之讨论,又使会员各得同等讨论权利;而一面又须有以护卫全体,毋使一二会员之讨论时间有侵及全会时间。是以欲维持一适中之准则,一面可防止冗赘或捣乱之讨论,而一面又可防止疏略之处分,则会中对于讨论一事当立专规以指导而调护之。

四十七节　讨论之定义　以狭义言之，讨论即对于一问题具有成见，意趣不同，表决背驰，而下反对之驳议也。但以广义言之，即包括对于问题一切之评论，无论其为反对与赞同也。凡会员于讨得地位后，对于当前之动议有所发抒，而其所言皆当就题论事，不能说及个人。（倘对于动议者有为莫须有之风刺①，或下诛心之论调，便为违反秩序矣）。又为当场之议论，而非作备之文章，方得谓之讨论也。

四十八节　何时为讨论之秩序　当前有正式动议，即为讨论之秩序；若无动议，而作非公式之谈话，不得谓之为讨论。而正式之讨论，即动议之讨论也。动议既发，一得接述，则讨论开始。反之，动议一旦呈决，则讨论立止。如主座问曰："诸君预备处分此问题否？"若无人起言，则动议便可由讨论之秩序而进于呈决之秩序矣。此时则不能再有讨论也，除非得公众之许可，而由口头或起立或举手表决之，然后乃能回复讨论于呈决之后也。若讨论既经回复，则结尾投票，当分两面而重复投之。若两面已经投票表决之后，则无论如何不得复行讨论。倘于宣布表决之后，再有异议则为无效，盖事已表决也。若有专条，则讨论当为所范。又若停止讨论之令已布，则虽全体一致，亦不能复行讨论矣。

四十九节　讨论法演明式　譬如当地方自治励行会开会时，有人动议"公开一演说会"。此动议已接述于众前，适次讨论之秩序，而主座请众讨论曰："此动议今在诸君之前，本主座望各将所见详言之。"寅君起称主座，被承认得地位，乃进而言其赞成公开演说之意。所言当严限于本题范围之内，而表出良美之理由。彼当避

---

①　"风"通"讽"，风刺与讽刺同义。

用模棱两可之词,并防止重复冗滞之语。又当注意于讨论之词势,当先从宽处,然后步步迫紧,不可由紧而放宽也。至于无经验之发言者,虽不能美满以达意,而主座当勉励之,使之尽意。盖意思为重,而言词为轻。言者不必以言词之拙劣而向众道歉,所发何言,由之可也。

若发言者于讨论中偶要说及他会员,则不当提其名,但说:"在我左或右之会员",或曰:"我等之书记",或曰:"其他之发言者",或曰:"我之反对者",或其他不属个人之代名词,以指出所说之人便可。西人议场习尚,会员彼此讨论向不直称姓名,如有称之,视为不合会议规则。发言者言毕,即止而坐。倘无人即行继起发言,主座当请之,曰:"此问题当详加讨论,诸君之有所见者,幸勿推宕,宜尽所欲言为望。"主座对于会员,亦宜以不呼姓名为妙,除非有特别之人为专长于此问题者。盖呼名之习惯一生,则有不被请者不敢发言,而欲发言者又必待于请。如是则自然流露之发挥为讨论之价值者,为之阻碍矣。由此观之,为主座者,倘遇人声沉寂之顷,宁为稍待,以候会众精神之活动,而不宜强人讨论,而指定谁当言者。久而久之,会员必有鼓其勇气,起而发言者。由是相习成风,则必能各从其赞成、反对两方面畅所欲言,至各尽其词而已。及地位已空,主座乃问曰:"诸君准备处决此问题否?"倘仍无人起,便可呈出表决矣。

五十节　限制冗论之例　由上节观之,讨论之事似属毫无限制,各人可随时发言,而言之长短又各随其所欲。此等办法,若为专对于结束之事件及对于会员多不愿发言之会,则诚为尽善尽美,且为一普通办法也。公正贤良之会长,当能引人入胜,而使素来怯弩之人亦敢于讨论。如是则限制之例,可以不必也。

但在于习讨论为目的之会,而会员又属有经验者,或于特别之会期时间为有限，而指定所讨论之事又为众所悦意者，则讨论之时间宜有所限制，免一二人专揽讨论之地位。其限制之规则，或用之临时，或用之久远，俱随所择。此等规则，当严限言者之时间并秩序。其简单规则，而为讨论会所常用者如下：

（一）非待所有会员轮流讲毕之后，一人不能讲二回。

（二）一人所讲，不能过五分钟之久。

（三）讨论领袖于开端时可讲十分钟，结尾时可讲五分钟。

所定之时，可长可短。而结尾之论，不必定为领袖发之，如时间太短则虽不用结论亦可。

此数条规则，已足为通常所需，主座当实行之。如有言过其时者，主座当起立敲案或摇铃，且曰："言者之时间已过"，以止之。倘言者仍不止，则以乱秩序视之。每值一人讲完之后，主座当曰："尚有发言者否？"

延长讨论时间之习尚，非有异常之事，不宜频行，以其与规则本意冲突也。倘欲延长讨论时间，当有人起讨地位而动议曰："请将言者之时间延长。"若得通过，则讨论者可继续进行。总之，延长时间之事，既为势所不免，则不如加采一例如下：

（一）独得全体一致之表决，乃可延长讨论者之时间。

五十一节　演明式　地方自治励行会已进步至非公式之谈话时，遂决意再进一步至正式之讨论会。于是委一会员或数会员订备有趣之论题，如建筑道路、统一圜法、收回租界等论题为议案。而议案又须从正面主张，不可从反面主张，如"当主张建筑道路为有利"，非"主张建筑道路为无利"，方免乱论者及听者之意，而使之有所适从也。论题定后，须选讨论领袖二人至四人，或由众指名，或由主座委任，办法如下：第一正面、第一反面、第二正面、第二反面等。并当注意使之各知其主讨论之何面为要，又宜先行表决，以前节之条例为讨论之准绳。

　　到时,主座曰:"今夕之计划讨论问题,为'主张以收回租界为救国之要图',而寅先生为第一之正面讨论领袖,请先发言!"于是寅君起而称主座,得承认乃进而讨论,至主座示以时间已完为止。而主座又曰:"戊先生为第一之反面讨论领袖,请继发言。"于是戊君步寅君之后尘,讨论至时终而止。而第二之正面领袖辛君继之,第二之反面领袖再继之。各领袖讨论完毕之后,主座再曰:"今为会员讨论之时,每人以五分钟为限。"于是各尽所言。倘有领袖为收束之讨论,则当取他会员之时间而为之。如其无之,则各人讲完之后,便为讨论告终之时也。此外,即时间已至及停止讨论之动议,在秩序中亦皆为讨论告终之时也。讨论既终,主座即呈案表决如下,曰:"凡赞成'以收回租界为救国之要图'者请起立!"待数完为止。(赞成者即起立,而书记乃逐一数之,并记其人数)。又曰:"凡反对者请起立!"待数完为止。(反对者即起立,数之如前。书记遂将记录交与主座。)主座宣布曰:"三十五人投赞成票,而二十人投反对票,此议通过。"

　　五十二节　驳论言辞　凡讨论者,对于问题当注重多闻博识、考察无遗,而论点当以诚实、适当、简明为主。发言时当力扬本面主张之优良,而用公平之道,以发露对面主张之过失、之无当、之不公等等,方为妙论。

　　西人讨论会中,常有表决问题之优良,兼而表决言辞之工妙者;亦有只表决言辞之工妙,而不计问题为如何者。如是则投票者不计意之异己,只审其发言之工妙耳。但此种习尚究非所宜,盖以其为专奖辞华,而不重诚实也。

　　五十三节　竞争地位　前已言之,会员为主座所承认者为得地位,有发言权。在所定时间之内,若循序而言,无人能阻止之。

但常有两人齐起，同时称呼主座。遇有此事，除非其一退让，曰："主座，我让与某先生。"遂坐，否则主座当裁决之。其法即呼先起者，或言者之名便是。若主座有所疑，彼宁承认离座最远者，或未曾发言者，或向鲜发言者，而舍其他也。若二人中，其一已起而称主座，其一不过甫起或甫发言，则前者当得地位也。

倘未承认者，自信彼为应得地位之人，彼可坚持留立而言曰："主座先生，我信我先称呼主座。"或同效力之语。主座乃随而言曰："某先生（指承认者）肯让位于某先生（指未承认者）否？"倘不肯让，则主座当呈出表决，曰："问题为此两会员中谁为先起者，众赞成某先生（指承认者）得地位，请曰：'可。'"若得可决，则未承认之会员当复坐。若得否决，则彼得地位，而承认之会员复坐。此可不必再行表决，因表决其一，即表决其他，毫无疑义也。此为"对等动议"之模范。

若竞争者过于二人以上，则表决之次数必至得可决而后止。此等动作，名之曰"竞争地位"，常见于立法院，而鲜见于一般社会也。寻常社会之会员，常惯顺从主座之决断，或彼此相让。但此节之规则，对于不公平之主座以及言者之有急要原因，则甚有用处。

五十四节　逊让地位　在有趣之讨论中，常有会员思欲间止言者，以"问一句话"之语。此容有出于诚意者；然常遇之事则为指出言者之失处。诸如此类者，或允，或不允。此等问话之间断，倘言者允而"逊让地位"以应之，而问之者倘欲连续发言，则彼失却地位矣。如欲复之，必当由正式再讨得乃可。例如寅君正在讨论中，而卯君欲问一事，乃起而言曰："主座，发言者允我问一话否？"主座起而言曰："寅先生允让地位，俾问一话否？"寅君如允，可曰："允之。"仍立而听之，或答或不答，俱可随意。而卯君坐后，彼可再言。或寅君不欲其语论为人所间断，可曰："主座，我言毕之后，我当乐答所问。"遂进行发言如初,而卯君复坐。倘彼允人问话,彼有失却地位之虑,又有失却思潮之虑,而于事体之决断亦虑为卯君意见所摇动;倘彼之意见与己相左,尤不宜于此时允之也。

在问话时,卯君可出下式:"我欲经由主座而一问发言者如此如此……"彼可乘时继进,而自答其问题,而又为驳议,而不理寅君之仍立而待也。卒之,倘卯君言之不已,寅君不耐而坐,则失其地位矣;而欲复之,只从正式讨之,或得一致之许可乃能也。此实为一严厉之习尚,然以既属议规,当慎防之为妙。间断之事,实属骚扰,言者听者两皆不便,故不宜奖励也。至于地位,非由自由逊让,乃为权宜问题及秩序问题停止之者,则仍属之其人,而不失却也;倘该题解决之后,仍得复之。(见一百五十一节。)

五十五节　讨论之友恭　友恭一事,当常在注意之列,然不可施之太过,以致有碍于一己之权利。不逊让地位,非不友恭也,只要以友恭之态而却之耳。受人之让而据其地位,亦非不友恭也,只求由公道而得之耳。

在美国国会有一习惯,允特种议员有优先权,如委员长、发案人等,于讨论时皆假以超众之机会、超众之时间。此于国会或有所必要之处,而在通常社会则大非所宜。假以特别优权于任一会员,而使之凌驾其他会员,则讨论之自由已为之失,而讨论之安全亦为之碍矣。

五十六节　一致许可　有许多程序本非公式,而由一致许可得以进行者。如循行之事得以施行,秩外之讨论得以允许,与夫一切非公式之事得以通过(本书随处皆有引之),诸如此类,倘有一人反对则不能行矣,事件常有赖此全体一致而收其利便者。但此种习惯必须谨防,无使妄用也。又有特别手续非得全体一致不能行者,如收回动议及删除记录等事,凡此等事,其全体一致必当以确凿得之,而不能擅行武断也。主座当进如四十节,或尤善者即曰:"此事须全体一致,以表决其赞成者"云云。倘有一人反对,便属不行也。

第八章　停止讨论之动议

五十七节　停止讨论动议之用法　停止讨论之动议,是否属正式程序之一部分,尚无定论。又除各尽所言之外,讨论宜否停止,亦久成一未决问题。在大会场中,此停止讨论之动议,视为不可少之件,盖非此则无以防止缠绵之讨论也。倘有用之非宜,亦易为大多数所打消。在小会场中,此动议以少用为宜,倘有常用之而致生讨论之障碍者,或防止少数人之发挥意见者,宜定条例以限制之。若无专条以限制之,则用之者固视为议场所应尔也。凡社会欲立限制之条件,宜以三分之二表决为妙,此可防范仅仅之大多数以阻止讨论也。美国国会之元老院①、纽约省会之元老院及马士朱雪省会之元老院,皆不用停止讨论之动议,但其内之各附属会用之。凡有社会不喜用此动议者,可规定特别条例如下:"本会禁用停止讨论之动议。"

五十八节　停止讨论动议之效力　前已言之,若无条例以限制讨论,则讨论必继续至各尽所言,或至时间已届,而主座发问:"诸君准备处分此问题否?"之后,方可自然停止。若欲随时停止讨论而行表决,其法当用停止之动议。此动议既发,及经接述之后,虽未得表决,而本题之讨论当立即停止。若停止讨论之动议为表决所打消,则本题之讨论可再复。若得可决,则本题当立呈表决。

---

① 元老院:指参议院。

此动议有当注意之要点二：其一为一简单之停止讨论动议而已。其二此动议一发，议场即当立为表决两动议：甲、独立之动议（即讨论中之本题），乙、附属动议（即停止讨论动议）。两动议当各为表决，先行表决停止动议，倘得通过，再行表决本题动议。要之凡能讨论之动议，皆受停止讨论动议之规限。

　　五十九节　停止讨论动议之讨论　停止讨论之动议，自身亦可讨论，但限以时间，常以十分钟为度。或立例以规定之，为不讨论之列。讨论此动议无可多说，不过指明理由，何以本题不可立时表决而已，此可顷刻说毕也。倘言者讨论此动议之时，而支吾入于本题之议论，则为逸出秩序，主座当立止之。

　　六十节　停止讨论之演明式　地方自治励行会当讨论公开演说会时，己君以为讨论过久而欲速行表决之，适寅君言毕而坐，己君循例讨得地位而言曰："我动议停止讨论。"主座曰："停止讨论之议已提出矣，可否呈出本题？"若无异议，彼当继曰："赞成者……"云云。如有讨论，则讨论亦其简略，只限于本题之应否即行表决之理由耳。如十分钟已至，或讨论告终，主座当曰："讨论之限已过，今当表决，赞成者请曰'可'，反对者请曰'否'"云云。随宣布曰："案已通过，停止讨论，当在秩序。"彼随而呈出本题以表决，曰："诸君赞成本会公开演说会之动议，请曰'可'"云云。如是则事件告竣矣。倘有人于停止讨论秩序之后，仍思讨论，便为犯秩序矣。盖会中已决即行表决本题，则不容再有阻止之者。

　　若动议否决，主座当曰："此案否决，讨论当继续进行。"讨论于是复续，至再有停止动议，或至互相许可，或至散会，或至别种动议致本题立当处决而后止。

　　六十一节　停止动议与本题动议之别　当一动议在讨论之中，遇有发停止讨论动议者，即谓之为"附属动议"。此动议当先行表决，如得通过，立即当呈本题以表决。此两表决相续而行，不容有他事为之间断也。

六十二节　停止动议对于他动议之效力　停止动议既发并接述后，尚有可行者为以下之事：可提起权宜问题或秩序问题之关于本题者，可动议散会，可动议休息，可动议定时开下期之会，可动议搁置本题，及可动议各种有关于本题之修正及表决方法。但停止讨论动议既呈决之后，除不足额问题及表决法问题外，则无可阻挠本题之立决者，而各种问题皆须即行表决，不得再事讨论也。

若有延期动议或付委动议在待决之时，而停止动议通过，则两动议为之打消。其故因会众表决停止讨论之时，则必欲即行表决本题，而延期及付委皆与此意抵触也。惟修正案则不能打消，因此为成全本题也；但皆不得讨论，亦不得增加。其对于复议之效力，七十八、八十二两节详之。

六十三节　停止动议对于本题一部分之效力　停止讨论之动议，能否施之于本题之一部分，向为会议学说之一争点。有一说谓停止动议一提，则全部须为之停止，是以不能独施于一部分也。但属于事所必需，则停止动议当能施之于可讨论者，而重要可讨论之附属动议，为延期、付委、修正及无期延期等附属动议。若对于本题一部分而发停止讨论，则必须明白说出，其式如下："我动议停止修正问题之讨论，或付委问题之讨论。"如得通过，则此一部分当立呈表决，而后再从事以讨论他部分也。

六十四节　定时停止讨论　停止讨论动议之外，更有动议以定未来时间之停止讨论也。此动议与他动议同，惟所异者，虽在他议待决中亦可发耳。时间动议最妙能发于开始之前，其用处一面在防止缠绵之讨论，而同时又使能得适度之讨论。此动议之方式如下："我动议限此动议之讨论，至四点钟为止。"其时间之长短，可以讨论而修正之,乃呈表决。倘得可决,则届时讨论须停止,而即行表决本题。此时倘大多数尚欲继续讨论,则此案可以复议如他种动议焉。

第九章　表　决

六十五节　表决方式　表决与动议原不能分离者也,故第五章所述动议,已连带论之矣。今更重复详之。讨论告终之后,主座起而复述动议,呈之表决如下,曰:"动议为本会公开一演说会,诸君赞成者,请曰'可'(可者应之)。反对者,请曰'否'(否者应之)。"如可者为大多数,彼曰:"此案通过。"或曰:"此案可决。"或曰:"可者得之。"如否者为大多数,彼曰:"此案否决。"或曰:"此案失败。"或曰:"否者得之。"主座最后之言,即为宣布表决,而议案于以成立。此谓之"口头表决法",或曰"用声表决"。如两方皆无人出声,即为默许通过,盖不反对则公认为赞成也。

六十六节　举手并起立　用声表决之法为最简便。但须数人数,则当用举右手或起立之法为当。主座曰:"诸君赞成者请举右手!"或曰:"请起立!"待至数毕,赞成者当如法应之。书记乃数之,而报其数于主座。对于反对方面,亦与同法处之。于是主座宣布曰:"十五人表决赞成,而二十五人表决反对,此案失败。"独依法表决者,乃数之,不举手、不起立者阙之。

六十七节　采法宜定　以上之表决各法为普通集会所常用者,然开会时当采定其一,不宜同时并用数种,免致混乱耳目也。虽在永久社会中,会员惯用一法,而会长亦当先为指定何法,而后行其表决。若在临时会议及复杂集团,则先事声明用何法以表决,更为不可少之事,否则会众无所适从也。

　　六十八节　拍掌不宜用以表决　我国集会向有厉禁,故人民无会议之经验之习惯。近年西化东渐,吾人始有集会之举,然行之不久,习未成风,讹误多所不免,则如以拍掌为表决是其一端也。拍掌为赞扬称道之谓,中西习尚皆同也。乃吾国集会多用之以为表决,此则西俗所无也。夫既用之为赞扬,而又用之以表决,则每易混乱耳目,使会众无所适从,故稍有经验之议会,洵不宜用拍掌以表决也。

　　六十九节　两面俱呈　表决必两面俱呈,而主座又宣布结果,乃云决定。若只呈之可决,而未呈之否决,或两面皆已呈,而主座未宣布结果,则不得谓之完妥,不能生合法之效力也。其无经验之主座,常忽略之,而呈表决如下:"诸君之赞成者请曰'可',诸君之反对者请曰'否'"而已,随而忽略于宣布,此皆谓之不合法也。其合法之表决秩序如下:一、主座呈问可决者,二、可决者应之,三、主座呈问否决者,四、否决者应之,五、主座宣布其结果。

　　七十节　表决疑问　用声表决,赞成与反对两者之数相差不远,结果难辨,则成疑问。若于两者既应之后,而主座不能定何方为大多数,彼则曰:"本主座有疑,请赞成者起立!"待至数毕,其手续悉如六十六节。

　　又如有会员不以主座之宣布为然,彼可生疑问,演明如下:一动议既呈表决,而主座以为可者多于否者,既而宣布曰:"已得可决。"乃有戊君以为不然,于是起而不待承认,言曰:"主座,我疑表决之数。"遂坐。主座从而言曰:"表决之数已见疑,赞成之者请起立!"待至数毕云云,悉如六十六节。主座可用举手以代起立,但起立则错误较少也。

　　若在大会场中,则常有令表决者分为两部,一往右边,一往左边。惟此种烦难之法,只宜用之于不得已之时,及临时之会耳。在永久社会之大会,会员皆列入名册,如有见疑时,当按册点名,各随名以应可否。他法倘生疑点,则此为最适当也。

倘用声表决,当时不生疑问,则主座所宣布,便作成案。盖以会员不即起疑问,便作承服主座之决断也。

七十一节　同数　当表决可者与表决否者之数相同,则谓之曰:"同数。"此案赞成与反对两适相抵,故动议则为之打消。其理由为动议之通过必要得大多数,今只得同数,乃大多数之欠一,是以不能通过也。此法有一例外,见一五六节。

七十二节　主座之特权　若遇同数之表决,则为主座行使特权之候。彼可随意左右袒,或加多一数,使案通过,或由之使自打消。倘彼为赞成其案者,当宣布如下,曰:"二十人赞成,二十人反对,本主座加入赞成方面,案得可决。"倘彼反对,则曰:"二十人赞成,二十人反对,而案打消。"

主座又可加入少数以成同数,以打消动议。倘表决为二十人赞成,十九人反对,而主座欲打消其案,则宣布如下曰:"二十人赞成,十九人反对,本主座亦加入反对,而案打消。"

七十三节　主座有表决之权利　主座亦为会员之一,有同等表决之权利。但此权利除遇同数时之外,鲜有用之者,惟其存在则一也。而其惟一之例外,则为主座非属会员之一,如美国副总统为元老院之议长,则除同数之外,本无表决之权;但元老院代理议长,本为元老之一,则有表决权也。

若用点名以表决,则主座之名亦按次与会员同时点之,而主座应名与否听之。倘彼既应名,而得同数之表决,则彼不能左右袒矣,盖每会员只得一次之表决权也。倘彼尚未应名,而遇有同数,则彼宣布时可随所喜而加表决也。

七十四节　点名表决　用声表决、起立表决、举手表决及分两部表决，上已论之矣。而点名表决则与各法不同，盖此法非由主座自行采择，乃由动议及表决而定。若遇特种法案欲得记名，以便知谁为赞成谁为反对者，则点名表决为不可少者也。但点名表决，恐难得大多数之赞成者，故宜立例以规定少数（五分一）人有要求之权利。此等条例，凡有集会多采用之，而永久社会亦当采用之。

到表决之时，或表决之前，如有会员欲记名表决，当照常讨地位，动议"用点名表决"。此动议不讨论而呈表决，若得在场五分之一赞成，主座当宣布曰："已得五分之一赞成用点名表决，则点名为刻下秩序矣。"书记遂起执名册逐名高唱；若不见应则再唱之，但不三唱。每会员名字唱出之时，即应曰："可"或"否"。书记按名而记之：可者作一号于其名之右，否者作一号于其名之左。唱毕，将可否各名数之，而交主座宣布之。

七十五节　投票表决　若欲秘密，则当投票表决，其法已详于十四节。此为烦缓手续，多用于选举职员、委员及代表或收接会员等，及用之于关于个人而不便公然讨论、不便公然表决之问题。投票表决之动议，其发起及呈表决，由大多数以决定，一如平常之动议焉。

七十六节　由少数或多于大多数以取决　寻常通例，赞成、反对之表决皆定于大多数，此除少数特别事件之外莫不皆然也。在用点名表决，只需在场者五分之一。在改章程、修宪法及罢免会员等事，当需三分二之数。而停止条例，当需一致之表决。及其他之事件，由仅仅大多数通过而致大不便者，须立以需更大多数之例以防范之，庶为万全也。

第十章　表决之复议

七十七节　**复议之定义**　按之常例,凡动议一经表决之后,或通过,或打消,则事已归了结矣。惟预料议员中过后或有变更意见,遂欲改其表决者,故议会习惯,有许可"复议之动议",即推翻表决而复行开议也。其作用,则所以救正草率之表决及不当之行为也。

七十八节　**复议动议之效力**　此动议若得胜,则其效力有打消表决,而使案复回于未表决前之状况,以得再从事于种种之讨论,然后再行表决也。此动议若失败,则其效力为确定前之表决,而不许再有异议也。盖会议公例,每一表决在一会年内非全体一致,不得有二次之复议也。

七十九节　**何时可发复议动议**　此动议只可发于同时,或于下会,若过两会期之后则不能再发矣。若发于同时者,可以立即开议,又可由动议及表决延至下期开议。若发于下期者,必当立时开议。但两者皆无立时决断之必要。倘此动议得胜,亦不过重开讨论耳,而其受延期及他种行动之影响,则与他议案同也。倘此动议失败,则表决案便得最终之确定矣。

八十节　**何人可发复议动议**　复议动议有一重要点与他动议不同者,即他动议在场之人皆可发之,而此奇特动议只有得胜方面之人乃可提出。其限制之理由,则以事既经表决之后,则失败者固欲复议,而得多一次之表决以挽救其失败,故常乘间抵隙,俟得胜方面人数减少之时提出复议,如是则对于得胜方面殊欠公平也。故为公平起见,当加限制于一方,诚为良法美意也。倘表决果有不当,则失败方面之人,自易说托得胜方面之人,以提出复议也。

　　凡一问题既经圆满之讨论、公平之表决,则一次已足矣;独遇有特别重大之理由,乃有提出复议之事。故为之限制者,所以防止不时之复议也。此等限制,立法院及大会场多采之,以其属乎公平适当也。倘有社会不欲用之,当订立专条,规定凡有会员皆可提出复议动议也。

　　八十一节　折衷办法　于二法之中求一折衷之道,可望解决此奇特问题者,其法如下:"复议动议,若发于表决之同日,则两方面之人皆可发之。如发于表决之下期,则只得胜方面之人可发之。"如是乃可防止下期为失败党出其不意之推翻表决案,而于同日又不碍失败方面之人发挥新义也。凡社会之欲折衷办法者,可采此法以为专条也。

　　八十二节　讨论复议　复议动议之讨论,与停止讨论动议之讨论同,皆限以时间。以此种讨论,除说明因何有复议之必要,则无可再说也。倘此讨论费时太多,致有障碍于本题者,会众便可请主座维持秩序而停止之矣。又停止讨论之动议,亦可施之于复议动议,如他之独立动议焉。如此即立将各种讨论终止。若事已至此,则便知大多数之人已表示其不愿再听,而决意不欲复议矣。

　　八十三节　得胜方面之释义　得胜方面,非必为可决方面及大多数方面也,若一动议或一问题被打消者,即否决方面之人为得胜者也。若须三分二之数以通过一案,而其案被打消者,即得胜方面乃少数之人也。若两造同数,而最后之人加一否决者,即此否决者为独一之得胜人也。又若须全体一致以通过一事者,而一人梗之,此一人即为得胜方面,倘须复议则只此一人乃能提之也。

　　八十四节　复议之演明式　设使地方自治励行会已通过之案为"本会公开一演说会",曾经正式表决而记录在案,则其事当然归于结束矣。乃有甲君以为其事决于仓卒,或欲表示其不合时宜之理由,故于同时或下议期讨得地位而言曰:"主座,我动议复议本会表决'公开一演说会'之案。"言毕遂坐。而主席乃曰:"复议动议只可由得胜者发之,倘甲君为表决是案之得胜者,其动议方为有效,而在秩序之中。否则非是。"是时书记当翻记录,如为点名表决者,则"可"、"否"必识于名下,一看便知甲君属于何方。若无记名之表决,甲君当答曰:"我表决于得胜方面。"或曰:"我非表决于得胜方面。"随其所行而言之。若彼不属得胜方面,则彼之动议不入秩序;除有得胜方面会员出于友谊,为之再提其动议,而主座当不为之接述也。最妙莫如甲君于动议时则提明如下,曰:"主座,我对于某某案乃表决于得胜方面者,今动议复议其表决。"

若甲君为表决于得胜方面者,主座当曰:"有提复议'本会公开演说会'之表决案,诸君准备处分之否?(随或为一有限之讨论,各仅将其应否复开讨论之理由陈之而已)。赞成复议者请曰'可'。反对者请曰'否'。"若得通过,则曰:"复议得通过,请诸君将案复行讨论。"若否者为大多数,主座则曰:"否者得之。"或曰:"复议之案失败,公开演说会之表决,仍然确立。"

八十五节　不能复议之案　以下各案之表决,或通过,或否决,皆不能复议者,为散会之表决、搁置之表决、停止讨论之表决、付委之表决(而委员已着手行事者)、复议之表决,及申诉之表决、选举之表决、投票之表决等是也。又表决案之已着手执行者,皆当然不得复议。

八十六节　复议动议宜慎用　复议之动议始自美国,其用处乃以应非常之事。如他法之能力已穷,而仍不能达目的者,然后始用之,方可谓为适当。要之,最善莫若先尽一切必要之讨论,详而议之,使无遗义,然后从事于表决,庶不致会众有所借口于复议也。总而言之,此奇特之动议务宜审慎少用为佳,故只限于得胜方面也。

八十七节　取消动议　取消动议与复议动议甚相似，而两名目常有混用之者，其实大有不同。复议动议，欲将表决之案再加详细之讨论，而后再行表决之。取消动议，乃直将表决之案取消，不复再议。又复议动议，当受限制，如前所述。倘得通过则再将问题讨论，而再行表决，如是则受两度之表决。而取消动议，为独立之动议，不受限制，人人能发。倘得通过，则直打消全案，而无再行表决之事。简而言之，其前者则将问题复呈于众，其后者则将全案打消。

八十八节　两动议之功效　复议动议之限制条例，不能假取消动议以免除之，其理甚显也，否则其条例之维持作用全然失却矣。且若借此免除，亦殊欠公允。故事件一过复议期限之后，则不能以取消动议施之矣。惟向无一成不易之例，是以社会习惯以一年为一会期，今年会期所定之事，明年可以取消之。又由全体一致，则复议动议或取消动议皆可随时发之，非此所能限制也。复议之本题，无论由大多数或大多数以下所通过者，而复议动议之表决，则必以大多数为定；而取消动议之表决，必要与本题之表决数相同乃可。取消之方式如下：动议者曰："我动议将某某案打消。"随当讨论，而后表决。倘得通过，即取消其案。若得否决，则其案得重行确定于今年之会期矣。

卷三　修　正　案

第十一章　修正之性质与效力

八十九节　修正之性质　以前所论皆单纯动议，始终一成不变,而以原议为表决者也。然动议可随意更改,或增加,或全变为一异式者。其改变方式或意义之手续,名曰"修正"。修正之作用,则以改良所议之事件。然所谓良者,人心各有不同,而修正之实习,乃任意改之。故所改之议案,虽与动议者之本旨及用意相反者,亦常有也。复杂动议之进行程序,与单纯者无异,其提出、接述、呈众、收回、讨论等,皆与单纯动议同一办法也。

九十节 修正案须有关系 修正案只有一限制,即所拟改易必须与本题有关系。所修正者,无论如何冲突,若与本题有关系,则不能不许也。倘另立题目则属无关系,主座可行使维持秩序之权而制止之,会员亦可请主座维持秩序而令之停止。又修正案不得过为琐碎或近乎痴愚也。演明式如下:地方自治励行会正在讨论一动议,为"委理财员往调查本城各会堂之价值,以备得一地址,为本会永久集会之所"。乙君动议修正,为删去"理财员"之句,而加入"会长"之句;或修正为"会堂"之后加入"房屋";或删改为删去"委理财员往"以后各句,而加"租一会堂为永久集会之所"。以上各句,虽有变易本题用意,然皆与本题有关,故谓之为有关系之修正案。但若使乙君之提议修正案,为删去"为本会永久集会之所",而加入"为应酬之地",此则与本题不相类,可以"无关系,不入秩序"打消之,因彼为纯然别一问题也。主座当曰:"乙君之修正案,为加入'应酬之地'以代'永久集会之所',乃轶出秩序之外。盖所拟修正案,与所议之本题无关系。本题乃觅一地为正式集会之所,而非为应酬之地也。"

再若乙君动议为"本城"之后当加以"新都",此当以"琐碎,不入秩序"而打消之。对于修正案之普通习惯,美国国会代表院有简明之规定条例,曰:"凡动议及问题与议中之本题判然两物者,则不容有托辞修正而加入也。"

九十一节　修正案之效力　修正案之效力,乃呈两动议于会众:一为修正之动议,一为本题。因一问题当结构完备,乃呈出表决。故当先议修正案而表决之,然后乃从事于修正之本题也。

(演明式)如八十九节,尚在议中,而寅君讨得地位而言曰:"我动议修正为'会堂'之后加入'及房屋'三字。"主座曰:"诸君听之,动议为'会堂'二字之后加入'及房屋'三字。"于是动议之读法当如下:"委理财员往调查各会堂及房屋之价。"讨论随之,而只及于修正案,遂付表决,如他案焉。倘得采取,则"及房屋"三字成为本题之一部分矣。而最终之付表决,主座当曰:"现在之所事,为修正之本题,其案如下(彼复述所修正之本题,而后呈之表决)。"

九十二节　第一及第二之修正案　一修正案之外,更有修正案之修正案,即将修正之案再加以修正,如修正之对于本题焉。如是则前之修正案谓为"第一修正案",后之修正案谓为"第二修正案"。前者为对于本题之修正案,后者为对于修正案之修正案也,由此而及于本题焉。其解决之级序,当先从事于第二修正案,因第二之修正案为结构第一修正案,而使之完备。凡案必先完备,方呈表决也。故此案有三重表决如下:其一表决第二之修正案,其二表决第一之修正案,其三表决本题。

此为修正案之极端,不能再有"修正案之修正案"之修正案矣。有之,必生纷乱之结果。但一修正案表决之后,无论其为通过或打消,则其他之修正案可再提出,如是连接不已,此对于第一、第二修正案皆然也。其理由则因修正案既表决之后,只余一动议(如为第二之修正,则余二动议)于议场,而修正案之限制,本只容三动议同时并立:即一为本题,二为第一修正案,三为第二修正案。其原则为一修正案既通过之后,则便并合于所关系之动议而为一体,此动议则成为一新方式,而新方式则可作本题观也。是以第二修正案既已表决,则其他之第二修正案便可提出。第一修正案既已表决,其他第一修正案亦可提出。如是者屡,以至于原动议结构完备,为大多数所满意者,始呈出表决也。

九十三节　第一第二修正案之演明式　地方自治励行会在议之案,为"本会设一图书杂志库为会员之用"。主座已呈此案于众讨论,而戊君欲提出修正案,其进行手续如下:

戊君起而言曰:"会长先生。"

主座起答曰:"戊先生。"

戊君曰:"我动议修正此案,加'新闻'二字于'杂志'之后。"遂坐。

主座曰:"诸君听着,戊君之动议为加'新闻'二字于'杂志'之后。如是,则此动议读为'本会设一图书杂志新闻库'。大众准备处分此问题否?"

寅君起而言曰:"会长先生。"

主座曰:"寅先生。"

寅君曰:"我动议修正此修正案,加'每周'二字于'新闻'之前。"

主座曰:"寅君动议加'每周'二字于'新闻'之前,大众准备否?"(随而讨论加入"每周"二字)。

主座曰:"第一问题为表决加入'每周'之修正修正案。诸君赞成者请曰'可'。反对者请曰'否'。"遂宣布曰:"案已通过。其次之问题,为修正案加入'每周新闻'四字于'杂志'之后,诸君准备否?(随而讨论修正案)。赞成者请曰'可'。反对者请曰'否'。"又宣布曰:"已得通过。今之问题为修正之原案,即'本会设一图书杂志每周新闻库以便会员之用'。尚有修正否?(若有之,则照前法提出)。若无之,则赞成所修正之动议者,请曰'可'。"

学者须知,修正之讨论皆限于当前之问题,但此限制,间有出入之处。即如修正案或修正之修正案,其关系与本题甚切者,则讨论时每有申论至全题之必要,如是虽议长可限止,然鲜如此苛求者;但两题若判然有别,则议长当立行制止也。

九十四节　同时多过一个之修正案　在有经验之团体习惯,常许同时多过一个之修正案,各关于本题之不同部分。但无经验之社会,则莫善于照普通习惯,一时只许一修正案,俟解决其一,再从事其他。会议学家有言:"一修正案在解决中,则不能接受他修正案,除非后起之案为修正之修正案也。"

(演明式)如上九十三节所引之案,戊君动议修正加"新闻"二字,而此动议当前待众解决;而己君动议修正删去"会员"二字,而加入"公众"二字等语。主座对于此事,当曰:"同时只能开议一修正案,己君之动议此时不合秩序。现在之问题,乃戊君之动议必当先行解决者也。且己君之动议引出一新问题,而此问题又非修正之修正案,是为不合秩序。"

九十五节　先事声明　倘有欲为修正之案,而时不当秩序,彼可先事声明,待机而动,此为准备其动议之路径,而会众得此声明,先知其意,则于表决当前之事当更有酌量也。

(演明式)己君既动议如九十四节所云,而主座以违秩序打消之,但己君可进而言曰:"若是,则我欲先事声明,到适可之时,我当动议加入'公众'二字,以代'会员'二字。"言毕,乃坐。戊君之议案于是进行,至表决之后,己君乃讨得地位而提其修正之案,因此时已无障碍也。

此先事声明之法,有特殊之妙用。如有第一、第二修正案已发,若再有人欲发其他,非待其前者表决则不能,故先事声明常可使表决者之意为之一变也。假如己君欲以"每日"二字加入,以代

"每周"于"新闻"之前,但彼不能发此动议,因有第一、第二两修正案尚在议中也。但彼可先事声明曰:"我欲先事声明,倘加入'每周'两字之案被打消,我当动议加入'每日'二字。"如是则先示意于欲取"每日"者,使之于表决时可打消"每周"也。

九十六节　接纳修正案　处分修正案之最简便者,莫如本案之原动者接纳所拟之修正案。但倘有人反对,则修正案不能接纳,因主座接纳之后,其案便成为公共之所有。倘无人反对,而修正案得接纳之后,则成为本案之一部分,一若本案提出者之原议,不必分开以表决焉。但原动者只接纳彼所同意之修正案耳。倘彼不同意,则当缄默不言,听其正式解决,如他种之问题其得失任之本体之优劣可也。主座无庸问修正案之接纳与否,凡修正案不得接纳,并非失败,不过另呈正式之表决耳。

（演明式）对于图书杂志库之议案（见九十三节）,乙君动议修正案加"新闻"二字于"杂志"之后,正在讨论中,卯君动议修正修正案加入"每周"二字于"新闻"二字之前。乙君若赞成此修正案,可起而言曰:"主座,我接纳此修正案。"若无人反对,则其修正案成为与"修正加入每周新闻"等,主座遂接述而表决之也。更有一限制,则凡一案或其案之修正案,若已受变更之后,则不能接纳矣。譬如乙君之修正案加入"新闻"已再被修正,加入"小册",则乙君不能接纳卯君之动议加入"每周"二字也。

第十二章　修正案之方法

九十七节　修正之三法　修正有三法:一、加入字句,二、删除字句,三、删除一分而加入他分以代之。

（演明式）其一、加入式:"本会设一图书杂志库为会员之用"之动议,正在讨论中,酉君动议修正加入"轮贷"二字于"库"字之前,或修正加"及其友"三字于"会员"之后,或修正加入"报纸"二字于"杂志"二字之后,是也。其二、删除式:同前案丙君动议修正删除"杂志"二字,或修正删去"为会员之用"五字,是也。其三、删除及加入式:寅君动议修正删去"会员"二字、加入"公众"二字,或修正删去"图书及杂志"而加入"期刊新闻",是也。以上各条,皆为第一修正案,而每条可再加修正。

九十八节　宣述修正案之方式　主座呈修正案于表决,不独复述修正案,且当述修正后之本案为如何也。三式之修正案,其宣述如下:(一)兹有动议修正加入某某字于某某之后,于是修正后之本案,读为如此如此。(二)兹有修正删去某某下之某某字,于是修正后之本案,读为如此如此。(三)兹有修正删去某某字,而加入某某字,于是修正后之本案,读为如此如此。

九十九节　加入方法　一切语句与本题有关系者,皆可由大多数表决而加入。既加入矣,则以后该语句或一部分之语句,除由复议外不能删去,盖议例凡同一之事件不能加以两次动作也。惟其语句加入之后,若再受修正而加入他语句于其间,则全部可由再一修正案以删去之。

(演明式)其案为"本会设一图书杂志库为会员之用",正在会议中,而以下之动作生焉。

寅君讨地位后,曰:"我动议加入'轮贷'二字于'图书库'之前。"主座接述曰:"诸君听着,寅君之动议加入'轮贷'二字于'图书库'之前,于是其案读为'本会设一轮贷图书库为会员之用'。"遂曰:"诸君准备否?"继曰:"赞成者请曰'可'。反对者请曰'否'。"宣布曰:"已得可决,尚有修正案否?"

戊君讨地位后,曰:"我动议加入'免费'二字于'轮贷'二字之前。如是则读为‘免费轮贷图书库为会员之用’。"

主座曰:"诸君听着,动议修正案为加入‘免费’句,如是则案读为如此如此,赞成者……"云云。遂曰:"此案通过。"

戊君曰:"我今动议删去‘免费轮贷’四字于图书之前。"主座乃复述之,而呈之表决。

戊君发两动议之目的,乃在使寅君之加入"轮贷"二字之修正案,再得一次之表决,而意在打消之也。盖修正案一旦通过之后,除复议外则不能再行表决,而复议之结果或无把握,故戊君动议加入"免费"二字,以取得多一次之表决;随得通过,则戊君动议删去全部。如是戊君乃得两次之讨论,而行两次之表决,而使彼所反对之案,得两次之机会以打消之。但寅君之动议,则殊无成见于中也。

其理由以何而见许此重复行动,则因"免费"两新字既采入于修正案之内,则其案已变成一异式问题,故作新案观,而修正之限制不能加之也。

一百节　加入案之否决效力　反之,前节如拟加入之修正案得否决,则同式字句或一部以后,不得再行加入。但既打消之字句,若以其他字句而成不同之案,则可加入。如在议之案,寅君既动议加入"报纸"二字而其案已被打消,彼随后可再提出加入"宗教报纸",或"地方自治之汇报",此虽属于否决之修正案,而今则另含有他语,为新问题,而成一不同之案也。

一百零一节　改变意思之必要　最当注意者,所加入之字必变易其打消案之意义或其界限,方得成为一新问题,从事讨论。若只改换其语句而不变其性质,则不成为一新问题。而原有之事件既经打消,不能再从事于动作也。寅君不能动议加入"每日新闻",因此等之字虽口语不同,而实与"报纸"无异,而此既已打消矣。但关于"地方自治之期报"或"法政宗教报"等件异于报纸，而会众当乐于表决此等有界限之件，而反对泛泛之件也。

　　一百零二节　　删除之法　　删除之修正动议与加入之修正动议其相切合，故从事其一则必牵动其他，二者皆为一法所范围。任何语句皆可删去，但同一事件或其一部分若已删去，则不能再行加入，除非复议乃可。而已删去之语句或其一部，若有他字混合而成一异种问题者，便可加入也。

　　（演明式）同问题在讨论中，丙君动议修正删去"及杂志"三字。主座接述之，付之表决，而得通过。此三字于是被删去，除复议外，不得再加入矣。但有己君反对删去，而欲再行加入，彼可动议修正加入"小册及期报之关系吾人之事者"各句。此中包有杂志，但非纯为加入杂志之句，是以有别于已经处分之件也。

　　一百零三节　　删去修正案否决之效力　　反之，前节若一删去之修正案被打消，则所拟删去之各字得以确立，而为原案之一部，除复议外不能加以处分。但如牵入他语，则此部或其一分可再动议修正删去，盖此为一新问题故也。在一百零二节之演明式，如丙君之修正案，删去"杂志"二字已被打消，其后彼可动议修正删去"图书及杂志"，因此句虽含有打消之案，其实为一不同之问题也。

　　一百零四节　　删去案呈决之方式　　主座于呈动议以表决时，多照述动议者之言而已。乃顾兴氏之《议事规则》则异于是，其式如下：主座呈动议以表决曰："动议为由'书'字之后删去'及杂志'三字。今请问诸君'及杂志'一句，可否成立为动议之一部分？"此其效力乃与常例相反，常例可者可之。此之可者乃适以否决删去案也。

　　顾氏之法无甚理由，且易惑初学者之耳目，故多为他家所不主张。而本书所采用之法如下：

　　主座曰:"修正案为删去'设'字后之'图书及杂志'五字,此句可否删去? 赞成者……"云云。宣布曰:"已得可决,删去'图书及杂志'五字。"

　　一百零五节　所弃之字可加入他处　既经由删去案而得可决,或由加入案而得否决,所弃之字有时可加入于本题之他处,惟必于本题另经修正,改变性质及其意义而成一新问题之后乃可。

　　一百零六节　"不"字　一修正案加入删去"不"字,而使动议之意义适成正反对者,乃不能许可之事。如有为之者,则当以违序而制止之。由此而推,则凡有相反之字,使正义成为负义者,则不许加入也。若欲否决一案,当于处分时表决之而已。

　　一百零七节　删去而加入之法　任何字皆可由一动议删去,而任何字有关系者皆可补入其位。既已加入,则必照一百零二节所释之条件,始可删除。其动议"删去并补入"乃为一案。申而言之,则为动议删去,并动议加入,相合而成者也。如删去甲字,补入乙字,则不能分为两案(一删去甲字案,一补入乙字案),既以一案提出,亦当以一案呈表决。其理由则动议者有一表决,以补其字于删去之字之位也。

　　若此案可分而为二,则删去其字之后,其地位已空白,若他字非动议者之所欲,若加入之则与动议者之用意相左矣。是故"删去而补入"之案不得分而为二也。

　　(演明式)"设立一图书杂志库为会员之用"之案正在讨论中,子君讨得地位而言曰:"我动议修正删去'会员'二字,而加入'公众'二字。"主座曰:"诸君听着,子君之动议,删去'会员'二字,而加入'公众'二字,于是其案读为'设立一图书杂志库为公众之用',众人准备处分此问题否"云云。"赞成删去'会员'二字而加入'公众'二字者,请曰'可'"云云。若得通过,则"公众"代却"会员"二字,而为原案之一部分矣。若有人欲删去"公众"二字,则必当提出复议,或用一百零二节之手续乃可。

一百零八节 删去而加入修正案否决之效力 若删去某语而加入他语之案被打消后,则除复议外,原语必当确立。但如有他事加入于原语,使之成为一别种问题,则间接可再受修正之行动。

一百零九节 替代 一新动议,如与在场之议案有相关者,可全部替代之。此简而言之,即为删去全案,而加入他案也。

(演明式)设书库之议正在讨论中,酉君起而言曰:"我动议修正,将现在议案改为'委会长调查建设书库需费若干,并办理劝捐此费'。"主座曰:"已有人动议将议案改为……"云云。

现在问题,为以一动议代他动议,所拟之替代题不过一修正案耳。此案可加以修正,又可分之为二,以其含有两问题也。当经过讨论如他案焉,然后乃呈表决。先表决修正案,后表决所修正之本题。此两表决呈出如下:其一,"诸君赞成将案替代者,请曰'可'。"随宣布曰:"已得通过。"其二,"诸君赞成所修正之本题者,请曰'可'。"宣布曰:"案已通过。"

第十三章 修正案之例外事件

一百一十节 款项及时间之空白 对于两度之修正案不能再加修正之例,有例外之事件即如数目问题,凡有拟改者不限于两度。各会员皆得随意提议,悉当接纳,而一一表决之。而第二修正案当在第一修正案之前以表决之例,亦不施于此。

数目问题多属乎款项及时间。若有一动议含有此两种数目者,遇有他动议改易之,不作为修正案,而作为填补数目字之空位论。故所有提出数目者,主座或书记当一一记录之,而后逐一表决。从最大之款项或从最长之时间起,而至表决其一为止。

(演明式)有动议"以两点钟为本会开会之时"。主座既呈此案于会众,寅君得地位而动议:"以三点钟为开会之时。"(此非修正删去两字,而加入三字也)。故主座仍进行接受其他之动议,以填空位焉。

卯君曰:"我动议'以两点半钟为开会时'。"

乙君曰:"我动议'以三点半为开会时'。"

癸君曰:"我动议'以四点为开会时'。"

主座曰:"今所议为本会开会之时间,已有动议以两点、三点、两点半、三点半、四点各案者。请诸君讨论之!"

主座曰:"诸君准备处分此问题否? 赞成四点钟者,请曰'可'。"宣布曰:"此案失败。赞成三点半钟者,请曰'可'。"宣布曰:"此案失败。赞成三点钟者,请曰'可'。"宣布曰:"此案失败。赞成两点半钟者,请曰'可'。"宣布曰:"此案通过。"于是填写两点半钟入空位。再曰:"今赞成此案'以两点半钟为本会开会之时者'请曰'可',反对者请曰'否'。"宣布曰:"已得通过。本会开会之时间为两点半。"

骤观之"两点半钟"一句,得二度之表决似乎不必。但第一度之表决,为修正案之表决,如一百零九节所释之义,且表决于"两点半钟"者,非必随而表决于本题也。又或有会员不欲限定开会时间者,亦未可定也。

更有显而易见者,即如收费问题,会员中有赞成此项,而不赞成彼项者。设有动议捐十元为某事经费者,有议捐二十元、十五元及五元者,主座一一呈之表决。先从最大之数,既而曰:"十五元得通过,可补入空位。有赞成修正之原案,以捐十五元为某事经费者,请曰'可'。"如是则会员之反对捐款者,可有机会以表决打消原案也。其例第一表决乃为填空位（即一种之修正案）而设也，而第二之表决，乃为原案而设也。

一百十一节 人各 若有数人之各皆受指各为同一之职务，此非照修正案之法办理，乃照前节所详对于款项及时间之法办理。各名照指名之秩序一一呈之表决，先从原案或报告中所列之名起。（演明式见第一章。）

一百十二节 不受修正之动议 有数种之动议不得加以修正者，其要者如下：一散会，一搁置，一抽出，一停止讨论，一无期延期。其例凡案皆可加以修正，惟修正致改变性质者则不得加以修正也。譬如"停止讨论"之案，则不能再以修正为"停止讨论于指定之时"也。

一百十三节 复议案 若一案已得通过之后，而欲复议此案之修正案表决，则必先复议本案之表决，而后乃能导入于修正案之表决也。

一百十四节 修正之秩序 前已论之，若同时有数起第一修正案加于一问题，则当照提出之先后而处分之。若有第一修正案及第二修正案，则先表决第二修正案，而后乃从事于第一也。若为连续之问题合成于一者，如一会之规则等，则宜逐节详议，按序修正，不宜逐条表决，因此有妨碍会众重复再议也。若只逐节修正，而暂置之，则于全部规则表决之前，可随时再加修正，此常有必要者也。俟各节之修正已齐妥，而会众已准备，乃将全部之规则呈之表决，则必得完满之结果也。

卷四 动议之顺序

第十四章 附属动议之顺序

一百十五节 顺序之定义 在此之"顺序"二字，乃指处分动议之秩序而言。照公例凡动议之顺序,当以提出之先后为定。其先提出者,得先讨议,得先表决。但有一种之动议出此例外,因其性质之异,其顺序则在当前动议之先。而此种例外之动议,其中顺序,亦自有等级。

一百十六节　独立动议附属动议　动议之不关连于他动议,其效果为呈一新问题于议场者,则谓之独立动议。凡独立动议之顺序,当循公例之范围,即一独立动议只能提出于无动议当前之议场,而一独立动议解决之后,他动议方能入秩序。

附属动议,可提出于他案正在议中而未解决之时。此乃附属于独立动议之下,而使之改变方式,或改变情状。修正案及停止讨论案,即附属动议之张本也。附属动议必当就于其所关连之独立动议上施其效力。附属动议中亦自有顺序定例,有此先于彼者。其当先者,虽提出于后,亦能超出前者而得处分也。

一百十七节　七种附属动议及其顺序等级　附属之动议有七,为议场中所常有者。凡学议者必当熟习之。此中二者已论之于其所属之部:其一,为修正议,乃最要而最常者,第三卷专论之。其二,为停止讨论之议,则关于讨论之案,第八章论之。其余五者,为散会议、搁置议、暂延期议、付委议及无期延期议,其先后之顺序等级如下:

（一）散会议

（二）搁置议

（三）停止讨论议

（四）延期议

（五）付委议

（六）修正议

（七）无期延期议

　　凡此附属动议顺序,皆在本题之前。即如当本题在议之时,有提出以上动议之一者,即当间断本题,先从事于讨论附属动议而表决之,然后再从事于所变动之本题焉(见一百五十八节)。在于一问题讨议中,若有两人先后各提出七种附属动议之一,其后所提出者若顺序等级在前,便可即行讨议;若顺序等级在先提出者之后,则不许之。即如有一独立动议正在讨议中,突有提出延期议者,既而此议在讨论之时,其能再提出之议为散会议、搁置议及停止讨论议,其不能提之议为付委议、修正议及无期延期议。其动议顺序列在当议中之附属动议上者,则在超之之阶级;其在当议中之动议下者,则在被超之之阶级。若独立动议即本题与及数修正案俱在当议中,则除第七动议之外,各动议皆可提出。倘各皆就秩序提出,则当一一按顺序以表决,而本题则暂为放下,俟各附属动议解决之后,乃再从事也。

　　一百十八节　议案顺序之演明式　有动议"使地方自治励行会速行筹备注册"者。

　　戊君(略去讨地位式,余仿此)曰:"我动议修正加入'在暑假期'句于'备'字之后。"

　　主座曰:"诸君听着,修正案加入字句,如是则议案当读如下:'使地方自治励行会速行筹备在暑假期注册。'诸君准备否?"(此案可讨论)

　　癸君曰:"我动议付委筹办。"

　　主座曰:"已有动议将案付委筹办,此议顺序在修正议之前,诸君准备为付委之表决否?"(可讨论)

　　寅君曰:"我动议将此事延期一星期。"

　　主座曰:"有动议延期矣。"(可讨论)

　　乙君曰:"我动议停止讨论。"

　　主座曰:"停止讨论动议已经提出,可否即行表决本题?"(可为限制之讨论)

　　甲君曰:"我动议搁置。"(不能讨论)

　　主座曰:"搁置之议已提出,赞成者请……"云云。

　　卯君:(间断之)曰:"主座!"

　　主座曰:"搁置之议为不能讨论者。"

　　卯君曰:"主座! 我非欲讨论,乃动议散会也。"

　　主座即改正曰:"散会之议,今已在秩序。此议顺序驾乎各议之上,今当先行表决散会之议,赞成者请曰'可'"云云。宣布曰:"此案失败。今表决搁置之议,赞成者请曰'可'"云云。宣布曰"此案失败。今次及停止讨论(即表决本题如得通过,则延期之议及付委之议皆无形失败,而即从事于本题及修正案),赞成者请曰'可'"云云。宣布曰:"已失败矣。诸君准备处分延期一星期之议否? 赞成者请曰'可'"云云。宣布曰:"已失败。"

　　己君曰:"我动议无期延期。"

　　主座曰:"付委及修正两议尚在场中,无期延期之议未到秩序,诸君准备表决付委之议否? 赞成者请曰'可'"云云。宣布曰:"此案失败。今之问题,为戊君之修正议加入'在暑假期',诸君准备否? 赞成者……"云云。宣布曰:"此案通过。今赞成修正之本案者,请……"

　　己君(间断)曰:"我今动议无期延期。"

　　主座曰:"此议今已到序。诸君欲打消议案者,请曰'可'。"宣布曰:"打消案失败。赞成修正之本案,即'地方自治励行会速行筹备在暑假期注册'者,请曰'可'。"宣布曰:"已得通过。"

　　以上之演明式,乃表示附属动议除修正案外,各皆失败时之效果也。其各皆通过之效果之演明式,后三章详之。若有提出其中任一，而因有他案当前不合秩序者，则对付之法，一如己君之无期延期案也。各附属动议既经一次失败，随后可再行提出，惟当间以他事也。例如搁置动议，可再提出于一动议之后，或于两动议之间。所有附属案皆受顺序之范围，而讨论则只就附属动议之本身从事，不牵涉入本题也。

所提之动议，其顺序若在他案之前者，则他案不过暂搁，以俟超级之动议解决而已。若得否决，则其他当照秩序施行，如演明式焉。

一百十九节　七种附属动议之目的　其中三种（散会议、搁置议、延期议）之目的为缓迟行动，其中一种（停止讨论）乃催促行动，其中之二（付委议、修正议）乃整备或改变其事体，其余一种为最终之废置。而停止讨论之对于他附属动议之效力，见于六十二、六十三两节。

一百二十节　定秩序之理由　此种秩序乃由经验得来，实为最适合于办事原则，而使之公平迅速也。不能讨论之案居于能讨论案之前，所以防阻滞也；本题之临时变动，先得机会以处分，所以速结束也；讨论适序可以停止，所以避生厌也；至于求全备议延期，皆所以免造次也；最后则压止，所以打消积案也。以上秩序，议法家间有出入者，亦有不守者。若社会有不欲采择，可立专条规定其所弃者。总之，此为最简便易行之法，故吾人主张之。凡领率议场者，当识之于心，或书之座右，以作津梁可也。

第十五章　散会与搁置动议

一百二十一节　散会动议　附属动议，其在秩序之首者，为散会议，其处分顺序超乎各动议之先。所以如是者，因会众凭大多数之意,则有权随时终结议期也。此议一出,当立即决断,不得讨论,并不得修正,不得搁置,不得付委,不得延期,不得压止,不得复议,只有表决而已。

　　一百二十二节　独立之散会动议　散会动议为附属动议之外,有时亦为独立动议。其在各事完结之时或在无事之间而提出者,则为独立动议也。但其受限制与附属动议同,当得全体一致,乃可讨论其因何不宜散会之理由。常有于会期终结之时,照例提出散会议者。但如有人提出权宜问题,指出尚有当议之事,则提者当即收回也。

　　一百二十三节　散会议之限制　通常有言:"散会动议,无时不在秩序。"其实不然也。散会议有不能提出之时如下:一、在会员得有地位之时,二、在进行表决之时,三、在表决停止讨论之时,四、在一散会动议才否决之后而无他事相间之时。此四条件,所以防止少数人之捣乱也。更有权宜问题及秩序问题,因具急要性质,故虽于散会议提出之时行之,亦合秩序。

　　除以上之限制外,则散会议当常在秩序之首也。

　　一百二十四节　散会之效果　一会员照常例讨得地位而言曰:"我动议散会。"主座曰:"散会之议已提出,赞成者请曰'可'"云云。宣布曰:"已得通过,本会散会至某日再集。"表决如有可疑,可提出疑问,如他案焉。

　　若散会之议失败,则间断之事再行继续。若得通过,则间断之事,下会当接续办之。倘无下会,则散会之议即为打消在议之事也。若有一定之办事秩序,一定之散会时间,则散会所间断之事,下会可按次以未完件提出之;而提出之时,当就其间断之点以开议。

　　一百二十五节　有定时间　在团体之规定散会时间者,届时主座当止绝各事而言曰："散会之时间已到。"随而稍候（与机会使提议"延长时间"或提议"散会"），再曰："本会散会。"若欲连续继议，则当提出独立动议以延长时间（至有限定或无限定），呈表决而按之以施行也。

若无规定散会时间者，则当提议"本会于几点钟散会"。此动议与其他独立动议无异，并无优先顺序也。

与散会动议并列者，为定期开下会之议。其有规定开会日期之团体，则不须此；其无规定者，则为不可少之事。故有谓定下期开会之议，应在散会顺序之前。但此既属可讨论可修正之议，则当不然也。若散会之议既提出，而无下次开会之期者，主座当唤醒提议者，以下次会期尚未曾定，而提议者当自收回其议，俾有提议下次开会期之机会，而留回其优先权以再提散会之议可也。倘彼不肯收回散会之议，则必当立呈表决；若非会众不愿再有下会者，即必否决之也。此动议之方式如下："我动议散会，至下星期二日午后三点钟再开会。"

一百二十六节　搁置动议　第二级之附属动议为搁置议。此议所以延迟最后之动作，而假以再加审察之时也。此议不得讨论，不得修正，不得付委，不得延期，不得打消，不得复议，而只让步于散会之议，并权宜问题及秩序问题而已。若遇失败，可以散会议之同一条件而再提出之。

一百二十七节　搁置议之效力　搁置之议，乃将所议之原案及其附属各动议一齐搁置之。此议不能施于案之一部分；若加于一部分，则当然加于全案也。倘此议得胜，则全案及其所属之修正案，乃至所属之附属动议，皆从而搁置之，而另从事于他事也。

一百二十八节　抽出之动议　抽出之议，可于搁置之后立时提出，或可于稍后之同期提出，或下期提出。抽出之动议，并非附属动议,是以无顺序优先之权利,而与一般之动议同列。此议亦不能讨论,其效力则恢复原案于间断之点。若搁置之案,以后无提议以抽出之,则当然打消。又搁置之案,适遇会期告终,或至会年之末,亦终归打消也。

(演明式)如一百十八节之案正在讨议中,其附属动议付委、延期及停止讨论已经提出,而最后甲君曰:"我提出搁置议。"主座曰:"搁置之议已经提出,赞成者……"云云。宣布曰:"已得通过,而本会筹备注册之问题当搁置。今者会众之意欲为何事?"(中有他事告竣)于是场中适无别案,甲君讨得地位而言曰:"我提议抽出'本会筹备注册'案。"主座接述其议,若得通过,则曰:"此案复在众前,而第一问题为停止讨论之动议。"彼乃进而表决之。若归失败,则其他之附议动议如延期、如付委、如修正,皆一一付之表决,最后则处分本题也。

主座于表决搁置动议,宜唤醒会员,以搁置问题非特搁置本题,而更搁置所附属之动议也。

第十六章　延期动议

一百二十九节　**有定时之延期**　此动议列在顺序之第四,其前者为散会动议、搁置动议、停止讨论动议。当延期议在议中,如有提出本题停止讨论动议者,则延期议便作截断,而非暂搁。惟若提出散会议或搁置议,则适成相反,盖此不过暂搁而已,而于本题再出现之时,此附属动议当与之复现也。延期动议,其时间可得讨论,并得修正,但不得付委、不得搁置、不得压止并不得延期,除即时之外不得复议。此动议之目的,乃将事件延至所定之时,而使之得完满之讨议也。其对本题之效力,见六十三节。

一百三十节 其效力 此议与搁置之议同,皆搁起问题之动作也,惟搁置议则搁起无定期,此则搁起至一定之期而已。延期案至再提出之时,名之曰"特别指定事件"。延期一议乃将全案延期,而不得延期一部分也。若延期议失败,则隔一事之后可以再提出。

若延期议通过,则书记将所延期之事,收管至指定之日。到时则无论于何事在场,此指定之件皆为当序,主座当间断他事而提出之。若主座忘之,则书记或他会员当为之提出也。

(演明式)今设同案在讨议中(如一百十八节),已提出修正及付委矣。寅君讨得地位而言曰:"我动议将案由今日起,延期至下星期二日午后三时再议。"主座遂曰:"此案已提出延期至下星期二日午后三时。"此议可以讨论,可以修正其日时,然后如常而呈之表决。倘得通过(而非如一百十八节之被打消),则主座曰:"延期案已得通过,本会讨论注册之动议,当延期至下星期二日午后三时。"至下星期二日届期之时,主座当停起他事而言曰:"指定讨议本会注册之案之时期已至。此事适当特别之秩序,请诸君讨论之!"若有欲将他事先行完结者,则当动议:"将特别事件搁置。"若此议得胜,则指定事件搁置,以俟再提。若指定事件不受搁置(或再提出),则主座乃继续曰:"此案之第一问题为付委之议。"(因此议正在讨议中,而本题乃延期也。)彼遂进而以付委之议呈表决,及处决其他之附属动议,而后乃及于本题也。

若主座到时忘却提出指定之事件,则任一会员皆可起而言曰:"主座,特别指定事件之时间非已到乎?"若指定之件只有日期,而无时间,则统归本日指定事件之列。

为指定事件所间断之事,则不待有动议而暂置之。俟指定事件了结之后乃复讨议,或归入下期,作未完事件办理。

一百三十一节 此议之限制 定时延期之议只可作时间之修

正,而不能为他种之修正。而有定时之延期议,不能改为无期之延期议,又不能定一非会期之日而为延期,盖此则等于无期之延期动议故也。

一百三十二节　无期延期　质而言之,此动议非延期也,实一打消或压止之动议耳。其作用乃以之为直捷了当处决本题者,而其顺序列于最末,只于无附属动议在前乃能当序。此议可以讨论,但不能修正,不能延期,不能付委,不能搁置。若遇否决,则对于同一本题,不能再行提出。

一百三十三节　此议之效力　若此议胜,则直打消其本题耳,其效力等于本题之呈表决而得否决者也。又如以反例以表决一问题,其式如下:"诸君之不赞成者,请曰'是'。"此以是决之用于反对者,而以否决用于赞成者也。此动议常用之以试反对者之势力如何,若反对者实为大多数,则此为打消议案之捷径。以效力言之,则此议之别名可谓为"打消议"也。

(演明式)一百十八节已演明提出此议之方式矣。若己君之动议不被打消而得通过,则主座当曰:"已得通过,而本会注册之问题当延期至无定期。"此除复议外,便为了结其事矣。凡遇此而打消之问题,若欲再提出之,必当于下年开会方可为之也。

第十七章　付委动议

一百三十四节　付委　付委即付事件于委员以筹备或审查也。此动议之作用,乃欲将事件措置裕如,或将事件考求详尽者也。其顺序居附属动议之五,只在修正动议及打消动议之前而已。其受前列附属动议之影响,同于一百二十九节之所陈,即为停止讨论动议断绝,而为他附属动议所暂搁耳。此付委之议可以讨论,但不能延期,不能打消,不能搁置,而更不能复付委也。其单纯付委之动议不能修正。但有训令之付委,或指出人数之委员,及如何委任之动议,则可修正。此议之复议只可立即行之;若委员已定,而开始办事,则决不能复议矣。若付委之动议失败,则隔一事之后,可以再行提出也。其受停止讨论动议之影响,同于六十三节。

有同于付委之动议,则以"全体会员为委员"之动议是也。此乃以全体改为委员会,而对于所议之事作一度公式之谈话也。若欲全体为委员之时,当提出动议"以全体为委员会"。若得通过,则主座请他会员为委员主座,而彼则下场为一委员。于是,委员主座请众就秩序,而开议付委之问题焉。在寻常社会,鲜有用全体委员之机会。全体委员会事另详于一百四十节。

一百三十五节 付委议之效力 当事件在议中而有"付委议"提出,若得通过,则其效力为以在讨议之全案暂由议场抽出,而付托于委员之手。于是而成立委员会及授训令与之,为必要之事矣。委员即接受其事,依训令而行,酌量办理,为各种之准备,而后乃报告于下次之会。至于付委之时,若有修正之议当前,而为付委议所收束者,则此修正议委员当照办理,而并报告之。若得赞成则加入本题,否则删之。若为压止之议,则委员当除去之。此外则无他种之附属议矣。盖其余之四者,当必先行处决,而后方次及于付委之议也。

(演明式)筹备注册之议正在讨论中(如一百十八节),癸君讨地位而发言曰:"我动议付委。"或:"将事付托与委员。"主座曰:"已动议付委矣,诸君准备处分此问题否?赞成者请曰……"云云。宣布曰:"已得通过矣。本会筹备注册之议已付委员筹办矣。但委员会应用几人?"

戊君曰:"我动议以五人为率。"众乃从而讨论之。若有他数提出,则照一百零十节式而投票表决之。主座遂曰:"委员如何委任,由主座委之,抑由会众委之?"会员于是动议曰:"由主座委任。"或曰:"由会众指名。"随呈表决。若为前者,则主座当于立时或稍间而委任五人为委员,其首名则为临时主座。至委员会集乃选举其主座。若由众指名之议得胜,则照六节与十五节所详之手续办理。此时委员当授以各种训令,或假以全权。例如有动议如下:其一,"令委员与律师商酌本会注册之事,而下期报告之"。此授训令者也。其二,"委员当授以全权,以筹备本会注册之事"。此付全权者也。(参看一百四十一节)

若有问题当付于常务委员者,其正式之动议为"将问题付某种常务委员"。如此若得通过,则其事归于此种委员。盖付常务委员之议,其顺序在特务委员之议之先也。

对于单纯付委之议,有以定限付委之议代之者,即如"以事件付之于主座所委五人之委员会"。此可以一动议而提出之,但有以之分为三动议(参观四十二节),而每议单独提出之为更妥者。定限动议之提出式及其效力,皆与单纯付委动议无异,而受同一法例之约束,而其讨论与修正可分段行之。

一百三十六节　带训令之付委议　若有提出之付委动议而带有特种训令于委员者,此等训令不能由动议内分开,而必须与付委动议同呈表决。若欲除去训令,即为无训令之付委,则当动议"修正删去训令"。设使有动议"将事件付之主座所委之五委员,而训令赴律师请教"。此动议不能分为四段,只可分作三段:一、动议付委而训令之使赴律师请教;二、委员之数为五人;三、委员由主座委任。而第一动议,可提议"修正删去训令",如是则成为一单纯付委议,而此后其他之训令随便可加或不加也。总之,带有训令之付委议不能分开,实为成例也。

一百三十七节 问题之一部分 问题内之任何一部分,皆可付委,其他部分同时仍可继续进行。但最终之处决,当待至付委之部分报告回答之后乃可。

一百三十八节 委选之事宜 向有流行之成见,以为提出议案者为同案之委员,则必当委之为委员长。但近来遵此成见者少,而不遵者恒多,盖以其有碍于自由平等之则,故渐渐不用也。无论由主座委任或由众指名,皆当就会员之留意其事者,或就才干之适于其事者,而兼委一二新手以与有经验者同办事,为最适宜也。若提案者为一适宜之人,固当选为委员,而但不必定为之长。前曾言之,首名委员,除召集第一会外,不必定为委员之长。而委员人数,当以奇零为妙,以免表决之同数也。受委之人若不在场,当由书记通知。所有被委之人,当由首名委员通告召集第一会。

所有付委之案,暂时当停止进行,而会中决从事其他问题。委员报告手续,下章另详之。

一百三十九节 独立之付委议 除凡关于各本题之附属动议之外,当无他案再议之时,随就任何时而提出付委之议,此为独立之付委议,而不享受顺序之优先权,且更受各附属动议方法动作之约束,以其自身为一本题也。

第十八章 委员及其报告

一百四十节 委员之性质 委员会为附属团体,只就其训令之范围内行事,而受节制于委之之会。委员既受委任之后,则会集而组织其团体,如四、五、九各节所详者。

委员会之集议,照会议之常规,但可省略各种起立、发言及按序复坐之仪式。所议之事件,可以谈话行之。惟一切动作,当以正式之动议及表决而处分之,当由书记存记作一合式之纪录;若无书记,则委员长当笔记所有表决之事。只有受委之委员,方能与于讨议之列。会长及各职员倘未被委,亦不得参加于其列。而会长无监督委员之权,若彼欲于委员会试其运动或劝诱,则当拒绝之。委员会以大多数为额数。

全数之委员会,即以会员之全体而作一委员之会议而已。其会议之规则,即搁起正式之会期,畅行讨论,不许提出停止动议,与夫委员会所常用之非公式行动,皆准行之而已。至会议告终之时,则全体委员退席,即行事之性质一变耳。会长复其座位,而再令众就秩序,委员长则行正式报告于众;而众之处理此种报告,悉如其处理少数人之委员会之报告焉。

一百四十一节　委员之权限　委员既受训令,其权限只在令行之事范围之内。若付委之事件不带训令者,则委员审查其案之体裁,加入已通过之修正案,并贡献所得而适于会众之讨论及表决者。委员只能照委托所事而行,当小心谨慎,毋得稍出其权限也。

若委员受有全权,则其行事有若一独立之团体焉。会中已表决之事,而欲使此事之成全,则委委员以全权执行之,以竟其功。或在两可之问题,而付委员使以全权处决之,则此处决作为最终之定论。

(演明式)"本会筹备注册"之议在讨论中,有单纯付委之议已得通过。于是委任委员而将事托之。委员讨议如何注册之方法,而调查应办之事宜。到时由委员长报告"本会应要注册"(或不必注册),详其理由及办法。若其议为"将事付委而令委员向律师请教",委员则照训令而行往与律师商酌,然后将律师所言报告于众。同时或呈献己意,听众采择。

若动议为"将本会注册之事付之委员全权办理",如此则委员当将注册各种手续进行办理,而事竣之后,乃报告其效果于众。或审查之后,而以注册之事为不适宜,而报告于众曰:"本会注册之事为不适宜。"若会中必欲注册,则先表决本会注册之事,而后委委员以全权执行之。若如此,则委员惟有进而执行将本会注册而已。

一百四十二节　报告　当委员之事务告竣,其主座或其他之受命者,当准备一报告,将审查之点各并委员之判断详录之。倘委员中有少数不同意者,亦可另作一报告,谓之"少数之报告",包括彼等之判断。报告当用简单明白之言辞,有时须陈己见者,则统结以献替之语。即如有委员承命"到街上调查会堂之租价及款式"者,当准备其报告如下:"本委员查得本市之各会堂租价如下:民乐会堂每日租价十元,崇德会堂每日租价十二元,自由厅每日租价八元"云云。遂继而曰:"本委员谨以第一会堂之价格及地位最为适当也。委员某某谨报。"又委员未带训令而审查一问题者,当报告如下:"本委员建议此案之语句,应如以下方式……"云云,或"本委员建议此议不当采用(详其理由)",并如上为结断之语。

至带训令而行事之委员,其报告如下:"本委员已照所训而完其责,租得崇德会堂为本会集会之所。"

一百四十三节　报告之呈递　委员或有训令使之报告于一定期之日者,则到期之时次及报告秩序,主座当令之报告。若无如此之训令,则委员准备报告之时,承委报告之员在无议案当前之时,则讨地位而言曰:"主座,某某事件,委员之报告已经准备矣。"主座曰:"今可否接收某某事件委员之报告?赞成者……"云云。若得否决,则委员当俟之迟日,而仍照同一手续以讨地位而后行之。若得通过,则委员之代表曰:"承办某事之委员谨呈报如下……"彼乃宣读报告。

报告读后,则委员之事毕矣,并不用表决以解其职,盖其职与呈递报告而俱完结也。从此则委员对于其事,亦犹乎他委员之不相涉也。倘再委之以续行办理,则为另外一委员而已。

委员之报告当缮就成文,报告之后,则将报告文呈交主座。而所报告事件之新方式,则为当秩序而受会众之处分者也。

一百四十四节　要求报告　若到报告之时,而主座及委员俱忽略其事,则会员可动议:"请某某事件之委员此时报告。"倘此议通过,则委员必当报告;如不报告,自当详说理由。若委员准备未完,当可请求宽限,如是则当有动议:"宽限委员之报告期,而令之于某某日报告。"若委员欲取消其职务,亦当有动议:"取消某某事件委员之职务。"而得表决通过乃可。

一百四十五节　少数之报告　此为不同意者之报告,读于正式报告之后,而不能与正式报告同效力,会众可以不理者也。但若其确有见地,则可以之代多数之报告耳。此即与修正报告无异,而当以修正案顺序行之。

一百四十六节　报告之演明式　本会注册之问题经已付委办理,而委员会集讨议准备报告。至值期开会,次及"委员报告",主座曰:"今日有无委员报告?"

辰君曰:"主座,本委员之注册事,已经准备报告矣。"

主座曰:"前令注册委员今日报告,请诸君听之!"

辰君遂读报告曰:"本委员承命审查本会注册事宜,兹报告如下:所有注册事宜虽复杂,然有熟悉此事之人乐为相助,则进行亦易。而本委员详审各情,注册确于本会大有利便,诚如某会员所言。故献议将本会从速注册也。辰某谨报告。"

主座既接辰君报告之后,乃曰:"诸君已听着委员报告及其献议,对于'本会即行注册之问题'已表示极为赞成。诸君之意如何?"此时为讨论秩序,于是各讨论本会宜否即行注册事宜。

一百四十七节　复付委　若委员之报告有不满众意者，并若重新讨论之后生出新问题，则事件当复行付委于委员或其他之委员也。"复付委"之动议，与"付委"同受一例之约束。

卷五　权宜及秩序问题
第十九章　权宜问题

一百四十八节　权宜问题之性质　第五章曾经论及，凡议场循规举动，当由正式动议出之。但有时事件发生，有不能待新动议秩序之至者，如遇有破坏议则之事、发生错误之事与夫一切急要之事，必当立刻应付，而应付之方，则谓之为权宜问题及秩序问题。此等问题不属动议，而超夫各动议顺序之前，无时不在秩序之中，能间断一切事件，并暂夺去言者地位。须待此问题解决后，当议事件方能复原。而事件复原之时，当由间断之点继续再议。权宜问题之顺序，驾乎秩序问题之前。

此等问题如非遇事即发，则其后不准追发也。然若就事而发，则当散会动议之中亦准发之。凡权宜问题，若非急要者，则提出者既述明之后，主座可以打消之，如是即可减省其烦难也。

至于秩序问题，必当就关于当议之事而发，方能准之（参观一百五十二节及一百五十四节）。此问题对于散会动议，除动议者有犯四规则之一，如详于一百二十三节者，则不能间断之也。是故举秩序问题者，乃改正动议者之错误也。

一百四十九节　权宜问题之定义　权宜问题，乃有关于在场之额外事件问题也。此问题之起，乃常起于关乎全会自身之权利，或个人自身之权利。其问题甚罕发生，而亦容易解决者也。十数年前,在美国元老院发生一好先例:当秘密会议之时,疑有报馆访员藏于院阁之旁听座,此为侵犯元老院秘密会议之权利者也;于是一元老提出权宜问题,而设法驱逐犯者出外。其他之例,如忽而灯光熄灭,或空气不通,或有人扰乱会场秩序,或有会员即有远行而欲速于言事,或报告而求优先权利者是也。又或有会员受不平之事者,或反对职员报告不确者。总之,凡意外之事,须即时应付者皆是。但起立为事体之说明则不入权宜问题之列。会员常得许可占有地位而为说明者,非权利之应尔,不过友谊之通融而已。若有反对,则假时以便说明之事,当呈众表决,而取大多数之同意,盖说明不能间断他事也。

一百五十节　效力　此突起之问题,判其是否确为权宜问题,则主座之特权也。会员欲举此问题者,不必如发动议之先讨地位而后发言,但起而言曰:"主座,我提出权宜问题。"主座当请提者述之,述后主座立即判决是否确为权宜问题。若主座以为否,而提者不服,可诉之于众。若以为是,则随有动议,将事提出于众,以备讨论;或属于特别事件,则不待动议,而主座自行将事处分之。此种动议,须即时讨论,但非必即时表决,盖亦犹乎他种动议可以搁置、可以延期也。当此问题发生时,诸般事件当停止进行,待此解决之后乃得复议,而会员之被间断者亦得复其地位也。

一百五十一节　演明式　适寅君正在讨论一事,而午君起而间断之,曰:"主座,我提出权宜问题。"

主座起曰:"请该会员述彼权宜问题。"(此时寅君当复坐)

午君曰:"我雅不欲言之。但我等之坐在堂后者,实不能闻言者之声,因有人交头接语扰乱会场也。"

主座曰:"此当然视为一确正权宜问题,盖本会之第一权利,则为畅听所言之权利也。倘吾人有所欲言,请于得地位之时乃畅而言之，则无此烦扰也。本主座请该委员等保守秩序，而归安静。请寅君继续再言。"

甲君起而间断之，曰："主座，我提出权宜问题。"

主座曰："请述之。"

甲君曰："外间有狂烈敲击之声，可否使守门者或他人一往察之？"

主座曰："本主座当接受关于此事之动议。"

甲君曰："我动议着守门者往察此扰声之来由。"（此议呈之表决，而守门者受训而行，将事回报，或自处决之。无论继有如何行动，而当处分之中，诸事为之搁起）。

癸君曰："我提出权宜问题。"

主座曰："请癸君述之。"

癸君曰："我刻有要务他行，我已空候甚久，欲得机缘以一询训令，为我等书库委员之办法也。此事不能再候矣。"

主座曰："此问题起之适当，诸君之意见如何？"

己君曰："我动议当使癸君得尽其言。"（此议呈众表决，而行动随之。待事竣之后，则前所间断之事复其进行）。

第二十章　秩序问题

一百五十二节　秩序问题之定义　秩序问题与权宜问题之别者，在直接关系当议之事件，而有所改正，或完备其进行之手续者。如言语离题，或动议不当其序，或论及个人，或破坏议法，皆其类也。主座亦有出乎范围者，如接其所不当接之事，或不接其所当接之事。以上各种破坏秩序之端，所以常因而生出秩序问题也。此问题除权宜问题之外，超出各顺序之前。

　　一百五十三节　主座之职务　维持秩序及议额,为主座第一之职务。此非独指全体之风纪而已,各会员有破坏秩序及违背议法者,皆当纠正之。若主座于此稍有忽略,则会员当提出秩序问题。

　　一百五十四节　秩序问题之效力　当秩序问题发生时,在议之各事皆为之间断,至解决之后乃再复原。若会员在发言中而被搁止,则问题解决之后,彼仍复其位;除非彼自身亦受决而为秩序范围之外者,如此若有反对之者,则彼不能再事进行矣。

　　秩序问题进行之道,一如权宜问题焉。当时机之至,会员不待正式请得地位,可直起而发言曰:“会长先生,我提出秩序问题。”遂被请述之,述毕则坐。主座当酌断其问题为适当与否,曰:“本主座以为此秩序问题发之适当(或发之不适当)。”此宣布谓之为主座之判决,而问题以之为定。如有不服者,可以申诉。惟此问题初不付讨论,不呈表决,此其所以异于动议者也。

　　因秩序问题为直接关于当议之事者,是故必须立提出于其事发生之时,倘事过情迁之后,则不能再提矣。

　　一百五十五节　申诉　若会员有不服主座之判决者,可起而申诉曰:“我将主座判决申诉于众。”此申诉须有附和,如其无之,则主座可以不理。若有人起曰:“我附和之。”则此问题由主座之判决,而移归于众人之表决矣。其呈此问题之方式如下:“主座之判决,可否即为本会之定论?”讨论随之。对于此之讨论,主座有优先权。彼可不必离座而发言,详陈其判决之理由等等而后呈之表决,而宣布之曰:“主座之判决成立。”或曰:“主座之判决打消。”随事而异。此表决即为最终之决议而不能复议矣。由此观之,一切事件,最终决议之权则在会众,而不在主座也。信乎议法家华氏之言曰:“申诉之权,为一切团体自由行动不可少之物。”必如此,则会长乃会场之公仆而不为主宰也。

一百五十六节　申诉表决之同数票　前一成例,动议之表决得同数票者,则动议为之打消。但在申诉之案,得表决之同数票者,则效力适为相反,此乃维持之而非打消之也。如是则主座之判决,更因之而得成立。其理由为主座之判决,若无推翻之者则作为成立,而同数之表决票实为无效,则不能推翻主座之判决也。如此,则主座不必(多有不欲者)自行投票,以维持其判决之成立者。兹定此为例如下:"对于申诉案之表决同数票,乃成全'主座之判决可否成立'之问题。"

一百五十七节　顺序　今复统括附属动议之顺序,列之如下:

(一)权宜问题

(二)秩序问题

(三)散会动议

(四)搁置动议

(五)停止讨论动议

(六)延期动议

(七)付委动议

(八)修正动议

(九)无期延期动议

除此之外,更有他种事件可于独立动议在议中而提出者,其重要者如下:收回动议及分开议题之动议;举发不足额之问题,规定表决法之动议;限制或申长讨论时间之动议;定时停止讨论之动议;定时散会及定时开会之动议;搁起规则之动议;暂作休息之动议。以上各动议,若发于需要之时,皆为合秩序,其顺序在当前之独立动议之前。

一百五十八节　秩序问题及申诉之演明式　地方自治励行会

适会议之际,序及于新事件,随生如下之行动:

乙君曰:"会长先生。"

主座曰:"乙先生。"

乙君曰:"我动议于会期告终之日,本会举一午餐会,以联吾人友谊,想诸君必乐从也。"

主座曰:"诸君听着,有动议本会举一午餐会于会期告终之日。"

己君曰:"会长先生。"

主座曰:"己先生。"

己君曰:"何不称之为早膳?我动议修正删去'午餐'二字,而加入'早膳'二字。"

主座曰:"诸君听着……"

乙君曰:"会长先生,我欢纳此议,我总求其有耳,如何称谓所不计也。"

主座曰:"修正案已得接纳,而今之问题为当举一早膳为会期之结束。"

甲君曰:"会长先生。"

主座曰:"甲先生。"

甲君曰:"我反对此议,因将必多所破费,我知会友中多有力不能胜者,愿本会为城中独一不以饮食为题之会。试观彼之好古会、诗人会、棋客会等常设晚餐会,我知彼等之所欲矣。"

主座起而言曰:"请该会员进归秩序。彼之所言,出乎题目之外,盖批评他会之行为非在秩序之中也。"

甲君曰:"甚善甚善,会长先生。我当勉而进于秩序,但我绝对反对此议。"

丙君曰:"会长先生。"

主座曰:"丙先生。"

丙君曰:"我绝对赞成之。吾人总需多少交际性质之物,乃可联络会友感情,使之亲切如一家焉。盖把盏言欢,每生同气之感,舍此则结会鲜有成功者也。"

辛君曰:"会长先生。"

主座曰:"辛先生。"

辛君曰:"我提议将此问题搁置案上。我个人以为……"

主座曰:"搁置之议为不能讨论者,是故该会员为越出秩序矣。诸君准备否?"

寅君曰:"会长先生。"

主座曰:"请君言之。"

寅君曰:"主座既言搁置之议不能讨论,又问吾人准备否,按此则为请人讨论矣。"

主座曰:"此足见我会员大为省觉,但出之不其妥贴耳。本主座所问'诸君准备否',乃以机缘使散会动议或他秩序问题,顺序在搁置动议之前者,可以提出耳。诸君准备否? 诸君之赞成搁置动议者,请曰'可'。"续而宣布曰:"此议打消。"

戊君曰:"会长先生。"

主座曰:"戊先生。"

戊君曰:"我提议延期此案之讨议至一星期。"

主座曰:"已有提议延期一星期,诸君准备否?"

癸君曰:"会长先生。"

主座曰:"癸先生。"

癸君曰:"我提议将此事付委。其委员会由……"

戊君曰:"会长先生,我起秩序问题。付委之议此时不在秩序,因延期之案尚在议中也。"

主座曰"此举出之甚当。付委之议此时不在秩序,以延期之议之顺序在前也。诸君准备表决延期之议否?赞成者……"云云。宣布曰:"此议打消。"

癸君曰:"会长先生。"

主座曰:"癸先生。"

癸君曰:"我今再提出付委动议,其委员会由会长、理财、书记三人组织之。"

主座曰:"诸君听着,此动议,本主座当从而分开之。先呈付委动议,诸君预备否?"

子君坐而言曰:"我以为吾人当在会中结束此事。"

未君曰:"我起秩序问题。"

主座曰:"请未先生述其问题。"

未君曰:"最后之发言者未曾起立而称呼主座!"

主座曰:"本主座为之断定此点举得甚当。务望一切讨论,必当以正式出之。"

子君曰:"我起而就正之!会长先生,我反对付委案,因过于假权与少数人也。"

主座曰:"会众当可训其委员于被委之后。诸君预备否?"

戊君、寅君同时并起曰:"会长先生。"

主座曰:"戊先生。"

戊君曰:"我提议……"

申君曰:"我起秩序问题。"

主座曰:"请述其秩序之点。"

申君曰:"会长先生,寅先生先戊先生而起,或以彼坐位太远,而主座不之觉也。彼岂不应先于戊君而得地位乎?"

主座曰:"本主座当断定此秩序之点提之不适当。本主座见两会员同时并起,而已以地位与戊先生,今除非戊先生退让耳。"

戊君曰:"我既得地位,则不欲让之。会长先生,我动议……"

申君曰:"我将主座之判决诉之于众。"

主座曰:"申先生诉主座之判决,今之问题,为主座之判决可否成立为会中之定论。(讨论可随之)诸君赞成主座之判决者请曰'可'。"宣布曰:"已得可决。主座之判决,成为确立。戊先生请复发言,所议问题为付委动议。"

戊君曰:"我动议本会此时散会。"

主座曰:"散会之议已提出。诸君赞成者……"云云。宣布曰:"此议打消。诸君赞成付委动议者……"云云。宣布曰:"此议打消。今本会欲再办何事?"

酉君曰:"会长先生,我见得本会有等会员专图打消彼所不乐之议案,而毫不假以讨论之余地,有一发言者为达此目的几于无所不至也。"

戊君曰:"我起秩序问题。"

主座曰:"请详之。"

戊君曰:"最后之发言者侈言个人之事,殊出范围。"

主座曰:"此秩序之点,举之适当。请酉先生就本题范围。"

酉君曰:"会长先生,我诉此判决。我已慎重不提名字,则并未有毫厘违及秩序也。"

主座曰:"申诉提出矣。主座之判决能成立否?赞成者……"云云。宣布曰:"不成立。酉先生已得表决为合秩序,可继续言之。"

酉君曰:"我只欲重要问题能得公平之讨论,而我以为……"

亥君曰:"会长先生。"

主座曰:"亥先生。"

亥君曰:"我动议散会。"

主座曰:"有动议……"

寅君曰:"我起秩序问题。"

主座曰:"请详之。"

寅君曰:"会员发言之地位,不能由散会动议夺去也。"

主座曰:"本主座断定此点提出甚当,而散会之议为违反秩序。酉先生请复言。"

酉君曰:"我动议将全案由今天起延期两星期。"

卯君曰:"会长先生,我起秩序问题。吾人岂非已经表决不延期乎?岂第二之延期议在秩序乎?"

主座曰:"新事件已中间之矣。第二延期议当合秩序也。诸君预备否?赞成者……"云云。宣布曰:"此议通过。而举一早膳会之问题,延期作为两星期开会日之指定事件。本主座望各会员到时当黾勉齐集,以得详为讨论为是。兹已次及散会时矣。"

酉君曰:"我提出散会。"

主座曰:"赞成者请曰'可'。"宣布曰:"本会散会。至下星期此日午后二时半再开。"

结　论

以上各章所详论之原理方式,足为领率议场者作指南之用矣。然欲为良议员者,徒诵读之、研究之犹未足臻其巧妙也,必须习练成熟,而后乃能左右逢源,泛应曲当也。欲议场之步调整齐,秩序不紊,则非常时开会演习议法不可。其演习之道,有假设议场以专行练习者,然不若乘开会之期而兼习练之,则更为一举两得也。凡社会其事由少数董事或委员办理者,则会员鲜有机会以习练;倘另行随时开执行会，使全体会员在场，而将事件提出加之讨论与修正，而后处以最终之动作，则会员一年之所得，必胜于五年之研究及演习也。此书可备为个人研究及会场参考之用，且可备为同好者常时集合玩索而习练之。一社会中，其会员人人有言论表决权于大小各事，则知识能力必日加，而结合日固，其发达进步实不可限量也。

凡团体欲以此书为津梁者，可于其规则加定一条如下："本会集议规则以《民权初步》为准。"如是则有疑点，皆以此书为折衷也。若有团体不欲全照本书所定之规则，便可另立专条，规定其会所欲行者，如是则关于此种事件可不必照此书所定也。此等专条，不必包括于规则之内，一记录之表决案亦已足矣。譬如一会已采择本书之规定为例，而又欲以动议须有附和，或以复议动议不当加以限制为适宜者，便可立例如下："本会定以所有动议，须得附和，而后能接述之。"或："本会定以凡会员皆能提出复议动议。"但凡欲成为一纯粹议范之社会，则不当舍去普通认定之议事规则也。

凡社会采定一书为范围者，则凡于未规定之事，皆当遵守之。而其为专条所规定之事，则皆以专条为定衡。各会对于其所事或方法，当采专条以规定之。此等专条，或具于规则中，或立特别条例均可。惟须注意：切不可订立条例与通行议场公例抵触者，方为妥善。

更有一事当为各社会之忠告者：则切不可因一时情面或他种理由，而设一先例，以致将来有碍一会之自由行动者。而于选举职员更宜留意，庶免蹈此弊。如有不觉中陷于此等之恶习，则速改为佳。盖先例非一成不变者也，其效力只行于未得良法之前而已；如一旦得更良之法，则当以代之也。

再者，若一社会察觉其前时所行之事有不合通则者，则尽可由

之,而不必追加改正,只宜慎重不必行之于下次足矣。盖当时既无
人反对其事,则当视为正当,所谓"遂事不谏,既往不究"也。

附录:章程并规则之模范

章　程

第一条　会名　本会名为地方自治励行会。

第二条　职员　本会举会长一人,副会长一人,记录书记一
人,通信书记一人,理财员一人,核数员一人,董事若干人,　演说
委员若干人。每年选举一次,如规则所定。

第三条　会议　本会每年三月某某日开周年大会一次,每月
某某日开常期会议一次。会中一切要务,当在常期会议决之。除
规则所定者之外,只有会员方能到场会议。议场额数,至少七人。
凡常期会,当由某某报登广告通知。而特别会议,可由会员五人申
请,会长即得召集,但每会员当专牒通知。

第四条　经费　每年某月某日起为预算年期,会员经费每人
若干元,限入会或预算期一月之内交足。如得过期,通告犹不交
者,则停止会员资格。

第五条　会员　凡入会者,须得满一年资格之会员二人介绍,
于常期会议时报名。待一星期后,乃按名投票,如不过三票之反对
者,则为当选。如有落选之人,则本年之内不得再报名。本会会员
以若干名为限。

规　则

第一条　职员之义务

一节　会长副会长　会长当主持一切会议,并领率会员就事体之正式秩序,当担任周年大会之演说,并办理属于其职务之各事。若遇会长有事不能到会,则副会长代理其职务。而副会长须随时助会长办理各事。

二节　书记　记录书记办理开会事宜,并记录所议决各事,作一议事录。通信书记当收会中各信,开会时向众读之;并答复一切信函,保存会中文件,通知会员得被举者,函催会员欠费,署名给发会员凭票,编掌会员名册居址,并管理一切关于会员事件及文件。到周年大会之期,彼当将一年所经过之事及现在情形作一详细报告,向众宣读。以上各事,亦可责成记录书记分任之。议事录及文件,可随时与会众察阅。如会中有与他会及团体常通书信者,可多设一交际书记,专理与他团体交际之事。

三节　理财员　理财员当接收、催收、管理、出支一切会中银钱,并当将所有收支银钱开列详细数目,作一报告,呈报于周年大会之期。

四节　核数员　核数员当查核一切单据及理财员之帐目符合否,作一报告,呈报于周年大会之期。(若有董事会者则董事规则列于此)

五节　演说员　演说员分三部,每部设一演说员长。第一部,各国地方自治之历史规模;第二部,关于地方自治之科学及经济学;第三部,中国地方自治应办事宜。某月某日为第一部之期,某月某日为第二部之期,某月某日为第三部之期。各演说员长当将其部一年之经过作一报告,呈报于年会之期。

六节　选举　在某月之常任会期,会长当于职员之外,委派委员三人为指名委员,将来年职员指名造册。指名委员当通告被指名者,如有辞却,则当另指名以代之。于后三期会议,当将完备指名册呈报于众。至周年大会之期，当行投票选举。倘有被指名而不得选者，当另选至职员满数而止。凡入会不满一年者，无被选资格。

七节　任期　除书记及理财两职外，其他任期不得连任两年，而一人不得同时兼两职。惟隔任期一年之后，则可再得复其被选之资格。所有职员任期，至周年大会之日为满。

第二条　会员　凡被选为会员者，签名于章程并缴会费之后，则可领受本会之凭票而为会员，得享本会一切之权利，至年期末为止。此后再纳年费，便可继续为会员。每期会议，会员须当呈票，方得入场。

名誉会员可由会中酌量选择。旧会员居于远方者，可得为通信会员；倘来本城欲与会议者，可纳临时费便得入场。

凡会员欲除名会籍者，当致书通告通信书记便可。

第三条　来宾　凡会员可领朋友同来会议，但须纳临时费若干，而每会员每次会议只得许领二人。演说员每人给免票六条，不收临时费。

第四条　会议法则　地方自治励行会一切会议，皆以《民权初步》为法则。书记之外，非有本会特别命令，不得将本会会议报告发印。

第五条　本会章程及规则，在正式常务会议可以到场会员三分之二之表决而修改之。但至少须于一会期前将欲修改之条正式通告，使众周知方可。

第六条　搁起条例　本会之章程、规则内之条例，其可暂时停止者，遇有需要时可由全体一致而临时搁起之，以便他事之进行；但不能搁起过于一会期以上。

议　事　表

（说明）有、无者，有可、无可之谓也。如申诉，有可讨论、无可分开是也。数目者，例外之符号也。符号之说明，另列于表下。

动作＼议案	权宜问题一	秩序问题一	申诉	散会	搁置及抽出	停止讨论	延期	付委	修正	无期延期	收回动议	分开议题	表决法问题	复议	休息	搁起规则	独立动议
讨论	无	无二	有	无四	无	有五	有	有	有	无	有	无	无	有	无	无	有
分开	无	无	无	无	无	无	无	有七	有十	无	有	无	无	无	无	无	有
搁置	无	无	无三	无	无	无	无	无	无	无	无	无	无	有十二	无	无	有
停止讨论	无	无	有	无	无	无	有	有	无	无	有	无	无	无	无	无	有
延期	无	无	无三	无	无	无	无	无	无	无	有	无	无	无	无	无	有
付委	无	无	无三	无	无	无	无	无	无十一	无	有	无	无	无	无	无	有
修正	无	无	无	无	无	无	有六	无八	无	无	有	无	无	有	无	无	有
无期延期	无	无	无	无	无	无	无	无	无	无	有	无	无	无	无	无	有
复议	无	无	有	无	无	有	有	有九	有	无	有	无	无	无	无	无	有

符号之说明：

一、凡出此两问题外所发生之急要动议，则处分之动作与独立动议同。

二、得主座之许可可作评议，但除申诉事外，不能有讨论之权利。

三、申诉问题之自身,无可付委、无可延期、无可搁置者也。惟
　　可随申诉之本题,一同受此三种之动作。

四、若在不定下会开会之期而散会等于终止者,则此议有可
讨论。

五、得为有限时之讨论,而其讨论只范围于停止讨论之自身,
　　不能牵入于本题。

六、只有属于时日者,乃有可修正。

七、只有属于有附训令之付委,为无可分开者也。

八、只有属于有训令之付委及委员之人数,有可修正者也。

九、委员已开始进行,则无可复议。

十、只有删去而加入之修正案,为无可分开。

十一、有种修正案,其本题尚悬而未决者,有可付委者也。

十二、复议已受搁置者,不能抽出其问题作为终结。

据上海孙中山故居所藏改正本《建国方略》(上海民智书局
一九二二年六月再版),并参校其他版本

附:国民政府建国大纲①

(一九二四年一月二十三日)

一、国民政府本革命之三民主义、五权宪法以建设中华民国。

二、建设之首要在民生。故对于全国人民之食衣住行四大需
要,政府当与人民协力:共谋农业之发展,以足民食;共谋织造之发

---

①　本件由孙中山起草后提交代表大会,与大会宣言并案审议。今所收录的是孙
中山事后手写件。

展，以裕民衣；建筑大计划之各式屋舍，以乐民居；修治道路、运河，以利民行。

三、其次为民权。故对于人民之政治知识能力，政府当训导之，以行使其选举权，行使其罢官权，行使其创制权，行使其复决权。

四、其三为民族。故对于国内之弱小民族，政府当扶植之，使之能自决自治。对于国外之侵略强权，政府当抵御之；并同时修改各国条约，以恢复我国际平等、国家独立。

五、建设之程序分为三期：一曰军政时期，二曰训政时期，三曰宪政时期。

六、在军政时期，一切制度悉隶于军政之下，政府一面用兵力以扫除国内之障碍，一面宣传主义以开化全国之人心，而促进国家之统一。

七、凡一省完全底定之日，则为训政开始之时，而军政停止之日。

八、在训政时期，政府当派曾经训练考试合格之员，到各县协助人民筹备自治。其程度以全县人口调查清楚，全县土地测量完竣，全县警卫办理妥善，四境纵横之道路修筑成功，而其人民曾受四权使用之训练，而完毕其国民之义务，誓行革命之主义者，得选举县官，以执行一县之政事，得选举议员，以议立一县之法律，始成为完全自治之县。

九、一完全自治之县，其国民有直接选举官员之权，有直接罢免官员之权，有直接创制法律之权，有直接复决法律之权。

十、每县开创自治之时，必须先规定全县私有土地之价，其法由地主自报之，地方政府则照价征税，并可随时照价收买。自此次报价之后，若土地因政治之改良、社会之进步而增价者，则其利益当为全县人民所共享,而原主不得而私之。

十一、土地之岁收,地价之增益,公地之生产,山林川泽之息,矿产水力之利,皆为地方政府之所有,而用以经营地方人民之事业,及育幼、养老、济贫、救灾、医病与夫种种公共之需。

十二、各县之天然富源与及大规模之工商事业,本县之资力不能发展与兴办,而须外资乃能经营者,当由中央政府为之协助;而所获之纯利,中央与地方政府各占其半。

十三、各县对于中央政府之负担,当以每县之岁收百分之几为中央岁费,每年由国民代表定之;其限度不得少于百分之十,不得加于百分之五十。

十四、每县地方自治政府成立后,得选国民代表一员,以组织代表会,参预中央政事。

十五、凡候选及任命官员,无论中央与地方,皆须经中央考试铨定资格者乃可。

十六、凡一省全数之县皆达完全自治者,则为宪政开始时期。国民代表会得选举省长,为本省自治之监督;至于该省内之国家行政,则省长受中央之指挥。

十七、在此时期,中央与省之权限,采均权制度。凡事务有全国一致之性质者,划归中央;有因地制宜之性质者,划归地方。不偏于中央集权,或地方分权。

十八、县为自治之单位,省立于中央与县之间,以收联络之效。

十九、在宪政开始时期,中央政府当完成设立五院,以试行五权之治。其序列如下:曰行政院;曰立法院;曰司法院;曰考试院;曰监察院。

二十、行政院暂设如下各部:一、内政部;二、外交部;三、军政部;四、财政部;五、农矿部;六、工商部;七、教育部;八、交通部。

二十一、宪法未颁布以前，各院长皆归总统任免而督率之。

二十二、宪法草案当本于建国大纲及训政宪政两时期之成绩，由立法院议订，随时宣传于民众，以备到时采择施行。

二十三、全国有过半数省分达至宪政开始时期，即全省之地方自治完全成立时期，则开国民大会，决定宪法而颁布之。

二十四、宪法颁布之后，中央统治权则归于国民大会行使之，即国民大会对于中央政府官员有选举权、有罢免权，对于中央法律有创制权、有复决权。

二十五、宪法颁布之日，即为宪政告成之时，而全国国民则依宪法行全国大选举。国民政府则于选举完毕之后三个月解职，而授政于民选之政府，是为建国之大功告成。

民国十三年四月十二日　孙文书（印）

据上海《民国日报》一九二四年四月十二日《追悼专号》影印手迹复件

任命王鸣亚职务令

（一九二二年七月一日）

任命王鸣亚为大本营琼崖警备军副司令。此令。

中华民国十一年七月一日

孙　文

据《国父全集》第四册（转录史委会藏原件影印）

命发黄骚款项令

（一九二二年七月一日）

着交港纸五千四百元①。此令。

孙　文

据《孙大总统广州蒙难十一周年纪念专刊》

在永丰舰上的谈话

（一九二二年七月二日）

（一）以西江水浅，如各舰移至西江，仅留三大舰在黄埔，则海军以分而力弱，大舰或为逆军所买，则将来更难取胜。

（二）以大本营一离黄埔，则长洲要塞必失，广州附近水陆形胜，尽入叛军范围之中，牵制更难，贼焰必张。

（三）以总统移驻西江，其地面较广，活动虽易，然黄埔为广州咽喉，且有长洲要塞，其地点重要，非西江可比。且总统驻于黄埔，广州虽失，犹易恢复，威望仍在；如移西江，地势偏僻，无以系中外之望。

（四）海军如往西江，重来省河较难；如北伐军回粤，不能奏水陆夹击之效。

（五）移驻西江，而弃长洲天然之要塞，另谋陆上根据地，能否占领，尚不可知；且西江各部陆军态度不明，能否为吾所用，尚未可

---

① 黄骚实际上多支一百元。

必。如果陆上毫无根据，陆军又不奉命，则海军势绌，可立而待。

有此五害，故动不如静，坚待北伐军速来，以备水陆夹攻省城，则贼亡有日也。

据蒋中正《孙大总统广州蒙难记》

命赏福安舰员令
（一九二二年七月三日）

着赏给福安舰船员贰百元。此令。

孙　文

中华民国十一年七月三日

据《孙大总统广州蒙难十一周年纪念专刊》

任命徐树荣职务令
（一九二二年七月四日）

任徐树荣〈为〉别动队司令，守卫黄埔。

据上海《民国日报》一九二二年七月五日《本社专电》

批陈炯明调和代表来函*
（一九二二年七月五日）

能恢复政府，陈亲出谢罪，叛军悉退出广州，可赦。

据上海《民国日报》一九二二年七月八日《本社专电》

---

* 七月五日，陈炯明调和代表持函到“永丰舰”，名为“求和”，实在讽孙下野。此件系对“求和”函件的批示。

批马伯麟请发本部经费呈[*]

（一九二二年七月五日）

核准给大纸。

文

据《孙大总统广州蒙难十一周年纪念专刊》

命发警备司令徐树荣经费令

（一九二二年七月五日）

着发给徐树荣银毫叁百元。此令。

孙　文

中华民国十一年七月五日

据《孙大总统广州蒙难十一周年纪念专刊》

命发海防司令陈策经费令

（一九二二年七月五日）

着发给海防司令港币叁千。此令。

孙　文

中华民国十一年七月五日

据《孙大总统广州蒙难十一周年纪念专刊》

---

　　*　七月五日,长洲要塞司令马伯麟呈请领本部七月份经费银五千元正。批件日期据呈文。

批赵守范函

（一九二二年七月七日）

代答以先生五年前并未到津，则同舟之事，恐是错误。如能筹巨款以助公益，可到上海△△地址与张静〈江〉接洽可也。

据《国父全集》第四册（转录史委会藏原件）

命发香港《晨报》津贴令

（一九二二年七月七日）

着发给香港《晨报》津贴港纸五百元。此令。

孙　文

中华民国十一年七月七日

据《孙大总统广州蒙难十一周年纪念专刊》

命发李廷铿梁醉生旅费令

（一九二二年七月八日）

着发给李廷铿赴柳、梁醉生赴衡旅费共贰百元。此令。

孙　文

据《孙大总统广州蒙难十一周年纪念专刊》

复利介诸同志电

（一九二二年七月九日）

利介诸同志：电款均悉，至佩热忱。北伐军已克韶梅，逆势日蹙。请将存款尽汇应急。孙文。佳。

据《国父全集》第三册（转录史委会藏原件）

命杨虎直接指挥海军陆战队令

（一九二二年七月九日）

所有海军陆战队、卫侍队及要塞掩护队均归参军杨虎直接指挥。此令杨虎参军。

孙　文

据李睡仙等编《陈炯明叛国史》附录《杨参军之军中日记》

与夏税务司的谈话 *

（一九二二年七月十日）

夏首问：总统是否来此避难？

总统言：此为我之领土，我可往来自由，岂可谓之来此避难？汝言何意，令人不解所谓！

---

* 孙中山率舰队由黄埔经东歪炮台进入省河白鹅潭后，广州夏税务司登舰谒见。此件为谈话要点。谈话后，夏乃默无一言，如礼辞去。

　　夏乃言：白鹅潭为通商港口，接近沙面；万一战事发生，窃恐牵涉外国兵舰，引起交涉。不如请总统离粤，俾可通商由自。

　　总统言：此非汝之所应言者！吾生平不服暴力，不畏强权；吾只知正义与公道，决不受无理之干涉！

据蒋中正《孙大总统广州蒙难记》

复芝加哥分部电

（一九二二年七月十日）

　　伍千伍百元收，承助至佩！现率舰队进驻省，以会许军。望续筹电沪。孙文。蒸。

据《国父全集》第三册（转录史委会藏原稿）

复大溪地分部电

（一九二二年七月十日）

　　大溪地同志：二万佛郎收，谢后援。望续助。孙文。蒸。

据《国父全集》第三册（转录史委会藏原稿）

与香港《士蔑西报》记者的谈话*

（一九二二年七月上旬）

　　问：近与粤军有复开谈判之说否？

------

　　*　具体日期不明。惟谈话中提及数日前在黄埔曾接陈氏直接来函，系指七月五日陈之调和代表至"永丰舰"递交陈氏六月二十九日晚所写函件一事。据此酌定此次谈话在七月十日前。

答:事实并非如此,只有某某官员及公众团体于前二日内竭力与予磋商耳。

问:先生以何辞答之?

答:予之答辞,与前无异,如彼等允遵从予之良好条件,必须请予返省,俾执行政府职权,以惩办战务负责之人。

问:先生允不再炮击羊城乎?

答:是也。但须附以粤军不击予之条件。

问:先生现有之兵舰七艘,是完全效忠于君乎?

答:是也。(复言各舰水兵,俱效忠于予。各舰员则已受贿,无力驾驭水兵。前有兵舰二艘,由舰员驶来此处,今已避去。)

问:先生曾接陈炯明之来函否?

答:数日前予在黄埔时,曾接陈氏直接来函[①],乃陈氏自缮,其计划及决断,完全谬误。君当知陈之目的业已失败。彼料我军败于江西——有人妄告陈,谓北伐军全军覆没,——彼之决策,盖根据北伐军即未尽败,而返粤亦必遭敌军追击之说也。(孙又述陈氏阴谋陷害之计划,并言予若被害,陈将诿咎于不负责之兵士,而声言深以此事为可惜,然后再表示其悲悼之意。言至此,略犹豫。)

问:尊意将谓彼于先生死后赠以花球或诔词乎?

答:是也。彼将致一诔词,表示对于予死事抱憾之意,以脱身

---

① 陈炯明致孙中山函全文如下:"大总统钧鉴:国事至此,痛心何极。炯虽下野,万难辞咎。自十六日奉钧谕,而省变已作,挽救无及矣。连日焦思苦虑,不得其道而行;惟念十年患难相从,此心未敢丝毫有负钧座。不图兵柄现已解除,而事变之来,仍集一身,处境至此,亦云苦矣! 现惟恳请开示一途,俾得遵守,庶北征部队,至免相残,保存人道,以合天和,此后图报,为日正长也。肃此,即请钧安。陈炯明敬启。六月二十九日晚。"

事外,孰知事竟出于其意料所及。予现待北伐军之返省,北伐军一部已抵惠州,一部由北江而下,本月八号占取韶关,且有湖南军与北伐军联合。

问:黄埔之战,是否有北洋舰三艘,助叶举军队炮轰长洲炮台乎?

答:并无此事。该三舰于中夜驶去,水兵初不知驶往何处,经此一役,水兵将不复听舰员之命。该舰由温树德统带,惟水手效忠于予,此数舰现实归予所有。又谓:东歪炮台自十号被兵舰炮击后,台兵已逃走一空,乡民于两军开战后,一致群起由后方袭击台兵,占夺炮台,现代予保守之,予目下地位,获益良多。

问:兼有保障乎?

答:非保障之问题,予与城中之交通,较前极近,且与北伐军愈为接近。北伐军之数,最少亦有三万人。

据胡编《总理全集》第二集《关于陈炯明叛变之谈话》

复吉隆坡同志电
(一九二二年七月十一日)

(一)转占梅兄,款收。(二)现率舰驻鹅潭候许军。孙文。真。七月十二日复吉隆坡陈占梅。

据《国父全集》第三册(转录史委会藏原稿)

批罗翰焯函*

（一九二二年七月十一日）

代答：着与马素竭力筹款。

据《国父全集》第四册（转录史委会藏原件）

南洋兄弟烟草公司捐款收据

（一九二二年七月十三日）

径启者：日前贵公司捐助国民党经费毫银五千元。兹因军需浩繁，为此缮备收条专函列领，即希亮察照交为荷。此致南洋兄弟烟草公司

曾公乐君

孙　文

十一年七月十三日

据吴相湘编撰《孙逸仙先生传》（台北远东图书公司印行，

一九八二年十一月初版）原函影印件

任命许春草职务令

（一九二二年七月十四日）

任命许春草为福建讨贼军总指挥。此令。

_____

* 罗翰焯系美国波士顿华侨。

　　　　　　　　　　　　　　　　　孙　文

中华民国十一年七月十四日

据《国父全集》第四册(转录史委会藏原件影印)

命省河各舰不得自由行驶令
(一九二二年七月十四日)

　　省河各舰,非有海军命令,不得自由行驶。现自莲花山至白鹅潭皆为海军势力,内河各小舰亦悉听指挥。

据上海《民国日报》一九二二年七月十四日《本社专电》

致李是男函
(一九二二年七月十五日)

是男兄鉴:

　　闻兄有意出而维持《晨报》,我甚欢迎。望即与现在主持《晨报》诸同志妥商办法,以维久远,不胜幸甚。此致,即候

时祉

　　　　　　　　　　　　　孙　文　七月十五日

据《国父全集》第三册(转录"会书"之十"函札")

批招桂章请款呈*
(一九二二年七月十七日)

照准。

---

　　*　七月十七日,楚豫舰长招桂章请借港币六百元。

孙　文
据广东省档案馆藏原件影印

命发黄骚经费令
（一九二二年七月十七日）

着发给黄骚办卫生药料费一千元。此令。

孙文　七月十七日
据广东省档案馆藏原件影印

命发黄骚经费令
（一九二二年七月十八日）

着发给黄骚买卫生药料费二千元。此令。

孙　文

中华民国十一年七月十八日

据广东省档案馆藏原件影印

复孔庚函[*]
（一九二二年七月十九日）

雯掀兄鉴：

　　潘君宜之到粤，得接各函，并详聆一切，喜悉奋斗精神犹不少

---

[*] 孔庚，湖北人。一九二一年七月，赵恒惕组织"援鄂自治军"，旅湘鄂人成立"湖北自治政府"，以孔庚为政务院长。八月底，吴佩孚得驻湘英国领事帮助，击败湘赵，"湖北自治政府"风流云散。孔庚致函孙中山，报告困难情形。孙复函鼓励继续奋斗。

懈,感慰无似。现值彼此皆在困难之中,惟持此奋斗精神,各尽所能,以排除艰困而已。

此间无刻不在危险之中,数分钟前,则有一水雷爆发于船之附近,幸无所损耳! 现虽北伐军已与叛贼战于韶关,胜负尚未决,总要旬日左右,方能得结果也。成败利钝,尽在韶关一战矣! 文在此只有履险如夷,静听前方之解决耳。此候

时祉

孙　文　七月十九日

据《国父全集》第三册(转录史委会藏原件影印)

批永翔舰伤兵请领恤金条[*]

(一九二二年七月十九日)

着照恤金〈发〉。

孙文　七月十九日

据《孙大总统广州蒙难十一周年纪念专刊》

批陈际熙函^{**}

(一九二二年七月二十日)

代答:函悉。望专与何振图复虎门,不必分心他事。

据《国父批牍墨迹》

---

　*　六月十六日,永翔舰伤兵郭荣兴等四名呈请恤金。此恤金经该舰舰长丁培龙手收。

　**　陈际熙受派从上海赴香港筹商讨伐陈炯明事宜,以备配合北伐军返粤。陈抵港后探悉陈军内部斗争情况,向孙中山报告,建议利用此一时机令各部迅速行动。所标日期据来函时间。

收　款　条

（一九二二年七月二十二日）

收到港纸二千元整。

孙　文　七月二十二日

命发严月生经费令

（一九二二年七月二十二日）

着发给严月生公费五百元（银毫）①。此令。
中华民国十一年七月二十二日

孙　文

命发杨虎经费令

（一九二二年七月二十二日）

着发给杨虎伤兵医药费二百元（银毫）。此令。

孙　文

中华民国十一年七月二十二日

---

① 实支港纸四百一十六元。

命发连声海经费令

（一九二二年七月二十三日）

发给连声海伙食〈费〉银毫五百元①。此令。

孙　文

中华民国十一年七月二十三日

据广东省档案馆藏原件影印

收　款　条

（一九二二年七月二十四日）

收到港纸二千元整。

文　二十四日

补给港票伍百元。

文　七月二十四日

据广东省档案馆藏原件影印

关于支款的手令

（一九二二年七月二十四日）

无论何人，非经大元帅签字，不准支款。

孙　文

---

①　附批：实支港币四百整。收款报告，收到港币只贰佰元。

中华民国十一年七月二十四日

批欧阳格请款呈[*]

（一九二二年七月二十五日）

先发一千五百元。

孙　文

批欧阳琳请款呈[**]

（一九二二年七月二十七日）

先发一千元。

文

批陈策请款呈[***]

（一九二二年七月二十八日）

先发一千元。

文

---

[*]　七月二十五日，豫章舰长欧阳格请发杂用及公费港洋三千元整。

[**]　七月二十七日，同安舰长欧阳琳请大总统给领临时杂支及应用费广纸（指当时广东省银行发行的纸币）三千元整。

[***]　七月二十八日，海防司令陈策，呈请领港币二千元整。

批黄骚请款呈*

（一九二二年七月二十九日）

照给。

文

据广东省档案馆藏原件影印

命发江顺舰饷令

（一九二二年七月二十九日）

赏江顺饷一个月六百元①。此令。

中华民国十一年七月二十九日

文

据广东省档案馆藏原件影印

---

* 七月二十九日，黄骚用英文开列请款清单：

Expenses to Shuikwan for three Men	200.00
Bought Provisions	50.00
Reward for 3 men	500.00
	750.00
Fund for Red Cross work	2250.00

原文意译为：

三人赴韶关旅费	200.00
购买食品	50.00
三人酬金	500.00
	750.00
红十字工作专款	2250.00

① 据胡文耀收据，实支广纸一千二百元，折合银毫六百元。

命发程潜经费令

（一九二二年七月二十九日）

着发给程潜二角票二万元，五角票三万元。此令。

孙　文

中华民国十一年七月二十九日

据广东省档案馆藏原件影印

批欧阳格领状*

（一九二二年七月二十九日）

一万元。

文

据广东省档案馆藏原件影印

任命徐天琛职务令

（一九二二年七月三十日）

任命徐天琛为讨贼军别动队司令。此令。

孙　文

民国十一年七月三十日

据《国父全集》第四册（转录史委会藏原件影印）

---

*　海军临时总指挥欧阳格，呈请发给海军临时伙食、煤斤杂费港洋一万元正。

批钱慰卿请款呈 *

（一九二二年七月）

发给一百元。

文

据广东省档案馆藏原件影印

复星加坡同志电

（一九二二年八月一日）

兆兰兄鉴：承石何胡兄共来星币两千，至感。韶关以下逆军为我击散，粤局不日可定。惟饷需甚急，尚希力筹续助。孙文。东。

据《国父全集》第四册（转录史委会藏原稿）

复黄海山电

（一九二二年八月一日）

感世款均收，承助至感。现将韶关、翁源、英德等处逆军击破。惟我将士冒暑奋斗，劳苦倍加，尚希海外诸兄源源续助，以励士气。照电收转。孙文。东。

据《国父全集》第四册（转录史委会藏原稿）

---

* 钱慰卿呈请拨发川资数十元，以解决赴目的地旅费困难。

复芝加哥分部电

（一九二二年八月一日）

　　款已收，承竭助至感。现将韶关、翁源、英德等处逆军击破。惟我军冒暑奋斗，劳苦倍加，尚希海外同志源源续助，以励士气。孙文。东。

据《国父全集》第四册（转录史委会藏原稿）

批兴业公司煤行收据 *

（一九二二年八月一日）

　　准。

文

据广东省档案馆藏原件影印

致驻荷属党部电

（一九二二年八月二日）

　　万急。转荷属各支分部鉴：北江军事，均甚得手。惟海陆军糈，待济良急。特请火速续助，或暂借应急，无任盼切。孙文。冬。

据《国父全集》第四册（转录史委会藏原稿）

---

　　* 兴业公司支行总指挥处决定用港币买英国白烟笠炭二百吨，计一万元整。又买日本洪巢大炭一百五吨，计二千七百七十五元。合共一万二千七百七十五元。呈请核示。

致仰光支部电

（一九二二年八月二日）

万急。请转各支分部鉴：北江军事，均甚得手。惟海陆军糈，待济良急。特恳火速续助，或暂借应急，无任盼切。孙文。冬。

据《国父全集》第四册（转录史委会藏抄件）

致泗水支部电

（一九二二年八月二日）

万急。转荷属各支分部鉴：北江军事，均甚得手。惟海陆军糈，待济良急，特恳火速续助，或暂借应急。无任盼切。孙文。冬。

据《国父全集》第四册（转录史委会藏抄件）

命发黄骚经费令

（一九二二年八月二日）

着发给港币二千元，为电船按匪费，交黄骚去办。

孙　文

中华民国十一年八月二日

据广东省档案馆藏原件影印

饬发廖湘芸旅费条

（一九二二年八月二日）

发给廖湘芸旅费大票四百元整。

孙文　八月二日

据广东省档案馆藏原件影印

批胡文灿请款函[*]

（一九二二年八月三日）

　准。

文

据广东省档案馆藏原件影印

批陈策请款呈^{**}

（一九二二年八月三日）

　准。

文

据广东省档案馆藏原件影印

---

　　*　八月三日,讨逆军司令胡文灿呈称,现需款万急,恳请准将日前其弟胡文燿截获逆军陈德春军费四千元项下,拨给一千元,俾应急需。

　　**　八月三日,海防司令陈策,谨呈请领港币银五千元,以为给支煤炭之用。

复古巴支部电

（一九二二年八月五日）

款收。俟许军到省，粤局即定。惟军饷紧急，希续助。电沪林焕廷收转。孙文。微。

据《国父全集》第四册（转录史委会藏原稿）

复檀香山同志电

（一九二二年八月六日）

电款均悉。诸兄协助讨贼，海陆军士闻之倍奋。现我军将抵韶关，第用兵之际，需款仍钜，望续电焕①转，俾先靖粤局而安桑梓。孙文。麻。

据《国父全集》第四册（转录史委会藏原件）

批黄百借款呈 *

（一九二二年八月七日）

准。港纸二百元。

文

据广东省档案馆藏原件影印

---

① 焕：即林焕廷。
* 八月六日，副官黄百因家属旅粤，财用匮乏，请借款若干元，以便资遣回籍。

命发陈际熙经费令

（一九二二年八月七日）

着发给陈际熙杂费三百元银毫。此令。

孙　　文

中华民国十一年八月七日

据广东省档案馆藏原件影印

批陈策请款呈*

（一九二二年八月八日）

准。

文

据广东省档案馆藏原件影印

在摩轩号舰对幕僚的谈话

（一九二二年八月九日）

美国素重感情，主持人道；法国尊重主权，又尚道义；而英国外交，则专重利害，唯其主张，中正不偏，又能识别是非，主持公理，故其对外态度，常不失其大国之风，在在令以敬爱。吾国建设，当以英国公正之态度、美国远大之规模，以及法国爱国之精神为模范，

---

* 八月八日，海防司令陈策谨呈请领伙食银港币二千元。

以树吾民国千百年永久之计。

然而今日中国之外交,以国土邻接、关系密切言之,则莫如苏维埃俄罗斯。至于以国际地位言之,其与吾国利害相同,毫无侵略顾忌,而又能提携互助策进两国利益者,则德国是也。惜乎国人不明俄、德真相,徒以德国大战失败,为不足齿列,而不知其固有之人才与学问,皆足资助吾国发展实业、建设国家之用也。又以为俄国布尔歇维克为可怖,而不一究其事实。吾忆三年前,日本参谋本部部员某访余于上海,问余是否赞助俄国之无政府主义者。余答曰:俄国列宁政府,组织完备,固为其堂堂正正之政府,焉得指其为无政府耶? 该员闻此,亦不知其言所自出,乃竟不能复答。今日吾国人士对俄之恐怖心,固犹如昔。至于今日俄国之新经济政策,早已变更其共产主义,而采用国家资本主义,并弛私有之禁,其事已逾一年,而国人不察,至今尚指其为共产主义,为过激派。其故盖由某国不能发展其侵略主义于东亚,而又与俄国利害冲突,积不相能。故俄国明明有政府,乃强指其为无政府。俄国早已弛去私有之禁,而又宣传其为共产国,为过激派。以彼之恐怖而不相容者,而又忌人缔交亲善,故特布此恐怖之宣传。

吾国外交,本非自主,向落人后,而又不能研究其利害与得失之所在,殊可叹也! 今后吾国之外交,对于海军国固当注重,而对于欧亚大陆之俄、德二国更不能不特别留意,不宜盲从他国,致为人利用也。

据蒋中正著《孙大总统广州蒙难记》

批林若时请款呈[*]

（一九二二年八月九日）

着林直勉办理。

孙　文

据广东省档案馆藏原件影印

命各舰归队令^{**}

（一九二二年八月九日）

子培司令：

照以前,浅水各舰一切行动,皆受本总统之命令,现因本总统要到沪上主持统一国是,今日离"永丰舰",兹令各舰归队。此令。

孙　文

民国十一年八月九日

据《国父全集》第四册（转录史委会藏原件影印）

给各将领的电令^{***}

（一九二二年八月九日）

（衔略）文于六月十六日率舰应变以来,与叛军相持二月之久,

　　＊　八月九日,福安舰长林若时请领五、六、七三个月薪水,共港纸七百八十元整。

　　＊＊　此系孙中山致海军司令温树德的命令。

　　＊＊＊　孙中山以北伐军失利,待援无望,陈军又频袭"永丰舰",乃召集各舰长会议,决定有关事项,随于八月九日午后离穗经港赴上海,行前发此电令。

正期与我各将领会师广州,歼此叛逆;徒以孤军粮绝,变生肘腋,故文于本日不得已离粤来沪,相与我护法同志讨论善后与中国统一计划。惟讨贼之志未终,平乱之责犹在,特令李总长统率各省义军,集合粤境,同心勠力,讨此叛逆,以彰国法。望各将领懔遵毋违。此令。

据重庆《国民公报》一九二二年九月十一日

《孙中山离粤时之电令》

在"俄国皇后号"邮船上的谈话 *

(一九二二年八月十三日)

　　与徐同时下野之约言,不知其从何而来。吾在民国元年,曾有与宣统同时退位之语,而今日与徐同时下野之说则无有;其或造谣生事者,根据于与宣统同时退位之语而来,不过假此以荧惑世人耳目耳。如吾果有与徐世昌同时下野之语在前,是无异承认其为合法,承认其为正式总统,安能为之?吾之就总统职者,乃知名器之不可以假借,职权之不可虚悬,正名定位,不使是非混淆,以乱天下人之耳目。名分既定,则吾自无与徐同时下野之理。至于南北统一之议,则吾已于六月六日宣言,表示与北方停战言和,以望统一之成,焉得谓之统一之障碍哉?至于革命与叛逆之名,则不可丝毫假借,其理甚明。盖革命为一宝贵尊严之名词,须知革命有革命之主义,有革命之道德,有革命之精神。法国革命之主义在自由,美国革命之主义在独立,而吾国之革命乃求实行三民主义也。故革

　　＊　孙中山于八月九日由香港转乘"俄国皇后号"邮船赴上海,十四日抵达。十三日,在"俄国皇后号"上,有人谈到陈炯明自认为此次广州叛乱为革命,视孙中山为南北统一之障碍,故要求孙中山实践与徐世昌同时下野之约言时,孙发表了本篇谈话。

命之精神与道德,亦皆由此三民主义而出。至于陈炯明此次叛乱之行为,纵兵殃民,图袭谋害,适与革命之精神与道德,成一反比例,而其主义,则在盘踞与割据,以逞其一己之私欲而已。此革命与叛逆之所以分,不容丝毫淆乱者也! 藉令彼能堂堂正正以革命政府之命,则革命为吾人所乐许,吾且奖励之不暇,焉能禁人之不欲加诸我也。惟乱臣贼子,不得借汤武神圣革命之名词,以实施其篡窃欺盗之行为耳! 犹之魏、晋、宋、齐之禅代,不能伪托唐、虞、商、周之美名,此稍治历史者所能别之,而况共隶于一护法旗帜之下,大业未终,自叛降敌,乃可谬援名称,以自掩饰? 公道在人,岂能尽欺耶?

据蒋中正著《孙大总统广州蒙难记》

宣布粤变始末及统一主张

(一九二二年八月十五日)

六年以来,国内战事,为护法与非法之争。文不忍艰难创造之民国,隳于非法者之手,倡率同志,奋斗不息。中间变故迭起,护法事业,蹉跎数载,未有成就,而民国政府,遂以虚悬。国会知非行权无以济变,故开非常会议,以建立政府之大任,属之于文。文为贯彻护法计,受而不辞。就职以来,激厉将士,出师北向,以与非法者战。最近数月,赣中告捷,军势远振,而北军将士,复于此时为尊重护法之表示。文以为北军将士,有此表示,则可使分崩离析之局,归于统一,故有六月六日之宣言,愿与北军将士提携,以谋统一之进行。

不图六月十六日护法首都,突遭兵变,政府毁于炮火,国会遂以流离,出征诸君,远在赣中。文仅率军舰仓卒应变,而陆地尽为变兵所据，四面环攻，益以炮垒水雷，进袭不已。文受国会付托之重，护法责任，系于一身，决不屈于暴力，以失所守。故冒险犯难，孤力坚持，至于两月之久，变兵卒不得逞。而军舰力竭，株守省河，于事无济。故以靖乱之任，付之各处援师，而自来上海，与国人共谋统一之进行。

回念两月以来，文武将佐，相从患难，伤亡枕藉。故外交总长伍廷芳，为国元老，忧劳之余，竟以身殉，尤深怆恻！文之不德，统驭无方，以至变生肘腋，咎无可辞。自兵变以后，已不能行使职权，当向国会辞职，而国会流离颠沛之余，未能集会，无从提出。

至于此次兵变，文实不知其所由起。据兵变主谋陈炯明及诸从乱者所称说，其辞皆支离不可究诘。谓护法告成，文当下野耶？六月六日，文对于统一计划，已有宣言，为天下所共见。文受国会付托之重，虽北军将士有尊重护法之表示，犹必当审察其是非与诚伪，为国家谋长治久安之道，岂有率尔弃职而去之理？陈炯明于政府中为内务总长、陆军总长，至兵变时，犹为陆军总长，果有请文下野之意，何妨建议，建议无效，与文脱离，犹将谅之。乃兵变以前，默无所言，事后始为此说，其为饰辞，肝肺如见。按当日事实，陈炯明于六月十五日已出次石龙，嗾使第二师于昏夜发难，枪击不已，继以发炮，继以纵火，务使政府成为煨烬，而置文于死地。盖第二师士兵皆为湘籍，其所深疾，果使谋杀事成，即将归罪，以自掩其谋而兼去其患。乃文能出险，不如所期，始造为请文下野之言。观其于文在军舰时，所上手书，称大总统如故，可证其欲盖弥彰已！谓陈炯明以免职而修怨，叶举等以饬回防地而谋生变耶？无论以怨望而谋不轨，为法所不容。即以事实言之，文于昨年十月率师次于桂林，属陈炯明以后方接济之任，陈炯明不惟断绝接济，且从而阻挠。文待至四月之杪，始不得已改道出师，于陈炯明呈请辞职之时，犹念其前劳，不忍暴其罪状，仍留陆军总长之任，慰勉有加，待之岂云过苛？叶举等所部，已指定肇、阳、罗、高、雷、钦、廉、梧州、郁林一带为其防地，乃辄率所部，进驻省垣，骚扰万状，前敌军心，因以动摇，饬之回防，讵云激变？可知凡此种种，亦非本怀。徒以平日处心积虑，惟知割据，以便私图，于国事非其所恤，故始而阻挠出师，终而阴谋盘踞，不惜倒行逆施，以求一逞。诚所谓苟患失之，无所不至者。

且即使陈炯明之对于文积不能平，至于倒戈，则所欲得而甘心者，文一人之生命而已，与人民何与？乃自六月十六日以后，纵兵淫掠，使广州省会人民之生命财产悉受蹂躏，至今不戢。且纵其凶锋，及于北江各处，近省各县，所至洗劫一空，人民何辜，遭此荼毒！言之痛心！向来不法军队，于攻城得地之后，为暴于一时，已犯天下之大不韪。今则肆虐亘于两月，护法以来，各省虽有因不幸而遭兵燹，未有如广东今日所处之酷者。北军之加兵于西南，军纪虽弛，有时犹识忌惮。龙济光、陆荣廷驻军广东，虽尝以骚扰失民心，犹未敢公然纵掠。而此次变兵，则悍然为之。闻其致此之由，以主谋者诱兵为变时，兵怵于乱贼之名，惮不敢应。主谋者窘迫无术，乃以事成纵掠为条件，兵始从之为乱。似此煽扬凶德，汩没人道，文偶闻野蛮部落，为此等事，犹深恶而痛绝之；不图为此者即出于同国之人，且出于所统率之军队，可胜愤慨！文夙以陈炯明久附同志，愿为国事驰驱，故以军事全权付托。今者甘心作乱，纵兵殃民，一至于此，文之任用非人，诚不能辞国人之责备者也。此次兵变，主谋及诸从乱者所为，不惟自绝于同国，且自绝于人类，为国法计，固当诛此罪人；为人道计，亦当去此蟊贼。凡有血气，当群起以攻，绝其本根，勿使滋蔓。否则流毒所播，效尤踵起,国事愈不可为矣!

　　以上所述,为广州兵变始末。至于国事,则护法问题,当以合法国会自由集会,行使职权,为达到目的。如此,则非常之局自当收束,继此以往,当为民国谋长治久安之道。文于六月六日宣言中所陈工兵计划,自信为救时良药。其他如国民经济问题,则当发展实业,以厚民生,务使家给人足,俾得休养生息于竞争之世。如政治问题,则当尊重自治,以发舒民力。惟自治者全国人民有共治、共享之谓,非军阀托自治之名,阴行割据所得而藉口。凡此荦荦诸端,皆建国之最大方略,文当悉其能力,以求贯彻。自维奔走革命三十余年,创立民国,实所躬亲。今当本此资格,以为民国尽力,凡忠于民国者则引为友,不忠于民国者则引为敌。义之所在,并力以赴,危难非所顾,威力非所畏,务完成中华民国之建设,俾国民皆蒙福利,责任始尽。耿耿此诚,惟国人共鉴之!

孙文　民国十一年八月十五日

据重庆《国民公报》一九二二年八月十六日

复古巴支部电

(一九二二年八月十五日)

　　叁千元收。文来沪谋中国统一计划,至平乱事,由许、李负责。请各同志接续助款,以竟全功。孙文。删。

据《国父全集》第四册(转录史委会藏抄件)

批岑静波函[*]

（一九二二年八月十六日）

代答奖励。并拨款三千元，着到某处领。

据《国父全集》第四册（转录史委会藏原件）

对 外 宣 言[**]

（一九二二年八月十七日）

自一九一七年国会遭非法解散，政局纷扰，统一发生问题。护法同人，均以国会不恢复，统一即难实现。五年以来，此项主张，屡为北方军阀所反对；但彼等卒因此而失败，又因失败而始采纳护法之主义，以谋统一。本年六月六日，余以彼等既有觉悟，改变态度，特发出宣言，表示欢迎，并与伍廷芳商议之后，又多请北方军界要人，交换恢复统一意见。

正值护法政府与北政府双方着手正式会议统一之时，陈炯明突于六月十六日（离我发表宣言仅十日）袭攻广州，蹂躏政府，致陷政局于不可收拾。伍博士卒因统一无望，致以身殉，诚可哀也！陈炯明何以当吾辈正与北京商议统一之际，竟谋叛乱？余实不能作充分之答复。在余对国人宣言之中，陈炯明此项举动，余已极力表

示之矣。陈炯明知余此番与北京会议,六年之争执可望解决,统一亦可实现,又知伍博士被召为北京政府总理①,实为南北统一之先声。倘统一实现,于其恢复广州地位之前,即〔则〕其夺取广东与破坏统一之计划,决难实现。其欲以广东为封建区域,即为其此番变乱之目的。余观其长粤政策,即知其欲将广东建设小邦,推而行于他省,以贯彻其封建主义。余以广东为广东人之广东,非陈炯明个人之广东,颇不直其所为,故不得已始有本年四月免其官职之举,今更证明余昔日之观察毫无错误也。

陈炯明此次变乱之结果,致使余与北方领袖两月来不能进行统一之会商。余明知粤局不能解决,即不能北上商议国是,故以先解决粤局为余之天职。但余现已来沪,实因上海为全国中心,与各方面领袖接洽统一,比较广东颇为便利,此为余来沪之目的也。但余认统一而不和平,其危机更大。今国会恢复,政治上可谓统一矣,而今回复和平与幸福,则又必有保障焉。

今举余对于和平统一之计划如下:

(一)凡共和国公民,均当服从国会。即余个人亦当按照余在宪法上之地位,应行尊重国会之决议。

(二)中国军阀须根本推倒,如督军兵权不能解除,与余在六月六日宣言中所主张之工兵计划不能实行,则全国和平,终难达到。

(三)发展文明,非仅关于财富一方面(即物质文明),并负谋人民之幸福与安全(精神文明)。所谓世界大国其福民往往多于富民,余信欲到此项目的,非发展中国实业不可,此节已详见余之《中国国际发展》著作中。

---

① 一九二二年六月十一日,黎元洪由天津赴京暂行大总统职权,随即任命伍廷芳(国会解散前最后一任国务总理)组阁,伍到任以前,由外交总长颜惠庆代理。

（四）改造中国政治制度，以各区域为平民政府单位之一基础。此层虽近似革命，然乡村政治，古时已发现于中国。余之目的，即将来为一区域内之乡村组织，成为地方自治之单位。此点已有人反对，盖彼等欲主张以一省为地方自治单位，各省政府均采联省主义。余信联省制度，可以推倒中央集权，分为许多小邦，亦为改造中国之一法。

据重庆《国民公报》一九二二年九月十日《孙中山对外宣言之概略》

附：孙逸仙宣言

（一九二二年八月十七日）

一九一七年国会遭非法解散，中国政治呈现分裂局面，从而产生了重新统一的问题。宪政论者认为，如不重新召开国会则不能重新实现国家统一。五年多来，这一主张遭到北军领袖们的抵制。但由于他们无一合法的国会，根本无法统治中国，所以才不得不接受宪政论者关于重新统一的主张。

今年六月六日，我曾发表宣言，欢迎那些对强行解散国会应负主要责任，并在历时五年的内战中企图压制护法运动的人这种态度上的明显转变。经与我的尊敬的同事和贤明的顾问伍廷芳博士协商，我敦请北军领袖们以肯定而客观的言词表明他们接受宪政论者的主张。正值我的政府同北方就此问题采取步骤开始正式谈判之际，六月十六日，即我发表上述宣言之后十日，陈炯明竟企图在广州谋杀我，并颠覆了政府（他也是其成员之一），而且在实质上招致了中国一位重要政治人物的死亡。这里我所指的就是伍廷芳博士。他因忧劳而死，因愤恨这一背叛行为而死，正是这一行为毁灭了他重见中国统一的希望。他临死前给国家的电报非常清楚地表明了这一点。

为什么陈炯明在他的领袖和他效忠的政府行政首脑正开始进行必将导致中国重新统一的谈判时,突然发动兵变呢? 对这个问题,我尚不能做全面的回答以供外国人士参考。这真是人类的一个可憎可恨的行为,依我看,它在那些不了解中国道德力量源泉的人们眼中,将降低我们中国人的人格。我在一份向同胞发表的宣言中,已对陈炯明的行为做了比我在这里所能够做的或愿意做的较更全面的剖析。但我还要在这里补充几句。陈炯明本知道开始举行的谈判必将导致国家在六年灾难性的纷争和冲突之后重新实现政治统一,他也知道伍廷芳博士已被邀请在北京领导一个政府,而且还知道,这一邀请首先就已为我的政府同北方军政领袖进一步举行实质性的谈判奠定基础。然而,他也知道,如果在他未重新获得在广东的统治地位之前实现重新统一,那么不论在任何统一方案中,他都不能实现保证将广东作为他的战利品的计划。他急欲将广东变成一个封建领地。这就是他要发动兵变的原因。

我对陈炯明的政策的理解是,他要当广东省的统治者。这一理解使我怀疑,他已回复了封建的观念,将中国变成为一由许多小国或诸侯组成的松散国家,这种国家将首先在他统治下的广东省获得具体的体现。正是这种判断才使我认识到,他统治广东的企图就是要假借把它建成为一个"模范省",和实现所谓"广东人的广东"的要求的名义,使它脱离其他各省而独立。我现在可以明言,正是这一怀疑才在一定程度上促使我于今年四月解除他陆军总长之外的一切高级职务。他的现在的行为证明,我对他的意图的理解是完全正确的。

由于陈炯明的兵变,我两个月来不能继续进行谈判,以实现国家的重新统一。我曾认为,我应先设法结束广东的战争局面,然后再去北方参加解决更重要的国家问题。但是现在,我不得不先把广东问题搁置下来,这是因为我继续留在这里不如去一中心地区更重要些,在那里我将有可能为实现中国的重新统一而会见国家的其他领袖,或本人,或他们任命的代表。这就是我前来上海的原因。

然而,我要强调指出,不采取和平的办法,要想达到统一,那完全是幻想。尽管有效地恢复国会的职权意味着国家政治的重新统一,但要保证国家的和平和福利,只能靠:

(一)共和国的每个公民都愿意服从国会。我在这里再次重申,我愿意遵守国会关于我的宪法地位的决定。

(二)彻底消灭造成国家一切混乱的主要根源——军阀主义,如不取消督军的军队而代之以工兵,中国将永无宁日。

(三)慎重地开发中国广大的天然和其他资源。开发资源不仅仅是为了富有,而更重要的是为了我国人民的满足和幸福。我认为一个国家的伟大,不在于它的人民富有,而在于它的人民幸福。我相信,如能按照我在《中国的国际发展》一书中提出的路线发展我国实业,这一目标大都可以达到。

(四)在以县为民治政府的基本单位的基础上改革我国政治制度。这一点看来十分革命,其实不然。自古以来,中国就有乡村自治的存在。我的建议,其目的在于将一个县的全部农村组成为一个地方自治的基本单位,以利于提高政治效率和管理效率。在这一点上,我既反对那些热衷于把省作为地方自治基本单位的人,也反对那些提倡将联邦制的原则应用于各省的政府的人。我极力主张地方自治,但也极力认为,在现在条件下的中国,联邦制将起离心力的作用,它最终只能导致我国分裂成为许多小的国家,让无原则的猜忌和敌视来决定它们之间的相互关系。中国是一个统一的国家,这一点已牢牢地印在我国的历史意识之中,正是这种意识才使我们能作为一个国家而被保存下来,尽管它过去遇到了许多破坏的力量,而联邦制则必将削弱这种意识。

孙逸仙

一九二二年八月十七日于上海

据关一球寄赠伦敦国家档案局藏英国外交部档案英文原函影印件《孙逸仙宣言》(Statement By Dr.Sun Yat-Sen)译出(马宁译)

复三藩市总支部电

(一九二二年八月十七日)

铣电悉。商妥再报。惟该货寄港交何名收,先复。文。篠。

据《国父全集》第四册(转录史委会藏抄件)

复唐克明函

(一九二二年八月二十三日)

春鹏兄鉴:

来函备悉。此次逆徒叛变,毁护法之成功,坏人类之伦纪,诚堪浩叹。然吾党主义,每历艰贞,益加光显,则此次之失败,又正可策吾人之进步耳!

武汉地处中枢,兄经营不懈,此志可嘉。俟确定方针,自当商筹办法。彼间有何要息,希时见告,俾资参考。此复。即询

时绥

八月二十三日

据《中央党务月刊》第九期"特载"(一九二九年四月版)《复唐克明》

与报界的谈话[*]

（一九二二年八月二十四日）

今日蒙诸君光临，乘此机会得与诸君研究国家问题，实为大幸。民国以来，乱多治少，此次护法之战尤甚。我们以武力奋斗六年，所得者为北方武人之觉悟，知非有法律不可，俾国会得在北京开会。北方武人现在之表示是否诚意，尚不可知，但彼实赞成护法，武力可以告终，从此同趋一轨，无用兵之必要。

许多同志，以彼武人所表示为不可信。但今国民共望统一，即友邦亦望我统一，盖统一与否实关中国存亡。惟能否达到目的，全视国民奋斗力如何，但既已南北共同赞成尊重法律，期望统一，吾人可信武力告终时期已至矣。

欲得真正统一，尚须大家奋斗，今后奋斗之器，不以枪而以笔。常言谓：一支笔胜于三千毛瑟枪。今诸君之笔或尚不止三千毛瑟。因此，今晚与诸君相见，极希望诸君以此责任加诸己身。诸君能提倡公理，分别是非，同赴一的，则统一必可成功。不然，即有真统一，亦将变为假统一。北方武人之尊重法律，虽诚伪不可知，然诸君能一致以共和真理相督促，则彼等虽伪，亦不得不趋于诚。否则彼等即真想统一，亦不难弄出假结果也。故诸君提出真理以显示真正之民意，真民意无人能反抗也。

武人挟多枪以自固，以凌人，如袁世凯之称帝，即其一也。今武人尚有学袁者，但力量不及袁，充彼等之私欲，直欲割据自雄。

---

[*]　此系八月二十四日晚在上海法租界孙氏本宅宴请三十余名报界人士后的讲话。

以此言统一，必无所成。但政治改革之反动，各国均有，法国人革命后，有拿破伦第一称帝，彼失败后，王统又恢复，经国民奋斗，乃重建共和，而其后又有拿破伦三世一度之称帝。然世界潮流，今非昔比，不特法国共和奠定，即俄皇德帝亦且倾仆，此皆无量数用笔者之力也。吾人如以笔阐发共和真理，冀达民治之统一，反对专制的统一，民国方能太平。

从前毁法之武人，及有今日之觉悟，其故果何在欤？袁世凯敢于毁民国之实，并毁民国之名；后之武人已不敢毁民国之名，今并不敢毁坏法律。可见民国已渐有希望，此皆因人民思想较十年前进步。十年以前，非特一般人不知共和为何物，即知识阶级亦鲜解共和真理。今则一般人多知民治之意义矣！但犹须继续奋斗，同心勠力，负此建设之责。报界诸君责任尤重，诸君能尽责，民国才有希望。民意建国，全恃诸君，如此，即有假造统一者，吾人亦能以民意折服之。

六年苦战，乃能使人人知尊重法律，虽北方武人亦赞成护法，今后乃以笔继续作战，此为诸君之责，愿诸君合少力为之。上海为舆论中心，全国舆论视上海为转移，苟诸君能发挥公理，自易收效。舆论之力较武力为大，武力始之，舆论完成之，乃有护法结果，而使国民人人咸知共和真理，不容许武人官僚乱国，尤非舆论界努力不为功。不然，中国将不能存于世界。当此生死存亡之日，诸君应起负此责，努力奋斗！

据上海《时报》一九二二年八月二十五日《孙中山宴请报界记》

与客人的谈话[*]

（一九二二年八月二十五日）

　　中国之内部政潮欲求解决，必须先从解决财政入手，尤以解决北京政府之对外借款义务为特要。在北京前此开始拖欠外债之前，欲先谋统一然后整理财政，其事虽非不可能，然极困难。今已不复如是矣！北京若无一有效力之政府，能实施其命令于全国，并收集各省之税款而不遭阻挠者，则统一之举，徒属空谈。而国家之还债若不恢复，则设立此种政府显然为不可能之事。在未觅到若干解决中国财政问题之方法以前，余不准备加入北京政府。因为当小数薪金尚不能付之时，断然无法处理北京大局。倘余得有美国及其他中国欠债之国之保证，证明中国提出关于归还过期外债借本之提议，将得优惠之考虑，又保证在依据外人良好顾问不久即将实行之整理时期内，新银团将给与垫款，以供寻常行政用途，则余将往北京。

　　有许多国家为中国之债权国，而对美国则为债务国。假使欧洲各国果郑重向美国建议请取消战债，则余希望美国应记得中国乃欧洲之一大债户，或可将中国欠欧洲之债移渡于美国之一问题加以考虑。去年华会开会，广州政府要求参加时，余曾组织一委员会研究此问题。余之提议以中国欠欧洲之债移于美国，用意盖因美国经济情形较良，中国或可取得较宽之条件及调整。关于此种希望，

---

　　*　此件系《世界新闻社》转译日本《广智报》上海通讯员索克思八月二十五日报导的孙中山与客人谈话。现按内容加以整理，删去一些记者报道文字。

有一先例,即美国之归还拳乱赔款是。倘美国再作此主张,则此同项政策,或亦可适用于其他之赔款;但余须郑重声明者,即凡北京政府所合法缔结并经国会最后批准之任何借款,余绝无否认之意。

余现仍从事与北京领袖谈判,以谋统一之进行。

据上海《民国日报》一九二二年九月八日《美报记孙总统之谈话》

批周颂西函
(一九二二年八月二十五日)

代答嘉奖,并交各部议行所陈各节,并约带张博士[①]来见。

据《国父全集》第四册(转录史委会藏原件)

与日本大阪《每日新闻》驻沪
特派员村田的谈话
(一九二二年八月二十九日)

问:阁下北上之说如何?

答:尚未决定。

问:阁下将派遣陈友仁、郭泰祺二氏代表北上之说有之乎?

答:此事亦未解决,目下大约尚无派遣代表之事。

问:阁下将承认现在之民国六年国会乎? 抑主张民八国会乎?

答:余之希望当为恢复民八国会。

问:闻阁下劝在沪议员北上,有之乎?

答:是诚有之。

[①] 张博士:指张乃燕,系周颂西引荐之人。

问：闻民党之方针决定维持黎总统，此说如何？

答：苟黎氏能处理得当，则维持问题，视黎氏之能力与态度如何而定。

问：阁下以为与直隶派提携而无视安徽与奉天之各派，得有完全统一之望乎？

答：于统一之前，对于无论安徽派直隶派，当无反对之理由。

问：阁下曾与段祺瑞相提携，今乃与为仇敌之吴佩孚氏相提携，将来阁下与段氏之感情上，可无龃龉乎？

答：段氏对此，颇了解予之衷心，为图谋统一计，自与段曹吴等会商为佳，即与张作霖氏谋之亦无不可；惟曹吴果有对于统一之诚意与否，尚属疑问，苟彼等无此诚意，则予当然拒绝与之提携也。

问：直隶派将推荐孙洪伊为国务总理，事果属实否？

答：此事尚未有所闻。

问：将来之总统，当然属之阁下，以为如何？

答：此事予尚毫未有所考虑。

问：对于陈炯明氏，作何处理？

答：不出三月，必见消灭，盖即放纵之，彼已不能维持广东，彼为人道之贼，非但广东实全国之民所共弃者也。

据北京《益世报》一九二二年九月五日
《孙中山关于时局之谈话》

复王正廷函

（一九二二年八月二十九日）

儒堂兄鉴：

来函备悉。所提拥护中华民国、拥护约法、拥护国会三事，文频年所尽瘁者,诚在于斯;奈各方以偏私之蔽,未能了悟,即同辈中人亦辄以见地之微差,致歧途之百出,此诚为失败主因。至如炯明之叛变,则又事之出乎常理外者也。

文于十五日发表宣言,对于护法问题,以合法国会自由行使职权为达到目的,亦即如来书意旨,以主义为归,而不关系于应付任何方面。盖谓此层办到,则约法当然复活,民国庶几不亡。今军阀虽故步未改,然固已知有法统之名,斯亦不妨认其为有觉悟之渐。惟所惧者,国民倘即认其所作之伪为真,则作伪者将永行其伪,而真者乃不可复得,此则国民所当严辨,而尤赖时贤之持正不阿者也。

兄奔波国事,夙著勋劳,当兹国事浑淆,伏惟努力为正义奋斗。此复,并颂

筹绥

据《中央党务月刊》第九期"特载"《复王正廷》

复蒋中正函

(一九二二年八月三十日)

介石兄鉴:

函悉,季、仲①函亦得读。

日来变局愈速,非兄早来沪同谋不可。军事进行,湘闽似已有不谋而合,日在进行中,湘较闽尤急而有望,似日内便可解决者。金②闻昨日已行,或有分道而驰,先急回滇也。某事③近已由其代

---

① 季、仲:指汪季新(兆铭)、廖仲恺。
② 金:指金汉鼎。
③ 某事:指孙中山与苏俄全权大使越飞代表的会晤。

表专人带函来问远东大局问题及解决之法,予已一一答之。从此彼此已通问讯,凡事当易商量矣。彼有一军事随员同行,已请彼先派此员来沪,以备详询军事情形,想不久可到也。望兄稍愈,则当早来备筹一切,幸甚。此候

近祉

　　　　　　　　　　　孙文　八月三十日

据《孙中山先生手札墨迹》(太平洋书店一九二六年十月版)

复赵恒惕函

(一九二二年八月三十日)

炎午总司令大鉴:

　　葛光廷君持来大札,备悉壹是。

　　湘省于饥馑之余,不胜东道,苦情悉见,北伐改道,职此之由。何图陈逆竟作内奸,弄兵肘腋,成功之毁,固深足惜;纲纪之坏,尤所痛心。假联省自治之名,成串盗分赃之实,事诚如此,国岂可为?文删日宣言,对于粤变经过及国事主张,悉有叙述,谅经浏览,所愿同道勿避艰难,益加奋斗。稔乱频年,人求诡遇,非负实力者大澈大悟,乱犹未艾,卓见当亦云然。荩划多劳,至殷慰问。此颂

筹绥

　　　　　　　　　　　八月三十日

据《中央党务月刊》第九期"特载"《复赵炎午》

收　款　条

（一九二二年八月）

收到港纸二千四百元。

孙　文

据广东省档案馆藏原件影印

复张敬尧函*

（一九二二年九月二日）

勋成志兄惠鉴：

温参谋持来大札，备悉壹是。忠诚奋发，殊令心感。

陈逆叛变，乃伦常之变，痛曷可言！文始固坚持待〔大〕张讨伐，嗣以北伐军失利，须变更军略，文乃越险来沪，为统筹全局之计。奉军奋斗不懈，极堪嘉尚。兄赞襄其间，谅资得力。东北根基稳固，大有可为，因应得宜，必多良会。兄与当途既称契合，希悉心擘划，匡扶正义。刻局势尚在混沌之中，文正总合群情，斟衡壹是，俟何方有当借重之处，自应致电相邀，以资骥展。

关山迢递，兄劳瘁之余，尚希节卫。有何要息，勤讯为佳。此复，并询

---

* 一九二〇年六月，张敬尧被湘军逐出湖南，辗转投入奉天张作霖幕下。此时孙中山与奉张、皖段搞"三角同盟"，张敬尧欲混迹其间，于是有所活动。

时绥

据《国父全集》第三册(转录史委会藏《总理函稿》)

复上海各路商界总联合会函

（一九二二年九月二日）

上海各路商界总联合会惠鉴：

息鞅海上，荷蒙欢迎，勖慰兼施，至深铭感。

六年以来，武人毁法，遂起战争。疆土既离析分崩，民生亦忧伤憔悴。坚持数载，北方武人始知觉悟，相与为尊重护法之表示。庶几从此可导国人入于法治之途，然其代价固亦不菲矣！至于护法主张，如何始能使之真实无憾，法治进行，如何始能使之坚固不摇，此则有赖于全国人民之同心一德，努力不已，以蕲贯彻所愿，与诸君子共勉之者也。

若夫统一善后，荦荦诸端，事关重大，猥承清问，足征虚怀。文常憾国人之从事实业者，惟知自适己事，而以国政付之武人政客之手，致民治无由实现。今诸君子留心及此，谨为民国前途贺。

文自蓄志革命，即研究建设之方略，辛亥以来，有怀未遂，顾建设一日未成就，即民国一日未安全，耿耿之诚，无时或释。曾以所见著之篇帙，成为《建国方略》一书，虽卷帙未完，而规模略具。倘承鉴察，敢备刍荛。

至于六月六日及八月十五日之宣言，亦尝对于时艰，以谋补救，果能见之事实，必可息此泯棼。诸君子私愿，望更持之毅力。中华民国之事，惟中华国民能自决之。众志成城，则武人之反复，政客之播弄，皆不能动摇神器。文创立民国，当终其身为民国而奋斗,一切横暴之阻力,举无所畏;惟恃正义以为率,民意以为助。今兹与诸君子开诚相见,相期者大,相资者深。诸君子不以寻常酬酢之辞来,文亦不以寻常酬酢之辞应。惟鉴裁之。肃此答谢,敬候台绥

孙文　九月二日

据上海《民国日报》一九二二年九月三日《孙总统复商联总会函》

给何碧炎委任状

(一九二二年九月二日)

委任状:委任何碧炎为海悦中国国民党分部干事。此状。

中国国民党总理　　孙　　文

总　务　部　部　长　　居　　正

中华民国十一年九月二日

据《国父全集》第四册(转录史委会藏原件)

给林宗斌委任状

(一九二二年九月二日)

委任状:委任林宗斌为双溪大哖中国国民党分部干事。此状。

中国国民党总理　　孙　　文

总　务　部　部　长　　居　　正

中华民国十一年九月二日

据《国父全集》第四册(转录史委会藏原件)

复高振霄函

（一九二二年九月三日）

手书暨报告国会各情均悉。

兄等间关流离，不堕初志，至可钦佩！文力所及，自必为诸兄后盾，务期合法者战胜非法，统一乃可实现。至继续进行如何，日来已屡与代表诸君接洽，兹不别赘。专此奉复，即颂

台祉

九月三日

据《中央党务月刊》第九期"特载"《复高振霄》

复曹锟吴佩孚电 *

（一九二二年九月三日）

保定曹仲珊先生、洛阳吴子玉先生均鉴：艳电奉悉，藉审体国公谦，翩然憬悟，回环雒诵，良用钦迟。护法数载，卒荷赞同，薄海具瞻，匪惟私幸。至冀守正不阿，一切依法解决，不为少数政客私见伪行所蔽，法统诚立，纠纷自解，而国事乃真可为也。化兵为工之策，自信为今时救国不二法门。盖举世多讼言裁兵，不得其方，弊且立见，此策易简无虞，朝决夕行，寝诸滞碍，实施次第，当更为

---

　　* 此函《国父全集》编于一九二〇年十一月三日。从函中"化兵为工之策，自信为今时救国不二法门"看，应是一九二二年事。孙中山发表《工兵计划宣言》是在一九二二年六月六日。八月二十六日，曹锟、吴佩孚致电孙中山表示赞成，此系孙中山对曹锟、吴佩孚来函的答复。吴相湘撰《孙逸仙先生传》考订为九月三日。

藉箸之筹；一得之愚，或将为数世之利也。国人症结，不独成见，在乎诈伪相乘，各私其属，阳假嘉名，阴图幸利，鬼蜮政蠹之为国人厌弃固矣。军阀窃柄，尤易滥用权威，僭越非望。公等怵于民敝国艰，当与共雪斯耻，推诚共济，何难不纾？时危事棘，岂胜企祷。专此布复，并鸣谢悃。孙文。江。

据《国父全集》第三册（转录史委会藏亲笔原稿）

复旅京护法议员函*

（一九二二年九月五日）

旅京护法议员诸君公鉴：

顷奉惠书，敬悉壹是。

溯自六年北京政府以非法命令解散国会，文率同志以护法号召天下，其目的在使非法命令不生效力，国会能完全自由行使职权。坚持数载，事变繁生，仅能使西南半壁，立于护法旗帜之下。议员不足法定人数，则开非常会议；足法定人数，则开正式会议及宪法会议，正统之传，不绝如缕。其间经过之艰难曲折，惟文与诸君实共之。此一段护法历史，关民国之安危，垂将来之鉴戒，万万不容忽视者也。

迩者，北方武人似有觉悟，解散国会之非法命令自行撤销，且不妨碍国会之开会于北京，就此以观，可谓护法主张已达。至于数年间国会经过之事实，非惟北方武人所未能悉，即国民〈亦〉恐未易知其所以然。故文以为将欲使国会黜伪崇真，俾护法完全无憾，惟

---

*　一九二二年六月十一日，黎元洪受直系军阀推举，"暂行大总统职权"，随后，撤销民国六年解散国会命令，八月一日，民六旧国会复会，"法统"恢复。当时因徐世昌已下台，护法政府也实际瓦解，孙中山根据历来主张，支持旧国会复会。

有赖于诸君子之奋斗。

今者，国会议员自由集会于北京，无能阻挠之者，诸君尽可驰驱辩论，使人了解孰真孰伪。北方武人前此惟知恢复国会，而不能辨别其真伪；果能使辨别无讹，彼未必甘为伪者左袒，而与真者为仇也。文亦已致书北方军人，开陈一切，得诸君确实表示，更令人易知易从。侧闻近日诸君奋斗之进行，已能令奸伪解易，可知跋涉不为徒劳，而事实终有大明之日矣。惟坚持贯彻，无所摇惑，以竟全功，是所至企。余不一一。专复，敬候

公绥

九月五日

据《中央党务月刊》第九期"特载"《复旅京护法诸议员》

致陈嘉佑函*

（一九二二年九月五日）

护黄我兄如握：

前每由组庵及陶君所致各函，想均达览。

近闻偕益之所部屯驻湘南，特派宾君镇远前来劳问诸将士，及商榷进取方略。文意为解决湘事时机成熟，则以速定湘局为宜；若时机尚未成熟，则宜合益之所部退驻桂林，与在桂之滇军及刘震寰、黄明堂等部联洛〔络〕，相机进行，是所至要。

汝为、登同、子荫等部现驻赣东，将图入闽。将来拟定攻粤总计划，分路进兵，以期破贼，亦当奉达兄处。军饷无着，极所焦念。此间因骤失策源地，筹措维艰，日内筹得若干，即当陆续寄

---

　*　陈嘉佑当时任湘军第六混成旅旅长，驻防郴州。

上，以济急需。惟望固结军心，支此难局，至嘱。余容宾君面达。
此候

戎祺

九月五日

据《中央党务月刊》第九期"特载"《复陈护黄》

致朱培德函

（一九二二年九月五日）

益之我兄如握：

前致一函，想已达览。

近闻偕护黄所部屯驻湘南，特派宾君镇远前来劳问诸将士，及
商榷进取方略。文意如解决湘事时机成熟，则以速定湘局为宜；若
时机尚未成熟，则宜合护黄所部退驻桂林，与在桂之滇军及刘震
寰、黄明堂等部联络，相机进行，是所至要。

汝为、登同、子荫所部现驻赣东，将图入闽。将来拟定攻粤总
计划，分路进兵，以期破贼，再当奉达兄处。军饷无着，极所焦
念。此间因失策源地，筹措维艰，日内筹得若干，即当陆续寄上，
以济急需。惟望固结军心，支此难局，至嘱。余由宾君面达。
并候

旅祺

九月五日

据《中央党务月刊》第九期"特载"《复朱益之》

批石青阳函[*]

（一九二二年九月五日）

作答勉励，并预备向外发展。

据《国父批牍墨迹》

致蔡钜猷陈渠珍函[**]

（一九二二年九月七日）

铸人仁兄鉴：

频年护法，为国宣勤，远念贤劳，驰系良深。

比者天意悔祸，我西南数年来所争持之主张，已为全国人心所谅解；即向来附和毁法之北军将士，亦有尊重护法之表示。文鉴于分崩离析之局，渐有统一之趋向，故当赣事得手、粤变未起之时，本酷爱和平之心，不为己甚，曾经郑重宣言，愿与北军提携，以谋统一之进行。到沪以后，各方以统一问题就商者，函电纷驰，信使络绎，诚伪虽不可知，第吾党年来所极力争持者，在高尚纯洁之主张，故对于各方之迎拒，亦以主张之能否实现为鹄，此外皆非所问。兹事体大，是否能如所期，尚属疑问，故我方内部于军事上相当之准备，尚不能遽尔放弛。

湘当南北之冲，关系重要，而执事为我军健者，举足关系重轻。际

---

　　*　日期据来函。石青阳当时任四川讨贼军第一路总司令。

　　**　此系分致沅陵镇守使蔡钜猷（铸人）与湘西原绿营统领陈渠珍（玉鍪）的同文函件，《中央党务月刊》分别刊出。因文字相同，今录其中致蔡钜猷一件。

兹紧要关头,倚畀更殷,故专授以讨贼之任。关于进行事宜,特派周君毅,于君若愚前来,筹商一切,到时希为开诚接洽为荷。专此。顺颂
勋祺

九月七日

据《中央党务月刊》第九期"特载"《致蔡铸人》

批徐际恒函
(一九二二年九月八日)

代答:函悉,来件当从详研究。

据《国父全集》第四册(转录史委会藏原件)

批宋大章函*
(一九二二年九月十日)

代答:两函呈阅悉。属代答:望兄等实事求是,从人民方面以开发民智,以辅当局之设施,期达最后之效果。此时尚无向当局游扬之必要,幸为谅之。

据《国父批牍墨迹》

致蒋中正函
(一九二二年九月十二日)

介石兄鉴:

日来事冗客多,欠睡头痛,至今早始完全清快。方约兄来详商

---

* 宋大章当时在奉天活动,来函报告所获各方消息。

今后各方进行办法,而急闻兄已回乡,不胜怅怅。日内仲恺、汉民、精卫将分途出发往日本、奉天、天津等处活动,寓内闲静。请兄来居旬余,得以详筹种种为荷。此候

大安

孙文　九月十二日

据《孙中山先生手札墨迹》

复焦易堂函

(一九二二年九月十四日)

易堂兄鉴:

顷得手书,具悉一切。

国会事得诸兄在京努力奋斗,当有贯彻之望。如不得已而调和折衷,总以无悖于法为依归。最低限之让步,当以去吴景濂之议长及议员中不良分子,庶使国会空气,稍得清明。鄙见如此,请诸兄斟酌进行为望。此复,敬颂

台绥

孙文　九月十四日

据《国父全集》第三册(转录史委会藏原件影印)

复　杨　森　函*

(一九二二年九月十五日)

子惠先生执事:

抱一兄来,得奉大札,备谂壹是。

＊　原函日期不明。今据孙中山对杨森来函批示,酌定为九月十五日。

川难频年,迄无底定,症瘕固结,绝少良方。惟事已如斯,求之过急,则离之愈远,殆不如暂时缓释,不乏良图。

顷颇闻有投奔北敌,以作卷土重来之举,此期期以为不可,盖引狼入室,后患无穷。况川中排外之风甚烈,若率北军攻入,万难取胜,徒丛诟詈耳。今国家多故,时有可为,执事盘〔槃〕盘〔槃〕大才,此后自当注意于全国之安危,而勿恋恋于四川之堕甑,则所成就必能远胜于一隅也。

此间对大局仍积极进行,其望来沪详商一切。戎轩况瘁,毋任殷拳。即颂
筹绥

据《国父全集》第三册(转录史委会藏《总理函稿》)

批 杨 森 函 *
(一九二二年九月十五日)

作答:函悉,并闻有投依北敌以图卷土复来之举,此期〈期〉不可。此后当注意全国之安危,而万勿恋恋于四川之权利,并望来沪,详商一切。

据《国父批牍墨迹》

批 张 武 函 **
(一九二二年九月十五日)

代答嘉奖,并如有机来沪,约来一见。

据《国父全集》第四册(转录史委会藏原件)

---

　*　杨森当时任川军第二军军长,因兵败退驻川鄂边境,与吴佩孚相勾结。

　**　张武上书孙中山,述其有近著《民生问题》。

批刘尧夫函[*]

（一九二二年九月十五日）

寄东京中国公使馆廖仲恺，就近再细调查，并酌量代复。

据《国父全集》第四册（转录史委会藏原件）

给苏福委任状

（一九二二年九月十五日）

委任状：委任苏福为麻里杯板中国国民党支部评议部议长。此状。

中国国民党总理　　　孙　文

总 务 部 部 长　　　居　正

党 务 部 部 长　　　谢　持

财 政 部 部 长　　　杨庶堪

宣 传 部 部 长　　　张　继

中华民国十一年九月十五日

据《国父全集》第四册（转录史委会藏原件影印）

致海外同志书

（一九二二年九月十八日）

同志公鉴：

---

　　*　日期据来函。

　　文于八月十三日抵沪，曾致海外同志一电，并于十五日发表宣言，想已鉴及。兹再以事变始末及将来计划，为同志述之。

　　此次陈炯明叛变，非惟文与诸同志所不及料，亦天下之人所不及料。盖以陈炯明之性质而论，其坚忍耐劳，自有过人之处；然对于国事常存私心，且城府深严，不以诚待人，则早为文与诸同志所瞩及。顾以为人各有短长，但当绳之以大公，感之以至诚，未尝不可为用；即使偶有差池，亦何至于决裂，更不虞其阴毒凶狠至此也。以陈炯明与文之关系而论，相从革命以来十有余年，虽元、二之际，阴谋左计，稍露端倪；及六年乱作，陈炯明来沪相见，自陈悃愊，再效驰驱，文遂尽忘前嫌，复与共事。嗣是广州处困，闽疆转战，久同艰苦；回粤之役，相倚尤深。方期勠力中原，以酬夙志，乃出师甫捷，而祸患生于肘腋，干戈起于肺腑，不但国事为所败坏，党义为所摧残，文与诸同志为所牺牲，即其本身人格信用亦因以丧失无余。果何所乐而为此？此诚所谓别有肺肠，不可以常理推测者也！

　　溯民国九年之秋，我海内外同志所以不惜出其死力以达到粤军回粤之目的者，良以频年祸乱，不但民国建设尚未完成，即护法责任亦未终了，故欲得粤为根据地，群策群力，以成戡乱之功，完护法之愿。乃陈炯明自回粤后，对国事则有馁气，对粤事则怀私心。其所主张，以为今之所务，惟在保境息民，并窥测四邻军阀意旨，联防互保，以免受兵，如此退可据粤，进可合诸利害相同之军阀，把持国事，可不烦用兵而国内自定。文再三切戒，譬之人身，未有心腹溃烂而四肢能得完好者，国既不保，吾粤一隅何能独保？且既欲保境，则须养兵，所谓养兵以保境，无异谓扫境内以养兵，民疲负担，如何能息？民疲其筋力以负担兵费，犹尚不给，则一切建设无从开始，所谓模范省者，徒托空言。一省如此，已为一省之害，各省如此，更为各省之害，所谓联省自治，又徒托空言。谋国不以诚意，未有不误国者。况各省军阀利害安能相同,而伪中央政府又操纵挑拨于其间,祸在俄顷,何可不顾? 保境息民,亦为幻想。凡此所言,陈炯明虽无以难,而终未肯信;直至桂军发难,边隅震惊,始知晏安酖毒之不诬。文以为自此以后,庶几可期其恢复勇气,以勠力进行矣,故仍命诸同志于政治上、军事上悉力助之,俾桂事早平,国难亦得以早赴。不图陈炯明于破敌之后,故态复萌,昔惟欲据粤以自固,今更欲兼桂以自益,北伐大计,漠然不顾。文乃自统诸军以当此任,以完戡乱护法之夙志。此文率师北伐以前与陈炯明相处之大略也。

当文率北伐诸军次于桂林,以为陈炯明虽不肯自赴前敌,后方接济当不容辞,初不意其阴蓄异谋,务欲陷我于绝地。自去年十月以至于今年四月,半载有余,种种异谋,始渐发觉。其一,文自桂林出师,必经湖南,而陈炯明诱惑湖南当局,多方阻遏,使不得前,其函电多为文所得。其二,诸军出发以来,以十三旅之众,而行军费及军械子弹从未接济;滇、黔诸军受中央直辖者,并伙食亦靳而不与,屡次电促,曾不一诺。综此二者,一为阻我前进,一为绝我归路。文所以能在桂林拮据支持半载有余者,全恃临行借提广东省银行纸币二百万为陈炯明所未及知,得以暂维军用。及粮饷告绝,按〔接〕济不至,北伐诸军,不为流寇,则为饿莩,计无所出,始有改道出师之举。

四月之杪,文率北伐诸军,回次梧州,其本意在解决后方接济问题而已。及陈炯明辞职而去,文初以为感〔憾〕,盖犹以君子之心度之,以为陈炯明将让我独行其志,故恝然舍去也。文虽不得陈炯明为助,但使不为梗,亦已无憾;然又念其前功,不忍其恝然舍去,于是电报、信使不绝于道,所反复说明者,但使对于大计不生异同,必当倚畀如故。陈炯明于此,亦愿留陆军总长之职,并称稍事休息，再效力行间。当时有人建议，陈炯明狼子野心，不可复信，北伐诸军宜留粤缓发，先清内患，再图中原。卒以此次目的，在于改道出师，而奉直战事方炽，北方人民水深火热，若按兵不发，坐视成败，则与拥兵自卫者果何以异？遂决出师江西，悉命诸军集中韶州，以大本营设于韶州。文于五月六日亲临誓师，李烈钧、许崇智、朱培德、李福林、黄大伟、梁鸿楷诸将遂各率所部，向江西前进。

叶举等所率援桂之粤军，在北伐诸军改道以前，已有撤回之议；及陈炯明在惠州与文电报相商，委任叶举为粤桂边防督办，令率所部，分驻肇、阳、罗、高、雷、钦、廉、梧州、郁林一带。及北伐诸军已入江西，大庾岭已发生战事，叶举等遂率所部五十余营突至省垣，广州卫戍总司令魏邦平力不能制。在叶举等各有防地，乃不俟命令，自由移动，罪已无可逭。然前敌战事方亟，后方空虚，若有骚扰，前方军心必因以动摇。文为镇静人心计，乃晓叶举等以大义，令加入北伐，共竟全功。叶举等则以要求陈炯明复出，规复粤军总司令为请。文以粤军总司令部已并入陆军部，陈炯明现为陆军总长，有管理之责，初拟令率所部自当一面，故以中路联军总司令相属；旋以陈炯明不欲出战，而欲以地方善后自任，乃命以陆军总长办理两广军务，所有两广地方军队悉归节制调遣。陈炯明来电，愿竭能力，以副委任，并称已催叶举等部迅回防地，且言叶举等部必无不轨行动，愿以生命人格为保证。然叶举等部则逗遛省垣如故。财政部供给饷糈，从无歧视，犹以索饷为名，操纵金融，致纸币低跌，人心恐慌。且不戢所部，横行无忌，举动诡异，叛状渐露。文以省垣镇慑无人，乃于六月一日留胡汉民守韶州大本营，自率卫士径至省垣，仍驻总统府，示前敌诸军以省垣无恙，安心前进。而前敌诸军捷报迭至，赣南诸县以次攻克，陈光远兵破溃略尽。屈指师期，克赣州后进取吉安，拔南昌，至九江不逾一月；文将亲率海军舰队至上海,入长江,与陆军会于九江,以北定中原。乃命汪精卫至上海,料量此事。

其时,北方将士已有尊重护法之表示,不妨碍国会之开会于北京,文对之因有六月六日之宣言。北方将士若能依此宣言,则以商订停战条件为第一步,以实行统一为第二步,戡乱护法之主张可以完全达到,六年以来之祸乱可以归于平复。江西战事如此,北方将士表示又如此,苟无六月十六日之变,则政府无恙,无论为和为战,定能贯彻所期也。

六月十六日之变,文于事前二小时得林直勉、林拯民报告,于叛军逻弋之中,由间道出总统府,至海珠。甫登军舰,而叛军已围攻总统府,步枪与机关枪交作,继以煤油焚天桥,以大炮毁粤秀楼,卫士死伤枕藉,总统府遂成灰烬。首事者洪兆麟所统之第二师,指挥者叶举,主谋者陈炯明也。总统府既毁,所属各机关咸被抢劫。财政部次长廖仲恺,事前一日被诱往拘禁于石龙;财政部所存帑项及案卷部据,掳掠都尽。国会议员悉数被逐,并掠其行李。总统府所属各职员,或劫或杀。南洋华侨及联义社员亦被惨杀。复纵兵淫掠,商廛民居,横罹蹂躏。军士掠得物品,于街市公然发卖。繁盛之广州市,一旦萧条。广州自明末以来二百七十余年,无此劫也! 五年逐龙济光之役,九年逐莫荣新之役,皆未闻有此,而陈炯明悍然为之,倒行逆施,乃至于此!

文既登兵舰,集合舰队将士,勉以讨贼。目击省垣惨罹兵燹,且闻叛军已由粤汉铁路往袭韶关,乃命舰队先发炮,攻击在省叛军,以示正义之不屈,政府威信之犹在。发炮后始还驻黄埔,以俟北伐诸军之旋师来援,水陆并进,以歼叛军。此为当日决定之计划,而文久驻兵舰之所由也。

其时,虎门要塞已落叛军之手,惟长洲要塞司令马伯麟能坚守,与舰队相犄角,合以海军陆战队及新招诸民军,为数虽少,尚能牵制叛军兵力,使不能尽聚于北江,以御北伐诸军之归来。故叛军必欲得此而甘心,一欲终置文于死地,一欲以死力攻下长洲,使舰队失陆地以为依据也。相持二旬有余,叛军终不得逞。而舰队中竟有一部分将士受其运动,使海圻、海琛、肇和三大舰驶出战线,长洲要塞孤悬受敌,遂以不守。文乃率余舰驶进省河,沿途受炮垒轰击,僚属将士皆有死伤,所驻永丰舰亦被弹洞穴,然以奋斗不馁之结果,竟于七月十日进至白鹅潭。此役也,以兵舰数艘,处叛军四集环攻之中,不惟不退,且能进至省河,以慑叛军之胆,而壮义士之气,中外观听亦为之耸。海防司令陈策等更分率兵舰及民军,往袭江门等处,以牵制叛军兵力;事虽未就,而诸将士之忠勇劳苦,诚可念也。

北伐诸军未闻变以前,已攻克赣州,进至吉安。陈光远既逃,蔡成勋亦不敢进,南昌省城指顾可得。然北伐诸军入赣州后,搜得陈光远致其部将电报,已尽悉陈炯明谋叛事实。盖陈炯明坚嘱陈光远固守赣州,以扼北伐诸军之前进,而己则将率兵以袭北伐诸军之后,故陈光远据此以严饬所部死守以待也。北伐诸军将领见此等电报,已知陈炯明蓄谋凶险,祸在必发。及胡汉民自韶州驰至,告以六月十六日变乱消息,军心激昂。许崇智、李福林、朱培德即日决议,旋师讨贼,黄大伟继归,李烈钧留守赣南,以为后方屏蔽。惟梁鸿楷所部第一师于议决之后,潜归惠州与陈炯明合。第一师为邓仲元所手创,入赣之役,与许崇智等部共同作战,乃闻变之后,始而踌躇不决,终乃甘心从逆,仲元之目为不瞑矣。许、李、朱、黄诸部自南雄、始兴进至韶州,七月九日开始与贼剧战,复分兵出翁源,湘军陈嘉祐所部亦来助战。前后二旬有余,其始军锋甚锐,屡挫贼势,贼惶扰欲退者屡矣。然贼据粤汉铁路,运输利便,且凭借坚城以为顽抗,而西江等处响应之师不以时应,使贼得倾注全省兵力,以萃于韶州、翁源一带,与北伐诸军相搏。北伐诸军饷弹不继,兵额死伤者无可补充,犹力战不屈。直至蔡成勋、沈鸿英之兵自后掩至,李烈钧所部赣军与敌众寡悬殊,至于挠败。于是许、李、黄、陈等部首尾受敌,无可再战。许、李、黄等部退至赣东,朱、陈等部退至湘边。是次北伐诸军自五月初至八月初旬,凡三阅月中,始而由粤入赣,与陈光远之敌兵战,继而由赣回粤,与陈炯明之叛军战,曾无一日之休息,不但久战而疲,即远道之劳殆已非人所堪,其坚苦卓绝,洵足为革命军人之模楷! 而陈炯明辈,以欲遂其把持盘踞之欲,至不惜勾通敌人,以夹击其十余年同患难共死生之袍泽,廉耻道义扫地以尽矣!

文率诸舰自黄埔进至白鹅潭后,贼以水雷狙击永丰舰不得逞,又欲以炮击沙面酿成国际交涉不得遂。诸舰虽孤悬河上,无陆地以相依倚,无可进展;然以为北伐诸军果得进至省城附近,则水陆夹击,仍非无望,故坚忍以待之。自六月十六日至八月九日,历五十余日之久,舰中将吏虽极疲劳,意志弥厉。及闻北伐诸军已由始兴、南雄分道退却,知陆路援绝,株守无济,文始率将吏离舰,乘英国兵舰至港,转乘商轮赴沪。

文于八月十三日抵沪,十五日发表宣言,进行方针大略已具,撷其要旨,不外数端:其一,文任用非人,变生肘腋,致北伐大计功败垂成,当引咎辞职;其二,对陈炯明所率叛军当扫灭之,毋使以祸粤者祸国;其三,护法事业,当以合法国会完全自由行使职权为究竟;其四,关于民国统一与建设,当实行工兵计划,发展实业,尊重自治。至文个人,以创立民国者之资格,终其身为民国尽力,无间于在位在野。凡此荦荦诸端,凡我同志所宜深喻者也。

近据报告,许崇智、李福林、黄大伟等部现在赣东者有众万余人，朱培德、陈嘉祐等部现在湖南者亦有众万余人，服装饷糈固待补充，而军力未失，士气至厉，疲劳恢复，不难再举。黄明堂在高、雷、钦、廉举兵讨贼，以为响应，迟不及事，退至桂境。而两粤同志军队蓄志杀贼、待时而动者，为数尤多。陈炯明叛党祸国，纵兵殃民，罪恶贯盈，难稽显戮。凡我同志，但当踔厉奋发，努力不懈，粤难平定，为期必不远也。

至于国事，北方将士既有尊重护法之表示，援洁己以进之义，开与人为善之诚，理所当尔。各方面使者来见，一切言论，悉取公开，但以主义相切磋，则举凡营私垄断之言，悉无自而入。若能以同力合作之结果，俾护法事业完全无憾，则数年血争，卒能导民国人于法治之途，庶几牺牲不为徒劳，而吾党报国之忱亦得以少慰。至于以息事宁人为借口，而枉道以求合，吾党之士所不屑为，无俟言也。

于此犹有言者：文率同志为民国而奋斗垂三十年，中间出死入生，失败之数不可偻指，顾失败之惨酷未有甚于此役者。盖历次失败虽原因不一，而其究竟则为失败于敌人。此役则敌人已为我屈，所代敌人而兴者，乃为十余年卵翼之陈炯明，且其阴毒凶狠，凡敌人所不忍为者，皆为之而无恤，此不但国之不幸，抑亦人心世道之忧也。迹其致此之由，始则虑文北伐若有蹉跌，累及于己，故务立异以求自全。充此一念，遂冒天下之大不韪而不恤，其心虽鸷，其胆则怯。顾革命党人常以国民之前锋自任，当其一往直前之际，前敌未可料，后援亦未可必，其所自任者，本至险而至难，苟无坚确之操，则中道溃去，或半途离畔，亦事所恒有。数年以来，护法事业蹉跎未就，与于此役者，苟稍存畏难苟安之意，鲜有不失其所守者。特陈炯明之厚颜反噬，以求自全，为仅见耳。然疾风然后知劲草，盘根错节然后辨利器。凡我同志，此时尤当艰贞蒙难，最后之胜利终归于最后之努力者，此则文所期望者也。余不一一。此候

公安

孙文谨启　十一年九月十八日

据李睡仙等编《陈炯明叛国史》附录《孙总统致海外同志书》

批赵从宾函[*]

（一九二二年九月中旬）

代答：先生嘱答：此后对北方已取和缓态度，故一切急烈之举，皆当停止。

据《国父批牍墨迹》

致张开儒函

（一九二二年九月二十日）

藻林兄鉴：

长征久戍，具仰贤劳。张顺诚、胡思清、戴巨卿三君来，藉悉一是。

吾党今日政治活动，固不妨虚与委蛇，以谋统一。而叛逆如陈炯明者，国之蟊贼，为国为党，皆当声罪致讨，有以除之。汝为、子荫、登同诸军，在闽已有根据，准备归讨。湖南方通，组安诸人亦有筹划。川之石青阳亦将率师由湘而粤，共襄大举。滇军既为久经战阵之师，吾贤所统，已自不鲜，更望与朱益之兄合力并进，则解决粤局，殊非困难。在此兄等志意坚决，通力合作，无坚不破。前日

粤事顿挫，徒以兄部不及克日会师，致陷孤危；今各方已从容整顿，最后胜利当属吾军。且叛将内讧正剧，破裂已见，行见摧枯拉朽，共建奇勋，曷胜企盼！过去经历，军事指挥，必求统一，故至望与益之兄同心共济，则滇军荣名，与国俱永，勖哉前途，岂胜期望。余由胡、戴两君面详，行急不及缕缕。即颂

时祺

九月二十日

据《国父全集》第三册（转录史委会藏《总理函稿》）

复宁武函
（一九二二年九月二十二日）

梦岩兄鉴：

　　九月十日函悉，韩君①到沪，相见甚欢。又得雨公送二万，甚谢！所言赵某，此间未尝谋面，固无从置辞也。兹派汪精卫兄来奉接洽军国要事，并视察同志，可就近详报各情也。此致。

孙文　九月二十二日

据《国父全集》第三册（转录史委会藏原件）

复张学良函
（一九二二年九月二十二日）

汉卿仁兄惠鉴：

　　顷颂手书，藉悉一切。所论奉省暂持冷静态度，以俟时机，实

---

① 韩君：指韩芳辰，时任奉军陆军整理处副监，充奉张代表赴沪与孙中山联络。

为特识。

文顷致书尊公,述此后军事进行,仍宜由西南发难,据险与敌相持,使彼欲进不得,欲退不可;然后尊公以大兵直捣北京,略定津保,以覆其巢穴,绝其归路,敌必可灭,正与高明之见不谋而合。望力持定见,他日运筹决胜可为预期也。

韩芳辰君来,连日讨论,备悉东三省整军经武,养锐待发,曷胜忻慰。兹特倩汪精卫兄来谒,一切代述,希赐接洽为荷。专复。敬颂

台绥

孙文　九月二十二日

据《国父全集》第三册(转录史委会藏原件影印)

复张作霖函[*]

(一九二二年九月二十二日)

雨亭先生惠鉴:

吴司令自堂、李理事长香斋、韩督办芳辰先后莅止,获诵手书,并谂起居万福,至为慰颂。

国事至此,非有确定之方针,坚固之结合,不足以资进行。曾与自堂司令详加讨论,对于所拟方略,极为一致,复经卢督办子嘉参加意见与以赞成,尚希卓见定夺为荷。

今年奉直战前,文定策先以兵出湖南,与敌战于长岳,胜则可进据武汉,退亦可与相持于衡阳,依山据险,以战以守,胜负之数,必不遽决。当此之际,公以大兵,直指京畿,囊括直豫,敌前后受

---

[*]　原稿无日期,据该函内容,应为一九二二年九月二十二日。

攻,势必无幸。乃湖南当局昧于大计,阻挠前进,而广东内部且生反侧,为后顾忧,以致此策不行。迄至奉直战事已开,出师江西,迟不及事,至可痛惜。前事不忘,后事之师。今后破敌之策,仍须西南先发,与敌相持。公之大任,在于迅取北京津保,使敌失所凭依,然后出重兵以蹑其后,则敌将不战而自溃,此为共同动作之必要枢纽,所望睿虑及之。

现时许崇智、黄大伟、李福林等部已将入闽,朱培德、陈嘉佑等部仍在湘边,拟联络川军及驻桂之滇黔等军,相机发动。广东内部因纪纲已坏,群小渐有互哄之象,而悔罪自投者,已踵相接。舰队感于孤露无依,尤亟欲自拔来归。故以西南之大势论之,极有可为。但文新失策源地,诸君所需维持补充等费,竭蹶应付,拮据殊甚,未审公能有以助之否?军事须有全盘计划,挹此注彼,全体实蒙其益,不只局部受其灌溉已也,惟高明裁之。

兹特派汪精卫来谒,不尽之意,统由代陈,诸希俯赐接洽为荷。专此。敬候

荩安,惟照不备

据《国父全集》第三册(转录史委会藏原稿)

致林圃田函

(一九二二年九月二十二日)

此次广州事变,出人意外。陈、叶诸逆破坏政府,摇动国基,凡有血气莫不欲得而甘心。迩来桂省风潮,亦无一不出陈等之从中煽动,事实具在,不可讳言。

此时欲奠定西南,必先平两粤之乱,乱源不清,则时局无由收拾。陈等在西南为害群之马,在国为祸国之魁,此贼未除,祸患无

已,而全国统一,阻碍愈多。素仰执事热心爱国,尚望合力讨陈,以安桑梓。两粤之事一定,大局之纠纷立解,群策群力,戡乱自易。执事深明大义,当具同情,特布斯意,诸维鉴照不宣。

九月二十二日

据《中央党务月刊》第九期"特载"《致林圃田》

致王正卿函

(一九二二年九月二十二日)

此次广州之变,出人意料。陈、叶诸逆甘心破坏政府,动摇国基,凡为国民,莫不发指。迩来粤桂纠纷,无一不出自陈等之从中挑煽;寖至风潮日急,时事益非,此时固本清源,自非讨陈不可。已将斯意函告圃田先生,希即合力讨陈,以安粤局。

九月二十二日

据《中央党务月刊》第九期"特载"《致王正卿》

致黎元洪函

(一九二二年九月二十三日)

宋卿先生执事:

前蒙遣使存问,至深感纫;息轙海上,未能面致谢忱为歉。兹属郭复初兄代候起居,并承明教,希赐见幸甚。专此。敬颂

崇安

九月二十三日

据《中央党务月刊》第九期"特载"《复黎宋卿》

致杨映波函

（一九二二年九月二十三日）

迩来桂省风潮，日亟一日，特着盘公仪专程入桂，联络桂滇各军，一致讨陈，以安粤局。到时希与接洽，以利戎机。专此并候。

九月二十三日

据《中央党务月刊》第九期《致杨映波》

致党务部小简*

（一九二二年九月二十五日）

党务部长鉴：

前汇同誓约数份，外有失去者两份，着照发党证，何以尚未办妥交来？着速办之勿延。

孙文 九月二十五〈日〉

据《国父全集》第三册（转录史委会藏原件影印）

批 居 正 函**

（一九二二年九月二十六日）

当先咨询奉天各同志，从详审慎，然后施行可也。文。

据《国父批牍墨迹》

---

* 此简系为催补发陈少白、宋庆龄党证而致该部者。

** 此件系对关于奉天党务问题的批示。

与郭泰祺的谈话[*]

（一九二二年九月二十七日）

予自到上海以来，外面对予之态度，均不甚明了，而各方面劝我北上之电报，已积有八百余件，未几又有直系分子来电，询予是否有联张联段之事。其电多系湘、鄂、豫各法团名义，不知予向来抱定护法宗旨，始终不渝，全不为权势威逼，彼方面借名通电，劝我统一，其用意在淆乱我的宗旨，好为彼等利用。当予北伐军初入江西时，并无一人劝我谋统一，何至今日而劝我者纷至沓来？深知各方面均欲以我为玩具，藉以居奇；惟予之心目中，除护法二字为主脑外，余概不足为动余。至关外张作霖，向不知护法二字为何物，更谈不到与我有所接洽[①]。惟彼等性同土匪，招集乌合之众，占几个地盘，遂张牙舞爪，以疆吏自居，在予目之，殊不值一笑也。

予奔走护法已十一载，李协和、许崇智从予之志，百折不回，试问北方政府自元年以至今日，内阁不知几经改组，尚不能统一局部，除勒索军饷百端借债外，毫无成绩可言。予此次虽失败，然护法二字仍然不灭，自信对国人可告无罪。今各方面欲拉我北上，毋乃陷我投入漩涡。须知段芝泉乃北洋老宿，历军三十余年，尚为一般土匪式的军队所卖。故予决计久居此地，俟时局稍可为，予即仍

---

[*]　此系郭泰祺赴京前孙中山对他的谈话，郭抵京后对某议员转达，并披露报端。

[①]　孙中山否认联合段祺瑞和张作霖，可能是出于宣传方面的需要。

图贯彻护法二字。

据北京《益世报》一九二二年九月二十八日《孙中山之近态》

致宁武等函

（一九二二年九月二十七日）

梦岩、星阶兄暨诸同志鉴：

凌、杨两君携来大札，得谂壹是。

诸同志努力宣扬我党主义，使东省得有进行基础，至为欣慰。国难方深，未知所届，惟望诸同志切实扩张党务，培植实力，贯彻以党治国之主旨，方足以拨乱事而反之正，前途希望甚大，愿与诸同志共勉之！余不一〈一〉。此复。即询

筹绥

九月二十七日

据《中央党务月刊》第九期"特载"《致宁武等》

批 张 骏 函

（一九二二年九月二十七日）

代答：俟党章修正后，由党部办理。

据《国父全集》第四册（转录史委会藏原件）

对联俄联德外交密函的辨证 *

（一九二二年九月二十九日）

　　孙君对于用斜体所作之数字（译者按：指港报中依布尔什维克理想一语）最为注意。彼认此数字乃一愚而妄之说词。孙君以为，诬彼之词载于一南方某著名方面之机关报，本无答复必要，但有不能已于言者。何以云该报之说为愚？因谓中国已存有产生俄国布尔什维克主义的事情之同一历史及经济情形，决无人能真信之故。何以云该报之言为妄？因孙君从未计划、且从未想及变中国为一共产主义国家之故。试阅彼所著《中国之国际发展》一书，即可知彼实抱有欲切实发展及利用中国莫可限量之天产，必须外国资本及技术合力提携之见解，极为强固，且彼曾屡次向美国、英国及其他方面招请此等合作。

　　孙君特别提及德国及俄国。据彼之意，德国之解除军备及取消在中国之治外法权，就中国方面而论，业已使彼（指德）自处于非侵掠〔略〕国之列。

　　孙君又以为，自苏维埃俄罗斯崛起后，中国从前政治独立及领土完整之最大危机之一已经消除。苏维埃政府苟一日继续固守其非侵掠〔略〕政策，中国即一日无所惧于俄罗斯。

---

　　* 此文系上海孙中山秘书处就陈炯明公布孙中山在广州任大总统期间有关联俄联德外交文件的辨正。该密函原刊于香港《电信报》，上海《民国日报》载有译文。孙中山从当时形势出发，确有与俄、德合作的计划。联德计划，因故未能实行。联俄外交，则自一九二一年年底孙中山在桂林会见共产国际代表马林之后，加紧进行。否认密函内容的真实性，可能是出于策略上的考虑。《辨证》最初发表日期不明，现据《孙中山对于报载外交密函的辨正》报道推定。

　　孙君熟思审虑,以为中国在其目下革新之阶级〔段〕中,极需要以对等及完全主权国待诸列强之赞助。彼信德国及俄国现已情形变迁,政治改更,中国能以对等之条件与之周旋。故彼赞成一种与彼两强更加亲善为目的之政策。彼以为此种政策,最利于一非帝制及非顽强之中国。孙君最主要之考虑,即在于是。彼或被谥为亲德或亲布尔什维克,此种怨毒之词,虽曾不幸阻碍许多他人尽其严正而真实爱国爱同胞之责任,但殊不足以吓孙君。

　　孙君最后述及某种信稿,即彼知为陈炯明以一种显然目的而使其揭布于香港者。孙君谓:彼为护法政府首领时所为之任何行动或事情,彼除向国会外,并无任何解释之义务。但若谓前指之信稿证明彼曾谋根据布尔什维克理想缔立中德俄同盟,则彼以为应阅信件之中文原稿。现拟将此等函件译成可信之英文供众览。然即就陈炯明机关报所登颇劣之英译文观之,其诬诋之辞,亦属无据,徒见其为宣传作用而已。

据重庆《国民公报》一九二二年十月二十四日
《孙宅秘书处辨正外交密函》

复萧翼鲲杨道馨等函

(一九二二年九月二十九日)

翼鲲、道馨暨同志诸兄公鉴:

　　华选、培英两兄来,得奉公函,备悉壹是。诸同志于暴力劫持之下,为党努力,惨淡经营,竟能筹备就绪,曷胜佩慰! 继此尤望益加奋斗,实现吾党主义。

　　侧闻湘省虽称自治,而非法杀人之恶耗时有所闻,同志无辜被戮者不知凡几;是湘省虽人人愿附于民党,独不悟杀民党者之不可依恃,殊憾事也。军阀惟知以武力据地盘,以欺诈保权利,多数人求自治,彼则附和自治;多数人响民党,彼则敷衍民党;其实彼乃无一时一事不与民党为仇,不与自治为敌,民党欲于其下讨生活,洵亦难乎其难。惟事在人为,诸同志皆为革命旧份子,智勇兼备,甚望于此等处多留意也。覃理鸣刻未在沪,能否回湘,请径函商。并询

党祺

九月二十九日

据《中央党务月刊》第九期"特载"《复湖南萧翼鲲杨道馨等》

致卢永祥函

(一九二二年九月二十九日)

子嘉先生执事:

时局日非,愈烦筹策,想帏幄多劳,至念。

兹有事欲与〈先生〉商榷,特委杨沧白兄前来面达,即希接晤为幸。此致,并颂

筹祺

九月二十九日

据《国父全集》第三册(转录史委会藏《总理函稿》)

与郦朴的谈话 *

(一九二二年九月三十日)

郦君问:北方之吴佩孚与南方之陈炯明,此二人将来之成败得

----

* 郦朴(译音)系荷兰驻华使馆译员,九月三十日谒孙中山谈话两个小时,此件系录报载部分。

失为何？

　　孙谓：若论吴陈二人之将来武力主义，颇不合民治国家潮流。二人若能真正为国家谋建设，将来均有希望。但吴系北方军阀，近尚能有尊重法统之表示。陈炯明为余二十余年来同患难受恩惠者，竟至用种种不人道之手段，加害于余。如此则陈之德义，又不及吴佩孚矣！

据上海《民国日报》一九二二年十月一日《外宾谒见中山》

复 张 藩 函 *

（一九二二年九月）

张藩足下：

　　蓝君赍来手札，备见坚贞。

　　此次陈炯明叛变，致国贼逭诛，言之痛心。所幸人心向义，兵力犹存，桑榆之收，期或不远。文来沪时，北方将帅均有服从吾党主义之表示，惟有无诚意，尚未敢必，则军事之布置，决不可稍忽。乃者湘省同志咸以乘机解决湘事为请。湘居南北要冲，关系极重，望即联络各省同志军，共赴此的，以备他图。

　　翘首西陲，无任企幸。秋风渐厉，诸维珍重。

据《中央党务月刊》第九期"特载"《复张藩》

复林支宇函

（一九二二年九月）

特生仁兄惠鉴：

---

　*　原函未署日期，以所述系孙由广州至上海时之事，现酌定为九月。

手书诵悉。执事扶持正气,领袖名流,恫国难之频仍,为主义而奋斗,至堪佩慰。

联省自治之得失,非寸函所能尽。惟执事亦谓军人假托自治,阴行割据,无可讳避,但冀人民蹶起,打破虚伪,并力与军阀决斗,以实现共有共治共享之期望,伟哉斯言,可使虚伪之徒闻而气阻!顾犹有联军自保,假自治之名,恣睢无忌。且己名为立宪,而非法杀人,骈死者日以百数,仁人志士为之痛心。执事谓利用时机,善为斡旋。果此间所闻不谬,省言自治之下有此不祥,岂犹可以斡旋而利用耶?今中国之乱亟矣,拨乱世而反之正,文素以为己任,惟非一手足之烈所能致,甚愿与国中有志者共之。执事既抱宏愿,诚文所亟欲引为救国之良侣者。兹故因少炯返湘之便,命其代致拳拳。

秋意渐深,惟为国珍重。此颂

苌安

据《国父全集》第三册(转录史委会藏《总理函稿》)

批吴泽理函 *

(一九二二年九月)

代答奖勉,并着暂候时机,以决灭贼而后已。

据《国父批牍墨迹》

---

　* 吴泽理当时任讨贼联军第二军第一独立支队司令,率部在广东新会、江门、左兜山一带进行反陈炯明统治的活动。

批田清涛函 *
（一九二二年九、十月间）

代答：此间已与吴通信，使冀彼有彻底觉悟，以协力救国，非至失望于彼之后，不能赞成所陈之划也。

据《国父全集》第四册（转录史委会藏抄件）

批欧阳豪函 **
（一九二二年秋）

着自行设法速解散。

据《国父全集》第四册（转录史委会藏原件）

批景梅九函 ***
（一九二二年十月一日）

代答奖励，并告以刻下无力，俟将来得到，当助之。

据《国父全集》第四册（转录史委会藏原件）

---

*　田清涛来函密陈灭吴佩孚计划。原批日期不明，据其内容，似在此年九十月间。
**　欧阳豪来函请接济军械。
***　景梅九（字定成）当时在北京活动，来函请求孙中山资助恢复《国风日报》。日期据来函。

批 居 正 函

（一九二二年十月三日）

款已支竭，俟再有来源，方能分给。

文

据《国父全集》第四册（转录史委会藏原件）

批 陈 煊 函 *

（一九二二年十月四日）

代答：函悉，相机而行可也，惟不可接洽民军。

据《国父全集》第四册（转录史委会藏原件）

给叶任生委任状

（一九二二年十月六日）

委任状：委任叶任生为纲甲烈港中国国民党支部副部长。此状。

中国国民党总理　　孙　文

总 务 部 部 长　　居　正

党 务 部 部 长　　谢　持

财 政 部 部 长　　杨庶堪

---

* 陈煊来函报告广东情况。

                宣 传 部 部 长   张   继

中华民国十一年十月六日

据《国父全集》第四册(转录史委会藏原件影印)

批赵士觐函*

(一九二二年十月七日)

代答:函悉。着积极进行,俟时机一到,则同时灭贼。

据《国父全集》第四册(转录史委会藏原件)

《孙大总统广州蒙难记》序

(一九二二年十月十日)

陈逆之变,介石赴难来粤入舰,日侍余侧,而筹策多中,乐与余及海军将士共生死。兹记殆为实录,亦直其荦荦大者,其详仍未遽更仆数。余非有取于其溢词,仅冀掬诚与国人相见而已。余乏知人之鉴,不及预寝逆谋,而卒以长乱贻祸,贼焰至今为烈,则兹编之纪,亦聊以志吾过。且以矜吾海军及北伐军诸将士之能为国不顾其私,其视于世功罪何如也。

民国十一年十月国庆日

                                        孙文序于上海

据上海《民国日报》十月十日《孙大总统序》

---

* 赵士觐当时任广州军务处长。

复石青阳函[*]

（一九二二年十月上旬）

青阳兄惠鉴：

抱一兄来，得奉大札，备谂川局渐平，至为忻慰。

此番粤变，功败垂成，深可太息。其尤痛者，则陈炯明以誓生死之人，而竟出于枭獍之为，使人类伦理灭绝耳。抵沪以来，各方倾响，诚恳逾前。北伐军虽经挫折，实力仍存。许君与各部已入建宁、邵武，刻与王永泉协定福州，成功在迩，前途甚可乐观。

兄备历艰难，今兹再振，切望努力奠安川局，并预备向外发展，以襄洪业。兄志坚识卓，必能从事远大也。秣厉多劳，不胜殷念。即颂

戎祺

据《中央党务月刊》第九期"特载"《复石青阳》

复景梅九函

（一九二二年十月十一日）

梅九志兄道鉴：

辱示领悉。年来人心陷溺，正义销沉，北京狐鼠所凭，尤属暗无天日，诚赖有正大光明之言论机关，为之摧廓。惜吾党以时势关

---

　　[*]　原函未署日期。查十月十二日许崇智等部克复福州，据该函内容，应是发于十二日之前。

系,常置重军政方面,于宣传事业遂少注意,殊多憾焉!

今兄独能于困苦之际,树赤帜于幽都,佩慰曷可言喻!正应力助,以展鸿猷。惟刻值财政奇窘,无法可筹,一俟稍有机缘,即当尽力,以副厚望。

太夫人倏尔仙逝,痛悼同深,尚希守移孝作忠之训,为国节哀。余维亮照不备。

十月十一日

据《国父全集》第三册(转录史委会藏《总理函稿》)

复李仁炳函

(一九二二年十月十一日)

仁炳先生鉴:

惠函备悉。雅意殷拳,不胜感慰!

国家多事,正赖英贤,或共驾以图功,或分途而致力,但使气求声应,厥效正同。高旌驻在幽燕,为翳蔼阴霾之所,以吾党之道,力导黑暗于光明,亦殊急务。甚望即与在京同志协力一心,以谋国家之幸福,毋任期勉。此复,即询

时绥

十月十一日

据《中央党务月刊》第九期"特载"《复李仁炳》

复四川支部函

(一九二二年十月十一日)

四川支部筹备处诸同志公鉴:

　　向君携函备悉。诸同志努力经营党务,至为欣慰。

　　文素树以党治国之义,故视党极为重要。近察各方趋向,渐已了解,欲救中国,非实行本党主义不可,大有群蚁附膻之象。本党为容纳群材,扩张党势起见,刻正审筹改进方略,俟妥再行通告。今所切望于诸同志者,即在竭力宣传主义,务使群众趋于一致,以举自治之责。川中旧同志实繁有徒,更当力为团结,以厚基础,至要至勉。此复,即询

党祺

据《中央党务月刊》第九期"特载"《复四川支部筹备处》

复《旭报》函

(一九二二年十月十一日)

《旭报》执事先生鉴:

　　惠函领悉。人心陷溺,正义消沉。不有黄钟,群阴莫破。贵报拥护法权,作民喉舌,此物此志,毋任崇钦!

　　今兹黠者方骫法以惑众,懦者又甘枉法以求安,法之难言,于斯已极。骊探犀照,端赖鸿裁,既承广益之微〔徵〕,愿以衡平为颂。倘使群伦遵循有道,斯真远胜于三千毛瑟也。此复,即颂

撰安

十月十一日

据《中央党务月刊》第九期"特载"《复旭报》

批孙镜亚函[*]

（一九二二年十月十一日）

约下星期日（廿二）午后三时来可也。

据《国父全集》第四册（转录史委会藏原件）

批 □ □ 函^{**}

（一九二二年十月十一日）

作函奖谢，并着在京同志协力谋国家之幸福。

据《国父全集》第四册（转录史委会藏原件）

批徐维绘函

（一九二二年十月十二日）

代答：屡接来信，甚感烦劳。惟先生对北京局面，毫无办法，故不置一词。

据《国父全集》第四册（转录史委会藏原件）

---

* 孙镜亚来函，介绍何世桢等四人入党，并请孙中山亲自主盟。
** 该函系慰问孙中山广州脱险，并请指导工作。

批梅冠林函 *

（一九二二年十月十三日）

代答：当往福州与李司令①接洽。

据《国父全集》第四册（转录史委会藏原件）

给彭丕昕委任状

（一九二二年十月十四日）

委任状：委任彭伯勋为巴湾京中国国民党民声日报馆总编辑。此状。

中国国民党总理　　　孙　　文
总 务 部 部 长　　　居　　正

中华民国十一年十月十四日

据《国父全集》第四册（转录史委会藏原件）

给李月华委任状

（一九二二年十月十四日）

委任状：委任李月华为中国国民党民声日报馆（古巴）总理。此状。

————————

＊　梅冠林来函请求任务。

①　指北伐军李福林部。十二日，李福林，黄大伟两部在北军王永泉配合下，进抵福州。闽督李厚基溃败，李及其卫队被海军缴械。

中国国民党总理　　孙　文

总务部部长　　居　正

中华民国十一年十月十四日

据《国父全集》第四册（转录史委会藏原件影印）

致民友阁函

（一九二二年十月十七日）

民友阁诸先生义鉴：

接仰光函，藉谂先生等愤陈逆之叛乱，恫大义之沦亡，不辞粉墨登场，筹措饷项，醵金万盾，悉付共济会，赞助讨贼，足征挚诚爱国，黾勉从公，仰念贤劳，曷胜嘉佩！

迩年来军阀专政，国事蜩螗，吾民饱受虐刘，渐多觉悟，知非将斁法乱政之徒彻底澄清，末由跻国家于承平之域。我党人苦战奋斗，三十年如一日，仍排万难，冒万险而不之恤者，夫亦为国耳。惟是重肩艰巨，辄深陨越之虞，广揽英豪，弥切嘤鸣之想。诸君子见义能为，当仁岂让？匡时济世，夙抱自殷。倘能一厥步趋，共咏泽袍之什，宏兹愿力，同申带砺之盟，奠宗国于苞桑，登斯民于衽席，尤文等所期望不置者也。

海天在望，不尽神驰。风露乍凉，诸维珍摄。专此布达，并候旅安

孙文　十一年十月十七日

据《国父全集》第三册（转录史委会藏原件影印）

致饶潜川函

（一九二二年十月十七日）

潜川同志兄惠鉴：

据邓泽如、黄馥生二君报告，此次北伐筹饷，仰光同志出财出力赴义急公者，大不乏人；而兄毅力热心，尤足称许，所举成绩，大有可观，遂听之下，感慰莫名。

历年来建设民国，拥护民国，保全民国，殆全仗吾党之力，所赖于海外同志者实多。今兄等拚个人之牺牲，为主义而奋斗，效力所及，不特一党受其惠，全国且蒙其赐，此则最足为我百折不挠之同志自慰者也。

祖国风云，瞬息万变，尚希奋力前进。谨修寸楮，藉相策勉。余未一一，并颂

精神

诸同志兄祈代致候。

孙文　十一年十月十七日

据《国父全集》第三册（转录史委会藏亲笔原件）

致《觉民日报》函

（一九二二年十月十七日）

《觉民日报》董事、记者暨执事诸兄道鉴：

陈逆称叛，害国祸乡，公道沦胥，大法斩绝，凡有血气，莫不愤心。吾党人切肤致痛，敌忾弥深，讨逆之檄告朝传，助义之饷糈夕

集,斯固由海外同志爱国心之挚厚,亦未始不因言论机关鼓吹力之得宜也。

夙仰贵报为吾党之喉舌,作侨界导师,大声疾呼,发聋振聩久矣,尽宣传之巨责,收文字之奇功,一纸风行,万流景仰。而对于陈逆叛乱,尤能主持正义,力辟奸邪,激发人心,咸知急难,大张士气,共励同仇。贵属同志及侨胞此次能集巨额饷项,侠风义气,足为海内外矜式者,非藉贵报鼓舞之效,曷由致之?拿氏谓:"报纸功力胜于三千毛瑟",斯言殆可为贵报道矣,感甚佩甚。

国事多艰,仍希奋力猛进。谨布悃愊,并颂

精神

同志诸君均此致候。

孙文　十一年十月十七日

据《国父全集》第三册(转录史委会藏剪报)

批张祖杰函

(一九二二年十月十八日)

代答嘉慰,并着他对于广东军事,仍与林树巍交涉便可。

据《国父全集》第四册(转录史委会藏原件)

任命黄大伟职务令

(一九二二年十月十八日)

任命黄大伟为讨贼军第一军军长。此令。

孙　文

民国十一年十月十八日

据《国父全集》第四册(转录史委会藏原件影印)

任命许崇智职务令

（一九二二年十月十八日）

任命许崇智为讨贼军总司令兼第二军军长。此令。

孙　文

民国十一年十月十八日

据《国父全集》第四册（转录史委会藏原件影印）

任命李福林职务令

（一九二二年十月十八日）

任命李福林为讨贼军第三军军长。此令。

孙　文

民国十一年十月十八日

据《国父全集》第四册（转录史委会藏原件影印）

任命蒋中正职务令

（一九二二年十月十八日）

任命蒋中正为讨贼军参谋长。此令。

孙　文

民国十一年十月十八日

据《国父全集》第四册（转录史委会藏原件影印）

批廖湘芸函[*]

（一九二二年十月十九日）

作答：着他努力进行，随时报告。

据《国父全集》第四册（转录史委会藏原件）

致刘成勋函^{**}

（一九二二年十月二十日）

禹九兄大鉴：

育仁来，藉奉手书，雅意殷拳，慰幸无已。

川局奠定，贤者统翆，功为独多。独〔犹〕复励精图治，接物以诚，持此不渝，效绩当复可观。然欲图长治久安之道，必含〔舍〕武力而趋实业。前日所谈，闻已由育仁诸人详电陈述，此要视兄等决心如何，始有办法。前题既决，则不难以专门名家，详其计划，复以现有兵力为之保障，相得益彰，内争之端，自不难无形消弭，公私之便，无逾于斯，此真足为四川开一新纪元者。执事阅历深纯，自不难内断于心，勿事徘徊瞻顾，以自误良机也。余由育仁面尽，并拟派戴季陶君入川上谒，相与讨究其利害得失，讨议既明，则唯在最后决心耳。

闽省已为我军占领，大局复有转机，并以附闻。手此，即颂

---

　*　廖湘芸原任总统府参军，陈炯明叛变后，由孙中山派往西江一带做联络工作。

　**　刘成勋于七月十日被成都军事会议参加者选为四川省长兼总司令。

勋祺

十月二十日

据《中央党务月刊》第九期"特载"《复刘禹九》

复刘介藩函

（一九二二年十月二十日）

介藩兄大鉴：

　　刘锦孝来，递到手书，藉审各情。川中诸将，迭有函电，表示诚意，至堪嘉慰。

　　群贤入党，固自标同德之雅；而执事经年宣传有素，亦略有成效可观，幸相与推诚相洽，勿稍召不良之感，则前途当未可量也。

　　汝为诸军已占领闽省，国事当益可为。又舒百川诸人相助为理，不致如报纸所传之杂糅。此间并已派精卫、介石、觉生诸人前往辅襄，大可据是以攻粤贼。北庭日言援闽，而苦无办法，未足深虑。彼辈内讧，虽曹、吴且有衅隙，他更无论矣。

　　绍曾来，想已晤谈。季陶不久亦将继至。外间消息，当更能详，不一一赘及也。手此，即颂

时安

十月二十日

据《中央党务月刊》第九期"特载"《致刘介藩函》

复周震鳞函

（一九二二年十月二十日）

道腴兄鉴：

十月十一日手书奉悉。款事刻不能办,以闽事方急,而如滇军之饥疲等,在在皆须接济,来源有限,自不能取给裕如。湘军之能否奋起,首在消弭其惧吴之念,确知直军不能深入,然后乃有敢为之气,款饷似犹其后也。执事锲而不舍,殊堪钦慰。

蔡、陈、唐各部既派代表来迎,但须察其决心与否,以定行止。志已决矣,乃可与图进行;若犹徘徊观望,虽有巨金,亦何能济?前日护黄①挫败,正坐无起而应之者。此时自当先使其觉悟,知洛吴四面楚歌,不能专力对湘,众志一决,则崛起倒赵②不难。款项不过为辅助之一种,且现役军队尤非恃此为急。至冀执事于此先决问题,加之意也。劳军名义,刻非所宜;守秘之说,自勿俟嘱。懋叟老当益壮,幸致声慰劳之。各方消息转佳,湘正可图,惟希勉为其难,毋任企盼。即颂

时绥

十月二十日

据《中央党务月刊》第九期"特载"《致周道腴函》

批盘鸿钧函

(一九二二年十月二十日)

代答如后:不必再来沪,可就近向港办事人报告,候命进行。

据《国父全集》第四册(转录史委会藏原件)

---

① 护黄:即陈嘉祐。
② 赵:指湖南省长赵恒惕。

给黄馥生委任状

（一九二二年十月二十日）

委任状：委任黄馥生为缅甸筹饷委员长。此状。

孙　文

中华民国十一年十月二十日

据《国父全集》第四册（转录史委会藏原件影印）

批张启荣函[*]

（一九二二年十月二十一日）

代答：张^①已出来，其军队由他路另图接洽。八属军队望惟力所至，积极进行，得有结果，可向港中同志互为联络可也。

据《国父全集》第四册（转录史委会藏原件）

批李福林函^{**}

（一九二二年十月二十一日）

作答：枪枝已与谭君设法。

据《国父批牍墨迹》

---

　　* 此件未署年代。按张启荣联络驻桂滇军，事在一九二二年。

　　① 张：指张开儒。此时张开儒失势，所部为杨希闵所控制，孙中山已委杨为讨贼滇军总司令。

　　** 日期据来函。

复邓锡侯函

（一九二二年十月二十二日）

晋康兄大鉴：

育仁来，递到手书，情意殷渥，慰喜无量。熊济周君旋至，复奉华翰，诚挚可感。昔闻良誉，今睹深衷矣。吾党得兄辈数人，匪直私庆，国家前途，实利赖之。

绍曾见时，当能具述鄙怀。今更拟派戴季陶君继至，专与兄等讨究实业救川之计，盖武力未可久恃，当世强国，实业殆为其盛富之首。川省地大物博，为全国冠，据此图治，何功不成？顾视兄等决心为何如耳。诚能同德一心，共趋斯轨，即以现有兵力为保护实业之用，三五年后成效可观，而内争之端不辑〔戢〕自弭，救国大业未有急于斯者，是在兄等之先觉觉人，当仁不让，以副此千载一时之良机而已。详细计划，则有专门人才负责，未足深虑；提倡实行，则兄等之任也，亦傥有意乎？跂予望之久矣。

闽省近为我军占领，大局日有转机，西南根本，惟兄等维护而拓展之，万千之幸。即颂

勋祺

十月二十二日

据《中央党务月刊》第九期"特载"《致邓晋康函》

复赖心辉函

（一九二二年十月二十二日）

□□□^①大鉴：

熊兆渭兄过沪，获审手书，雅意挚情，曷胜忻慰！

今时局又已丕变，闽省全为我军占领，西南根本，至冀兄等维护展拓，共达救国素志。川省内部则应倡办实业，以为消弭内争之具。育仁来此，已详为言之。现更拟派戴季陶君入川，与兄等讨论，倘能共决，同趋一轨，则天府如川，前途盛业，当未可量，是在兄等之明辨果决而力行之耳。

闻君治军有声，国难未纾，愿更努力。即颂

勋佳不备

十月二十二日

据《中央党务月刊》第九期"特载"《致赖□□函》

复夏之时函

（一九二二年十月二十二日）

亮工兄大鉴：

育仁兄来，得惠书，雅意殷拳，慰喜无量。

现在川局初定，而欲图长治久安，则当唯实业是赖。盖川省地

---

① 　□□□：当系原刘存厚部将赖心辉。

大物博,以斯图治,十年后当为亚洲第一富足之区,而隆盛绝非日本可比也。其大要所见,晤育仁时便可详论。季陶亦将继至,当与兄等讨论其实行方策耳。即询

毅安

十月二十二日

据《中央党务月刊》第九期"特载"《致夏亮工函》

复 吕 超 函

(一九二二年十月二十二日)

辅周兄大鉴:

育仁兄来,得惠书,慰喜无量。现在川局粗安,欲求长治久安,则当以图发展者谋善后。近代世界文化之宏规,实以实业为首。川省地大物博为全国冠,若能一心同德,共趋斯轨,以现有之兵力,为保护实业之用,三五年后成效可期,内争之端,不辑〔戢〕自弭。兄等热诚宏识,当必同意。斯旨大要,前已由育仁兄等电告蜀中诸同志,更拟派戴季陶君继至,与诸兄讨究斯业。

闽省近为我军占领,大局日有转机,民国宏基,唯望兄等维护而拓展之耳。即颂

勋祺

十月二十二日

据《中央党务月刊》第九期"特载"《致吕辅周函》

致刘成勋等函[*]

（一九二二年十月二十二日）

　　川局粗安，百端待理，而实业尤为长治久安之要。顾兹事体大，非楮墨所能详尽，将派戴季陶君入川，与诸兄面究，惟进教不宣。

据《中央党务月刊》第九期"特载"《致刘禹九
但怒刚邓晋康赖□□刘福五□季昭田颂尧□
蕴兰向仙乔石青阳》

复田颂尧函

（一九二二年十月二十二日）

颂尧兄鉴：

　　育仁兄来，得惠书，情意殷渥，慰喜无量。

　　现在川局粗定，欲图长治久安，则当以图发展者谋善后。近代世界宏规，盖以实业为首。川省地大物博为全国冠，以此图治，何功不成？顾视诸兄等决心为何耳！诚能同心同德，共趋斯轨，即以

---

　　　*　此系致刘成勋、但懋辛、邓锡侯、赖心辉、陈洪范、刘斌、田颂尧、余际唐、向楚、石青阳等人的函件。当时川军有一军（熊克武派，军长但懋辛）、二军（刘湘派，军长杨森）、三军（军长刘成勋）及刘存厚旧部（邓锡侯、田颂尧、刘斌、赖心辉）等势力。从一九二二年五月开始，一、三两军联合刘存厚旧部进攻二军。八月七日，三军占领重庆，二军杨森率部退往川鄂边境。北军吴佩孚指令所部卢金山、吴新田、孙传芳援川（指杨森），未果。八月二十六日，一军占领奉节。在此后一个短时期内，川局稍呈安定，上述部分四川武人参加了国民党，于是孙中山派戴季陶入川活动。

现有兵力,移为保护实业之用,三五年后成效可期,内争之端,不辑
〔戢〕自弭。救国大业未有急于斯者矣。兄等热诚宏识,当必同意。
斯旨大要,前已由育仁兄等电达,兹更拟派戴季陶君继至,专与兄
等讨究之。

闽省已为我军占领,大局日有转机。西南根本,唯兄等维护而
展拓之耳。即颂

勋祺

十月二十二日

据《中央党务月刊》第九期"特载"《致田颂尧函》

复黄肃方函

(一九二二年十月二十二日)

肃方兄大鉴:

育仁兄来,得手书,慰喜无量。

川局赖诸兄努力,得以粗定。惟不图根本救治,则乱源不去,
后患亦难遂免。长治久安之道,当以发展实业为先,移现有之兵力
作实业之保障,三五年后成效可期。川省地大物博为全国冠,若能
同心一德,共趋斯轨,则内争之端,不辑〔戢〕自弭,救国要端,莫逾
于此。兄等热诚宏识,当必同意斯旨。兹并拟派戴季陶君入川,与
诸君讨论其详也。余不一一。即询

毅安

十月二十二日

据《中央党务月刊》第九期"特载"《致黄肃方函》

复但懋辛函

（一九二二年十月二十二日）

怒刚兄鉴：

　　育仁来，藉奉手书，具审贤者厌弃武力，趋向实业，觉悟先人，至堪嘉慰。复殷殷以计划相询，尤见勤求实践之盛心。

　　川省地大物博甲于中国，诚治之得宜，将大足有为，造福于国家不浅。顾计划大实业，非一纸之书所能毕事，必得专门家实地调查，始克奏功。今所亟望于川中各当局者，首在先有决心。如众意佥同，当派专门人才入川，相与计划。盖实业之速成，国人此时尚无此能力及计划；以既乏资本，又缺知识，故非借助外资与外才不可。若能有此决心，三五年间，必收实效，直可安坐而享其成耳。但外资外才，彼亦矜慎自重，若战乱不息，则将裹足而未敢轻试。必各军将领毅然不复为私利之竞争，而有共谋公益之表示，则彼始欢欣，愿竭其力，以相辅为治。内争既弭，然后合力以清匪患，中外人士皆乐出其途，而建设乃始可言图。如能办此，文当先行介绍外资约五千万，以为试办之基。若有成效，后此当可源源而来，不虞匮竭。唯此种企图，纯为全川人民共谋长久之福利，非徒供执事者一时之私益。其合同大旨，须申明此种资本为四川人民所借，所办实业为四川人民所有，所获利益为四川人民所享。其经营管理，初由资本家代之，同时并任训练吾国人才之责。至资本还清之日，则管理之权收回归我，以后对于此项资本家或分别留任，或即行辞去，其权皆自我操之。如此，有利无弊，能用外资外才之益，而避其害，行之数年，省未有不富，国未有不强者。其最要关键，则在兄等之觉悟与其决心如何,空言高论,殊无补也。〈以〉上［来］所说,实举办此事概要,至幸贤者酌裁而力图之。余由育仁面尽,或特遗〔遣〕戴季陶兄来川,与兄等讨究,期于西南成一良好模范,则非独川省之利而已。吾国前途,实有厚望。文将竭其全力以助兄等之成,不复有爱,唯吾贤图之。即颂

时祉

十月二十二日

据《中央党务月刊》第九期"特载"《致但怒刚》

复石青阳函

(一九二二年十月二十二日)

青阳兄大鉴:

刘锦孝来,藉奉手书。川中诸将果尔觉悟,群趋吾党,自是佳象。若能更进以诚意救国,则形胜如川,何功不立?械事如有办法,自当为兄分拨,特运输一层,兄宜预计,河山间阻,殊恐不易径达也。

前数日间,汝为诸军已占领闽省,大可据以攻粤。曩时计划图湘,组庵、沧白皆望兄出兵助之,以鼓湘军之气;闻兄亦尝有斯志,函允组①、沧。今已入于实行期间,至盼兄速为筹备。如已决行,文亦当筹开拨款费,汇寄来川。吾兄壮志可酬,而救国大业乃能见诸实践。此时湘中人士已视兄之能否助力,以为进止,祖庵尤日夜企盼复音。即为兄军计者,亦不宜僻守一隅,致或消磨于内竞。赵

---

① 谭延闿(字组安,又作祖庵),当时寓居上海,谭派军人宋鹤庚、谢国光、吴剑学、蔡巨猷等,在湘拥兵据地,尊谭为首领,与湖南省长赵恒惕相颉颃。此时湖南人民亦酝酿驱赵运动。

恒惕罪恶已盈,终非驱除不可。川中诸将,尤望开陈利害,不为此贼游说所惑。曩日陈逆之恶,强半由渠狼狈而成,左证昭然,非徒人之多言而已。

救国之方,非以西南为根据,则北敌凶焰,殊未易降。吾兄爱国若渴,当必不漠视斯言,而乘此良机,有以展其平生抱负也。手此,即颂

时安不一

十月二十二日

据《中央党务月刊》第九期"特载"《致石青阳》

致张开儒函

(一九二二年十月二十三日)

藻林吾兄惠鉴:

前上一函,详述内外情势,并代蘅秋兄代候。蘅秋兄行时,汝为、百川等方攻福州。旋得捷报,我军已确实占领福州,李厚基逃去,敌之主力及其他部完全溃散,全闽亦指顾可定。闻汝为、子荫、登同以所得军实,扩充兵力,不止加倍。刻已促其赶紧整理,为返粤讨贼之计。惟陈贼得知我军占领闽省消息,即移重兵于东江,并闻有和西战东之诡谋。盖欲利用桂军牵制我师,复冀滇军意志不一,即可以和缓一方面,而专力对付一方面也。若我于此时机统一内部之意志,同时疏通桂人,厚集吾〔兵〕力,从西江顺流而下,关国雄部、郑润琦部必不敢抗;且将易其观望之态度而为响应。陈逆无心腹中坚军队为防,则破之易易。要之,彼不能有东西兼顾之力量,即为我军恢复百粤最良机会。

兹特派邹海滨兄鲁回港,与各方面策应接洽。海滨于民党屡

次图粤,皆有力量,且深知粤桂军之情,而与刘显丞深交,当我军东西并进之时,故使在港沟通一切,妥为照应。用特专函告知,即乞时与接洽为荷。此颂

戎安

十月二十三日

据《中央党务月刊》第九期"特载"《复张开儒》

复 谢 持 函

（一九二二年十月二十三日）

惠生兄鉴:

手书暨卢生报告均悉。洛事所见极是,自当酌量办理。北方党务极须注意,切望设法推广党势,俾厚基础。兄在京奋斗,申张正气不少,甚为慰念。手此,顺询

近佳

十月二十三日

据《中央党务月刊》第九期"特载"《复谢惠生》

致邓泽如函

（一九二二年十月二十三日）

泽如我兄惠鉴:

我军既得福州,许、黄、李三部以所得军实,扩充兵力,增加不止一倍。滇军朱、张两大部亦渐趋近西江,以此驱除陈贼,贼虽狡恶,断难东西兼顾,故弟认此为恢复百粤最好时机。

兹在港设立办事机关,以为西江及内地各路之策应,即委兄管

理财政。以兄资望信用,为同志所共知,亟望慨任不辞。同时嘱海滨兄回港,与各方接洽。海滨于民党屡次图粤,均与有力,且熟知粤桂等军队之情状。关于支用款项之手续,可由兄存贮于银行,而支用时则必得海滨与兄两人签字,乃行交付,则对内对外,皆妥善矣。专此,即颂

近安

孙文　十月二十三日

据邓泽如编《孙中山先生廿年来手札》(广州述志公司
一九二七年版)卷四影印原函

给何侠任命状

(一九二二年十月二十三日)

任命状:任何侠为军事谘议。此状。

孙　　文

中华民国十一年十月二十三日

据《国父全集》第四册(转录史委会藏原件影印)

批张启荣函[*]

(一九二二年十月二十四日)

代答:滇军已有滇中同志接洽,以后不必转接矣。

据《国父批牍墨迹》

---

[*]　日期据来函。

批张启荣函[*]

（一九二二年十月二十四日）

代答：接洽滇军事，已交朱培德办理，着前途就近磋商可也。

据《国父批牍墨迹》

对时局的意见[**]

（一九二二年十月二十五日）

一、国家建设问题，中国国民全部，应具有法国革命及明治维新当时之气魄与努力。

二、国家改造有两种机关，一为合法国会，二为非常机关。目下北京国会不合法，不能得国民之尊重，其何能制定宪法？故使国会合法，为今日之急务，若并此不明，则以施行民治为标准，设立非常机关，以图解决。

三、总统问题，黎元洪三叛民国，以如此之人，身居要位，为国民元气不振之原因。总统不论为何人，须由合法国会选出。但孙中山无做总统之意思。

四、县民自由。省隶属中央，县由县民组织，中央与省政府，为人民公仆。县之自由，为确定人民发布号令主权之基础，县知事民选，为县自由最小限度。

---

[*]　日期据来函。

[**]　张继奉孙中山命赴洛阳、保定，与吴佩孚、曹锟会晤，此为张继所发表的孙中山对时局六点意见。

　　五、工兵政策。清朝式驻防政策,为中国不统一之主因,故宜变兵为工,恶感一去,南北问题,自见融和。

　　六、防止国内战争,奉直调和,为目下之急务,若奉天与西南同为割据,则保定、洛阳及直隶系督军,亦为一种割据,仅五十步百步之差,有何诉诸武力之必要。

据北京《益世报》一九二二年十月二十七日
《张溥泉所述孙中山之意见》

批方瑞麟等函

(一九二二年十月二十五日)

　　代答:着与港办事人接洽,但接济一层办不到。

据《国父全集》第四册(转录史委会藏原件)

致邓泽如函

(一九二二年十月二十六日)

泽如兄鉴:

　　兹特派邹海滨兄为文驻港特派员,并特派兄为理财员,望兄与海滨相助为理,调和各人意见,以期速达灭陈目的为荷。此候
大安

孙文　十月二十六日

据邓泽如编《孙中山先生廿年来手札》卷四影印原函

复郑占南函

（一九二二年十月二十七日）

占南志兄鉴：

　　杨君仙逸持到手书，并经晤悉，藉谂侨胞义愤，一致讨贼，毋任感慰。

　　炯明藉吾党提携，得弋微名，遂得罗致鹰犬，伺机反噬。此固文用之未当，然以二十年服事之人，一旦变为枭獍，亦殊出常理之外。非诛此獠，诚不足以昭法纪而正人伦。今贼暂据广东，即以全省利权抵押借款，业为全粤人民所唾弃，即前日之助其张目者，今亦反颜相向，足见公理尚未尽斁。

　　现我军已克福州，根基已得，进讨不难。切望兄等竭力筹募义捐，俾充军饷，则士饱马腾，荡平可指日计也。救粤救国，责任均在吾党，务勉为之。特复。即颂

义祺

十月二十七日

据《中央党务月刊》第九期"特载"《复郑占南》

致鲁涤平函

（一九二二年十月二十七日）

咏安吾兄伟鉴：

　　久未笺问，敬以勋祺日懋，为颂且慰。

　　自陈逆作乱粤东，大局复陷于黑暗。然是非顺逆所在，则人心

皎然其不可欺,即对于甘为军阀傀儡、尸位素餐之黎氏,亦既厌且憎。故吾人当以天下为己任,不容一日放弃。

湘省为西南门户,首倡护法,举足重轻。独恨执政方针日错,不惜为陈逆之应声,为民治之障碍,甚者假借名义,取便私图,日杀无辜,排除异己,士民之怨,亦既深矣! 惟有力者为能拨乱反正,改位〔弦〕而更张之。且夙昔与为声援者,今日适受种种之牵掣,无以相顾,则内部谋解决为不易得之时机。救湘省而振起西南,知贤者不能辞其责。今日刘曙汀君之行,特泐数行奉候,并托代达一切。即请

勋安

十月二十七日

据《中央党务月刊》第九期"特载"《致鲁咏安》

致蔡钜猷函

(一九二二年十月二十七日)

铸人吾兄伟鉴:

久未笺问,时以勋祺日懋为祝。

自陈逆作乱,大局陷于黑暗。然是非顺逆所在,则人心皎然其不可欺;即对于甘为军阀傀儡、尸位无能之黎氏,亦既厌且憎。故吾人当以天下为己任,不容放弃。

今有假省自治之名,图其私利,以排除异己者,盖陈逆之应声虫,而西南之障碍物也。专欲怙权,日杀不辜,士民之怨毒实深,非蹶倒之,何以救一省而振起西南? 计此义当为兄所素谂。惟彼阴谋煎迫日益甚,而向为彼辈奥援者,适受他方种种之牵掣,已无相救,则内部解决为不易得之时机,是在兄等之决心如何而已。

兹因刘曙汀之行,特嘱代达一切。即颂

戎安,惟照不备

十月二十七日

据《中央党务月刊》第九期"特载"《致蔡铸人》

批黄隆生函*
（一九二二年十月二十九日）

作答嘉许,并云已着谢良牧与之接洽。

据《国父全集》第四册（转录史委会藏原件）

致廖湘芸函
（一九二二年十月）

湘芸兄鉴：

接诵来书,欣慰无似。

兄屡入危境,俾断续不完之义军联成一气,厥功甚伟。现闽局渐定,我军所获械弹极夥,回戈讨逆,期必不远,望更努力进行,以竟肤功。所有各方情形,务须随时举报,俾资策划。跋涉多劳,千万珍重不备。

据《国父全集》第三册（转录史委会藏《总理函稿》）

复梅培函
（一九二二年十月）

光培兄鉴：

---

* 黄隆生函中报告,驻钦廉之陈炯明部黄业兴,愿率部归诚。

函悉。子荫兵力增加,喜慰无似。望兄从此鼓其士气,速往平逆,恢复广东,为吾党根据,前途乃有希望。若久留福建,则〔或〕贸贸然出中原,皆危道也。并望时时报告详情毋既。即询

近佳

据《中央党务月刊》第九期"特载"《复梅光培》

复张贞等函[*]

（一九二二年十月）

□□兄鉴:

电悉。鲁贻为吾患难交,素所钦倚。惟福建省长一席,闽海外华侨同志多属望林子超①。此时闽省财政困窘已极,若藉此而获华侨之资扶,俾闽省民治事业畅行无阻,亦未始非计之得者。然省长关系于一省民治前途者极大,当由省议会选举,庶足以表示民众公意,预杜争端。兄等既为自治而战,此旨谅早已共喻。今福州虽下,郊垒未清,下游贼氛独〔犹〕炽,有待于贤豪之相与努力者正多。幸为国自爱,不尽缕缕。

据《中央党务月刊》第九期"特载"《复张贞许卓然
杨汉烈陈国华吴适卢兴邦黄炳武》

批蒋光亮函^{**}

（一九二二年十月）

作答款已交邓卢带去,此外又托沈鸿英处挪借,以应发动

之需。

据《国父全集》第四册（转录史委会藏原件）

批刘玉山函*
（一九二二年十月）

代答勉励，并云各军到了广东，当设法接济。

据《国父全集》第四册（转录史委会藏原件）

批福建自治军电 **
（一九二二年十月）

作答海外华侨同志外属〈望〉①于林子超，或藉此望华侨接济。然省长当由省议会选举方妥。

据《国父批牍墨迹》

致李庆标函 ***
（一九二二年十一月一日）

同志先生大鉴：

　　径启者：护法讨贼，屡蒙海外贤豪赞助饷糈，所裨至大。顷据

---

　　* 刘玉山当时系桂军一旅长。

　　** 福建自治军张贞等来电，请任命黄展堂为福建省长。原件无年月，据其复函应在一九二二年十月。

　　① 据《国父批牍墨迹》编者注，此处疑脱"望"字，今酌补。

　　*** 此系分致李庆标、黄壬戌等同文函札。

黄馥生报告,知执事平素对于本党党务,莫不竭力维持,且屡助巨资,尤为感纫无既也。

　　方今义师进驻福州,大局粗定。返斾百粤,为期匪遥。惟是大军出发,需饷孔亟,尚祈执事本爱国爱党之心,再为卜式输财之举,则戡乱之目的,不难完全达到矣。

　　海天在望,不尽神驰。专此布达,并颂
义安

孙文　十一月一日

据《国父全集》第三册(转录史委会藏原件影印)

批陈荣广函[*]

(一九二二年十一月一日)

代答赖欲表明心迹,只有先击陈炯明。

据《国父全集》第四册(转录史委会藏原件)

致蒋中正函

(一九二二年十一月二日)

　　卢凤冈君新由吴佩孚处来,知彼方之情甚悉。特着来见兄,可细询一切。此致
介石兄鉴

孙　文

据毛思诚编《民国十五年以前之蒋介石先生》第六编

---

　*　陈荣广来函,报告陈炯明部赖世璜、洪兆麟、翁式亮等表示愿服从孙中山。

批廖湘芸函

（一九二二年十一月四日）

代答函悉，当就近与港中同志接洽进行便可。

据《国父全集》第四册（转录史委会藏原件）

给邝金保任命状

（一九二二年十一月四日）

任命状：任邝金保为缅甸筹饷委员。此状。

孙　文

中华民国十一年十一月四日

据《国父全集》第四册（转录史委会藏原件影印）

给陈辉石任命状

（一九二二年十一月四日）

任命状：任陈辉石为筹饷委员。此状。

孙　文

中华民国十一年十一月四日

据《国父全集》第四册（转录史委会藏原件影印）

致陈洪范函

（一九二二年十一月六日）

福五仁兄执事：

协揆到上海，举川中将领，必称道足下；及仲才来，益知深明大义，晓然于世界与国家大事之所趋，而措四川于不乱者，当以兄为巨擘，钦慰无已。

去年曾子伟还川，尝裁寄一书，略道鄙意。顷闻此书未达尊听，而得之者转滋猜疑，幸足下镇静有术，得无事耳。比仲才还，又奉一书，当能入览。而仆之主张，仲才当能道其大略。今特派张君左丞，慰存执事。

当今之世，吾人应立一救国治世之主义，相与奋斗而牺牲之，各视其力所能及，以倡先肃伦，风靡全国，所谓不朽之业，其在于斯。执事握重兵，居要地，而四川豪俊，又不后人，务望互相策勉，力规其远且大者，以图利国家，洵诸君子不朽之业也。区区之志，左丞能面罄之。

寒渐重，千万为国自爱，并希察量不宣。即颂

戎祉

十一月六日

据《国父全集》第三册（转录史委会藏亲笔原稿）

致刘成勋函

（一九二二年十一月六日）

禹九仁兄执事：

协揆、仲才先后来上海,谈及川中将领,必称道足下。而谢慧生兄亦尝称执事深明大义,晓然于世界与国家大势之所趋,无任钦佩。往者仲才还蜀,既属其代达钦迟之意矣。今特派张君左丞,慰存执事。

当今之世,吾人应立一救国治世之主义,相与奋斗而牺牲之,各视其力所能及,以倡先肃伦,风靡全国,所谓不朽之业,其在于斯。执事握重兵,居要地,而四川豪俊,又不后人,务望互相策勉,力规其远且大者,以图利国家,泃诸君子不朽之业也。区区之志,左丞能面罄之。

寒渐重,千万为国自爱,并希察量不宣。即颂

戎祉

十一月六日

据《国父全集》第三册(转录史委会藏亲笔原稿)

致齐燮元萧耀南电

(一九二二年十一月七日)

南京齐抚万先生、武昌萧珩珊先生均鉴:报载武昌杀金华衮、南京杀韩恢,皆密向上海租界诱捕,不与审判,遽处极刑;而杀之之名,则以金、韩曾隶民党,万人惶惑,奔走相告。文自来沪后,已密令各省党员,停止军事进行,黎、曹、吴暨抚万诸先生,信使往还,亦共商和平统一之方,开诚共见。不图斯时乃有任意捕戮党人之举,破坏和平,孰任其咎?盖自袁氏以惩治盗匪条例罔杀党人,数年以来,骈首相望;然此尚于国家变乱之际,谬肆淫威,未有阳言和平阴行屠戮者。辛亥以前,癸丑以后,吾党人之横罹凶刃者,不乏其徒,然此时犹为各走极端,互相谋制;未有举世趋向和平,而军吏方以

启发杀机，为其快意，窃为两公不取也。金、韩两君私人行止，别为问题，然当不至遽蒙死罪；若以往时谋国，概被以土匪恶名，则海内同志，人人自危，前途险恶，将有不堪设想者。共和国家，官吏视民命如草芥，此于两公令望，不无歉然。心所谓危，不敢不告，其何以示国人而消海内不平之气，唯两公实利图之！孙文。阳。

据上海《时报》一九二二年十一月十日
《孙中山为金韩被杀致齐萧电》

复杨希闵函

（一九二二年十一月八日）

绍基吾兄惠鉴：

那代表到沪时，诵篠日快邮代电，欣慰之至。兄与同袍转战数千里，备尝艰险，而所志不渝，尤可念也。

自粤东逆军作乱，政纪荡然，所幸是非顺逆之在人心者益明，即北方武人亦羞与叛徒为伍，吾人正义之胜利，转以自信。近者我军已占领福州，许、黄、李等部增加实力，不止一倍，于是乃有和西战东之诡计。盖以桂省内部复杂，则欲用其离合操纵术，牵掣我师。破彼奸谋，惟有与桂人避无聊之冲突，而我滇军两大部益接近一致以进行，先定粤乱，则西南之障碍立除，滇桂问题可迎刃而解。窃计滇军为百战之精锐，综合两部实二万余人，顺流而东，势力至大。彼逆内部时有分裂之象，西江之一、三两师必扶义而起，为我后援。故彼逆纵出全力，专应西江，亦未必能守，况须移重兵以支持东路，则彼愈失势而我愈得机矣。以上各节，乞为我同胞爱国爱党之士熟虑而预计之。

唐代表到港，港有电来，已即电嘱港机关备办饷食衣服等接

济,并妥筹运送。余托那代表道达。专此,即颂

戎安

十一月八日

据《国父全集》第三册(转录史委会藏《总理函稿》)

复孙镜清函

(一九二二年十一月八日)

瑞霖兄惠鉴:

得十月二十六手书,藉悉号召各部次第克复大田、德化、永春等县,嘉慰之至。

北方仍维持李厚基使入厦门,计必与陈逆勾结,闽南各处将为交争之点,望兄等努力奋斗,以张吾军。近已改编粤军为东路讨贼军,以汝为兄为总司令,义师各路悉归节制。来书已转寄福州汝为兄处,想兄处亦时与接洽也。又铮于冬日离闽,闽中改推伯川为闽省总司令,子超为省长,既以缓和外间之空气,而民治提倡,亦与闽人之期望不背。至我军之大目的,则在于一致讨贼,重整纪纲,务使化除畛域之见,相成而不相妨碍。专此,即颂

近佳

十一月八日

据《中央党务月刊》第九期"特载"《复徐瑞霖》

复张开儒函

(一九二二年十一月八日)

藻林吾兄惠鉴:

谷君春芳来,得手书,并悉兄与同袍近况,备尝艰险,而所志不渝,至足感念。

内外形势,已具近日所致数书。陈逆为国人所不容,其部下亦自相携贰。今复移重兵以备东江,则我军若顺流而下,粤乱之定,在指顾间耳。益三〔之〕所部已从桂林出发,当能携手一致进行;内部应如何维系统辖,亦望兄与益三〔之〕等熟商而行之。饷顷〔项〕一节,已电嘱港中机关接济,纵不能即副所期,亦必不令我军困苦也。专复,即颂

勋安

十一月八日

据《中央党务月刊》第九期"特载"《复张藻林》

批护法议员办事处函

（一九二二年十一月八日）

代答:日来甚困,俟筹有的款,当张溥泉来京助理宣传。

据《国父全集》第四册(转录史委会藏原件)

复王永泉函

（一九二二年十一月十日）

伯川吾兄惠鉴:

余君田侯来,获诵惠书,具悉一切。我兄不避艰险,以奠闽局,念及贤劳,时深廑系。

最近消息,李厚基、高全忠已为臧和斋所逐,赣兵入寇,亦有引退消息,闽局一时可谓粗定。然内部之整理,周围之应付,及贯彻

主义之应如何进行，事绪至为复杂。我兄与成〔汝〕为诸君，同历艰危，死生相共，情志固结，必能和衷共济，措置裕如。文在此间一切自当留意，如有所见，必随时奉白，以资进行也。

闽中既决军民分治，四围对闽空气已较和缓。日来北平〔京〕及赣中对文表示，于闽事已渐化敌意，此后相机应付，当可使之就范。田侯昨已赴浙，明日精卫偕自堂亦往，闽事若得浙助，则唇齿势力，东南形势于此可求发展矣。环顾国内，危险震撼，诚非吾人息肩之时。所冀吾党之士振奋直前，锲而不舍，必有完全贯彻之日。兄手定闽疆，鉴〔誉〕望已集，深盼发挥光大，以慰所怀。书不尽言。专复，敬候

戎安

十一月十日

据《中央党务月刊》第九期"特载"《复王永泉》

复王懋功函

（一九二二年十一月十日）

东臣兄惠鉴：

张金钊君来，获诵手书，具悉一切。我兄间关数千里，艰难数百战，立此奇功，至深欣慰。前遣精卫兄等来闽，慰劳诸将士，藉申拳拳。昨精卫兄等回沪，略悉闽中近状，并稔兄之尽瘁主义，申儆军实，尤足副我期望，佩何如之！

〈昨〉得报告，臧和斋已收复漳、厦，李厚基、高全忠均逃，赣兵入境，亦已退却。此间各方面均有接洽，务期闽围差固，俾我讨贼军将士心无旁挠，集中精力，以完未了之任务。文侨寓海上，接济军实，有心无力，时以为歉；但如有机缘，必为绸缪，无劳多嘱也。

此时内部固结,最为要图,但得三军一致,同心勠力,则足以立于不败之地。兄夙重大义,其善图之,至嘱。专复,并候

戎安

　　　　　　　　　　　　　　　　　　　　十一月十日

据《中央党务月刊》第九期"特载"《复王懋功》

批杨大实函

（一九二二年十一月十一日）

代答函悉,以后要事,仍望常常通报。

据《国父全集》第四册（转录史委会藏原件）

批 黄 德 函

（一九二二年十一月十二日）

代答:以后无力接济,如能自行办理,立功后当予承认。

据《国父全集》第四册（转录史委会藏原件）

复蔡钜猷陈渠珍函*

（一九二二年十一月十三日）

铸人吾兄惠鉴:

　　于、周两君还,得手书,并据转述伟抱,具审热诚爱国,始终不渝,无任欣慰。

---

　　*　此系分缮复蔡钜猷、陈渠珍的同文函札。

　　湘为解决南北问题关键，中原有事，在所必争。曩以赵氏首鼠两端，梗我义师，致陈炯明悍然叛变，破坏大局，凡有血气，靡不发指。兹幸闽省收复，我军大振，不日即与集中桂境之滇、赣各军，夹击广东。湖南方面，即照尊旨，嘱组庵切实进行，三面环攻，粤局不难传檄而定。刻正与组庵磋商办法，俟确定后，当专人奉告。

　　赵氏昧于大势，假联治为割据，一意孤行，南北之同情尽失；犹复内挟猜忌，排斥异己，失道寡助，覆亡当不旋踵。执事提精锐之师，据险阻之地，传檄一呼，应者必众。至于北方，内忧外患，相逼而来，各谋自保之不遑，安有余力为赵援助？且更有法使之决不援助，应请毋庸过虑。总之，统一南北，平定广东，均以解决湖南为急务，而解决湖南，则惟湘西是赖。所望执事以坚强不拔之精神，努力为主义奋斗是幸。先此布复，即颂

戎绥

十一月十三日

据《中央党务月刊》第九期"特载"《复蔡钜猷陈渠珍》

复 赵 杰 函

（一九二二年十一月十三日）

奕午吾兄惠鉴：

　　屡从李君靖宇处得见手书，藉知爱注殷拳，至为纫感。委状数通，前已缮备，以无便邮，未克奉寄耳。自许、王等部占领福州，吾军益张。滇军朱益之部从桂林与张藻林五旅接近，其势亦厚，前途可抱乐观。惟经济问题甚形支绌，令人时扼腕耳。常部由闽移动，闻已派员接洽，当不致为他人利用，此节深感臂助。勋臣兄想时晤面，乞为致意。专此，即颂

勋安

十一月十三日

据《国父全集》第三册(转录史委会藏《总理函稿》)

致蒋中正函

（一九二二年十一月十三日）

介石兄鉴：

　　兹介绍吴煦泉君来见，以商一切事宜，到时望为接洽，详询各情。如有把握，慎以从事，或可得一大好效果也。此致，并候

筹安

孙　文

据毛思诚编《民国十五年以前之蒋介石先生》第六编

复上海妇女节制会函

（一九二二年十一月十三日）

　　来函已悉。现以俗冗纠缠，无暇延见。至于贵会之发展，实所希冀。除已捐五十元外，当再代为设法征募。

据上海《民国日报》一九二二年十一月十四日《中山赞助抚育工儿院》

批黄日权函[*]

（一九二二年十一月十四日）

　　代答函悉，先生甚为喜慰，嘱转致明堂司令坚持，以待得款，则

---

[*]　黄日权系黄明堂之子，来函报告黄明堂近况，并请拨款。日期据来函。

各路筹备,则齐发讨贼。

据《国父批牍墨迹》

批赵士觐函
（一九二二年十一月十五日）

代答发难后准由地方征发,入城后则由指定港商担任接济。信由直勉转。

据《国父全集》第四册（转录史委会藏原件）

致加拿大顷士顿同志函
（一九二二年十一月十六日）

启文部长、竹间书记暨同志兄均鉴:

径启者:来电备谂种切。本月鱼日汇来沪洋七百五十两,及八月罩日焕廷兄沪洋二千三百两,俱妥收无误。从来吾党救国,所赖于海外同志之资助为多,加属方面,供亿尤力,综计贵分部党员人数捐款额数,允称属中巨擘,热诚毅力,钦佩奚如!

迩者义军敉定八闽,声威丕振,正宜乘胜反旆,光复岭南,诸路大军,近已次第出动,擒渠扫逆,指日可期。惟是义师转战万里,分布数省,虽有生命可拚牺牲,奈无粮秣可资接济,救乡救国,畴肯后人,出力出财,各宜尽责。矧此次再讨陈逆,一胜一败,实关于国运之隆污,正义之消长,凡有血气,自应被发缨冠,赴兹急难,而在我灼肤受痛之同志,更无论矣。

兄等吾党中坚,同侪模范,再接再厉,不达不休,努其全力,竟兹伟功,不俟文之切嘱者也。此复,即候

任安　　　　　　　　　　　　孙文　十一月十六日

据《国父全集》第三册(转录"会书"之十"函札")

复李福林函

（一九二二年十一月十九日）

登同我兄惠鉴：

谢君建诚来，获诵手书，具悉一切。此次我兄转战数千里，劳苦功高，而辑抚商民，周旋僚寀，又深明大体，至为佩慰！

手书注意枪械补充，自属必要之图。文在此间对于接济，未尝一日忘怀；只以到沪以来，已失去策源之地，惟恃海外醵资，为力有限，竭蹶万状，想兄已深悉此中情况，不待多述矣。如能于数日之内，筹得的款，必有以副兄之望。

福建富庶，财政整理，如能得宜，则以之给养本军，完成讨贼任务，尚非不可能之事，所冀子超尽心筹画，以充军实。前寄军毯万张，不敷分配，心甚歉然；兹再购备，寄汝为兄处转发，庶几可为御寒之用。当此艰难之际，惟望加意拊循将士，以大义相激发，回粤讨贼，功业告成，始能有挟纩①之乐也。专此奉复，并候

戎绥

　　　　　　　　　　　　　　　十一月十九日

据《中央党务月刊》第九期"特载"《复李福林》

----

① 挟纩：即穿棉衣，事出《左传》。鲁宣公十二年，楚子(楚庄王)伐萧，萧溃，"申公巫臣曰，师人多寒。王巡三军，拊而勉之。三军之士，皆如挟纩"。

致 林 驹 函

（一九二二年十一月十九日）

仲廷我兄如握：

　　此次福军转战数千里，屡立奇功，在将士固备受艰险，而福军之荣誉与信用，随以增长，深可慰庆！我兄在军中勤劳特著，忠勇过人，尤所系念。兹福军已编为东路讨贼军第三军，并擢兄任旅长，尚望兄顾名思义，加意拊循所部，以大义相激发，卒成讨贼之功，完救国之愿，是所至嘱。专此布达，并颂
戎绥

十一月十九日

据《中央党务月刊》第九期"特载"《致林驹》

复蒋中正电 *

（一九二二年十一月十九日）

　　介石兄鉴：接函甚愕。我以回粤讨贼重任，托汝为与兄，无论如何困难，总须完此任务方能释肩，万勿轻去，以致偾事。如有阻力，当随时为兄解除。仲恺即来相助。孙文。皓。

据毛思诚编《民国十五年以前之蒋介石先生》第六编

---

* 蒋中正任东路讨贼军总司令部参谋长后，曾致函居沪的胡汉民、汪精卫，表示工作有矛盾，称"十日内如无进步，则无论如何，将去而返沪"。此电即为该函作答。

复黄隆生函

（一九二二年十一月二十日）

隆生吾兄惠鉴：

　　郭君来，得诵手书，备悉黄军①款附，极慰。此固由我兄与郭君介绍之力，而黄君见义勇为，能结吾党于失败之后，尤足感念。

　　陈逆炯明猜忌成性，妄思以一姓宰制百粤，非其私昵，或海陆丰子弟，凡稍能自树者，鲜不为所忌刻。近闻以奸伪已暴露于天下，猜防尤甚。以是诸将士之失望怀怨，欲刺刃于陈逆之腹者，不可一二数；特为陈逆虚声所震，未敢先发。使得大勇如黄业兴者，传檄一呼，应者必众，陈逆之亡可翘足俟也。陈逆多行不义，已为南北所共弃，今复野心勃发，倾全粤以图闽桂；闽桂之战起，粤防必空，此殆所谓天夺之魄耶！扶义而起，此其时矣。

　　黄君为吾粤骁将，文久已访闻，惜无缘一通音问，务希转致殷拳。郭君已付托谢良枝〔牧〕开诚接洽。特复，即询

起居

十一月二十日

复徐镜清函

（一九二二年十一月二十日）

瑞霖兄惠鉴：

---

　　①　黄军：指黄业兴军。

诵十日手书，知兄刻正进〈攻〉泉、永，勇迈绝伦，曷胜佩慰！

闽事复杂已极，危机四伏，计惟有固结各部民军，与东路讨贼军一致进取，庶能立于不败之地。外寇方炽，我军更宜处以大度，勿争得失于一隅，致同舟树敌。我兄服务桑梓，关怀尤功〔切〕，应如何清内孽以谋发展，想已筹之熟矣。千万努力。诸维朗照不具。

十一月二十日

据《中央党务月刊》第九期"特载"《复徐瑞霖》

致蒋中正函

（一九二二年十一月二十一日）

介石兄鉴：

顷见兄致展堂、季新书，有"十日内如毫无进步，则无可如何"等语。吁，是何言也！吾不能亲身来闽，而托兄以讨贼之任，兄何能遽萌退志如此？夫天下之事，其不如人意者固十常八九，总在能坚忍耐烦，劳怨不避，乃能期于有成。若十日无进步，则不愿干，则直无事可成也。就如来信云云，子荫当来沪①，此事已不成问题，则内部之大难题已得解决，则进步为极大矣。其他纷繁小故，何足介怀？纵我无进步，而敌则日日退步，如敌军将士之日有觉悟也，敌人之团体日形瓦解也，百粤人心之恨彼日甚也，思我日深也，此即日日之无形进步也。由此以观，我能坚持，便等进步矣。故望兄切勿稍萌退志，必期达灭陈之目的，而后乃能成一段落。非然者，则必百事无成也。

---

① 蒋中正在福州，不满东路讨贼军第一军军长黄大伟（字子荫），认为黄恃功骄傲，不听指挥，要求撤去黄职。孙中山徇蒋之意，于一九二三年初撤黄职，而由总司令许崇智兼第一军军长职务，黄大伟愤而投向陈炯明。

　　兄前有志于西图①,我近日在沪,已代兄行之矣,现已大得其要领,然其中情形之复杂,事体之麻烦,恐较之福州情形,当过百十倍,此无怪吾国之志士乘兴而往彼都者,悉皆败兴而返。吾幸而得彼津梁,从此可日为接近。然根本之办法,必在吾人稍有凭藉,乃能有所措施。若毫无所藉,则虽如吾国之青年共产党与彼主义完全相同矣,亦奚能为?所以彼都人士,只有劝共产党之加入国民党者,职是故也。此可知非先得凭藉不可,欲得凭藉,则非恢复广东不可。此次广东一复,则西南必可统一,如是便可以西南数省为我凭藉,则大有办法矣。此次土耳其革命党之成功者,此也。故兄前志之成否,则全在福州之一着也。能即进而灭广州之贼固善;如其不能,则保守福州而坚持,亦为一进步也。盖有一日福州,则我有一日之凭藉,外交内应,则可以此为背景。倘并此而无之,则我不过为一租界之亡命客耳,奚足轻重?故兄能代我在军中多持一日,则我之信用可加多一日,故望兄为我而留,万勿以无进步而去。

　　兄忘却在白鹅潭舟中之时乎?日惟睡食与望消息而已,当时何尝有一毫之进步,然其影响于世界者何如也?今则有我在外活动,而兄等在福州,则为我之后盾也。有此后盾,则我之计划措施,日日有进步,或者不必待兄等之恢复广州,我计划已达最后之成功,亦未可知也。故兄无论如何艰苦烦劳,必当留在军中,与我在外之奋斗相终始,庶几有成。外间日日之进步,非纸墨所能尽,仲恺来当能略道一二。

　　总之,十数年来,在今日为绝好之机会,吾人当要分途奋斗,不可一时或息,庶不负先烈之牺牲,国人之期望也。千万识之!此候

────────────

　　①　西图:指蒋中正欲赴莫斯科学习、考察一事。

筹祺

孙文　十一月二十一日

据《孙中山先生手札墨迹》

给黄德源委任状

（一九二二年十一月二十一日）

委任状：委任黄德源为仰光中国国民党支部正部长。此状。

中国国民党总理　　　孙　文

总 务 部 部 长　　　居　正

党 务 部 部 长　　　谢　持

财 政 部 部 长　　　杨庶堪

宣 传 部 部 长　　　张　继

中华民国十一年十一月二十一日

据《国父全集》第四册（转录史委会藏原件影印）

给李庆标委任状

（一九二二年十一月二十一日）

委任状：委任李庆标为仰光中国国民党支部副部长。此状。

中国国民党总理　　　孙　文

总 务 部 部 长　　　居　正

党 务 部 部 长　　　谢　持

财 政 部 部 长　　　杨庶堪

宣 传 部 部 长　　　张　继

中华民国十一年十一月二十一日

据《国父全集》第四册（转录史委会藏原件影印）

给梁卓贵委任状

（一九二二年十一月二十一日）

　　委任状：委任梁卓贵为仰光中国国民党支部评议部正议长。此状。

中国国民党总理　　孙　文

总 务 部 部 长　　居　正

党 务 部 部 长　　谢　持

财 政 部 部 长　　杨庶堪

宣 传 部 部 长　　张　继

中华民国十一年十一月二十一日

据《国父全集》第四册（转录史委会藏原件）

给陈辉石委任状

（一九二二年十一月二十一日）

　　委任状：委任陈辉石为仰光中国国民党支部党务科正主任。此状。

中国国民党总理　　孙　文

总 务 部 部 长　　居　正

党 务 部 部 长　　谢　持

中华民国十一年十一月二十一日

据《国父全集》第四册（转录史委会藏原件影印）

给朱伟民委任状

（一九二二年十一月二十一日）

委任状：委任朱伟民为仰光中国国民党支部宣传科正主任。此状。

中国国民党总理　　孙　文
总 务 部 部 长　　居　正
宣 传 部 部 长　　张　继

中华民国十一年十一月二十一日

据《国父全集》第四册（转录史委会藏原件影印）

给陈东平委任状

（一九二二年十一月二十一日）

委任状：委任陈东平为仰光中国国民党支部会计科副主任。此状。

中国国民党总理　　孙　文
总 务 部 部 长　　居　正
财 政 部 部 长　　杨庶堪

中华民国十一年十一月二十一日

据《国父全集》第四册（转录史委会藏原件影印）

给许寿民委任状

（一九二二年十一月二十一日）

委任状：委任许寿民为仰光中国国民党支部干事。此状。

　　　　　　　　中国国民党总理　　　孙　文

　　　　　　　　总　务　部　部　长　　居　正

中华民国十一年十一月二十一日

据《国父全集》第四册（转录史委会藏原件影印）

批焦易堂函*

（一九二二年十一月二十二日）

作答：现适奇困，俟稍宽裕，当为设法，望同志为国奋斗。着寄书去北京，答函抄底。

据《国父全集》第四册（转录史委会藏原件）

给叶独醒委任状

（一九二二年十一月二十三日）

委任状：委任叶独醒为宿务中国国民党支部总务科正主任。此状。

　　　　　　　　中国国民党总理　　　孙　文

＊　焦易堂系国会议员，当时在北京活动。

总 务 部 部 长 居 正

中华民国十一年十一月二十三日

据《国父全集》第四册（转录史委会藏原件影印）

给林不帝委任状

（一九二二年十一月二十三日）

委任状：委任林不帝为宿务中国国民党支部会计科副主任。此状。

中国国民党总理 孙 文
总 务 部 部 长 居 正

中华民国十一年十一月二十三日

据《国父全集》第四册（转录史委会藏原件）

复王永泉函

（一九二二年十一月二十五日）

百川我兄惠鉴：

夏君芷芳来，获诵手书，具悉一切。闽局新定，事绪繁兴，我兄撑柱艰难，至为系念。

今者军民分治之局，既由兄等采纳民意，毅然见之实行，则此后政治上已有轨道之可循，当不难渐臻妥帖。关于军事之进行，兄又约同汝为、和斋商设联合办事处，以收联络统一之效，根本已植，分条发达，尤有无尽之蕲望也。惟群凶充斥，挟畏忌怨毒之念，环而窥伺，为一时权宜计，虚与委蛇，虽未为不可；然寇不可玩，敌不可纵，终须厚集兵力，一扫荡而廓清之。兄谋勇过人，为国事计久远,当早已熟虑及之矣。

迩来群小无状更甚,腾笑中外,犹不自敛戢,覆亡之期,必在不远。我苟固结内部,待时而动,当可以一竟平生救国之夙愿,所企与兄共勉之也。先此奉复,如续有所见,当随时布达;并望不吝金玉,时以闽中近况见示,以慰远念为荷。手此,即候

戎绥

十一月二十五日

据《中央党务月刊》第九期"特载"《复王永泉》

复 赵 杰 函

(一九二二年十一月二十五日)

毅武我兄惠鉴:

昨接十月十八日手书,敬悉一切。我兄统筹全局,思深识远,至可佩慰。近日政变愈趋剧烈,似有急转直下之势,果使斡旋得宜,当可因变化而得较良之结果,我兄固结旧部,奋翼渑池,良深企望。沈阳俊乂云集,夙所钦迟,并烦我兄勤相结纳,以主义为号召,以情感为相发奋,群策群力,共济艰难,国事始有可为也。

闽中新定,粤中叛徒遂用惴恐,勾通敌人,共谋构煽,惟士气因之愈以激昂,荡寇之期,当在不远,所期兄等努力合图,扫除群小,苴筹所及,时以开示,盼甚盼甚。专此奉复,并候

台绥

十一月二十五日

据《国父全集》第三册(转录史委会藏《总理函稿》)

复焦易堂函

（一九二二年十一月二十六日）

易堂我兄惠鉴：

　　顷接十一月二十二日手书，具悉一切。

　　罗案①虚实，既付之法庭，自有水落石出之日。本党议员表示无所偏倚，以静候法律之解决，态度至为公允。吴景濂之横行无忌，实为国会之羞，诚不可无以膺惩之。所望兄等为国奋斗，贯彻始终，使小人屏足，正气得申也。本党议员当此财政竭蹶之时，团体开会及交际各会，竟至无从筹措，深为廑念。此间适值奇困，莫能为力〔助〕，尤所歉然。俟有机会当为设法，请勿为念。所索各书，当饬事务所照寄备用。

　　日来政变，诡异万状，如有所见，希随时函告为荷。余不一一。此复，并候

台绥

　　　　　　　　　　　　　　　孙文　十一月二十六日

据《中央党务月刊》第九期"特载"《复焦易堂》

---

　　①　罗案：指罗文斡涉嫌舞弊案。一九二二年十一月十四日，王宠惠内阁的财政总长罗文斡与华义银行代表签订奥地利借款展期合同，换发新债票。此案经由国会议长吴景濂举发，认为将因此而使国家损失五千万元。罗案发生，与控制北京政府的直系保、洛两派斗争有密切关系。此案的提出，有利于保派扰乱政局，由此导致保派控制的张绍曾内阁产生，并为逐走黎元洪、曹锟贿选总统铺平了道路。

批杨大实函

（一九二二年十一月二十六日）

作答：闽事内部无事，言者过耳。并问候佟君。

据《国父全集》第四册（转录史委会藏原件）

复张左丞函

（一九二二年十一月二十七日）

左丞吾兄惠鉴：

两得手书，报告滇军内容颇详，凡此皆当注意者。前以彼此交通不便，甚难得其真相，故港中穷于应付。现拟请邓和卿一行，或可斡旋一切。人事复杂，而敌方又转出其离间操纵之术，盖不能不小心以因应也。专复，即颂

时祺

十一月二十七日

据《中央党务月刊》第九期"特载"《复张左丞》

复邹鲁函

（一九二二年十一月二十八日）

海滨兄鉴：

二十日手书并洋文信均收诵。此事经查得伯捷本人，殊不可靠；又其款果可交，决不因是而阻，签字保证，徒受其欺，前日已电

兄,请将此议作废,想兄廿日作书时犹未审其真相也。

闻军事进行至为乐观,甚慰。专复,即候

旅安

十一月二十八日

据《中央党务月刊》第九期"特载"《复邹海滨》

复 林 森 函

(一九二二年十一月二十八日)

子超吾兄惠鉴:

得廿日手书,具悉一是,兄勉任艰巨,此间同志皆为欣慰。目前万事,自以筹款为最要,望兄放胆做去,勿庸瞻顾。无财政则军队嗷嗷,无以自守;外敌之来,更遭蹂躏,尤非地方之福,闽中人士明达者,当了解此义也。昨已电兄速即发行公债三百万,此为救急之策,望勿犹豫(即欲对小吕宋等处筹款,亦非此不可)。其次,朱卓文已觅有洋人股东,愿供给生银与福州造币厂,其条件尚相宜。朱已来沪,兄可电招朱往办理。

近日西江军事紧急,香港机关乃不名一钱。泽如司财政,日有电来告,而沪上则以筹付手机关枪欠款,将住宅典去,犹不能足,似此情形,决难望港中垫款。而弟所以亟望闽省发行公债,华侨应募,或得从而挹注也。

北方保洛分家,萧墙祸起,王阁之倒,乃其见端,时局颇可乐观。惟孔方①困人,遂使西江及闽中军事,俱未能发展,殊可忧耳。即颂

---

① 孔方:钱的谑称,铜钱其形外圆内方。

政安

十一月二十八日

据《中央党务月刊》第九期"特载"《复林森》

批前年彰年函[*]

（一九二二年十一月二十九日）

代答孙先生无暇握管，但寄近照一枚。

据《国父全集》第四册（转录史委会藏原件）

批黎工倾函

（一九二二年十一月二十九日）

代答此间已〈派〉邓和卿、卢锡卿为代表，往促滇军速发各事，请与二君接洽便可。

据《国父全集》第四册（转录史委会藏原件）

复张作霖函

（一九二二年十一月三十日）

雨亭先生惠鉴：

李君香斋来，获诵十一月十七日惠书，敬悉一切。

近日政海极波谲云诡之观，诚如大札所言，吾辈处此，惟有坚持一定之宗旨，始终贯彻，以不变者待其变，庶其变乃有穷期也。

---

[*]　前年彰年系日本人。

香斋陈述尊恉，具聆种种。文前与公书，让此后对于大局，无论为和为战，皆彼此和衷，商榷一致行动，决不参差。迄今此意，秋毫无改。凡公所斡旋，文必不生异同，且当量力为助。至文所欲奉白者，已托香斋面陈一切，幸鉴此衷曲，予以提挈，是所至荷。专复，敬请

苌安，惟照不宣

十一月三十日

据《国父全集》第三册（转录史委会藏《总理函稿》）

复杨大实函

（一九二二年十一月）

大实兄鉴：

辱示领悉。东省人士信仰吾党主张，足征兄等宣传之力，无任佩慰。

文素以争主义不竞私利为职志，此次我军入闽，诸将士幸皆坚守斯旨，未尝稍逾。汝为与又铮情感尤洽，又铮联好吾党亦既有年，外患方殷，中原未定，讵同袍相迫之时，是愚者所不为，而谓汝为、又铮为之耶？各报所载许、徐不合之说，直谰言耳。幸转告雨亭、邻葛①两公，勿以介意。文与芝泉、雨亭共患难之日方长，终不愿其部属友好睚眦相向也。

王省长②固热心民治者，今得佟君为助，德业益不可量。会间

---

① 邻葛：即杨宇霆。
② 王省长：指当时的奉天省长王永江。

希致殷问。余维朗照不备。

据《国父全集》第三册(转录史委会藏《总理函稿》)

复刘达庆函

（一九二二年十一月）

达庆吾兄惠鉴：

日昨李君偕谢愤生携手教至，为道尊意甚厚，极惬鄙怀。

桂局纷扰至今，几不可理，揆诸往年援桂，扶植自治之初衷，实文梦想所不及；然推厥由来，要皆陈炯明阴毒挑拨所致。炯明久蓄宰制两广之野心，必嗾使桂军各将领自相仇杀，至困惫不能自立，乞援于彼，彼始得施其操纵之术，以收渔翁之利。故桂军各将领殆无一不为所搆弄，不独广西六百万同胞供炯明一人牺牲，即各将领为所搆弄者，亦何尝一日得安？而梦梦者竟犹甘受其搆弄而不觉，认贼作父，殊可悯叹。今为广西策治安，救广西人于陈贼所设之陷阱而登诸衽席之上，非速诛陈贼，以绝祸根，其道末由。执事早见及此，足征卓识超群，曷胜佩慰！

兹特以中央直辖桂军第三路司令相属，即希联络诸同志部队，协助在桂滇军东下讨贼。贼今方有事于闽，守备已虚，而粤军一、三、四各师驻粤〈防〉西江者，又俱约为我应，陈贼不足平也。陈贼一平，粤人感再造之德，桂省无侵扰之虞，桂粤提携，岂惟两广民治可期发展，全国和平统一之基亦将在是，此诚不世之伟业也，幸贤豪急起图之。任状由李君转致。即颂

戎绥不暨

据《中央党务月刊》第九期"特载"《复□达庆》

复林义顺函

（一九二二年十一月）

发初吾兄惠鉴：

别后每以为念，忽邵君来，出示手书，并蒙赠黄梨膏二箱，潭水情深，感曷可支。

承嘱以早饬纪纲，速图富强，救时谠论，敢不拜嘉？文常愤祖国陵夷，主张革命，每见海外侨胞横遭凌虐，愈奋发不能自已。不幸屡逢厄阻，所志百未偿一。自陈炯明叛乱，国家之大纪大法，几为所破坏无遗。祸乱已极，更何富强可言？所幸人类正义观念，犹未尽为妖氛所蔽，数月以来，是非已大白于天下。而吾党主义以磨厉而愈光，国人倾向之诚，较前尤盛，此诚否泰剥复之机，深望吾党有志之士，各尽所能以赴之。范弦高以牛贩救郑，午〔千〕公〔古〕深〔称〕诵。兄今领袖商界，所处殆犹过之，幸勉励前修，勿令古贤专美于前也。谨致厚觊，并祝

福祉

据《中央党务月刊》第九期"特载"《复林义顺》

致张开儒朱培德电

（一九二二年十一月）

请译转张藻林、朱益之两兄鉴：闻我军①已决心东下，甚慰。

---

①　指驻桂滇军。

冠南①兄迭次表示一致同仇,务望切实提携,迅速进行讨平逆贼。滇军在内运济维艰,冠南愿为我助,请向挪借桂币若干万,以解燃眉。彼此结合,利害同之,望各视力所能及,以尽互助之谊。孙文。

据《国父全集》第三册(转录史委会藏原稿)

批郑次豪函*
(一九二二年十一月)

代答:此间不日当开设飞行学校,如欲专飞机,请即回国便可,现时已得有高等飞机师,与美国无异。

据《国父批牍墨迹》

批张启荣函
(一九二二年十二月二日)

代答:先生已交款托邓、卢二君带往,与藻林商量,能动则交,不动则不交。

据《国父全集》第四册(转录史委会藏原件)

批许春草函**
(一九二二年十二月二日)

代答:如确有新式枪支者,当请许总司令改编入伍,以为保存;

---

　①　冠南:即沈鸿英,广西军阀。
　*　某君系美洲哥斯达黎加华侨,闻陈炯明叛变,来函表示欲返国参加平叛。《国父全集》第四册标发函者为郑次豪,来函为十月十六日。
　**　许春草当时任福建讨贼军总指挥。

无枪者,当即遣散归农。

据《国父全集》第四册(转录史委会藏原件)

批欧阳格电

(一九二二年十二月三日)

代答:当俟大局定后乃能办到。

据《国父全集》第四册(转录史委会藏原件)

批 张 煊 函*

(一九二二年十二月四日)

代答:着与邹海滨接洽。

据《国父全集》第四册(转录史委会藏原件)

批焦易堂函**

(一九二二年十二月五日)

代答:对于政局主张极合,各同志能本主义以奋斗,甚为快慰云云。各书当速寄去。

据《国父批牍墨迹》

---

　* 张煊当时任广东大埔县长。

　** 焦易堂来函称:"刻下北方情形,变化愈烈。前此某方倒阁,实因最高问题之紧迫,欲取财部以达其最后之目的。黄陂知其不利于己,故此次遂以迅雷不及掩耳之手段,发表研究、政学与各实力派混合之内阁,此汪大燮组阁之所由来也。"批件日期据来函。

批 梁 栋 函[*]

（一九二二年十二月六日）

代答：所言甚是，当采纳施行。

据《国父全集》第四册（转录史委会藏原件）

批廖湘芸函[**]

（一九二二年十二月六日）

作答：已托邓泰中带款往与藻林相商，并属其协助藻林，速统滇军立即发动进攻。

据《国父批牍墨迹》

任命杨仙逸职务令

（一九二二年十二月六日）

杨仙逸为航空局长。

孙　文

十二月六日

据《国父全集》第四册（转录史委会藏原件）

---

[*]　梁栋来函报告黄明堂近况，并请函奖林俊廷接济黄部。

[**]　批函日期据来函。

致江少峰函

（一九二二年十二月七日）

少峰先生大鉴：

久未会晤，想尊况甚佳为颂。

兹有恳者，我军自入福建后，军实比前加增数倍，俟筹备妥当，即从事讨贼，现正急需之际，敢烦阁下提倡借款，以备应用。素仰阁下热心国事，定能竭力襄助，其筹措情形，望随时示及。至前时粤军回粤借款，当时已令粤财政厅筹还。讵陈逆于马育航经手者，则尽归还，而廖仲恺经手之款，则置之不理，是陈逆包藏祸心，不自今始矣。现定前时仲恺经手之款，俟恢复粤省后，即如数清还，并望转达贵处同志为荷。此颂

台安

孙文　十二月七日

据《国父全集》第三册（转录"会书"之十"函札"）

批皮广生函

（一九二二年十二月八日）

代答：如确实可靠，请与港中同志相商，但事前不能给款。

据《国父全集》第四册（转录史委会藏原件）

批于应详函

（一九二二年十二月八日）

发给百元，并代答：刻下甚困，若大局无转机，则断难为继，务望早日为计可也。

据《国父全集》第四册（转录史委会藏原件）

与约翰·白莱斯福的谈话*

（一九二二年十二月九日）

白氏问：曩在广州时，得悉君被视为劳工之友。余复得知君对于劳工界曾有所尽力，即如君用君之势力使劳工参加于广州市议会是也。但君究望为劳工成何事业，能明白见告否？

中山答：余之目的在使劳工被认为社会间一种有资格之人。从前劳工在中国政治生活中毫无势力，一般人视彼等为奴隶，不配预闻公共事。余则确信公共生活若有劳工势力参与其间，其意味当益浓厚。

问：君当知香港报纸甚至英伦报纸因君被指于本年春间赞助香港之罢工者，故颇加责备，且诋君唆使罢工。君于此有所说否？

答：当罢工事起时，余在广西之桂林，其地与广州不通火车，余方以全力注于北伐。彼时主管广州政府者为陈炯明。余初不知有

---

*　约翰·白莱斯福系《日本纪事报》（英文）记者。会见日期不明。今所标日期系《民国日报》转载时间。

罢工事,直至吾人军用品因交通断绝不能达梧州(经此往桂林)时,余始知之。至余对罢工者之感想,苟彼等之目的为经济的,余固予以同情。而彼等之罢工,其后虽牵涉政治,原始时实为经济的也。但谓余赞助罢工,以期损害英国利益,余绝对不能承认。惟凡关于改良劳工情形之运动,余皆赞同之。

问:君之特赦犯杀妻罪之陈炳生,尤受人指摘,即君之友人亦有不以为然者。

答:余之友人当知特赦问题之来余前,实经当然之轨道。余为总统,有特赦之权。该案经省当局详细考查,据云陈妻犯奸,故陈杀之。为此杀妻,依中国旧习,实不认为刑事罪名。而余所接之公牍中请余特赦,省当局及伍廷芳博士均赞成此议,余遂执行余之特权而赦之,不料乃大遭反对也。

问:君素主张依地价征税主义,即单一税主义,海外人士时时道及。君至今仍持此主义乎?

答:余仍持依地价征税主义,但与正派单一税主义者不同,即余主张再征收他种税款是也。近世国家生活情形复杂变化,迥非昔比,若严格施行单一税主义,于理于势,恐皆不当。依余之计划,应将现时地价重行估定,以后地主苟有不以代价换得之地产,概归为国有。地主得自行定价,但国家有权随时依地主自定地价购其地产。

问:现君此言,可知世人虽多非难国家社会主义,君仍视为一种稳健主义。

答:诚然。但余亦深知经验已告吾人以国家社会主义确有缺点。有许多事业可由国家管理而有利,亦有必须竞争始克显其效能者。余并不固执,经验之教训自不可漠视,但试观大战中各国多以大规模行国有事业,各项实业逐一归国家管理,以期得较大之效能。其中自不免许多耗废,但此泰半因其目的纯在尽速尽量生产,不顾费用之多寡,对于获利与否或供过于求与否,皆未尝措意耳。

问:但在国家社会主义下之工作,往往耗废而乏效能,有许多人言此乃势所必然,因与工人利益太远故。如邮局即其一例,此层君自知之。

答:余知此说信者甚多。但须知国有事业归政府主管,经验尚浅,非私人事业可比。私人事业如合资公司当其初兴时亦有困难。中国今日合资公司往往失败,因缺乏西方已具之经验故。由此推之,国家社会主义在〈最〉近的将来亦将遭许多阻力,迨经数十年之经验后,阻力自可渐消。故余以为此项反对论据不能永久适用。更就全体论之,余以为为公共利益作工,不为私利作工,纵有上述之弊,亦为利重弊轻矣。

问:但以经济权与政治权并置于政治领袖之手,宁非危险,岂非将增多专制之机会乎?

答:人性不变,贪权之念不灭,此项专制之危险终将存在。但余意国家管理实业是使富源之分配较为公平。在现时制度之下,财富集中于少数人之手,他一方面则多数人贫无立锥,成为一大问题。且国有实业苟能生利,又毫无弊窦,即是减轻纳税之负担。现时纳税负担,贫民尤重。各进步国家莫不有增税倾向。国家企业而能获利,至少可以减增税之需要。利害相权,吾终以为国有企业较胜于现时之私有制。

问:君曾研究基尔特社会主义或苏维埃否?君愿劳工及资本家两方共同主有并管理实业乎?抑愿限制劳工方面对于现时之资本家与将来之政府机关之相对地位乎?

答:余曾览柯尔之书,对于基尔特制度尚未完全研究。但余觉依吾人之经验尚不足使吾人坚持此项制度。人类性质乃游移无定者,且终苦经验缺乏。今日国家企业之不经济,其真因即在此。但就中国论之,此项对于社会主义之反对论据,实比西方为不适用。因中国之一切大工业均在萌芽故也。申言之,无论私人企业或国家企业,在中国今日乃由同一点出发,不问采用何法,终需外国之经济助力也。

据上海《民国日报》一九二二年十二月九日
《西报载孙总统最近谈话》

复王永泉函

(一九二二年十二月九日)

伯川吾兄惠鉴:

顷接诵十一月三十日复函,欣悉刍荛见纳,不胜感荷。

承嘱制粤赣二寇于外,此固文分内事,自当竭力所到,为兄等助。抑更有进者,福建今日之外患,不在于北方之赣,而在于粤。赣固受北廷命援闽者,然北廷今方为政潮所卷,赣内部且生变化,何暇远图?即助李厚基回闽最力之苏督抚万,近闻亦已逶谢。惟粤陈之部落割据主义,自知与吾辈国家社会决不相容,视我军为心腹大患,苟可制我军于死地,任何牺牲,亦所不惜,不独李厚基在闽遗孽恃为后援,即赣省寇闽之计,亦必待陈而后定。倘陈贼朝倒,闽祸可期夕解,想我兄高瞻远瞩,当不以斯言为河汉也。专复,诸维鼎照不宣。

十二月九日

据《国父全集》第三册(转录史委会藏《总理函稿》)

致蒋中正电

（一九二二年十二月十日）

　　转介石先生：美运械船因讼事停沪过久，超武舰不能待，致相失。该舰现在往香港，已电其将货船转运福州，约本星期六可到，届时要秘密设法接收。盼兄速来商议，并即返闽。孙文。蒸。

据毛思诚编《民国十五年以前之蒋介石先生》第六编

批 张 兆 函[*]

（一九二二年十二月十日）

　　代答：可称讨贼军司令，不得称东路总司〈令〉，盖第三军即在东路总司令许崇智之下也。如能立功，则名目由李军长委便可。

据《国父全集》第四册（转录史委会藏原件）

批张启荣函

（一九二二年十二月十日）

　　作答：函悉，惟至今尚未见发，有无变动，甚念。

据《国父全集》第四册（转录史委会藏原件）

---

　　*　张兆即张福兆。

复李福林函

（一九二二年十二月十一日）

登同吾兄惠鉴：

谭君礼庭赍来手书，已聆悉。此时内孽未清，外寇迭至，自宜厚我兵力，以资攻守。承嘱添购枪枝一节，业与谭君设法矣。抑吾闻之，兵贵精而不贵多，民国战史，大都以弱小之忿兵，摧残强大之骄敌。此次我军入闽，即其一例。兄等苟就现有部队勤加训练，激以大义，则以少许胜人多许，亦非绝不可能之事。若徒计较数量之多寡，则以吾今日财力，安能与彼据有广土众民者争胜负？立〔言〕念及此，尤不能不望我兄之发愤百倍，于万死中力辟生路也。患难相处，期之深遂不觉责之厚，诸希亮照不具。

据《中央党务月刊》第十六期（一九二九年
十一月版）"特载"《复李福林》

批张启荣函

（一九二二年十二月十二日）

代答：函悉，滇军各事，请与邓和卿接洽。

据《国父全集》第四册（转录史委会藏原件）

复许卓然函

（一九二二年十二月十五日）

卓然吾兄惠鉴：

　　得惠函,具悉一是。

　　此次驱李复闽,闽军实与有力量,而兄多年为党为地方策划奔走,固同人所共信也。前此许军等未遽及闽南,或因准备不足,今闻已分道进攻泉州,肃清李逆余孽矣。汝为兄与兄亦相知有素,闽事本所洽闻,当无偏听误信之虞。徐瑞霖兄或处置有未当之处,宜直告之,并宜与汝为兄切实磋商。

　　文前电展云兄,使专心盐政,而自治军全部则由汝为兄统率整理。盖军事贵统一,属在同志之军队,更无畛域之可分。展云兄复电,亦极赞同。所望兄等互相提携,互相体谅,共同对外,以收成功而达预期之目的,则不但为闽省之庆矣。专复,即颂

勋安

十二月十五日

据《中央党务月刊》第十六期"特载"《复许卓然》

批王永泉函[*]

(一九二二年十二月十六日)

　　作答:详言大势,并讨贼军不日回粤讨陈,北京不可靠,闽人将有不容外之思潮,问彼将何以善其后?

据《国父批牍墨迹》

---

　　[*]　日期据来函。

祭伍廷芳文 *
（一九二二年十二月十七日）

维中华民国十一年十二月十七日，国人为故总长伍公秩庸于上海设立致祭，孙文谨以素馨清醴，告公陵曰：

呜呼！国运逆遭，老成有几？作贼者谁，迫公于死！昔在六年，群雄毁法。公坚却署，犹无敢劫。越溯开元，有清违拒。凭公之告，亦免漂杵。嗟彼鸱鸮，独悖于人。既眈于欲，遂噬其亲。国本之摧，梁栋先折。徒法不行，矧今法绝！缔造艰难，英俊弗少。曰有典型，皤皤元老。大勋未集，继以来兹。公为国死，痛乃无期。系国存亡，藐躬未敢。义之所在，责无能道。我不敢死，公不欲生。愿持此志，证之冥冥。呜呼哀哉，尚飨。

据上海《民国日报》一九二二年十一月十八日
《伍公廷芳追悼大会纪》

批林少梅函 **
（一九二二年十二月十七日）

代答：戒勿招民军，徒扰地方，无益大局。

据《国父批牍墨迹》

---

* 伍廷芳追悼会于一九二二年十二月十七日在上海九亩地新舞台举行，由孙中山主祭，他并致挽幛"天下恸遗"，题写挽额"人亡国瘁"，以示悼念。

** 林少梅当时经邓泽如任为广东讨贼军第三路司令，在潮梅一带活动，上书孙中山谈组军讨贼。日期据来函。

批刘文辉函[*]

（一九二二年十二月十九日）

作答：并以［近］最近情形告之。

据《国父全集》第四册（转录史委会藏原件）

复张启荣函

（一九二二年十二月二十日）

启荣吾兄惠鉴：

来函均接阅。本月十日、十二日两惠书及竞生密函，亦已领悉。

张部滇军多劳擘划，至为感佩。文与藻林、竞生相知已久，决非蜚语所能入。港中办事人多方接洽，想或别具苦心，人事至杂，要未可以一格相绳。所冀吾党志士各竭力之所到，俾滇桂军早戡粤乱，勿逸良机，祸本一除，支节自少，否则筑室谋道，为敌所乘，祸变之来，恐有非今日所可想象者。

如来讯所云，滇桂军当已连舸东下，何至今尚未见报，岂又中变耶？南天引领，项脰为肓，幸速举所闻以告，不胜驰溯。

十二月二十日

据《中央党务月刊》第十六期"特载"《复张启荣》

------

[*]　刘文辉当时系川军旅长。

给何如群委任状

（一九二二年十二月二十日）

委任状：委任何如群为庇能中国国民党支部宣传科正主任。此状。

中国国民党总理　　孙　文

总 务 部 部 长　　居　正

宣 传 部 部 长　　张　继

中华民国十一年十二月二十日

据《国父全集》第四册（转录史委会藏原件）

批外交部函

（一九二二年十二月二十一日）

作答：王使所报当是一面之词，按余和鸿果是犯法，当有墨国法律以处分之。今不出于法律，而出于总统之特权，是足证明余并未有犯法之事，而勒余出境，乃全由该使之偏帮一面，而尽力运动总统，乃有此结果。观词语有北伐字样，已足证实是为国内战争。国内战争由于护法，北京今日已自称恢复传统，而其外使犹欲加罪于护法之人，此其所为，已与现在承认法统政府相背驰。如王公使不肯取消其压迫余和鸿之手段，是违北京政府之命，北京政府明知之，而仍由其公使以任性妄为，是佯认法统而暗仇护法之人也。是否如此，当以余案为证也。此信当查明余案详细申言之，并发表海外各党报。

据《国父全集》第四册（转录史委会藏原件）

批焦易堂函

（一九二二年十二月二十一日）

作答:溥泉因家稍延,但必来。

据《国父全集》第四册（转录史委会藏原件）

批张金钊等函[*]

（一九二二年十二月二十三日）

代答:并未允弥补,只允证明用去此款为公去而已。

据《国父全集》第四册（转录史委会藏原件）

批罗翼群函^{**}

（一九二二年十二月二十四日）

作答慰劳,并着鼓动各将士火速回粤,以赴时机。

据《国父全集》第四册（转录史委会藏原件）

---

* 　来函请求弥补因招兵所致损失。
** 　罗翼群当时任东路讨贼军总司令部参谋处长兼第二军参谋长。

介绍日本名医高野太吉翁来沪启[*]

（一九二二年十二月二十四日）

翁，日本九洲人，幼学汉法医术，后研究西洋医学，窥破药料万能说之大误，乃苦心殚虑，考求适当于人体之食品，以助胃肠之蠕动，卒发明人工的蠕动法，应用于各种病人，无不立奏神效，翁自名其法曰"抵抗疗法"焉。

余之识翁，因陈英士患胃肠病，血痢四年，中外名医束手，旋以某人介绍，受翁治疗，不数月，痼疾全瘳。余当时亦患胃病，延翁诊治，犹疑信参半。盖以翁主张胃病之人，忌食滋养品，宜食坚硬物，所说全与西医相反也。不期受疗未几，著效非常。据翁所说，力避肉类油质，而取坚甲蔬菜，及能排流动物之硬质食物。余依其法而行，躯体渐次康健，一旦复食原物，宿病又再丛〔重〕生，至此知翁所说全非臆造。其后七八年以迄今日，废止肉油等物，得保逾恒之健康，皆翁所赐也。

原来吾国人民极嗜油肉，伤害天质实不知凡几，国民身体改良，非实行高野主义不可，为余夙所倡导（详《孙文学说》第一章）。翁感于余说，思有所贡献于吾华，特提七十老躯，不辞跋涉，来至沪上，开设治疗院，余亦乐为之介绍于国人。

翁寓美界文监师路江星旅馆，疗院尚未开设以前，暂在此授诊。

---

[*] 此文最早刊于上海《民国日报》一九二二年二月二十四日，此后多次重刊，内容相同，题为《孙文介绍名医（医界革命之巨子，抵抗疗法之元祖）高野太吉翁来沪》。

求医者按址往访可也。

孙　文

据上海《民国日报》一九二二年十二月二十四日《孙文介绍名医(医界革命之巨子,抵抗疗法之元祖)高野太吉翁来沪》

批龚师曾函*

(一九二二年十二月二十四日)

作答奖励,并着鼓励将士速回粤,勿失时机。

据《国父全集》第四册(转录史委会藏原件)

复冯百励函**

(一九二二年十二月二十五日)

百励志兄鉴:

十一月三十日致林焕廷兄之函,文已阅悉。

国事艰巨,诸承同志热心匡助,始终不懈,殊可嘉慰。所有历次筹款出力人员,自应从优奖励,以彰其功。前在广州时,曾令印铸局制定各级奖章,预备颁发,乃因叛变,遗失无存。来函所请奖励黄海山、黄燮恭、邓宝廷、陈官明四君之处,意甚可嘉,俟粤乱平后,照办可也。此复,顺颂

毅祺

十一月二十五日

据《国父全集》第三册(转录史委会藏《总理函稿》)

＊　龚师曾当时任东路讨贼军步兵第四旅旅长。

＊＊　冯百励系旅居菲律宾华侨,当地中国国民党支部长。

致黄海山等函[*]

（一九二二年十二月二十五日）

　　阅冯百励支部长致林焕廷兄之函，藉悉兄热心救国，历次筹饷，奔走最力，殊深嘉慰。一俟大局底定，即论功行赏，以酬功绩。

　　国事艰巨，不有贤劳，共起维持，其何能济？十载以来，变乱频仍，而共和之名义尚存者，即我同志奋斗之功也。今国内民众多感于吾党之至诚，而信仰吾党之主义，我同志务须鼓其勇气，各竭其力，则必能得最后之胜利也。此致，顺颂

毅祺

据《国父全集》第三册（转录史委会藏《总理函稿》）

批何克夫函

（一九二二年十二月二十五日）

　　作答：此间已有定策，不招民军。至若有见义勇为、起而杀贼、得有土地，始予以承认。

据《国父全集》第四册（转录史委会藏原件）

---

　　*　此系分缮致黄海山、黄燮恭、邓宝廷、陈官明的同文函件。

批宋渊源函[*]

（一九二二年十二月二十五日）

代答：函悉，五权宪法将拟作详细要义，但一时不能应急。

据《国父批牍墨迹》

任命李钺森等职务令

（一九二二年十二月二十六日）

　　李钺森为讨贼军川军第一军军长，郭汝栋为第一旅旅长，赵鹤为第二旅旅长，许绍宗为第三旅旅长，王兆奎为第四旅旅长。

孙　　文

中华民国十一年十二月二十六日

据《中央党务月刊》第十五期"特载"（一九二九年十月出版）

批张启荣函^{**}

（一九二二年十二月二十七日）

作答：着竭力联络钦廉各属感情，以谋大举。

据《国父全集》第四册（转录史委会藏原件）

---

　*　日期据来函。
　**　张启荣来函，报告联络钦廉籍军队情形。

致蒋中正函

（一九二二年十二月二十八日）

介石兄鉴：

　　近日吴佩孚在北京政治失败，四面楚歌，欲为自救计，乃纠合其长江之党羽四五万人，以孙传芳为总司令，向福建发展。其初，苏齐赣蔡皆有怀疑反对，近已疏通一致，协力图闽矣。此我人生死危急之秋，不可不速为逃生也。逃生之道，只有效法南雄退兵之事，假道闽南，直冲潮汕。潮汕一得，则陈内部必立即瓦解而无疑，时机紧急，不可终日，稍迟则无路可逃矣。盖臧、陈联合，已发其端，虽未成熟，但他日孙传芳一入闽界，臧必软化，而求陈为之对吴佩孚求恕，而陈必乐利用其军队以制我也。吴之图闽自救，乃与陈有密切之结合，我速击陈，不独可以逃生，且必可破彼之合纵，而转危为安。得失之机，间不容发，务望各同志当机立断，不可半刻迟疑，以解决生死之关头也。

　　福州之地盘，可让与张贞或臧致平，以为借路之代价。至出发及入粤善后费，杨西岩有法筹之，兹着他到来，面详一切。现泊汕头之肇和、楚豫两舰，必可响应不误也。

孙　文

据毛思诚编《民国十五年以前之蒋介石先生》第六编

复焦易堂函

（一九二二年十二月二十八日）

易堂兄鉴：

来函备悉。党务日形发达,甚慰。

溥泉现实因家事滞沪,但必来京,惟时间尚未定耳。京中既多宣传机会,希与诸同志努力进行为幸。各书已嘱事务所照寄。此复,即颂

新祺　　　　　　　　　　　　　孙文　十二月二十八日

据《中央党务月刊》第十六期"特载"《复焦易堂》

致王永泉函

(一九二二年十二月二十九日)

伯川吾兄惠鉴:

来书备悉。忠荩之怀,令人深感。

北方全局已呈瓦解之象,曹吴以权利冲突,恶感日深,黎氏暂拥虚名,难为两姑之妇;张绍曾组阁,本以倒黎,乃以吴氏中梗,复生礁确,于此可见黎氏固不过旦夕之命,而保洛又必不免鹬蚌之争,两大相持,各无成就,徒增祸乱而已。

我方与奉、皖推诚相与,形势既佳,而川湘各省亦皆倾附。今为患者,则陈炯明密与吴佩孚勾结,遣孙传芳入赣,协而谋我;我若不趁孙传芳、蔡成勋未臻妥协之际,先行取粤,则陈逆犄角势成,必实行其夹击之诡计。惟有先发讨陈,使孙传芳不及乘我之后,则我可并力前进,一鼓而擒陈逆,粤定而闽乃可固。故已令讨贼军不日回粤,即此意也。更念闽疆新定,治理綦难,排外思潮日形鼓荡,我辈非力图向外发展,则缨冠之义,恐反滋纷臂之嫌,故事势之来,亦有促吾人以不能局促一隅者。吾兄高撑远撼,当必烛见于斯,惟未稔善后之图何如耳。便中希赐示一二。专复,即颂

军祺　　　　　　　　　　　　　　　十一月二十九日

据《中央党务月刊》第十六期"特载"《复王伯川》

复宋渊源函

（一九二二年十二月二十九日）

子靖兄惠鉴：

　来书备悉。闽局新定，治理实难，诸务均希同志慎重将事，庶免流弊。炯明现力诱在闽各军攻赣，一面复唆北军援闽，其计至毒。望转告各军勿为所陷。五权宪法将以作详细讲义，但一时不能应急耳。此复，即颂

新祺

十一月二十九日

据《中央党务月刊》第十六期"特载"《复宋渊源》

复广肇公所等各团体函

（一九二二年十二月二十九日）

广肇公所诸乡先生暨各联合会自治会公民大会诸先生鉴：

　奉到公函一件，为汤节之君案，法官枉法判决事，诚如来示所云，殊堪叹惋。法律者天下之平，全国人民赖以保障，不能对于任何方面，有所袒庇或蹂躏者。至云舍证据而任情感，尤非法庭所宜出。执事等大声急呼，起而奋斗，具审公谊侠情，迥异旧时自了之风。此案关系，诚非仅及汤君个人人权之争，固凡为市民者所有事也。执事等既据公理法律，从事援护，文亦当视鄙力所及，终不令彼戕法者剥夺人权以自恣，则厚幸也。专此布复，即颂

公安

孙文　十二月二十九日

据上海《民国日报》一九二二年十二月三十一日
《中山先生复广肇公所等各团体函》

批廖湘芸函

（一九二二年十二月二十九日）

代答：该师已愿归魏丽堂指挥。师长一节，此时碍难发表，俟粤局定后，当有办法也。（二十九日）

据《国父全集》第四册（转录史委会藏原件）

复徐绍桢函 *

（一九二二年十二月三十日）

固卿先生惠鉴：

电函具悉。敬舆①为创造共和有力之一人，素来主张为国无私。最近闻其抛弃武力统一计划，尤为难能。然于南方之事似未了解，故或认陈氏真有实力，而以息事宁人之见欲予优容。不知年来国内纠纷虽剧，而尚有一不可逃之公例，则违反正义而恃诈术暴力以行者，不久辄败。况如陈氏倒行逆施以后，内部已裂，财政无以自存。所谓实力，亦已可见。至关正义，则北方以恢复法统为号

＊　原件未署年代。据其内容，应为一九二二年。按同日致徐绍曾函，今见两通，内容雷同。兹将台北版《国父全集》所收者，作为附件录于本件之后。

①　敬舆：即张绍曾，原王宠惠内阁陆军总长，一九二三年一月四日至同年五月，任国务总理。张氏在辛亥革命时曾参与策划滦州起义。

召,护法之举我则主之,而陈则乱之。故其叛党亦即叛国,自非敌视护法者必不与陈氏为友甚明。我为此断断而不肯稍假以博取宽大之名者,以其鸱张恣恶不能为国家社会容恕之也。传曰:"恶于宋而保于我,保之何补?"北方或未详知经过之事实与陈氏之生平,请以实告之。今为过渡时代,大局非无希望。弟于主义可同者,向无人我之见,且冀其能直道而行,于事有当也。专此,即颂

旅祺

孙文　十二月三十日

据中国革命博物馆藏件

附录:复徐绍桢函

固卿志兄道鉴:

二十七日手书及抄电两纸均奉悉。

兄以高年奔走于朔风冰雪中,为国贤劳,至为感念。敬舆兄调停苦衷,文所深喻,惟竞存奸伪,尚须慎审。夫以二十余年同党共患难之同志,一拂其割据之私,遂不惜反戈相向,置旦旦信誓于不顾,而谓其统一后愿将所部军队还诸中央,此何可信?敬舆长者,文甚不愿其为反侧分子所卖弄,以自误误国也。昔汉高斩丁公,后世莫不赞其远识。今敬舆一秉政,便欲优容一毁信弃义、紊乱天常、任何时代所决不可容之蟊贼,文诚不知竞存与敬舆关系何如?敬舆视文以视刘之视项又奚若?吾恐人类之纲纪从此绝,乱将无已时,以此谋统一,去统一之真义愈远。想敬舆为尽忠民国最力之一人,亦必深虑及之矣。文一身利害不足计,惟陈贼在所必讨。苟于正义无伤,而有可促进国家之统一者,无不乐从。晤敬舆时,幸

为恳切致意。

北地多寒，诸维珍重。

十二月三十日

据《国父全集》第三册（转录史委会藏《总理函稿》）

复杨毓棻函

（一九二二年十二月三十日）

毓棻吾兄惠鉴：

来书备悉。为国宣勤，曷胜驰念。

湘西虽在一隅，实可转移全局。况湘省同志夥颐，协力共图，万无不济。惟无识者往往以湘省兵祸连年，非闭关自治，不能休养，此乃大谬！盖湘省当南北之冲，实军阀必争之地，惟以进取之精神，与虎狼奋斗，斯能自活，否则野心者接续而来，灾祸正无底止。彼自私自利者以保全禄位为满足，以依附军阀为秘计，故前则勾通国贼，阻挠大谋，后则屈事仇雠，苟延旦夕。衡岳间刚正之气，为之摧残尽矣。及今不图，外寇势力日滋，湘省终成荐食之地，故与其避外寇而委曲求全，毋宁去内奸而自图奋发。况今奸人之倚为狼狈者，各有内忧，更难旁顾，则尤为吾人铲除障碍之好机会也。

来书殷恳，故详及之，幸为国努力。此复，即颂

时祺

十二月三十日

据《国父全集》第三册（转录史委会藏《总理函稿》）

复林支宇函

（一九二二年十二月三十日）

特生兄惠鉴：

少炯来，得大札，并晤谈一切，藉稔擘划多猷，甚为欣慰。

湘人个性坚强，诚非虚语。历遭变故，而革命精神未全颓废，足见植之深故垂之久。然正赖兄等支撑其间，使恶势力略形减杀，故自治形骸尚能存在。假一任自私自利者之依附军阀，玩岁愒日，早有沦胥之厄矣。惟欲求真正自治，自非排除恶势力之束缚不可；欲排除恶势力之束缚，又非驱逐依附军阀之内奸不可。此为根本问题，非对于个人有所爱憎者也。盖来者为谁，吾人本无执着，而当前障碍，则固舍删除，别无进行之路。湘省地当冲要，与其他偏隅固闭之地不同，吾人不求所以进而解决大局，则前虎后狼，争相践踏，兵革之灾，尚未有已，何策以实现自治也！兄主持坛坫，地有可凭，幸于根本问题三致意焉，则造福于乡国者实大，曷胜期勉之至。此复，即颂

筹祺

十二月三十日

据《国父全集》第三册（转录史委会藏《总理函稿》）

复谢良牧函

（一九二二年十二月三十日）

良牧兄大鉴：

来函备悉。艰困之状,不言可知。惟此间财用,亦极窘迫,无从为力。故凡响应之军队,只好令其静候,俟他军发动之后,乃再约动,庶较易于设法。此为不得已之办法,兄谅能知其苦也。此复,即颂

筹祺

十二月三十日

据《国父全集》第三册(转录史委会藏《总理函稿》)

致蒋光亮函

(一九二二年十二月三十日)

光亮先生惠鉴:

来书藉知卓划,甚慰。

陈逆为人阴险褊狭,唯利是图,现一方设法和缓滇军,一方又鼓弄桂军各派交相捣乱,以致互为牵制,不能东下;而对闽则调遣大兵,以图抵抗,又利用李厚基残部,以苟延时日,其计虽狡,其胆已寒。幸我军刻已将李逆残寇肃清,各军渐集闽边,不日即向陈军攻击。此时甚望东西并进,使陈逆首尾不顾,必成擒矣。现陈逆财尽力疲,内部解体,闽、桂并进,有若摧枯。贵军与其艰难竭蹶于桂,诚不如扬旌东下,为国家建立宏功也。至款项一节,业交邓和卿、卢锡卿带往若干,此外并托沈鸿英处挪借,以应发动之需,请随时接洽可也。

秣厉多劳,惟努力报国。此复,并颂

军祺

十二月三十日

据《国父全集》第三册(转录史委会藏《总理函稿》)

致杨希闵函

（一九二二年十二月三十日）

绍基先生惠鉴：

来函备悉。诚恳之怀，令人深感。

滇军素称忠勇，此次备历艰难，愈有疾风劲草之叹。惟陈军以我军既克闽省，即将回粤，因出种种阴谋，捣乱桂局；又勾结蒉赓及桂派之无识者，协陷贵军，迫使消灭。故我为正义计，为利害计，皆宜先发制人，以除此獠。今许军已发动在即，企望贵军同时并举，使贼首尾不顾，则成功易矣。粤省地方雄厚，足资根据，得此毋虑不发展也。来函所云各节，业已交邓和卿、卢锡卿办理，请与接洽便妥。

秣厉多劳，惟努力报国。此复，即颂

军祺

十二月三十日

据《国父全集》第三册（转录史委会藏《总理函稿》）

致黄展云函

（一九二二年十二月三十日）

展云兄惠鉴：

来书藉悉党务甚形发达，学生军亦已加盟，至为欣慰。

本党于新年元旦起实行新章，规模更为阔大，可以容纳群流，切望努力推行是幸。此复，即询

党祺

十二月三十日

据《国父全集》第三册(转录史委会藏《总理函稿》)

批林支宇函*
(一九二二年十二月三十日)

代答以:先生以分县自治为立国,联省只能成官治,不能达自治。

据《国父批牍墨迹》

批谢良牧函**
(一九二二年十二月三十日)

作答:此间财用甚困,无从为力。故凡有响应之军队,皆当静候以待他军发动之后,乃再约动。

据《国父批牍墨迹》

复刘玉山函
(一九二二年十二月)

玉山我兄惠鉴:

前余君建中偕尊权兄来,代达尊意,已把晤。顷复接诵竞生兄

---

* 林支宇来函,论述自治问题,认为巩自决之基础,期政化之改进,非厉行联省自治不为功,建议孙中山返广东后建立联省政府。

** 谢良牧来函,报告在两广联络各军情形,并请筹款接济。原件无年月,今据复信日期酌定。

转来十三日惠书,具稔艰苦待助,极为慨念。

此间无日不以接济各路义师为务,只以经济久困,巨万之款,非顷刻可办,遂令我忠义之士久暴露于外,未获一饱,良用歉然。复承催促,更觉不安。幸刻财政计划已稍就绪,一俟款项有着,即发动员令,连款差人解上。文之焦急,甚于前敌,无俟兄等再索也。

现粤军多响义,闽事亦颇得手,陈逆已陷于孤立无援之境,指日可破,所虑者只我军能否坚持不变,候期合围耳。万望忍苦以待,吾辈苦尽甘来之日当不远也。专复,并候

戎绥

据《国父全集》第三册(转录史委会藏《总理函稿》)

复　贺　龙　函

(一九二二年十二月)

云卿先生鉴:

周参谋持来大札,备悉一是。边徼久戍,艰苦逾恒,而壮志不渝,忠诚自矢,此真可为干城之寄,当勉望于无穷者也。

川中久苦内战,迩来以各将领互开诚恫,共企新图,遂有开发实业计划。前各以书来陈说,文曾力赞其成,不独为弭息内争、昭苏民困之要图,而给养有恃,简练益精,一俟会讨有期,建瓴而下,且可以襄成大业,幸协图之。

我驻闽各军实力充裕,稍事休息,即须出讨。驻桂之张、朱各军,现已下迫梧州,西江震动,陈逆料难久逭。切望秣厉待时,共戡大难。此复,即询

戎绥

据《国父全集》第三册(转录史委会藏《总理函稿》)

复北京护法议员函

（一九二二年十二月）

护法议员办事处诸先生均鉴：

　　杭、凌二君来，获诵大札，具稔公等为法奋斗而弥坚，各界赞助，极符私祝。

　　北京政象近愈离奇变幻，未知所届，诚非吾人所乐睹；然变化为进步之机，从未有不变而能进者。至国家能于此剧烈变化中进至何度，一惟公等之努力与决心是视。承示此后宜兼顾政治，洵属扼要之图。处万恶之北京，政治社会法律已等于具文，徒与争法律，恐真正护法问题，终无由解决也。

　　此间日来甚贫困，每念公等之窘阻，无术资彼，愈促蹙迫不安。现正设法筹募，一俟筹有的款，当托张溥泉兄来京助理宣传。

　　北地多寒，诸谁〔维〕珍重！

据《中央党务月刊》第十六期"特载"《复护法议员办事处》

复叶夏声函

（一九二二年十二月）

竞生我兄惠鉴：

　　廿日手书及张刘二司令函均诵悉。

　　藻林兄坚贞好义，文所素晓，敌方肆其离间挑拨，何可轻听？兄所言煞有见地，即祈锐力斡旋，趣其东下。此间现正极力筹钜款，一俟所筹有着，即发动员令，连款差人解交。文之焦急，更甚于前敌，固无俟兄等催索也。现桂、粤各军多响义，闽事亦颇得手，陈逆已陷于孤立无援之境，指日可破，所虑者只我军能否坚持不变，候期合围耳。兄至平南，万望将此意婉致各将士。

为国多劳，无任驰念。诸维朗照不具。

据《国父全集》第三册(转录史委会藏《总理函稿》)

复宋渊源函
（一九二二年十二月）

子靖吾兄惠鉴：

函悉。兄以个人心力赞助汝为，进行军事，维持闽局，深为佩慰。惟萨[①]本一旧官僚，恐自治非所了解，终难贯彻。兄宜乘此时宣传主义，为根本之图，异日收效必较大也。专复，并颂

时祉

据《国父全集》第三册(转录史委会藏《总理函稿》)

复廖湘芸函
（一九二二年十二月）

湘芸吾兄惠鉴：

十二月六日惠书已领悉。维持藻林，实我素怀。日前业托邓和卿携款往商藻林，并属其协助藻林，速统滇军向粤进攻。现北方竞逐于所谓最高问题，泯梦无纪，陈逆备多力分，饷源枯竭，军民共

---

① 萨：指萨镇冰。李厚基垮台后，萨曾一度由福州各团体推为福建省长，并由北京政府予以任命。

愤,外援又绝,滇军苟能乘机举发,则粤中各地义师,必群起倒戈相应,岂惟百粤可一呼而下,以我方张之势,御彼极乱,虽传檄而定全国,亦非难事。望即将此旨开晓滇军各将士,俾勿延误。万一滇军将领中有堕陈贼奸谋而主张返滇者,尤须力为警觉。盖诱迫滇军返滇,为陈贼与蒉赓密约之毒计,蒉赓捍御于前,陈贼蹑击于后,滇军必无幸理也。此复,并颂

毅祺

据《中央党务月刊》第十六期"特载"《复廖湘芸》

复朱培德函

（一九二二年十二月）

益之吾兄惠鉴:

自粤变后,兄处境愈危困,而危困究至何度,音问梗塞,无从一为纾解。来者多称述过往事,已不可追,据报纸讹传,尤滋疑虑。

日昨陈君绍虞来,得十月二十七日手书,藉悉尊处近情,数月积疚,始为豁然。距今又一月有余矣,变化奚若?殊难悬揣,未便遥断。但有可为兄略言者,陈贼炯明之阴谋与吾人今后应付之大概方略耳。炯明今日之劲敌,必欲剿除而后快者,在东惟汝为,在西惟兄与藻林两部。故于东则勾结北军及李厚基旧部,肆其侵扰,复调三路监视,冀收渔利;于西则唆蒉赓出而诱胁,涣我军心,嗾桂军将领之无识者,旁挠中阻,迫令饷弹,徒耗给养无所,复加派重兵督之使战,犹恐东西不能并敌也,则更矫为东和西战,或东战西和之说,以相炫惑。若东西有一为所愚,则彼各个击破之计逞。其计虽狡,其情固甚怯也。

为今之计,惟有于最短期间,东西并举,使陈贼不能兼顾。凡桂军皆修好,避勿与战,即蒉赓亦不妨动以利害,以乱其谋。吾意

赏赉内虚，未必愿在外滇军之猝返。且为滇军计，与其坐困桂境以待毙，孰若向粤以图发展？滇中贫瘠，孰若粤中殷富？争得失于一隅，孰若为国家扶正义？以此晓将士，将士想乐从也。今陈贼兵已尽于东西两防，财政奇窘，哗变时虞。而东防之尹、赖、李各旅①，西防之一、三、四各师②，又均约为我应。大军朝至，贼众必夕溃畔。望兄与藻林速勉图之。至汝为方面，已饬其准备急进矣。饷项当广为设法，微兄言，文亦当力助，幸勿以为虑。此复，并候

戎安

据《中央党务月刊》第十六期"特载"《复朱培德》

复张开儒函

（一九二二年十二月）

藻林我兄惠鉴：

竞生兄转来十二号大札，并为请令动员，想见壮怀犹昔，欣赖无既。寿慈忠厚人，亦不免见利思迁，浊俗污人，可为浩叹！然盘根错节，适以辨兄利器。大敌未灭，是戋戋者，姑谨防之，置为后图可也。

文之返沪，原为各路义师谋援济，而坚〔艰〕苦善战，孤悬数千里之滇军，尤未能一日忘怀，只以经济久困，钜万之款，非叱咄可办，遂令我忠义之士久暴露于外，未获一饱，良用歉然。比闻贵部以服薪两缺，致陷于进退维谷之境，益觉不安。刻幸财政计划已稍就绪，一俟款项有可指拨，即发令专人赍上，所冀勉为其难，坚持以待。现桂、粤各军多向义，闽军亦颇得手，陈已如釜底游鱼，只须加

---

① 　各旅：指粤军"援闽"总指挥尹骥及赖世璜、李云复等部。

② 　各师：指粤军第一师梁鸿楷，第三师陈章甫及第四师吕春荣各部，《中央党务月刊》作"西防之一、二、三师"，误，今据《国父全集》第三册改正。

一火耳。千万努力，不胜拳拳。

据《中央党务月刊》第九期"特载"《复张藻林》

致梁楚三等函[*]

（一九二二年十二月）

楚三志兄鉴：

刘君生初，李君业棠，旧属檀香山同志，返国后在上海永安公司供职，为该公司重要分子，平日对于商务素具整顿之热心，而于本党事务，不辞劳怨，尤有始终不懈之精神，此次奉公司命前往欧美调查新出货品，将过贵处，欲便道拜候各同志，联络感情，报告国事。文嘉其意，故为具函介绍，到时望与接洽为荷。此颂

群祺

据《国父全集》第三册（转录史委会藏《总理函稿》）

致朱培德函

（一九二二年十二月）

益之吾兄惠鉴：

敬电诵悉。卓识荩筹，佩慰无量。

岑、沈①与我方有所接洽，吾人为专力讨贼计，自当与彼提携，共靖粤乱。现粤币折至二成，粤军除陈家将外，殆无一不输诚于我，此真所谓天与不取反受其殃之绝好机会，幸速与桂平滇军连师

---

  * 此系分缮致梁楚三、陈耀垣、马素及舍利分部的同文函件。

  ① 岑、沈：指岑春煊、沈鸿英。

东下。桂平滇军中颇闻有因争帅而延师期者,以义勇闻于天下之滇军,而犹有此缺点,殊出吾人意料外,尤望我兄有以晓导之。国贼未灭,危机四伏,决非吾人从容谈权利时也。专复,即颂

新禧

十二月

据《国父全集》第三册(转录史委会藏《总理函稿》)

致张作霖函

(一九二二年)

雨亭先生惠鉴:

顷奉一函,想承鉴及。国本未宁,军事孔亟,通筹全局,实为目前之要图。执事伟略匡时,至深佩慰。

程颂云①兄前任湘军总司令,久历行阵,深悉敌情,数年以来,参赞戎机,尤资臂助。兹特派赴尊前,关于军事进行,有所商榷,敬希俯赐接洽,是所至荷。余不一一。专此,敬颂

勋祺,惟照不备。

据《国父全集》第三册(转录史委会藏原件)

批李烈钧电*

(一九二二年)

筹款不易,港商亦必畏缩,然当尽力去做,沪上潮商或有希望。

---

① 程颂云:即程潜。

* 李烈钧来电报告,联络潮梅陈炯明部尹骥、赖世璜部甚有进展,"现计划将全力离开潮梅,向凶寇方面进行,详情确定续报。需用开动作战费数十万元,恳电港沪筹助"。发电仅签"冬未",月份不明。《国父批牍墨迹》注为秋后某月。

着潮汕各官联名发函来潮州会馆,请各潮商协力。

据《国父批牍墨迹》

批宋大章函*

(一九二二年)

交觉生代答:调和两方,共图党势之发展。

据《国父全集》第四册(转录史委会藏原件)

批高致和函**

(一九二二年)

代答函悉,各事请与邓和卿、卢锡卿协商可也。

据《国父全集》第四册(转录史委会藏原件)

批田铭璋李希莲函***

(一九二二年)

元冲代答以可印与否,此间毫无成见。惟付印时,必当出名,否则众必以匿名揭帖相视,反失效力。

据《国父全集》第四册(转录史委会藏原件)

---

* 宋大章原函询问东三省民治俱进会干事长赵锄非是否为党人。

** 高致和系滇军代表,来函请拨款以充军实。

*** 田铭璋等来函,送吉林、黑龙江两省同胞呼吁书。

民国十一年大元帅任命讨陈将领姓名录

（一九二二年六至十二月）

姓　名	职　衔	任委日期	号　次	备　考
李禄超	驻港军事委员	十一年八月二十二日	特字一四四	二号委任状只此一纸
蔡钜猷	讨贼军湘军第二路司令	十一年八月三十日	特字一四四	头号委任状
陈渠珍	讨贼军湘军第三路司令	十一年八月三十日	特字一四五	
陈继虞	讨贼军琼崖总司令		特字一四六	
黄胜朱	讨贼军琼崖副司令		特字一四七	
臧致平	福建讨贼军南路司令	十一年九月二十九日	特字一四八	
李芳苣	福建讨贼军南路前敌指挥官	十一年九月二十九日	特字一四九	
巢安澜	福建漳厦宣慰员	十一年九月二十九日	特字一五零	
刘　琨	闽南第六路司令	十一年九月三十日	特字一五一	取销
林寿华	闽南第七路司令	十一年九月三十日	特字一五二	
刘琨灿	闽南第六路司令	十一年九月三十日	特字一五三	
许崇智	东路讨贼军总司令兼第二军军长	十一年十月十八日	特字一五四	
黄大伟	东路讨贼军第一军军长	十一年十月十八日	特字一五五	
李福林	东路讨贼军第三军军长	十一年十月十八日	特字一五六	
蒋中正	东路讨贼军参谋长	十一年十月十八日	特字一五七	
叶定国	讨贼军闽军第六司令	十一年十月十八日	特字一五八	特字一五九至一六八空白带交福建总司令部

姓　名	职　衔	任委日期	号　次	备　考
徐镜清	福建暂编陆军第一师师长兼福建建邵地方警备司令官	十一年九月二十九日	特字一六九	
蓝　仁	筹饷委员	十一年十月二十三日	特字一七零	
何　侠	军事谘议	十一年十月二十三日	特字一七一	特字一七二至一九一空白交邹海滨带至香港
伍汝康	中央盐务督办兼福建盐务稽核所经理	十一年十月三十一日	特字一九二	
王懋功	东路讨贼军第一旅长	十一年十一月三日	特字一九三	
陈得平	东路讨贼军第二旅长	十一年十一月三日	特字一九四	
邱鸿钧	东路讨贼军第三旅长	十一年十一月三日	特字一九五	特字一九六至二二〇筹饷委员交黄馥生带至仰光
张　超	河南陆军第一师师长兼步兵第一旅旅长	十一年六月十二日	特字二二一	
李凤山	河南陆军步兵第二旅旅长	十一年六月十二日	特字二二二	
申　鼎	河南陆军步兵第一混成旅旅长	十一年六月十二日	特字二二三	
王　耀	河南陆军第二混成旅旅长	十一年六月十二日	特字二二四	
陈　云	河南第一混成旅步兵第一团团长	十一年六月十二日	特字二二五	
崔　吉	河南第一混成旅步兵第二团团长	十一年六月十二日	特字二二六	
郭　魁	河南第一混成旅混成团团长	十一年六月十二日	特字二二七	

续　表

姓　名	职　衔	任委日期	号　次	备　考
李　明	河南第二混成旅步兵第三团团长	十一年六月十二日	特字二二八	
张　胜	河南第二混成旅步兵第四团团长	十一年六月十二日	特字二二九	
樊　福	河南第二混成旅步兵混成团团长	十一年六月十二日	特字二三零	
何家瑞	讨贼第四军参谋长	十一年十一月十三日	特字二三一	特字二三二至二三六取消
黄业兴	讨贼军中路第二军司令	十一年十一月二十日	特字二四九	特字二三七至二四八交王亮成
郭宪成	讨贼军中路第二军副司令	十一年十一月二十日	特字二五零	
吴宝功	讨贼军中路第二军前敌司令兼第八支队第一统领	十一年十一月二十日	特字二五一	
黄其祥	讨贼军中路第二军第七支队司令	十一年十一月二十日	特字二五二	
翟崇亮	讨贼军中路第二军第八支队司令	十一年十一月二十日	特字二五三	
王定华	讨贼军中路第二军第九支队司令	十一年十一月二十日	特字二五四	
陈家威	讨贼军中路第二军第十支队司令	十一年十一月二十日	特字二五五	
沈启琳	讨贼军中路第二军第八支队第二统领	十一年十一月二十日	特字二五六	
吴　近	东路讨贼军第三军第一旅旅长	十一年十一月二十日	特字二五七	
袁德墀	东路讨贼军第三军第二旅旅长	十一年十一月二十日	特字二五八	
林　驹	东路讨贼军第三军第三旅旅长	十一年十一月二十日	特字二五九	
郑咏琛	东路讨贼军第三军第四旅旅长	十一年十一月二十日	特字二六零	

续　表

姓　名	职　衔	任委日期	号　次	备　考
沈霭塘	南洋筹饷专员	十一年十一月二十二日	特字二六一	
吴　旭	南洋筹饷副委员	十一年十一月二十二日	特字二六二	
刘达庆	中央直辖桂军第二路司令	十一年十一月二十二日	特字二六三	
谢愤生	西江军事联络员	十一年十一月二十二日	特字二六四	
李纪堂	西江军事特派员	十一年十一月二十九日	特字二六五	
刘玉山	中央直辖桂军第二师师长	十一年十二月一日	特字二六六	
张文生	皖豫边防督办	十一年六月一日	特字二六七	
蔡懿恭	西江军事联络员	十一年十一月三十日	特字二六八	
杨仙逸	航空局长	十一年十二月六日	特字二八八	
周之贞	西江讨贼军司令	十一年十二月十四日	特字二八九	

据《国父全集》第四册(转录史委会藏《大元帅
任命讨陈将领登记簿》原件)

本卷编后说明

　　《孙中山全集》第六卷的编辑工作由广州中山大学历史系孙中山研究室承担,陈锡祺主编,林家有、李吉奎、周兴樑编辑,王禄斌参加了部分具体工作。本卷《建国方略》中的《民权初步》,系中国社会科学院近代史研究所中华民国史研究室整理的。

　　本卷在搜集资料和编辑过程中,得到中国社会科学院近代史研究所、广东省社会科学院历史研究所、北京图书馆、北京大学图书馆、中共中央宣传部图书资料室、中国革命博物馆、上海图书馆、上海社会科学院历史研究所、上海孙中山故居、广东省中山图书馆、广州市博物馆、广东省档案馆、广东省中山县翠亨村孙中山故居、重庆北碚图书馆、云南省档案馆、云南省历史研究所、贵州省档案馆、贵州省图书馆等单位提供资料或线索。此外还有不少单位和个人以各种方式给予帮助与支持,恕不一一列名。

　　本卷出版前,由中华书局编辑部负责审阅全稿。

　　对于给本卷的编辑和出版工作提供帮助的单位和个人,谨致最诚挚的谢意。

编　　者

一九八三年七月